청 상표법
기본

김세진 변리사

| 제4판 |

STRUCTURE
이 책의 구성과 특징

❶ 목차정리

상표를 압축적으로 이해할 수 있도록
체계적이고 직관적으로 목차를 정리했습니다.

❷ 조항정리

각 조항별 대단원마다
해당 조항을 한 눈에
볼 수 있도록 직관적으로
정리하였습니다.

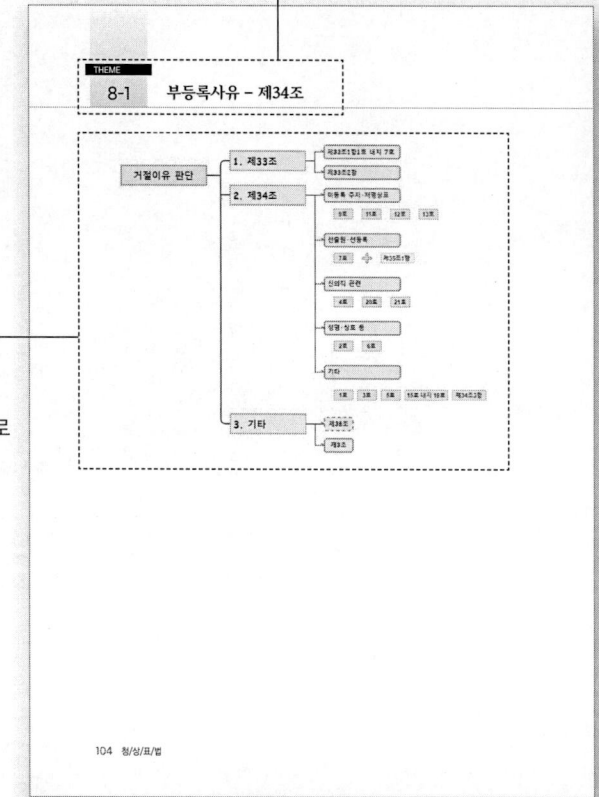

- 테마별로 목차와 내용을 확인하고 체계를 암기한다.
- 판례는 사실관계와 쟁점을 분석하며 공부한다.
- 답안지에 작성할 판례 문구는 논리 단위 구조화하여 암기한다.
- 논리 단위 구조화, 두문자 또는 키워드 등을 활용하여 본인에게 맞는 암기 방법을 찾는다.
- 서두의 답안작성론 내용을 숙지하여 기계적인 답안 작성을 위한 기틀을 마련한다.
- 배운 내용을 학습하며 답안 작성에 대한 Form을 만들어간다.
- 청 상표법 판례(5판)와 연계하여 더욱 깊이 있는 판례 학습을 한다.
- 청 상표법 실전사례 N제(3판)와 연계하여 실전 감각을 극대화한다.

THEME 8-1-1 부등록사유 – 제34조 제1항 제1호

제34조(상표등록을 받을 수 없는 상표)
① 제33조에도 불구하고 다음 각 호의 어느 하나에 해당하는 상표에 대해서는 상표등록을 받을 수 없다.
1. 국가의 국기(國旗) 및 국제기구의 기장(記章) 등으로서 다음 각 목의 어느 하나에 해당하는 상표
  가. 대한민국의 국기, 국장(國章), 군기(軍旗), 훈장, 포장(褒章), 기장, 대한민국이나 공공기관의 감독용 또는 증명용 인장(印章)·기호와 동일·유사한 상표
  나. 「공업소유권의 보호를 위한 파리 협약」(이하 "파리협약"이라 한다) 동맹국, 세계무역기구 회원국 또는 「상표법조약」 체약국(이하 이 항에서 "동맹국등"이라 한다)의 국기와 동일·유사한 상표
  다. 국제적십자, 국제올림픽위원회 또는 저명(著名)한 국제기관의 명칭, 약칭, 표장과 동일·유사한 상표. 다만, 그 기관이 자기의 명칭, 약칭 또는 표장을 상표등록출원한 경우에는 상표등록을 받을 수 있다.
  라. 파리협약 제6조의3에 따라 세계지식재산기구로부터 통지받아 특허청장이 지정한 동맹국등의 문장(紋章), 기(旗), 훈장, 포장 또는 기장이나 동맹국등이 가입한 정부 간 국제기구의 명칭, 약칭, 문장, 기, 훈장, 포장 또는 기장과 동일·유사한 상표. 다만, 그 동맹국등이 가입한 정부 간 국제기구가 자기의 명칭, 약칭, 표장을 상표등록출원한 경우에는 상표등록을 받을 수 있다.
  마. 파리협약 제6조의3에 따라 세계지식재산기구로부터 통지받아 특허청장이 지정한 동맹국등이나 그 공공기관의 감독용 또는 증명용 인장·기호와 동일·유사한 상표로서 그 인장 또는 기호가 사용되고 있는 상품과 동일·유사한 상품에 대하여 사용하는 상표

❸ 등록요건
각 내용별 조항을
원문의 표현으로 기재하여
학습에 편리하도록
정리했습니다.

I. 제34조 제1항 제1호

1. 의의 및 취지
국가의 국기, 국제기구의 기장 등에 해당하는 상표와 관련된 상표는 등록받을 수 없다. 파리조약 제6조의3 규정을 입법화한 것으로, 공공기관 등의 권위를 유지하고 품질오인으로부터 수요자를 보호하기 위함이다.

2. 요건
(1) 제34조1항1호 가목
  ① 대한민국의 국기, 국장, 군기, 훈장, 포장, 기장 또는 ② 대한민국이나 공공기관의 감독용 또는 증명용 인장·기호와, ③ 동일·유사한 상표여야 한다.
(2) 제34조1항1호 나목
  ① 동맹국 등(파리협약 동맹국, 세계무역기구 회원국 또는 상표법조약 체약국)의 국기와 ② 동일·유사한 상표여야 한다.
(3) 제34조1항1호 다목
  1) ① 국제적십자, 국제올림픽위원회 또는 저명한 국제기관의 명칭, 약칭, 표장과 ② 동일·유사한 상표여야 한다. 다만, ③ 해당 기관이 자기의 명칭 등으로 출원한 경우 등록받을 수 있다.
  2) '저명한 국제기관'이라 함은 원칙적으로 상표등록 사정 당시 존속하고 있는 것을 요하고, 이는 국내의 일반 거래자나 활동상황 등에 의해 국제적으로 널리 알려질 것을 요하고, 이에 해당하더라도 상표등록 사정 당시에 활동을 하지 않는 경우에는 이에 해당하지 않는다.13판

3. 절차
1) [주장, 증명서류 제출] 상표등록출원 시 그 취지를 주장하여야 하고(제47조2항), 출원일로부터 30일 이내 우선권 증명서류를 제출해야 한다(제47조2항).
2) [마드리드 의정서의 특칙] 취지를 적은 서면 및 이를 증명할 수 있는 서류를 국제등록일로부터 3개월 이내 특허청장에게 제출해야 한다(제189조).

4. 효과
(1) 적법한 경우
  박람회 출품을 한 때 출원한 것으로 본다(제47조1항).
(2) 부적법한 경우
  출원 시 특례가 인정되지 않는 경우에는 실제로 출원한 날에 출원한 것으로 본다.
(3) 우선권 주장을 수반한 경우
  출원 시 특례는 실제 출원일이 박람회 출품일로부터 6개월 이내인 경우에만 인정되므로, 우선권주장출원에 있어서도 제1국 출원일이 아닌 제2국 출원일이 박람회 출품일로부터 6개월 이내여야 한다.

[단문형 문제 답안 Formation] 변경출원, 분할출원, 조약우선권주장, 출원 시 특례

1. 의의 및 취지
  - 의의는 암기   [못·선·편제] [동·분·편제] [조·선·파·국] [박·소·권·출]
  - 분할/변경 취지: 출원인의 편의 도모 및 제출원으로 인한 반잡 방지
  - 조약우주 취지: 파리협약 4조, 국제적 보호
  - 출원시 특례 취지: 박람회 권위 및 출품자 보호
2. 요건
  - 주체적, 시기적, 객체적
3. 절차
4. 효과

❹ 답안 작성 Form
이론의 내용을 답안에
바로 적용해서
작성해볼 수 있도록
정형화된 틀을 제공하여
효율적으로 학습할 수 있습니다.

머 리 말

이 책은 변리사 시험에 합격하고자 하는 수험생분들께 도움을 드리기 위한 교재입니다.

이 책의 특징은 다음과 같습니다.

첫째, 상표를 체계적으로 이해할 수 있도록 기본 목차와 체계를 존중하여 정리하였습니다.

둘째, 判例 문구는 최대한 원문 표현과 가깝게 기재하였습니다.

셋째, 단순히 법리를 나열하여 편집한 요약서가 아닌 답안지를 어떻게 쓸지 고민하여 정리하였습니다.

넷째, 상표법의 법리뿐만 아니라 변리사 시험 2차 상표법 시험에서 답안지를 작성할 때 어떻게 쓰면 좋을지를 고민하여 정리하였습니다.

수험공부를 할 때부터 이 교재를 작성하는 지금까지도 어떻게 해야 효율적으로 공부할 수 있을까 생각을 많이 했습니다. 판례를 어떻게 정리해야 할까? 답안지는 어떻게 작성해야 할까? 목차는 어떻게 써야 할까? 사안포섭은 어떻게 해야 할까? 어떻게 하면 효율적이고 기계적으로 좋은 답안지를 쓸 수 있을까? 어떻게 하면 판례를 정확하면서도 쉽게 암기할 수 있을까? 어떻게 출제할까? 무엇을 출제할까? 교수님들이 원하시는 답안이란 무엇일까? 어떻게 해야 시행착오를 줄일까? 등 끊임없이 되묻고 고민하고 반성하며 그에 대한 답을 찾아 나가면서 수험생 분들의 부담과 시행착오를 덜기 위해 이 책을 작성하였습니다. 부디 이 책이 수험생분들께 많은 도움이 되길 바라며, 합격의 영광을 이루시길 기원합니다.

끝으로 이 책이 출간되기까지 큰 도움을 주신 메가변리사 관계자분들에게 감사의 말씀을 드립니다. 언제나 저의 스승님이신 최평오 선생님과 박상환 변리사님을 비롯한 많은 강사님들, 도와주신 선후배 변리사님들, 같이 스터디했던 형들과 동생들, 사랑하는 부모님에게 감사의 마음을 전합니다.

또한, 첫 직장이자 저에게 많은 도움을 주시는 특허법인 KBK의 변리사님들, 법무법인 광장 변리사님들과 변호사님들, 이든 특허법률사무소 변리사님들께 진심 어린 감사의 마음을 전합니다.

저자 김세진

수험생분들을 위한 콘텐츠

효율적인 암기를 위하여 걸어다니면서 판례 원문 표현을 들으실 수 있도록, 반복 재생하실 수 있는 짧은 유튜브 영상들이 담긴 플레이리스트를 준비하였습니다. 아래 QR 코드로 유튜브 플레이리스트에 접속하셔서 반복하여 들으시기 바랍니다. 좌측 링크는 판례 원문 중 '법리' 부분을 원문 그대로 실어놓은 음성이며, 우측 링크는 효율적인 암기를 위해 답안지 작성에 반드시 필요한 부분만 실어놓은 음성입니다. 영상의 제목은 '청 상표법 판례 제5판'에 호환되도록 맞추었습니다.

[판례 원문 보존된 버전]

[답안지 작성용 버전]

목차

TIP 1. 사례문제 유형 답안작성론 ·· 1
TIP 2. 테마별 논점 체크사항 ··· 11

Theme 1. 상표법상 상표의 개념 및 사용 의사 ·· 14

Theme 2. 상표의 식별력 – 총론 ·· 18
Theme 2-1. 상표의 식별력 – 상표의 유사판단과 식별력 ·· 19
Theme 2-2. 상표의 식별력 – 상표권의 효력제한과 식별력 ·· 22
Theme 2-3. 상표의 식별력 – 기타 쟁점 ··· 24

Theme 3-1. 상표의 사용 – 총론 ·· 26
Theme 3-2. 상표의 사용 – 형식적 의미의 상표의 사용 ··· 28
Theme 3-3. 상표의 사용 – 실질적 의미의 상표의 사용 ··· 32
Theme 3-4-1. 상표의 사용 – 디자인적 사용 Cases (판례의 사안포섭 방법 심화학습) ··············· 35
Theme 3-4-2. 상표의 사용 – 창작물의 명칭 ·· 37

Theme 4. 비전형상표 및 특유표장 ··· 39
Theme 4-1. 입체상표 ·· 40
Theme 4-2-1. 색채상표 – 기호 등에 색채가 결합된 상표 ·· 43
Theme 4-2-2. 색채상표 – 색채만의 상표 ··· 44
Theme 4-3. 홀로그램 및 동작상표 ·· 46
Theme 4-4. 위치상표 ·· 48
Theme 4-5. 비시각적 상표 – 소리·냄새상표 ·· 51
Theme 4-6. 단체표장 ·· 53
Theme 4-7. 증명표장 ·· 56
Theme 4-8. 지리적 표시 단체표장 ·· 60
Theme 4-9. 지리적 표시 증명표장 ·· 63
Theme 4-10. 동음이의어 지리적 표시 ·· 66
Theme 4-11. 업무표장 ·· 67

Theme 5-1. 상표의 동일·유사 – 총론 ··· 68
Theme 5-1-1. 상표의 동일·유사 – 유사판단의 3요소 ··· 70
Theme 5-1-2. 상표의 동일·유사 – 도형상표의 유사판단 ·· 71
Theme 5-1-3. 전문의약품에 있어서 상표 및 상품의 유사판단 ··· 74

Theme 5-1-4. 관찰방법 - 전체관찰, 요부관찰, 분리관찰 ·············· 75
Theme 5-1-5. 상표의 동일·유사 - 구체적 거래실정 고려 여부 ·············· 78

Theme 6. 상품의 동일·유사 ·············· 80

Theme 7. 부등록사유 - 식별력 ·············· 82
Theme 7-1. 식별력 - 제33조 제1항 제1호 ·············· 83
Theme 7-2. 식별력 - 제33조 제1항 제2호 ·············· 85
Theme 7-3. 식별력 - 제33조 제1항 제3호 ·············· 86
Theme 7-3-1. 서적의 제호 諸 논점 ·············· 89
Theme 7-4. 식별력 - 제33조 제1항 제4호 ·············· 90
Theme 7-4-1. 현저한 지리적 명칭에 다른 식별력 없는 표장이 결합된 경우 ·············· 92
Theme 7-5. 식별력 - 제33조 제1항 제5호 ·············· 94
Theme 7-6. 식별력 - 제33조 제1항 제6호 ·············· 95
Theme 7-7. 식별력 - 제33조 제1항 제7호 ·············· 98
Theme 7-8. 식별력 - 제33조 제2항 ·············· 100

Theme 8-1. 부등록사유 - 제34조 ·············· 104
Theme 8-1-1. 부등록사유 - 제34조 제1항 제1호 ·············· 105
Theme 8-1-2. 부등록사유 - 제34조 제1항 제2호 ·············· 108
Theme 8-1-3. 부등록사유 - 제34조 제1항 제3호 ·············· 109
Theme 8-1-4. 부등록사유 - 제34조 제1항 제4호 ·············· 111
Theme 8-1-5. 부등록사유 - 제34조 제1항 제5호 ·············· 116
Theme 8-1-6. 부등록사유 - 제34조 제1항 제6호 ·············· 117
Theme 8-1-7. 부등록사유 - 제34조 제1항 제7호 ·············· 119
Theme 8-1-8. 부등록사유 - 제34조 제1항 제9호 ·············· 121
Theme 8-1-9. 부등록사유 - 제34조 제1항 제11호 전단 ·············· 123
Theme 8-1-10. 부등록사유 - 제34조 제1항 제11호 후단 ·············· 126
Theme 8-1-11. 부등록사유 - 제34조 제1항 제12호 전단 ·············· 128
Theme 8-1-12. 부등록사유 - 제34조 제1항 제12호 후단 ·············· 129
Theme 8-1-13. 부등록사유 - 제34조 제1항 제13호 ·············· 134
Theme 8-1-14. 부등록사유 - 제34조 제1항 제15호 ·············· 137
Theme 8-1-15. 부등록사유 - 제34조 제1항 제16호 내지 제19호 ·············· 139
Theme 8-1-16. 부등록사유 - 제34조 제1항 제20호 ·············· 142
Theme 8-1-17. 부등록사유 - 제34조 제1항 제21호 ·············· 144
Theme 8-2. 부등록사유 - 제34조 제3항 ·············· 147

Theme 8-3. 선출원주의 - 제35조 ·· 149
Theme 8-4. 공존 동의 제도 ·· 152

Theme 9. 1상표 1출원주의 - 제38조 ·· 155
Theme 9-1-1. 상표등록출원 및 상표등록출원의 심사 ······································· 157
Theme 9-1-2. 상표등록이의신청 ·· 160
Theme 9-1-3. 상표등록출원 절차 - 출원의 보정 ··· 163
Theme 9-2. 출원인의 이익을 위한 제도 - 분할/변경/조약우선권주장/출원 시 특례 ···· 167
Theme 9-3-1. 부분거절제도 ·· 173
Theme 9-3-2. 재심사 청구제도 ·· 177
Theme 9-4. 손실보상청구권 ·· 179
Theme 9-5. 지정상품추가등록제도 ·· 181
Theme 9-6. 절차계속신청제도 ·· 184

Theme 10-1-1. 상표권 - 상표권의 이전, 공유, 소멸 ······································· 185
Theme 10-1-2. 상표권 - 사용권 제도 ··· 188
Theme 10-2. 상표권 - 상표권의 존속기간갱신등록제도 ································· 194
Theme 10-3. 상표권의 효력 ·· 198
Theme 10-4. 상표권의 적극적 효력의 제한 - 제92조 ······································ 201

Theme 11. 상표권자의 보호 - 침해의 성립요건 ··· 203
Theme 11-1. 상표권자의 보호 - 권리소진이론 ··· 207
Theme 11-2. 상표권자의 보호 - 진정상품병행수입 ··· 209
Theme 11-3. 상표권자의 보호 - 상표권의 효력이 미치지 아니하는 범위 (제90조) ···· 213
Theme 11-4. 상표권자의 보호 - 권리남용 ··· 217

Theme 12-1. 상표권의 소극적 효력 - 침해의 구제방안 ·································· 220
Theme 12-2. 손해배상청구 - 손해액의 산정 등 ··· 226
Theme 12-3. 손해배상청구 - 법정손해배상제도 ··· 232
Theme 12-4. 벌칙 규정 ·· 234

Theme 13. 심판 일반 ··· 238
Theme 13-1. 거절결정불복심판 ·· 239
Theme 13-2. 상표등록무효심판 ·· 243
Theme 13-3-1. 상표등록취소심판 - 제119조1항1호 ·· 247
Theme 13-3-2. 상표등록취소심판 - 제119조1항2호 ·· 252

Theme 13-3-3. 상표등록취소심판 - 제119조1항3호 ··· 256
Theme 13-3-4. 상표등록취소심판 - 제119조1항5호 ··· 267
Theme 13-3-5. 상표등록취소심판 - 제119조1항6호 ··· 269
Theme 13-3-6. 취소심판 - 기타 상표등록, 사용권설정 취소사유 ······································· 271
Theme 13-3-7. 상표등록취소심판 - 상표등록취소사유의 추가적 주장 가부 ·························· 274

Theme 14. 권리범위확인심판 ··· 275
Theme 14-1. 권리범위확인심판 - 법적성질과 심리범위 ··· 277
Theme 14-2. 권리범위확인심판 - 권리 대 권리간의 권리범위확인심판 ································ 278
Theme 14-3. 권리범위확인심판 - 존폐론 ··· 280
Theme 14-4. 권리범위확인심판 - 무효사유 명백한 권리에 기한 권리범위확인심판의 심판청구이익 ··· 282
Theme 14-5. 일사부재리 - 諸 논점 ··· 283

Theme 15. 소송 - 심결취소소송 총론 ··· 285

Theme 16-1. 기타 상표법상 쟁점 - 도메인이름의 법적 취급 ··· 289
Theme 16-2. 기타 상표법상 쟁점 - 오픈마켓 운영자의 법적 책임 문제 ······························· 290
Theme 16-3. 기타 상표법상 쟁점 - 기타 온라인상의 상표법상 쟁점들 ································ 291
Theme 16-4. 부정경쟁방지에 관한 법률 ·· 293

Theme 17-1. 마드리드 의정서 ··· 299
Theme 17-2. 국제조약 ··· 305

보충 Theme 1. 상표의 기능 ·· 307
보충 Theme 2. 기능성 원리 ·· 308
보충 Theme 3. 등록주의와 사용주의 ·· 309
보충 Theme 4. 퍼블리시티권 ··· 311
보충 Theme 5. 유명한 방송 프로그램 명칭 및 캐릭터에 대한 상표법상 취급 (심사기준) ········· 312

TIP 1 사례문제 유형 답안작성론

Ⅰ. 사례문제 유형 (1) - 침해여부 판단

[물어보는 형태 예시]

※ 침해가 성립하는지 논하시오.
※ 침해금지청구의 결론을 논하시오.

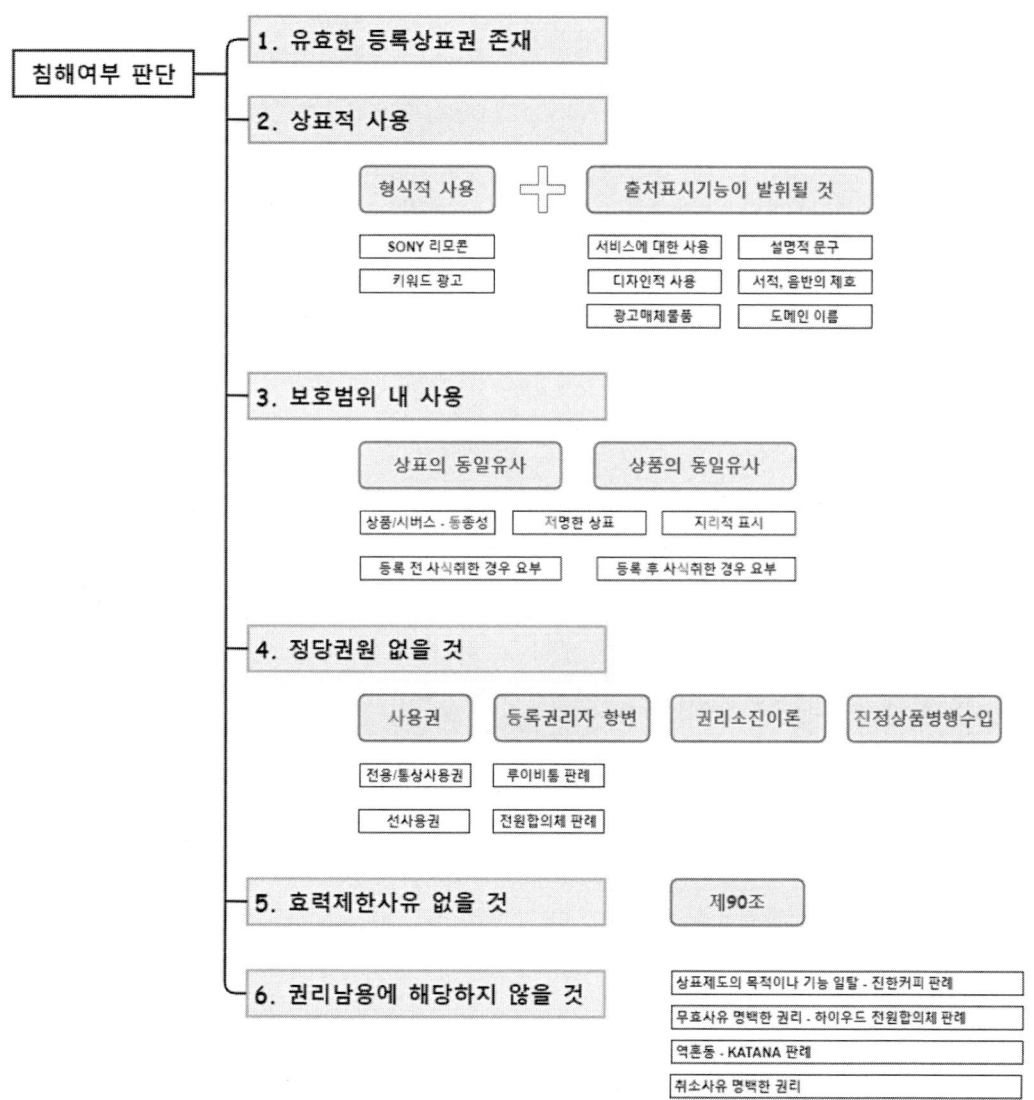

[기계적으로 논점 꺼내기] 침해여부 판단 유형

1. **유효한 등록상표권의 존재**
   [쟁점] 상표권존속기간갱신등록제도의 법적성질

2. **상표적 사용** - Theme 2. 상표의 사용

3. **상표권의 보호범위 내 사용**   [동.저.리.식.식]
   [쟁점] 상품 및 서비스업의 유사판단 - **동**종성
   [쟁점] **저**명상표의 경우 - 상품이 비유사면 소극적 효력 미치지 않음
   [쟁점] 지**리**적표시 단체표장 또는 지리적표시 증명표장
       = '동일하거나 동일하다고 인식된 경우에 한하여'
   [쟁점] 등록 전 사용에 의한 **식**별력 취득 시 유사판단 시 요부 - 알파 판례
   [쟁점] 등록 후 사용에 의한 **식**별력 취득 시 유사판단 시 요부 - 뉴발란스 판례

4. **정당권원이 없을 것**   [사.등.권.진]
   [쟁점] **사**용권 - 허락에 기한 사용권, 선사용권 (제99조1항, 제99조2항)
   [쟁점] **등**록권리자 항변 (루이비통 판례, 데이터팩토리 전합판례)
   [쟁점] **권**리소진이론
   [쟁점] **진**정상품병행수입

5. **상표권 효력제한사유 없을 것**
   [쟁점] 제90조1항1호 - 상호/상거래관행/부정경쟁목적 (거북표 판례, 메디팜 판례)
   [쟁점] 제90조1항2호 내지 4호 (식별력), 제90조1항5호 (기능성)
       +) 기타 고려사항: 제160조, 제77조3항

6. **권리남용이 아닐 것**
   [쟁점] 상표권 행사가 상표제도의 목적이나 기능을 일탈한 경우 (진한커피 판례)
   [쟁점] 무효사유 명백한 권리에 기초한 침해금지/손해배상청구 (하이우드 전합판례)
   [쟁점] 역혼동에 있어서 권리남용 (카타나 판례)
   [쟁점] 취소사유 명백한 권리에 기초한 권리행사
   [쟁점] 상표권 이전등록과 관련된 권리남용

※ '상표권자가 취할 수 있는 조치'까지 물어본 경우

[경/민.형.적.증.가.비/침.손.법.신.부/침.몰.양]

Ⅰ. 민사적 구제방안 [침.손.법.신.부]
1. 침해금지 등의 청구
   (1) 의의 및 취지   (2) 요건   (3) 임시조치
2. 손해배상청구
   (1) 의의   (2) 요건   (3) 손해액의 산정
3. 법정손해배상청구
4. 신용회복청구
5. 부당이득반환(민법 제741조)

Ⅱ. 형사적 구제방안 [침.몰.양]
1. 침해죄
2. 몰수
3. 양벌규정

Ⅲ. 기타 구제방안 [경/적.증.가.비]
1. 경고
2. 적극적 권리범위확인심판
3. 증거보전신청
4. 침해금지가처분 신청
5. 비밀유지

Ⅱ. 사례문제 유형 (2) - 거절이유/등록가능성

[물어보는 형태 예시]

※ 등록가능성을 논하시오.
※ 거절이유를 검토하시오.
※ 이의신청의 결론을 논하시오.
※ 무효심판청구의 결론을 논하시오.

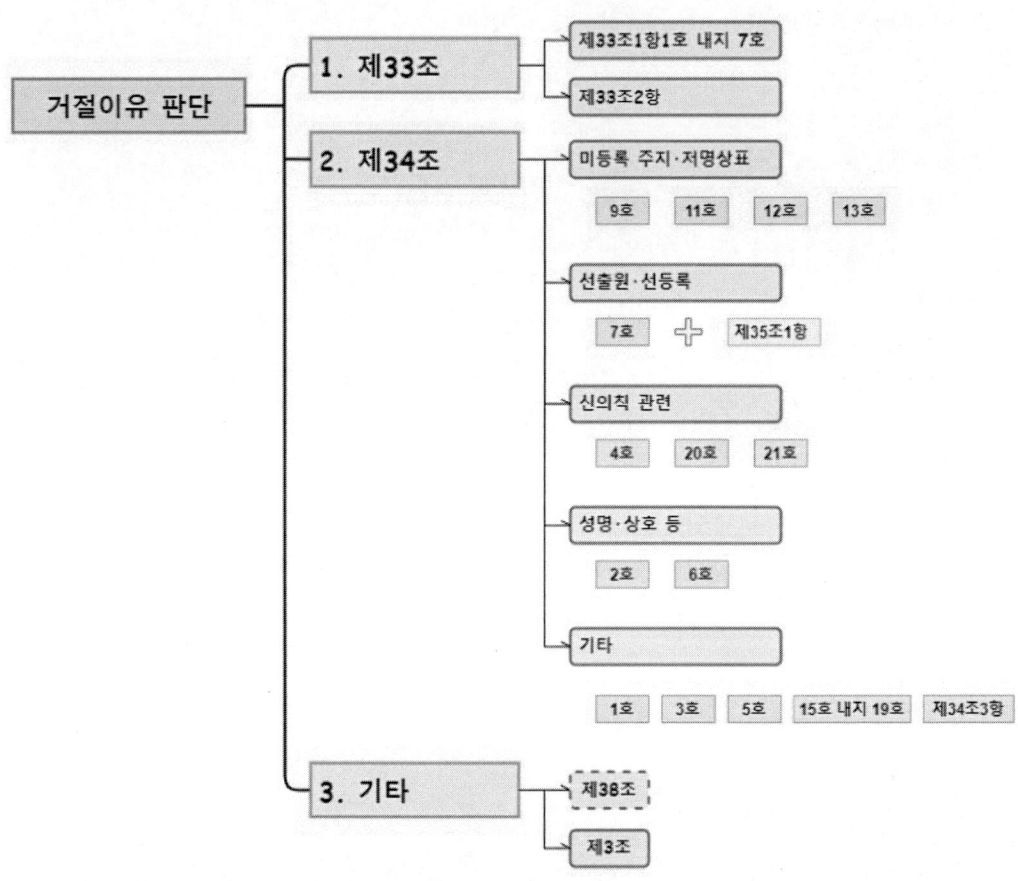

[기계적으로 논점 꺼내기] 거절이유/등록가능성

1. 경과규정 검토 (해당되는 경우에만)

2. 제33조
    (1) 식별력 존부 판단   - 제33조1항 각호
    (2) 사용에 의한 식별력 취득여부   - 제33조2항

3. 제34조   [주.선.신.상.기]
    (1) 주지저명 상표의 보호규정   - 제34조1항 9호~13호
    (2) 선등록상표와의 관계   - 제34조1항 7호
    (3) 신의칙 위반과 관련된 규정   - 제34조1항 4호,20호,21호
    (4) 성명/**상**호 관련 규정   - 제34조1항 2호,6호
    (5) 기타 제34조 부등록사유   - 제34조1항 1호,3호,5호,15호~19호
    (6) 제34조3항

4. 제35조

5. 기타 부등록사유
    (1) 제3조   (2) 제38조   (3) 제54조1호

6. 결론
    - 전부 거절
    - 일부 등록/일부 거절
    - 전부 등록

※ '거절시키기 위한 조치'와 함께 물어본 경우

1. 정보제공 (제49조)
2. 이의신청 (제60조)
3. 기타
    (1) 포기권유
    (2) 출원의 승계 권유 (제48조)
        - 승계할 때에는 다른 선등록상표가 있는지 또는 다른 미등록 주지상표가 있는지 체크

Ⅲ. 사례문제 유형 (3) - 거절이유 극복 및 등록을 위한 조치

1. 제34조 제1항 제7호 거절이유 극복방안 관련

※ 답안 작성 Formation - 예시

1. 제34조1항7호 적용여부
   (1) 의의 및 취지   (2) 요건
   (3) 사안의 경우
      - 등록/거절이 예상되는 지정상품 특정
      - '거절이 예상되는 지정상품'에 대하여 부분거절이 예상된다.

2. 甲이 취할 수 있는 조치(1) - 공존 동의 협상
   (1) 제34조1항7호 단서
   (2) 사안의 경우

3. 甲이 취할 수 있는 조치(2) - 무효심판청구 (거절 예상되는 지정상품의 극복)
   (1) 무효심판청구의 의의 및 취지
   (2) 제34조1항9호 내지 13호
   (3) 제34조1항21호
   (4) 사안의 경우

4. 甲이 취할 수 있는 조치(3) - 취소심판청구 (거절 예상되는 지정상품의 극복)
   (1) 제119조1항1호   (2) 제119조1항3호   (3) 사안의 경우

5. 甲이 취할 수 있는 조치(4) - 기타 (거절 예상되는 지정상품의 극복)
   (1) 乙의 등록권리에 대하여
      - 양수, 포기권유 등
   (2) 甲의 출원에 대하여
      - 의견제출통지 시: 삭제보정, 분할출원, 한정보정 + 의견서 제출
      - 거절결정 시: 재심사청구, 거절결정불복심판

2. 제35조 제1항 거절이유 극복방안 관련

> ※ 제35조 거절이유 극복 방법 - 답안 작성 Formation
>
> 1. 제35조 제1항
>   (1) 의의 및 취지
>   (2) 내용 - 제35조1항, 2항
>   (3) 사안의 경우
>
> 2. 공존 동의 활용 (상표 및 상품이 모두 동일한 경우 해당 ×)
>   (1) 의의 및 취지
>   2024년 5월 1일 시행 개정법은, 제35조1항 및 2항에도 불구하고 자율적인 합의에 의하여 후속 출원인의 경영상의 안정성을 보장하고 상표 분쟁을 사전에 방지하고자, 일정 요건과 상호 동의하에 모두 등록받을 수 있도록 제35조6항을 신설하였다.
>   (2) 사안의 경우
>
> 3. 인용상표 지위 소멸 조치
>   (1) 인용상표의 지위 - 제35조 제3항
>   상표등록이 ① 포기 또는 취하된 경우, ② 무효된 경우, ③ 인용상표등록이 거절결정/거절결정 심결확정된 경우, 본호 적용되지 않는다.
>   (2) 사안의 경우
>   ① 甲 상표는 선출원(2017. 1. 2.), ② 상표 유사, ③ 상품 유사하여 본 규정 적용여지가 있다. 이하 출원상표의 등록방법을 甲 상표의 선원지위 관련하여 검토한다.
>
> 4. 거절이유 검토
>   (1) 제34조1항12호
>   (2) 제34조1항21호
>   (3) ...
>
> 5. 사안의 해결 - 취할 수 있는 조치
>   - 우선 공존 동의 유도 (상표 및 상품이 모두 동일한 경우 해당 X)
>   - 정보제공, 이의신청
>   - 출원의 포기, 취하권유
>   - 출원의 승계 (등록여부결정시까지 출원인변경신고)
>   - 심사보류요청

Ⅳ. 사례문제 유형 (4) - 상표권자가 취할 수 있는 전반적인 조치

[물어보는 형태 예시]

※ 상표권자가 취할 수 있는 모든 조치를 논하시오.

상황: 甲이 상표권자임. 乙은 모방상표 출원/등록 상태임. 乙은 침해자임

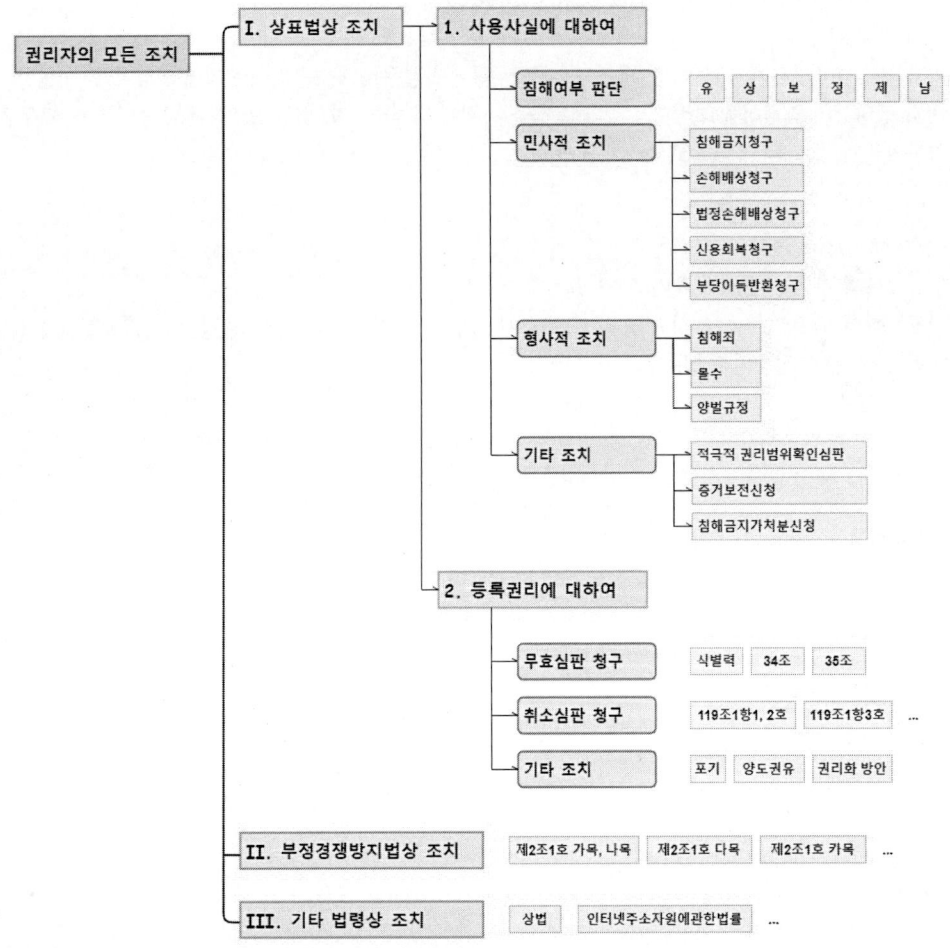

※ 답안 작성 Formation

Ⅰ. 문제의 소재

Ⅱ. 상표법상 조치
  1. 乙의 사용사실에 대응한 조치
    (1) 침해가 성립하는지 여부
      1) 침해의 성립요건   2) 개별 논점...   3) 결론
    (2) 민사적 구제방법
    (3) 형사적 구제방법
    (4) 기타 구제방법

  2. 乙의 등록권리에 대응한 조치
    (1) 무효심판청구
    (2) 취소심판청구
    (3) 기타 조치 - 포기, 양도, 출원 후 심사보류요청

Ⅲ. 부정경쟁방지법상 조치

Ⅳ. 기타 조치

V. 사례문제 유형 (5) - 소멸시킬 수 있는 방안

[물어보는 형태 예시]

※ 乙의 등록상표를 소멸시킬 방안에 대하여 논하시오.

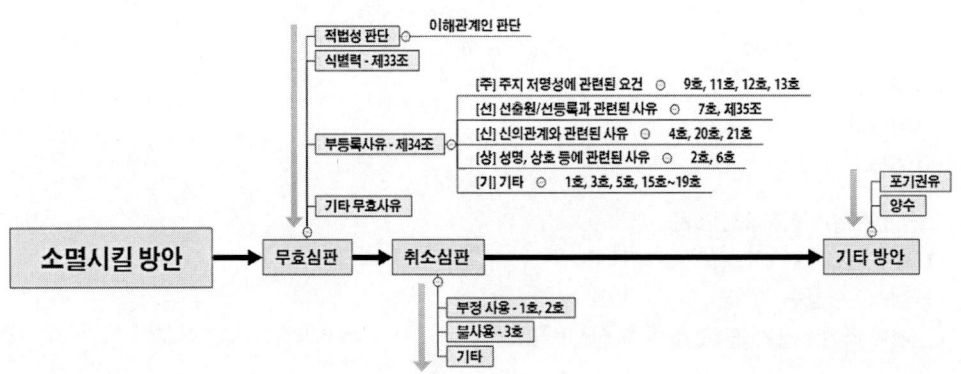

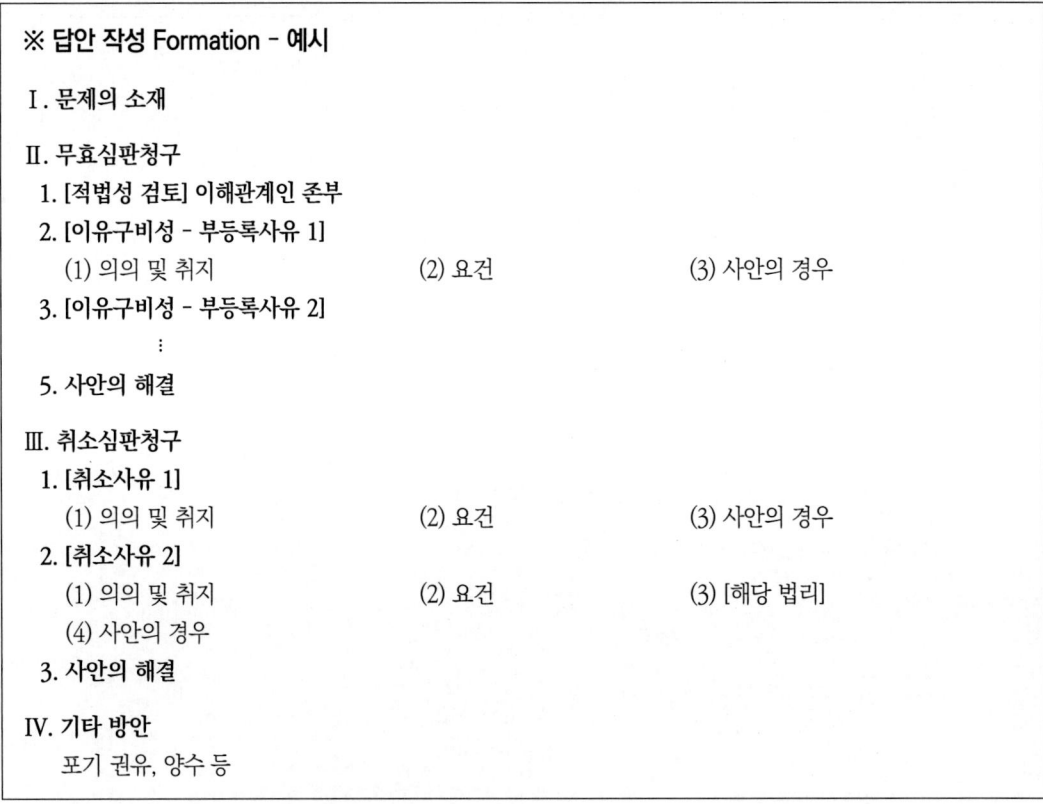

TIP 2. 테마별 논점 체크사항

1. 입체상표

제2조2항1호 / 제33조1항3,6,7호, 제33조2항 / 제34조1항15호 / 제90조1항2,3,5호 / 제92조1항 / 제98조

2. 색채상표

(색채만으로 이루어진 상표)허용론 / 제33조1항3,6,7호, 제33조2항 / 제34조1항15호 / 제90조1항2,5호 / 제225조

3. 소리 냄새상표

제2조2항1호 / 제33조1항3,6,7호, 제33조2항 / 제34조1항15호 / 제38조 / 제54조1호 / 제90조1항2,5호

4. 단체표장 [출.수.거.변.이.사.취]

제2조1항3호 / 제2조3항 / [출원절차] 제36조3항, 제38조 / [수정정관제도] 제43조1항 / [거절] 제54조1,4,6호 / [변경출원] 제44조 / [이전제한/사용권제한] 제48조, 제93조 / [취소] 제119조1항4,7가나다

5. 증명표장

제2조1항7호 / 제2조3항 / 제3조3,4,5항: 주체적 요건 / 출.수.거.변.이.사.취 / 제33조1항3호, 제34조1항12호 / 제34조1항1호 가,마목 / 제34조1항4호

6. 지리적 표시 단체표장

제2조1항6호 / 제3조2항 괄호: 주체적 요건 / 제33조1항3,4호, 제33조3항 / 제34조1항8,10,14호, 제34조3항, 제34조4항 / 제35소5항 / 출.수.거.변.이.사.취 / 제90조2항 / 제108조2항2호~4호

7. 동음이의어 지리적 표시

제2조1항5호 / 제35조5항2호 / 제34조1항8,10,14호, 제34조4항 / 제108조2항, 제90조2항3호 / 223조

8. 성명 및 상호

제33조1항5호 / 제34조1항2,4,6호 / 제34조1항9호~13호 / 제90조1항1호, 제90조2항1호 / 제99조2항

9. 캐릭터 및 저작권법과의 저촉

제33조1항7호 / 제34조1항4,12호 / 제34조1항9호~13호, 상품화사업 / 제92조1항 / 제119조1항3호 정당사용

10. 널리 알려진 방송 프로그램 명칭
제3조1항 / 제33조1항7호(심사기준+비판) / 제34조1항4호(심사기준+비판) / 제34조1항11호(심사기준+비판) / 제34조1항12호(심사기준)

11. 신의칙 및 계약관계 위반
제3조1항 / 제34조1항4,13,20,21호 / 제92조2항 / 권리남용(判例)

12. 미등록 주지·저명상표
제34조1항9~13호 / 제99조1항 / 권리남용 / 부정경쟁방지법

13. 서적 및 음반의 제호
정의규정 위반여부 / 제33조1항3호, 제34조1항12호전단(判例) / 제90조(判例) / 상표적 사용 / 부정경쟁방지법 제2조1호 나목(뮤지컬 CATS 判例)

14. 박람회
제34조1항5호 / 제34조1항12호 / 제47조 / 부정경쟁방지법 제2조1호 바목

15. 도메인 이름
타인의 도메인이름과 동일유사하게 출원/사용: 제34조1항9호~13호 / 상표적 사용여부 / **부경법** 제2조1호 가,나,다,아목

추가 고려: 도메인 등록말소청구: 부경법 제4조2항 / 도메인 **이**전등록청구: 다수설判例 / 인터넷주소자원에관한법률 제12조1,2항, 제18조1항

16. 오픈마켓 운영자의 법적책임 [상.부.공.방.용]
상표법, 부경법 × / 민법 제760조1항 공동불법행위책임 / 민법 제760조3항 방조책임(判例) / 민법 제756조1항 사용자책임 / 형법상 방조죄(형법 32조), 입법론 필요

MEMO

THEME 1 상표법상 상표의 개념 및 사용 의사

> **제2조(정의)**
> ① 이 법에서 사용하는 용어의 뜻은 다음과 같다.
>   1. "상표"란 자기의 상품(지리적 표시가 사용되는 상품의 경우를 제외하고는 서비스 또는 서비스의 제공에 관련된 물건을 포함한다. 이하 같다)과 타인의 상품을 식별하기 위하여 사용하는 표장(標章)을 말한다.
>   2. "표장"이란 기호, 문자, 도형, 소리, 냄새, 입체적 형상, 홀로그램·동작 또는 색채 등으로서 그 구성이나 표현방식에 상관없이 상품의 출처(出處)를 나타내기 위하여 사용하는 모든 표시를 말한다.
>
> **제3조(상표등록을 받을 수 있는 자)**
> ① 국내에서 상표를 사용하는 자 또는 사용하려는 자는 자기의 상표를 등록받을 수 있다. 다만, 특허청 직원과 특허심판원 직원은 상속 또는 유증(遺贈)의 경우를 제외하고는 재직 중에 상표를 등록받을 수 없다.

Ⅰ. 상표법상 상표의 개념

1. 상표의 정의

상표란 ① 자기의 상품과 타인의 상품을 ② 식별하기 위하여 ③ 사용하는 ④ 표장을 말한다.

2. 상표의 구성 요건

(1) 상품

  1) 상표법은 상품 개념을 명문화하고 있지 않다.
  2) 판례는 상품의 개념을 '그 자체로 교환가치를 가지고 독립된 상거래의 목적물이 되는 물품'으로 정의한다.[1]
  3) 상품의 성질은 그 상품에 대해 사용되는 상표의 등록에 장애를 구성하지 않는다(파리조약 제7조).

> **[심사기준] 상품의 개념**[2]
>   일반적으로 상표법상의 '상품'이란 '그 자체가 교환가치를 가지고 독립된 상거래의 목적물이 되는 물품'을 의미하는 것으로, 따라서 열·향기와 같은 무체물, 운반이 불가능한 부동산, 반복거래의 대상이 될 수 없는 골동품·예술품, 법령상 거래가 금지된 마약류·유가증권 등은 상표법상의 상품에 해당하지 않는다. 다만, 용기에 담아 독립거래의 대상이 되는 '술', '가스', 운반 가능한 '조립가옥' 등은 상품으로 인정되며, '다운로드가 가능한 컴퓨터프로그램'과 같이 온라인상에서 내려받을 수 있는 디지털 상품(digital goods)의 경우에는 유체성에 대한 논란이 있을 수 있으나 정보통신기술의 발달에 따른 시대적 여건 변화와 거래실정을 반영하여 상표법상의 상품으로 인정된다. 상표법에는 상품의 개념에 대한 명문의 규정이 없으므로 상표제도의 목적과 시행규칙상의 상품류 구분 등을 참고하여 사회경제적 통념에 따라 상품을 결정하여야 한다.

---

[1] 대법원 1999. 6. 25. 선고 98후58 판결 (**WINK** 사건)
[2] 상표심사기준 제2부 제1장 - 1.1 '상품에 대하여 사용'하는 것

(2) 자타상품식별을 위하여

상표법 정의규정상 '자타상품식별의 주관적 의사'는 구성요소에 해당하나, 심사단계에서 출원인의 자타상품을 식별할 의사가 있는지 여부를 판단하는 것은 사실상 불가능하다는 점에서 '선언적 의미'에 해당한다고 봄이 타당하다.

(3) 사용하는

'사용'은 제2조1항11호에 의하여 정의된다.

(4) 표장

'표장'은 기호, 문자, 도형, 소리, 냄새, 입체적 형상, 홀로그램·동작 또는 색채 등으로서 ① 그 구성이나 표현방식에 상관없이 ② 상품의 출처를 나타내기 위하여 사용하는 ③ 모든 표시를 말한다.

II. 사용 의사 (제3조1항)

1. 제3조1항의 의의/취지

국내에서 상표를 사용하는 자 또는 사용하려는 자는 자기의 상표를 등록받을 수 있다. 저장상표를 방지하기 위한 사용주의적 규정이다.

2. 사용의사가 등록요건인지 여부

(1) 학설 [목.3.정/거.판.사.불.등]

① **[긍정설]** 상표제도의 목적, 구법 제3조 본문규정, 상표의 정의규정에서 '사용'을 요건화시킨 점
② **[부정설]** 거절이유 규정에 없음(구법), 판단의 어려움, **사용**권제도의 존재, 불사용취소심판제도, 등록주의 원칙

(2) 개정법 – 2012. 3. 15. 시행

제3조1항을 거절이유 및 무효사유로 규정

(3) 검토 및 사안

등록주의 보완책, 저장상표 방지, 영업발진조싱기능 측년에서 타당한 개정

3. 사용의사 판단

(1) 판단기준 [출.주.내.의.외.사.종]

출원인의 주관적, 내면적인 의사를 중심으로 하되, 출원인이 다수의 상표를 출원·등록한 경우에는 출원인의 경력, 지정상품의 특성, 지정상품과의 관계 등과 같이 외형적으로 드러나는 사정까지 종합적으로 고려하여 판단하여야 한다.3)

(2) 판단방법 [사.없.함.추.객.충.증]

사용의사가 없다는 사실을 함부로 추정 판단해서는 안 되고, 객관적이고 충분한 증거가 있는 경우에 한하여 엄격히 인정되어야 한다.4)

---

3) 대법원 2020. 11. 12. 선고 2017도7236 판결
4) 특허법원 2005. 10. 28. 선고 2005허6191 판결 (동남일보 판례)

(3) 심사기준에 따른 유형 [법.선.대.관/맹.연.방.캐.약.미]

출원인에게 사용의사가 있는지 합리적 의심이 있는 경우를 규정한다.[5]

1) 개인이 법령상 일정자격 등이 필요한 상품과 관련하여 견련관계 없는 상품을 2개 이상 지정한 경우
2) 타인의 상표 선점이나 타인의 상표등록을 배제할 목적 등으로 출원하는 경우
   ⅰ) 가맹본부(법인)의 프랜차이즈 상표를 법인의 대표자 등 개인이 출원하는 경우
   ⅱ) 출원인이 연예인·방송프로그램·유명캐릭터 등의 명칭을 2개 이상의 비유사 상품을 지정하여 출원하는 경우
   ⅲ) 타인이 이미 제조판매·수입 품목허가·신고를 한 의약품 명칭과 동일한 의약품 명칭을 상표로 출원하는 경우
   ⅳ) 미성년자가 단독으로 출원하거나, 미성년자만으로 공동 출원한 경우. 다만, 출원된 상표를 사용하고 있는 사실이 있고 상표 사용분야와 견련관계가 있는 상품에 출원한 경우는 제외한다.
3) 개인이 대규모 자본 및 시설 등이 필요한 상품을 지정한 경우
4) 견련관계 없는 비유사 상품의 종류를 다수 지정한 경우

---

[5] 심사기준 제2부 제2장 2.3

MEMO

THEME 2 상표의 식별력 – 총론

Ⅰ. 식별력의 개념

상표의 식별력이란 i) 협의의 의미로 거래상 자타 상품을 식별케 하는 자타상품식별력 및 ii) 자유사용의 필요성을 의미하는 독점적응성을 포함한다.

Ⅱ. 상표등록요건으로서의 식별력 [Theme 7]

1. 제33조1항
2. 제33조2항

Ⅲ. 상표의 유사판단과 식별력

1. 상표의 유사판단 – 요부관찰의 법리와 식별력

2. 사용에 의한 식별력 취득과 상표의 유사 문제

(1) 사용에 의한 식별력 취득한 경우 유사판단시 요부로 작용할 수 있는 상품의 범위
  → 대법원 2008. 5. 15. 선고 2005후2977 판결 (**알파** 사건)

(2) 등록상표의 소극적 효력 – 사용금지효를 정함에 있어서의 문제
  1) 등록상표가 등록 전 사용에 의한 식별력 취득한 경우 [Theme 2-1]
    → 대법원 2008. 5. 15. 선고 2005후2977 판결 (**알파** 사건)
  2) 등록상표가 등록 후 사용에 의한 식별력 취득한 경우 [Theme 2-1]
    → 대법원 2014. 3. 20. 선고 2011후3698 전원합의체 판결 (뉴발란스 사건)
  3) 등록단계 – 등록금지효를 적용함에 있어서의 문제 [Theme 2-1]
    → 대법원 2013. 3. 28. 선고 2011후835 판결 (The Coffee Bean 사건)

Ⅳ. 상표권의 효력제한과 식별력

1. 제90조1항2호 내지 4호

2. 사용에 의한 식별력 취득과 제90조1항2호 및 4호와의 관계

(1) 등록 전 사용에 의한 식별력 취득한 경우 [Theme 2-2]
  → 대법원 2012. 11. 29. 선고 2011후774 판결 (SUPERIOR 사건)

(2) 등록 후 사용에 의한 식별력 취득한 경우 [Theme 2-2]
  → 대법원 1996. 5. 13. 자 96마217 결정 (재능교육 사건)

Ⅴ. 관련문제 [Theme 2-3]

1. 착오 등록 후 사용에 의한 식별력을 취득한 경우 무효사유의 하자가 치유되는지

2. 지리적표시의 식별력 – 제33조3항

THEME 2-1 상표의 식별력 – 상표의 유사판단과 식별력

Ⅰ. 상표의 유사판단

1. 유사판단의 기본원칙 – 判例

判例는, 양 상표의 외관, 관념, 칭호가 일반수요자의 직관적 인식을 기준으로, 전체적·객관적·이격적으로 관찰하여, 수요자 간에 거래상 출처오인 혼동의 염려가 있는지 여부로 판단한다.

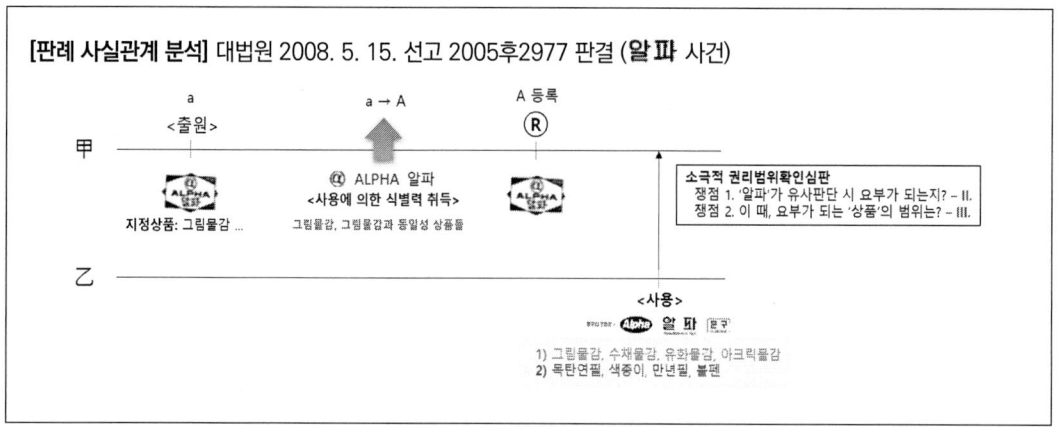

Ⅱ. 사용에 의한 식별력 취득한 경우 요부로 작용할 수 있는 상품의 범위

1. 문제점

① 식별력이 없는 부분은 요부가 될 수 없으나, ② 사용에 의하여 식별력을 취득한 경우 유사판단 시 요부가 될 수 있는지, ③ 요부로 볼 수 있는 경우, 그 상품의 범위가 문제된다.

2. 判例의 태도

判例는,[6] ① 상표의 구성 중 식별력이 없거나 미약한 부분과 동일한 표장이 ② 상표의 등록 또는 지정상품 추가등록 전부터 거래사회에서 오랜 기간 사용된 결과, ③ 수요자 간에 누구의 업무에 관련된 상품을 표시하는 것인가 식별할 수 있게 된 경우에는 그 부분은 ④ 사용된 상품에 관하여 식별력 있는 요부로 보아 유사 여부를 판단할 수 있으나, ⑤ 그렇다고 하더라도 그 부분이 사용되지 아니한 상품에 대해서까지 당연히 식별력 있는 요부가 됨을 전제로 하여 상표의 유사 여부를 판단할 수 없다고 판시하였다.

3. 검토 – 判例에서 제시한 논거

생각건대, 판례는 지나친 형식론에 입각하여 현실을 도외시했다는 비판이 있으나, ① 상표의 사용이란 언제나 상품과의 관계가 특정되어야 한다는 점, ② 제33조2항이 실제 사용한 상품에 한하여 인정한다는 점에서 판례의 태도에 수긍이 간다.

---

[6] 대법원 2008. 5. 15. 선고 2005후2977 판결 (**알파** 사건)

Ⅲ. 등록 전 사용에 의한 식별력 취득한 경우 - 소극적 효력

1. 문제점

① 식별력이 없는 부분은 요부가 될 수 없으나, ② 식별력이 없는 구성이 등록 전 사용에 의하여 식별력을 취득했다면 유사판단시 요부가 될 수 있는지 여부가 문제된다.

2. 판례의 태도

판례는, ① 상표의 구성 중 식별력이 없거나 미약한 부분과 동일한 표장이 ② 상표의 등록 또는 지정상품 추가등록 전부터 거래사회에서 오랜 기간 사용된 결과, ③ 수요자 간에 누구의 업무에 관련된 상품을 표시하는 것인가 식별할 수 있게 된 경우에는, 그 부분은 ④ 사용된 상품에 관하여 식별력 있는 요부로 보아 유사 여부를 판단할 수 있다고 판시하였다.

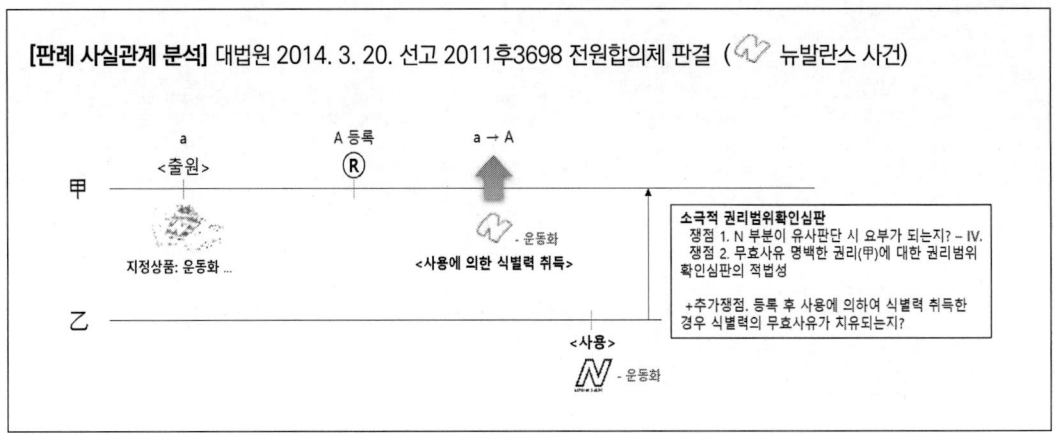

Ⅳ. 등록 후 사용에 의한 식별력 취득한 경우 - 소극적 효력

1. 문제점

① 식별력이 없는 부분은 요부가 될 수 없으나, ② 식별력이 없는 구성이 등록 후 사용에 의하여 식별력을 취득했다면 유사판단시 요부가 될 수 있는지 여부가 문제된다.

2. 전원합의체 판례의 태도

판례는[7] 과거 비요부설의 태도인 듯 하였으나 전원합의체 판례는, ① 상표의 식별력은 상표의 유사 여부와 동일한 시점을 기준으로 그 유무와 강약을 판단하여야 하며, ② 권리범위확인심판에서 등록상표와 확인대상표장의 유사 여부를 판단하기 위한 요소가 되는 등록상표의 식별력은 상표의 유사 여부를 판단하는 기준시인 심결 시를 기준으로 판단해야 하며, ③ 등록상표의 전부 또는 일부 구성이 등록결정 당시에는 식별력이 없거나 미약하였다고 하더라도 등록상표를 전체로서 또는 일부 구성 부분을 분리하여 사용함으로써 권리범위확인심판의 심결 시점에 이르러서는 수요자 사이에 누구의 상품을 표시하는 것인지 식별할 수 있게 될 정도가 되어 중심적 식별력을 가지게 된 경우에는, 이를 기초로 상표의 유사 여부를 판단해야 한다고 판시하였다.

---

[7] 대법원 2014. 3. 20. 선고 2011후3698 전원합의체 판결 (뉴발란스 사건)

3. 검토 – 判例에서 제시한 논거

생각건대, 상표유사판단에서는 자타상품을 구별할 수 있게 하는 식별력의 유무와 강약이 주요한 고려요소가 된다 할 것인데, 상표의 식별력은 상표가 가지고 있는 관념, 상품과의 관계, 당해 상품이 거래되는 시장의 성질, 거래 실태 및 거래 방법, 상품의 속성, 수요자의 구성, 상표 사용의 정도 등에 따라 달라질 수 있는 상대적·유동적인 것이라는 점에서 전원합의체 판례의 태도에 수긍이 된다.

> ※ 뉴발란스 전원합의체 판례에 대한 추가 논거
> 상표는 사용상품을 떠나서는 사용에 의한 식별력 취득을 인정하기 어렵다는 점, 제33조2항의 명문에 사용상품에 한한다는 태도에 비추어 볼 때 제한적 요부설이 타당하다고 생각됨

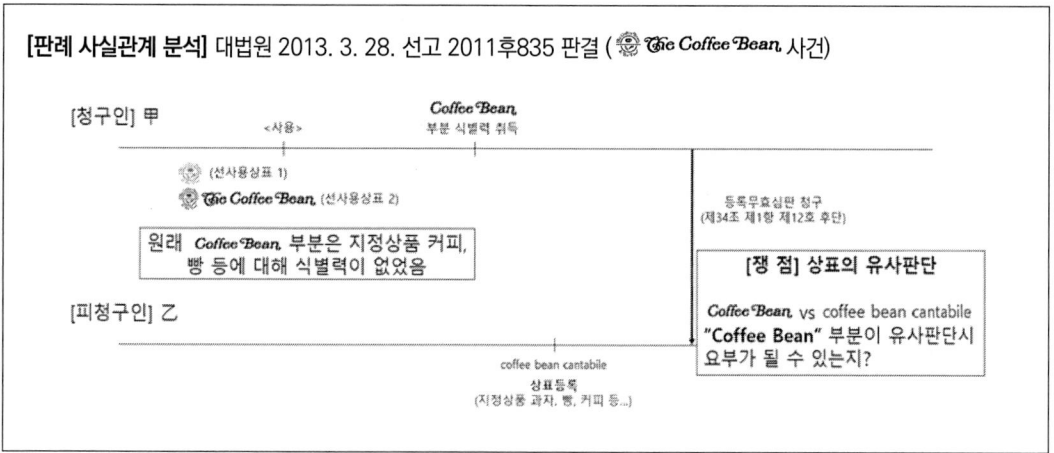

V. 등록금지효를 적용함에 있어서

1. 문제점

등록여부결정시 사용에 의하여 식별력을 취득한 경우, 그 부분이 유사판단 시 요부가 될 수 있는지와 그 범위가 문제된다.

2. 判例의 태도

判例는,[8] ① 등록상표가 제34조 제1항 제12호 후단에 해당하는지 여부를 판단하는 기준시는 등록여부결정시이므로, ② 선사용상표가 거래사회에서 오랜 기간 사용된 결과 등록상표의 등록결정시에 선사용상표의 구성 중 애초에는 식별력이 없었거나 미약하였던 부분이 수요자 간에 누구의 업무에 관련된 상품을 표시하는 것인가 식별할 수 있게 된 경우에는 ③ 선사용상표가 사용된 상품에 관하여 그 부분을 식별력 있는 요부로 보아 등록상표와 선사용상표 간의 상표 유사 여부를 살피고 등록상표가 수요자를 기만할 염려가 있는 상표에 해당하는지 여부를 판단할 수 있다고 판시하였다.

---

[8] 대법원 2013. 3. 28. 선고 2011후835 판결 (The Coffee Bean 사건)

THEME 2-2 상표의 식별력 – 상표권의 효력제한과 식별력

Ⅰ. 상표권의 효력제한 - 제90조1항2호 및 4호의 의의/취지

보통명칭 내지 성질직감표시를 보통으로 사용하는 방법으로 사용한 표장은 효력이 제한된다. 상표의 자유사용을 보장하기 위함이다.

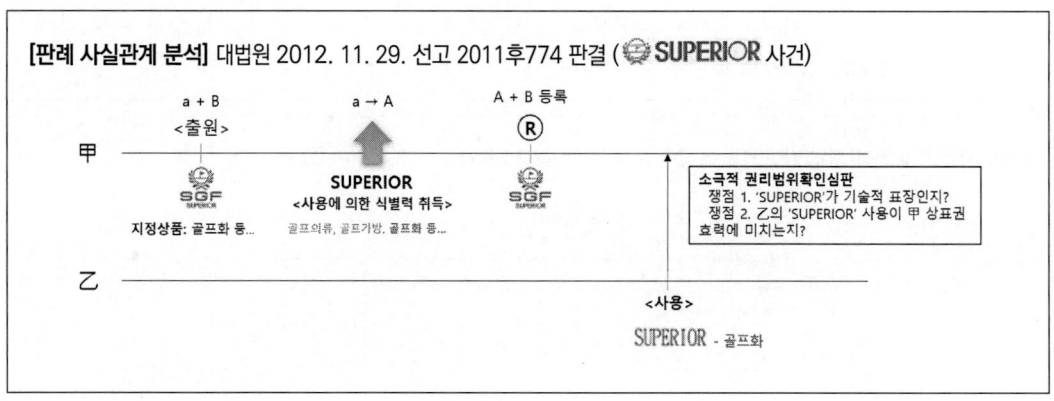

Ⅱ. 기술적 표장이 등록 전 식별력을 취득한 경우

1. 문제점

① 기술적 표장이 사용에 의하여 식별력을 취득한 경우 ② 제90조1항2호의 규정이 배제되는지 문제된다.

2. 判例의 태도

判例는,[9] 상표의 구성 중 식별력이 없거나 미약한 부분과 동일한 표장이 거래사회에서 오랜 기간 사용된 결과 상표의 등록 또는 지정상품 추가등록 전부터 사용에 의하여 식별력을 취득한 경우, 그러한 부분은 상표법 제90조 제1항 제2호에 의한 상표권 효력의 제한을 받지 않는다고 판시하였다.

3. 검토

생각건대, 제33조2항의 취지상 사용에 의한 식별력을 취득한 이상 독점배타적 권리를 확보했다고 볼 것이므로 판례의 태도가 타당하다.

---

[9] 대법원 2012. 11. 29. 선고 2011후774 판결 (SUPERIOR 사건)

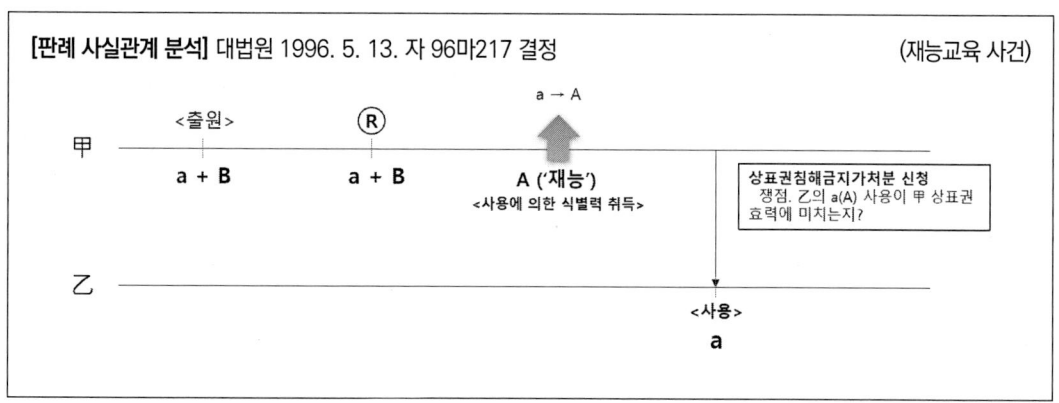

III. 기술적 표장이 등록 후 식별력을 취득한 경우

1. 문제점

① 기술적 표장이 등록결정당시 식별력이 없었으나, ② 등록 후 사용에 의하여 식별력을 취득하게 된 경우 ③ 제90조1항2호에 따라 효력제한되는지 문제된다.

2. 판례의 태도

판례는,[10] ① 기술적 표장이 상표법 제33조 제2항에 의하여 등록이 되었다면 그러한 등록상표는 같은 항에 의하여 식별력을 갖추게 된 것이어서 상표권자는 그 등록상표를 배타적으로 사용할 수 있는 권리를 가지게 되었다고 볼 것이며, 그러한 등록상표에 관한 한 그 상표권은 상표법 제90조 제1항 제2호 소정의 상표에도 그 효력을 미칠 수 있다고 보아야 하므로, ② 그 상표권자는 상표법 제90조 제1항 제2호의 규정에 불구하고 타인이 그 등록상표와 동일 또는 유사한 상표를 그 지정상품과 동일 또는 유사한 상품에 상표로서 사용하는 것을 금지시킬 수 있고, ③ 이는 기술적 상표가 등록이 된 이후에 사용에 의하여 상표법 제33조 제2항에서 규정한 식별력을 취득한 경우에도 마찬가지라고 봄이 상당하다.

---

10) 대법원 1996. 5. 13. 자 96마217 결정 - 재능교육 사건

THEME 2-3 상표의 식별력 – 기타 쟁점

Ⅰ. 착오 등록 후 사용에 의한 식별력 취득한 경우 무효사유의 하자 치유 여부

1. 문제점
① 등록단계에서 식별력 판단은 등록여부결정시이나, ② 등록 후 식별력을 취득한 경우, ③ 무효사유가 치유되는지 문제된다.

2. 학설
① [등록유효설] 사용에 의하여 식별력 취득시 하자가 치유되어 유효로 됨
② [등록무효설] 제33조2항은 등록여부결정시 기준이므로 무효사유로 남음

3. 판례의 태도
전원합의체 判例는,11) 등록 후 사용에 의하여 식별력 취득하여도 여전히 무효사유로 남고 하자가 치유되지 않는다고 판시하였다.

4. 검토
생각건대, 제117조에서 제33조 위반을 무효사유로 규정한다는 점, 부정경쟁방지법으로 보호가 가능한 점에서 판례의 태도가 타당하다.

[TIP] 지리적표시로서의 식별력이 문제되는 경우

제33조1항3호 (또는 제33조1항4호)
  (1) 의의 및 취지
  (2) 제33조3항
    제33조1항3호 중 '산지' 및 제33조1항4호에 해당되어도 등록 가능(제33조3항)
  (3) 사안의 경우

---

11) 대법원 2014. 3. 20. 선고 2011후3698 전원합의체 판결 (뉴발란스 사건)

MEMO

THEME 3-1 상표의 사용 – 총론

> 제2조(정의)
> ① 이 법에서 사용하는 용어의 뜻은 다음과 같다.
>   11. "상표의 사용"이란 다음 각 목의 어느 하나에 해당하는 행위를 말한다.
>   가. 상품 또는 상품의 포장에 상표를 표시하는 행위
>   나. 상품 또는 상품의 포장에 상표를 표시한 것을 양도·인도하거나 전기통신회선을 통하여 제공하는 행위 또는 이를 목적으로 전시하거나 수출·수입하는 행위
>   다. 상품에 관한 광고·정가표(定價表)·거래서류, 그 밖의 수단에 상표를 표시하고 전시하거나 널리 알리는 행위
> ② 제1항제11호 각 목에 따른 상표를 표시하는 행위에는 다음 각 호의 어느 하나의 방법으로 표시하는 행위가 포함된다.
>   1. 표장의 형상이나 소리 또는 냄새로 상표를 표시하는 행위
>   2. 전기통신회선을 통하여 제공되는 정보에 전자적 방법으로 표시하는 행위

Ⅰ. 침해에 있어서의 상표의 사용

1. 상표적 사용의 의미 [형식/실질]

상표적 사용이란, ① 형식적으로 제2조1항11호 각 목(및 제2조2항)에 해당되고, ② 실질적으로 출처표시기능이 발휘되도록 사용하는 것을 의미한다.

2. 판단기준 [상.태.주.의]

상표의 출처표시기능이 발휘되는지 여부는, ① 상품과의 관계, ② 해당 표장의 사용 태양, ③ 등록상표의 주지·저명성, ④ 사용자의 의도와 사용경위 등을 종합하여 실제 거래계에서 그 표시된 표장이 상품의 식별표지로서 사용되고 있는지 여부를 종합하여 판단하여야 한다.12)

Ⅱ. 불사용취소심판에 있어서의 상표의 사용

1. 문제점

상표권자 甲은(순전한 디자인적으로 사용하는 등) 출처표시로서 사용하지 않았는바, 이러한 사용이 제119조1항3호를 면하기 위한 사용인지 문제된다.

2. 判例의 태도 [식.의.출.인]

상표법 제119조 제1항 제3호, 제4항에서 규정하는 '등록상표의 사용' 여부 판단에서는 ① 상표권자 또는 사용권자가 자타상품의 식별표지로서 사용하려는 의사에 터 잡아 등록상표를 사용한 것으로 볼 수 있는지가 문제될 뿐 ② 일반 수요자나 거래자가 이를 상품의 출처표시로서 인식할 수 있는지는 등록상표의 사용 여부 판단을 좌우할 사유가 되지 못한다.13)

---

12) 대법원 2013. 1. 24. 선고 2011다18802 판결 등
13) 대법원 2012. 5. 9. 선고 2011후4004 판결 (쯔비벨무스터 사건)

3. 비판적 태도 [본.객.취]

이러한 법리는 ① 거래계의 식별표지라는 상표의 본질에 맞지 아니하고, ② 판단의 객관성을 담보할 수 없으며, ③ 등록상표의 사용을 촉진하여 공권에 의한 폐해를 막고자 하는 본 취소심판제도의 취지에 역행한다고 보아 부당하다는 견해가 있다.

4. 검토 - 判例의 논거 [촉.불.제재]

생각건대, 불사용으로 인한 상표등록취소심판제도는 등록상표의 사용을 촉진하는 한편 그 불사용에 대한 제재를 가하려는 데에 그 목적이 있다는 점에서 판례의 태도가 타당하다고 본다.

[답안 Formation] 침해에 있어서 상표의 사용

1. 상표적 사용의 의미 및 판단방법(判例) [형식/실질/상.태.주.의]

    ① 형식적으로 제2조1항11호 각 목(및 제2조2항)에 해당되고, ② 실질적으로 출처표시기능이 발휘되도록 사용하는 것을 의미한다. 判例는, 상품과의 관계, 해당 표장의 사용 태양, 등록상표의 주지저명성, 사용자의 의도 및 사용경위를 종합하여 판단한다.

2. [Theme 1-2의 개별 논점 목차화]

3. 사안의 경우

THEME 3-2 상표의 사용 – 형식적 의미의 상표의 사용

I. 형식적 사용

1. 표시행위
'상품 또는 상품의 포장에 상표를 표시하는 행위'를 말한다(제2조 제1항 제11호 가목).

> **[쟁점] 제품의 내부에 표시된 경우**
>
> **1. 문제점**
> 상품의 내부에 표시된 표장이 상표의 사용에 해당하는지 여부가 문제된다.
>
> **2. 판례의 태도** [내.유.통.존.분.인]
> 상품의 내부에 표시된 표장으로서 그 상품의 **유통**이나 **통상**적인 사용 혹은 유지행위에 있어서는 그 **존재**조차 알 수 없고, 오로지 그 상품을 **분해**하여야만 거래자나 일반 수요자들이 **인식**할 수 있는 표장은 그 상품에 있어서 상표로서의 기능을 다할 수 없을 것이므로 이를 가리켜 상표법에서 말하는 상표라고 할 수 없다.14)
>
> **3. 검토**
> 생각건대, 상표법상 '표시'란 거래 시 수요자가 인식할 수 있음이 전제되어야 한다는 점에서 *判例*의 태도가 타당하다.
>
> **4. 사안의 경우**
> 사안에서 乙이 판매한 원격조정기(리모콘)의 내부에 조립되어 기능하는 부품의 일종으로서 원격조정기의 유통이나 통상적인 사용 혹은 유지행위에 있어서는 그 존재조차 알 수 없고, 오로지 위 원격조정기를 분해하여야만 거래자나 일반 수요자들이 인식할 수 있는 내부회로기판 위에 표기된 위 'SONY' 표장을 가리켜 이를 상표로서 사용된 상표라고 할 수 없다.

2. 유통행위
'상품 또는 상품의 포장에 상표를 표시한 것을 양도·인도하거나 전기통신회선을 통하여 제공하는 행위 또는 이를 목적으로 전시하거나 수출·수입하는 행위'를 말한다(제2조 제1항 제11호 나목).

3. 광고행위
1) '상품에 관한 광고·정가표·거래서류, 그 밖의 수단에 상표를 표시하고 전시하거나 널리 알리는 행위'를 말한다(제2조 제1항 제11호 다목).
2) **[쟁점]** 키워드 광고의 사용   [Theme 15-3. 기타 상표법상 쟁점]

---
14) 대법원 2005. 6. 10. 선고 2005도1637 판결 (SONY 사건)

> **[쟁점] '거래서류'의 개별 사례**
>
> **1. 명함이 거래서류인지 여부**
> ① '명함'은 일반적으로 거래서류라고 볼 수 없으나, ② 判例는,15) 명함 이면에 상표를 수기로 써서 구매자에게 교부한 경우 이 때의 명함 이면은 판매된 물품을 확인해주는 거래서류에 해당한다고 판시하였다. ③ 생각건대, 거래서류인지 여부는 거래 시 실제 제공되는 서류인지 여부로 판단한다는 점에서 판례의 태도가 타당하다.
>
> **2. 영수증이 거래서류인지 여부**
> ① 영수증은 원칙적으로 거래서류에 해당하나, 판례는,16) ② 세관에 제출하는 '수입신고서' 또는 '세무서에 세원관리 또는 세금신고 등을 위하여 제출하는 영수증'은 거래서류가 아니라고 판시하였다. ③ 생각건대, 거래서류인지 여부는 거래 시 실제 제공되는 서류인지 여부로 판단한다는 점에서 판례의 태도가 타당하다.

3) [判例] 거래서류의 의미17)

判例는, 제2조1항11호(다)목의 '거래서류'에는 거래에 제공되는 서류로서 주문서, 납품서, 송장, 출하안내서, 물품영수증, 카탈로그 등이 포함된다고 판시한다.

이어서 判例는, 상품의 판매업자가 지정상품과의 구체적인 관계에서 자기의 상품과 타인의 상품을 식별하기 위하여 상품에 관한 거래서류에 상표를 표시하고 상품거래과정에서 일반 공중에 속하는 거래상대방에게 이를 교부하였다면, 그러한 행위를 통해 그 거래서류를 일반 공중이 인식할 수 있는 상태에 두었다고 볼 수 있으므로, 특별한 사정이 없는 한 위와 같은 행위는 상품에 관한 거래서류에 상표를 표시하고 널리 알리는 행위로서 (다)목이 규정하고 있는 상표의 사용에 해당한다고 하였다.

4. 제2조 제2항에 따른 상표의 사용

(1) 제2조 제2항 제1호 - 특수한 유형의 표장의 사용행위

'표장의 형상이나 소리 또는 냄새로 상표를 표시하는 행위'를 말한다(제2조 제2항 제1호). 2016년 9월 1일 시행 개정법에 따라 신설되었다.

(2) 제2조 제2항 제2호 - 온라인상에서의 사용행위

'전기통신회선을 통하여 제공되는 정보에 전자적 방법으로 표시하는 행위'를 말한다(제2조 제2항 제2호).

---

15) 대법원 2002. 11. 13. 선고 2000마4424 결정
16) 대법원 2002. 11. 13. 선고 2000마4424 결정
17) 대법원 2023. 5. 18. 선고 2022후10265 판결 [등록취소(상)] (컨투어 코일 사건)

[쟁점] 서비스에 대한 상표의 사용행위

1. 문제점

상표법 제2조 제1항 제11호는 '유형적인 상품'을 상정하여 입법된 사용태양에 대한 규정으로, '무형적인 서비스'에 대한 사용에서 그 해석이 문제된다.

2. 판례의 태도

① 서비스업에 관한 **광고·정가표·거래서류·간판** 또는 표찰에 상표를 표시하고 이를 **전시·반포**하는 행위, ② 서비스의 제공시 수요자의 이용에 **공여**되는 **물건** 또는 서비스의 제공에 관한 **수요자의 물건**에 표장을 표시하는 행위, ③ 서비스의 제공시 수요자의 이용에 **공여되는 물건**에 표장을 표시한 것을 이용하여 서비스를 제공하는 행위 또는 ④ 서비스의 제공에 **이용하는 물건**에 표장을 표시한 것을 서비스의 제공을 위하여 전시하는 행위 등이 포함된다고 판시하였다.18)

3. 검토

생각건대, 서비스에 관한 상표는 통상 유형물인 상품과는 달리 수요자에게 제공되는 무형의 서비스를 표장의 대상으로 하는 것이므로 그 서비스 자체에 상표를 직접 사용할 수는 없으며, 이러한 상품과 서비스의 차이를 고려할 때, **판례**의 태도가 타당하다.

〈서비스에 관한 상표의 사용 - 판례 구조〉

① 제2조1항11호 다목 [광고.전.반]	① 서비스업에 관한 **광고·정가표·거래서류·간판** 또는 표찰에 상표를 표시하고 이를 전시 또는 반포하는 행위
② 제2조1항11호 가목 [공여물건/수요자물건]	② 서비스의 제공시 수요자의 이용에 **공여**되는 **물건** 또는 당해 서비스의 제공에 관한 **수요자의 물건**에 표장을 표시하는 행위
③ 제2조1항11호 나목 [공여물건/이용물건/ 표시+서비스 제공]	③ 서비스의 제공시 수요자의 이용에 **공여**되는 물건에 표장을 **표시**한 것을 이용하여 **서비스를 제공**하는 행위 또는
	④ 서비스의 제공에 **이용**하는 물건에 표장을 **표시**한 것을 **서비스**의 제공을 위하여 전시하는 행위

---

18) 대법원 2011. 7. 28. 선고 2010후3080 - 木村屋 사건

> **[쟁점] 요식업 분야에 있어서 상표의 사용**
>
> **1. 문제점**
> 요식업 분야에서 '조리한 음식물 자체'에 대한 상표의 사용인지 '해당 요식업에 대한 상표'인지 여부가 문제된다.
>
> **2. 판례의 태도**
> 판례는,19) 제과점업에 대한 상표가 표시된 나무상자 등에 즉석으로 구운 빵을 담아 판매한 경우, 즉석으로 구운 빵은 이 유통과정에 놓이는 것은 아니어서 제과점업에 대한 상표로 정당하게 사용할 뿐, 빵에 대한 상표로 사용한 것은 아니라고 판시하였다.
>
> **3. 사안의 경우**
> 사안에서, ~~는 주문자의 주문에 따라 조리한 음식의 포장판매로서 서비스에 대한 출처표시로 봄이 타당하다.
> 사안에서, ~~는 대량생산을 목적으로 제조된 음식물로서, 기성품이 유통과정에 제공되고 있으므로 상품(물건)에 대한 출처표시로 봄이 타당하다.

---

19) 대법원 2011. 7. 28. 선고 2010후3080 - 木村屋 사건

THEME 3-3 상표의 사용 – 실질적 의미의 상표의 사용

Ⅰ. 제품에 관한 설명적 문구 또는 용도나 규격표시 등으로 사용된 경우

1. 상표적 사용의 의미 및 판단방법

2. 판례의 태도 [출.아.내.설]

1) 타인의 등록상표와 유사한 표장을 이용한 경우라고 하더라도 그것이 상표의 본질적인 기능이라고 할 수 있는 출처표시를 위한 것이 아니라 서적의 내용 등을 안내·설명하기 위하여 사용되는 등으로 상표의 사용으로 인식될 수 없는 경우에는 등록상표의 상표권을 침해한 행위로 볼 수 없다.[20]

2) 등록상표를 사용하였다고 하더라도 그 출처표시가 명백하고, 부품 등의 용도설명 등을 위하여 사용한 것에 불과하므로 이를 가지고 등록상표를 사용한 것으로 볼 수 없다.[21]

3. 검토

생각건대, 안내 및 설명을 위한 표시는 출처표시를 위한 표시가 아니므로, 상표의 기능이 발휘되기 어렵다는 점에서 판례처럼 상표적 사용을 부정함이 타당하다.

Ⅱ. 디자인적 사용 - 순전한 디자인적 vs 출처표시기능 발휘되는 사용

1. 상표적 사용의 의미 및 판단방법

2. 판례의 태도 [디.상.배.디.형.모.출/타.동.유.본.출.순.디]

1) 디자인과 상표는 배타적·선택적인 관계에 있는 것이 아니므로 디자인이 될 수 있는 형상이나 모양이라고 하더라도 그것이 상표의 본질적인 기능이라고 할 수 있는 자타상품의 출처표시를 위하여 사용되는 것으로 볼 수 있는 경우에는 위 사용은 상표로서의 사용이라고 보아야 한다.[22]

2) 타인의 등록상표와 동일 또는 유사한 표장을 이용한 경우라고 하더라도 그것이 상표의 본질적인 기능이라고 할 수 있는 출처표시를 위한 것이 아니라 순전히 디자인적으로만 사용되는 등으로 상표의 사용으로 인식될 수 없는 경우에는 등록상표의 상표권을 침해한 행위로 볼 수 없다 하여 상표적 사용이 아니다.[23]

3. 검토

생각건대, ① 상표는 '출처표시기능'을 본원적 기능으로 가지고 있고, ② 상표법은 '상표의 기능'을 보호함이 취지라는 점에서 판례의 태도가 타당하다.

4. 사안의 경우 [Theme. 2-4-1]

---

20) 대법원 2003. 10. 10. 선고 2002다63640 판결 (Windows 사건)
21) 대법원 2001. 7. 13. 선고 2001도1355 판결 (신일ENG 사건)
22) 대법원 2013. 3. 28. 선고 2010다58261 판결 (포트메리온 사건)
23) 대법원 2013. 1. 24. 선고 2011다18802 판결 (아가타 사건)

Ⅲ. 창작물의 명칭에 대한 사용 [Theme. 2-4-2]

Ⅳ. 포장용 상자에 사용

1. 상표적 사용의 의미 및 판단방법

2. 사안의 경우

[상.태.주.의 관련 사안포섭 문구]라는 점에서, 포장의 재료 자체에 대한 상표로 보기 어렵고, 포장의 목적이 되는 내용물로 출처표시기능을 발휘하므로, ~

Ⅴ. 완성품과 부품에 대한 사용[24]

1. 상표적 사용의 의미 및 판단방법

2. 구체적 판단방법

① 완성품의 표면에 표시된 상표의 사용태양, ② 다른 식별표지의 유무, ③ 상표의 주지저명성 등을 고려하여, 그 상표가 완성품에 대한 출처표시인지 원재료에 대한 출처표시인지 개별적으로 판단해야 한다.

3. 의류에 대한 사용의 경우

의류에 별도의 식별표지가 있는 상태에서, 별도의 종이태그를 부착하여 특정한 표장을 표시한 경우, 그 표장은 의류의 원재료에 대한 출처표시로서 인식되는 경우가 많다.

[쟁점] 광고매체가 되는 물품에 대한 사용

1. 문제점

상표의 사용이란, 상품 또는 상품의 포장에 상표를 표시하는 행위를 의미한다(제2조 제1항 제11호 각목). 다만, ㅃ이 잡지의 부록에 표시하여 사용한 것이 상표법상 사용인지 여부가, 상표법상 상품의 의미와 관련하여 문제된다.

2. 판례의 태도 [교.독.상.목]

判例는 ① '상품'이란, 그 자체가 교환가치를 가지고 독립된 상거래의 목적물이 되는 물품을 의미한다 할 것이므로, 거래시장에서 유통되지 않는 '광고매체 물품'은 비록 그 물품에 상표가 표시되어 있다고 하더라도, ② 물품에 표시된 상표 이외의 다른 문자나 도형 등에 의하여 광고하고자 하는 상품의 출처표시로 사용된 것으로 인식할 수 있는 등의 특별한 사정이 없는 한, ③ 그 자체가 교환가치를 가지고 독립된 상거래의 목적물이 되는 물품이라고 볼 수 없고, ④ 따라서 이러한 물품에 상표를 표시한 것은 상표의 사용이라고 할 수 없다고 판시하였다.

3. 검토

생각건대, 광고의 매체가 되는 물품은 유통성이 있다고 보기 어렵고, 대체성도 없으므로 상표법상 상품이 될 수 없어, 判例의 태도가 타당하다.

---

[24] 대법원 2009. 7. 23. 선고 2009도310 판결 (MENTIS 사건)

> **[쟁점] 무상 제공된 부분만 분리하여 상품성을 부정할 수 있는지 여부(광고매체물품/사은품의 경우)**[25]
>
> **1. 문제점**
> 피고인은 2014. 4. 10.경 스피도홀딩스 비브이가 상표권자인 이 사건 상표를 임의로 표시한 이 사건 수건 1,000개를 생산하였고, 그 중 일부는 유상으로 판매, 다른 일부는 사은품 내지 판촉용으로 무상 제공하였는바, 이를 분리하여 상표의 사용 및 유죄의 여부가 달라지는지 문제된다.
>
> **2. 판례의 태도**
> 1) 判例는, 상표법상 상품이란 그 자체가 교환가치를 가지고 독립된 상거래의 목적물이 되는 물품으로 정의하였다.
> 2) 이어서 判例는, 상표법상 상품에 해당하는 상품들 중 일부가 사은품 또는 판촉물로서 무상으로 제공되었다고 하더라도 무상으로 제공된 부분만을 분리하여 그 상품성을 부정할 것은 아니라고 판시하였다.
>
> **3. 검토**
> 생각건대, 운반가능한 유체물로서 반복거래의 대상이라면 상표법상 상품이 될 수 있다는 점, 상표가 사용될 상품의 성격은 어떠한 경우에도 상표등록의 장애를 형성하지 않는다는 점(파리조약 제7조)에서 판례의 태도가 타당하다.

---

[25] 대법원 2022. 3. 17. 선고 2021도2180 판결 [상표법위반] (SPEEDO 사건)

THEME 3-4-1

상표의 사용 – 디자인적 사용 Cases
(판례의 사안포섭 방법 심화학습)

①상품과의 관계 ②해당 표장의 사용 태양 ③등록상표의 주지·저명성 ④사용자의 의도와 사용경위

⬇

상표적 사용? 디자인적 사용?

Ⅰ. 판례원문에서 쓰이는 [① 상품과의 관계] 관련 문구

1. 상표적 사용을 긍정한 판례
  ⅰ) 일반적으로 가방이나 지갑 제조업체는 일반 수요자가 외관상 눈에 잘 띄는 부분을 보고 그 상품의 출처를 식별하는 관행을 감안하여 상표가 제품의 외관과 조화를 이루면서 융화될 수 있도록 그 표시 위치와 크기를 결정하여 제품에 상표를 표시한다고 할 것[26]

2. 상표적 사용을 부정한 판례
  ⅰ) 목걸이용 펜던트(pendant)에 있어 그 펜던트의 형상은 주로 시각적, 심미적 효과를 통해 소비자의 구매 욕구를 자극하는 요소이고, 펜던트의 형상 자체가 당해 상품의 출처를 표시하기 위한 목적으로 사용되는 것이 일반적이라고 보기 어려움[27]
  ⅱ) 통상 접시 등의 그릇의 앞면 내지 표면의 무늬나 장식으로 각종 꽃이나 과일 등의 문양이 사실적으로 묘사된 도형이 사용되는 경우가 많고, … , 접시 등을 생산·판매하는 자들도 그 제조업체를 그릇의 뒷면에 별도로 표시하는 것이 일반적이라고 할 것이므로[28]

Ⅱ. 판례원문에서 쓰이는 [② 해당 표장의 사용 태양] 관련 문구

1. 상표적 사용을 긍정한 판례
  ⅰ) 이 사건 등록상표는 격자무늬를 형성하는 선들의 색상 및 개수·배열순서 등에 의하여 ① 수요자의 감각에 강하게 호소하는 독특한 디자인적 특징을 가지고 있고 ② 주로 의류 등 상품의 표면 또는 이면의 상당 부분에 표시되는 형태로 사용되어 그 상품을 장식함과 동시에 피해자 회사의 출처도 함께 표시하는 기능을 수행하여 오고 있는 점[29]
  ⅱ) 동일한 방향으로 연속적으로 배열됨으로써 전체적으로 세 갈래 잎이 일렬로 연결되어 원형을 이루는 도형상표로서 이전의 도자기그릇류에서 볼 수 없었던 독특한 문양의 상표인 사실[30]

2. 상표적 사용을 부정한 판례
  ⅰ) 피고는 원고 등록상표의 출원 이전부터 강아지를 비롯한 다양한 동물을 형상화한 크리스털 재질의 펜던트 등을 제조·판매하여 왔으며, 피고 이외의 장신구업체들도 강아지 형상을 이용한 목걸이 펜던트 등을 널리 제조·판매하여 옴[31]
  ⅱ) 확인대상표장이 법랑냄비의 한쪽 손잡이 부분에서부터 다른 한쪽 손잡이 부분에 이르기까지 옆면 거의 전체에 넓게 배치되어 사용되는 점[32]

---

26) 대법원 2013. 3. 14. 선고 2010도15512 판결 (루이비통 사건)
27) 대법원 2013. 1. 24. 선고 2011다18802 판결 (아가타 사건)
28) 특허법원 2012. 8. 24. 선고 판결 (쯔비벨무스터 법랑냄비 사건)
29) 대법원 2013. 2. 14. 선고 2011도13441 판결 (버버리리미티드 사건)

Ⅲ. 판례원문에서 쓰이는 [③ 등록상표의 주지·저명성] 관련 문구

1. 상표적 사용을 긍정한 판례
ⅰ) (~~ 사용실적 제시 ~~) 한다는 점에서 등록상표는 의류 등의 상품에 관하여 甲의 출처표시로서 널리 알려져 있는 점33)
ⅱ) 국내에서 피해자의 상품 출처를 표시하는 표지로 널리 인식되어 있는 주지저명상표인 점34)

2. 상표적 사용을 부정한 판례
ⅰ) 원고의 등록상표가 국내 일반 수요자들에게 어느 정도 알려진 것으로 보이기는 하나, 피고의 등록상표 역시 국내 일반 수요자들에게 상당히 알려진 것으로 보임35)

Ⅳ. 판례원문에서 쓰이는 [④ 사용자의 의도와 사용경위] 관련 문구

1. 상표적 사용을 긍정한 판례
ⅰ) 이 사건 등록상표의 전체적 구성, 배열 형태, 표현방법과 같은 방식으로 조합한 피고인 사용표장의 형태로 피고인 사용표장을 사용하는 가방이나 지갑 제품 외부의 대부분에 표시36)
ⅱ) 피고(저자: 침해자) 표장 제품들은 2006년경과 2010년경 인터넷 쇼핑몰인 옥션 등에서 (저자: 별도로) '포트메리★스타일', '포트메리온 st 접시' 또는 '명품' 등으로 선전, 광고 판매하여 온 사실37)

2. 상표적 사용을 부정한 판례
ⅰ) 피고 제품의 이면은 물론 피고 제품의 포장 및 보증서에(저자: 도) 피고의 등록상표가 표시되어 있다는 점38)
ⅱ) 피고가 제품의 출처표시를 위하여 법랑냄비의 밑면에 X과 같이 구성된 표장을 별도로 사용하고 있는 점39)

---

30) 대법원 2013. 3. 28. 선고 2010다58261 판결 (포트메리온 사건)
31) 대법원 2013. 1. 24. 선고 2011다18802 판결 (아가타 사건)
32) 특허법원 2012. 8. 24. 선고 판결 (쯔비벨무스터 법랑냄비 사건)
33) 대법원 2013. 2. 14. 선고 2011도13441 판결 (버버리리미티드 사건)
34) 대법원 2013. 3. 14. 선고 2010도15512 판결 (루이비통 사건)
35) 대법원 2013. 1. 24. 선고 2011다18802 판결 (아가타 사건)
36) 대법원 2013. 3. 14. 선고 2010도15512 판결 (루이비통 사건)
37) 대법원 2013. 3. 28. 선고 2010다58261 판결 (포트메리온 사건)
38) 대법원 2013. 1. 24. 선고 2011다18802 판결 (아가타 사건)
39) 특허법원 2012. 8. 24. 선고 판결 (쯔비벨무스터 법랑냄비 사건)

THEME 3-4-2 상표의 사용 - 창작물의 명칭

일반적 판단기준	①상품과의 관계	②해당 표장의 사용 태양	③등록상표의 주지·저명성	④사용자의 의도와 사용경위
서적에서의 판단기준	①당해 서적 등의 성격	②제호의 사용태양	③광고 실적	④시리즈물의 출시여부
음반에서의 판단기준	①음반의 종류 및 성격	②제명이 내용 등을 직접적으로 표시하는지 여부 ③실제 사용 태양	④광고 판매 실적 및 기간	⑤동일 제명이 사용된 후속 시리즈 음반의 출시 여부

⬇

상표적 사용?
단순한 제호/제명으로서 사용?

Ⅰ. 상표적 사용의 의미 및 판단방법

Ⅱ. 서적의 제호에 대한 경우

1. 원칙　　　　　　　　　　　　　　　　　　　　　　　　　　　　　　　　[내.표.출.표/식별]

判例는,[40] 서적의 제호는 서적의 내용을 표시할 뿐 출판사 등 그 출처를 표시하는 것은 아니어서 원칙적으로 그 상품을 다른 상품의 상품과 식별되도록 하기 위하여 사용하는 표장이 아니므로, 출처표시로서 기능하기 어렵다.

2. 예외 - 判例의 태도　　　　　　　　　　　　　　　　　　　　　　　　　　　　[성.사.시 광]

나난 判例는, ① 서적 등의 성격, ② 제호의 사용 태양, ③ 후속 시리즈물의 출시여부, ④ 광고 실적 및 기간 등 구체적 개별적 사정에 따라 수요자 간에 서적의 출처표시로서 인식되는 경우 상표적 사용이라고 판시하였다.

Ⅲ. 음반의 제명에 대한 경우

1. 判例의 태도　　　　　　　　　　　　　　　　　　　　　　　　　　　　　[성.사.시.광 + 직]

1) [원칙] 判例는,[41] 음반의 제명은 특별한 사정이 없는 한 그 음반에 수록된 해당 저작물의 창작물로서의 명칭 내지는 그 내용을 함축적으로 나타내는 것이어서 상품의 출처를 표시하는 기능을 하기 어려운 경우가 대부분이나,

---

[40] 대법원 2002. 12. 10. 선고 2000후3395 판결 (리눅스 사건)
[41] 대법원 2007. 1. 25. 선고 2005다67223 판결 (진한커피 사건)

2) **[예외]** 음반은 일반 유체물과 마찬가지로 독립된 거래의 대상이 되는 상품이므로, ① 음반의 종류 및 성격, ② 음반의 제명이 저작물의 내용 등을 직접적으로 표시하는지 여부 및 ③ 실제 사용 태양, ④ 동일 제명이 사용된 후속 시리즈 음반의 출시여부, ⑤ 광고 판매 실적 및 기간 등 구체적 개별적 사정 여하에 따라 음반의 제명이 일반 수요자에게 상품의 출처를 표시하고 자기의 업무에 관계된 상품의 타인의 업무에 관계된 상품을 구별하는 표지로서 인식되는 때에는, 그 음반의 제명은 단순히 창작물의 내용을 표시하는 명칭에 머무르지 않고 자타상품의 식별표지로서 기능한다고 판시하였다.

[참고] 뮤지컬의 명칭이 부정경쟁방지법 제2조1호(나)목의 '영업표지'에 해당하는지 여부
— 뮤지컬 CATS 사건

1. 문제점

뮤지컬은 악곡, 가사 등이 결합되어 극의 구성에 긴밀하게 짜 맞추어진 연극저작물의 일종으로, 뮤지컬의 제목이 부정경쟁방지법 제2조1호(나)목의 '영업표지'에 해당하는지 여부가 문제된다.

2. 판례의 태도 [동.계.시.기.객.광/공.차.특.표]

1) **[원칙]** 판례는,[42] 제목은 특별한 사정이 없는 한 해당 뮤지컬의 창작물로서의 명칭 또는 내용을 함축적으로 나타내는 것에 그치고 그 자체가 바로 상품이나 영업의 출처를 표시하는 기능을 가진다고 보기는 어려우나,

2) **[예외]** 뮤지컬은 제작·공연 등의 영업에 이용되는 저작물이므로, ① 동일한 제목으로 동일한 각본·악곡·가사·안무·무대미술 등이 이용된 뮤지컬 공연이 ② 회를 거듭하여 계속적으로 이루어지거나 동일한 제목이 이용된 후속 시리즈 뮤지컬이 제작·공연된 경우에는, ③ 공연 기간과 횟수, ④ 관람객의 규모, ⑤ 광고·홍보의 정도 등 구체적·개별적 사정에 비추어 뮤지컬의 제목이 거래자 또는 수요자에게 해당 뮤지컬의 공연이 갖는 차별적 특징을 표상함으로써 구체적으로 누구인지는 알 수 없다고 하더라도 특정인의 뮤지컬 제작·공연 등의 영업임을 연상시킬 정도로 현저하게 개별화되기에 이르렀다고 보인다면, '영업표지'에 해당한다고 판시하였다.

---

42) 대법원 2015. 1. 29. 선고 2012다13507 판결 (뮤지컬 CATS 사건)

THEME 4 비전형상표 및 특유표장

[답안 Formation] 등록가능성을 묻는 문제 / 무효사유 검토 문제

1. **[비전형상표]의 의의 및 취지**

2. **식별력 여부 검토**
   (1) 제33조1항   (2) 제33조2항   (3) 사안의 경우

3. **기능성 검토**
   (1) 판단기준 - 판례/심사기준   (2) 사안의 경우

4. **기타 부등록사유 검토 - 표장의 특정 문제**

5. **결론 - 사안의 해결**

[답안 Formation] 침해 여부를 묻는 문제

- [보호범위] 상표의 유사판단
- [정당권원] (입체상표/소리상표) 정당권리자 항변 시 제92조1항, 2항 문제
- [효력제한] 제90조1항2/4/5호, (입체상표) + 제90조1항3호
- [권리남용] 무효사유 빠르게 검토 후 권리남용의 항변

THEME 4-1 입체상표

Ⅰ. 입체상표의 의의 및 도입배경 [기.국.게]

3차원 입체적 형상 자체나 그 형상에 기호 문자 등 다른 구성요소가 결합된 상표이다. 기술 발전 및 거래실정 반영하고, 국제추세에 부응하고자 97년 개정법에서 도입되었다.

Ⅱ. 입체상표의 등록요건

1. 식별력의 존부 - 제33조

(1) 제33조1항3호
- [쟁점] 입체상표에 있어서 제33조 제1항 제3호의 판단방법(블록쌓기 사건)
- [쟁점] 입체적 형상에 기호·문자 등이 결합된 경우의 판단

[쟁점] 입체상표에 있어서 제33조 제1항 제3호의 판단방법(블록쌓기 사건)

1. 제33조1항3호의 의의 및 취지

지정상품의 성질직감표시를 보통으로 사용하는 방법으로 표시하는 표장만으로 된 상표는 등록받을 수 없다. 자타상품식별력 및 독점적응성이 없기 때문이다.

2. 판단방법 - 判例의 태도   [예시① ② ③ + 이례적 + 독특]

그 입체적 형상이 해당 지정상품이 거래되는 시장에서 ① 그 상품 등의 통상적·기본적인 형태에 해당하거나, ② 거래사회에서 채용할 수 있는 범위 내에서 이를 변형한 형태에 불과하거나 또는 당해 상품 유형에 ③ 일반적으로 잘 알려진 장식적 형태를 단순히 도입하여 이루어진 형상으로서 그 상품의 장식 또는 외장으로만 인식되는 데에 그칠 뿐, **이례적이거나 독특한 형태상의 특징**을 가지고 있는 등으로 수요자가 상품의 출처표시로 인식할 수 있는 정도의 것이 아니라면, 이에 해당한다고 보아야 한다.43)

[쟁점] 입체적 형상에 기호·문자 등이 결합된 경우의 판단(인공고관절볼 사건)

1. 문제점

입체적 형상에 기호 기호·문자·도형 등이 결합된 경우 입체적 형상만으로 식별력을 판단해야 하는지 여부가 문제된다.

2. 판례의 태도

입체적 형상과 기호·문자·도형 등이 결합된 상표라고 하여 식별력의 판단에서 다른 일반적인 결합상표와 달리 보아서는 안 되므로, 입체적 형상 자체에는 식별력이 없더라도 식별력이 있는 기호·문자·도형 등과 결합하여 전체적으로 식별력이 있는 상표에 대하여 상표법 제33조 제1항 제3호 등에 해당한다는 이유로 상표등록을 거절하여서는 안 된다고 판시하였다.44)

---

43) 대법원 2014. 10. 15. 선고 2012후3800 판결 (블록쌓기 사건)

3. 검토 – 판례의 논거

생각건대, ① 입체적 형상에 다른 식별력이 있는 기호·문자·도형 등이 결합되어 있는 상표에 대하여는 상표등록을 받을 수 없다는 규정이 없다는 점, ② 입체적 형상 부분이 포함되어 있다는 이유로 이와 결합된 기호·문자·도형 등을 무시하고 입체적 형상만을 기준으로 식별력을 판단하여야 한다는 상표법 규정도 없다는 점 및 ③ 제90조 1항의 취지에 비추어 볼 때, 판례의 태도가 타당하다.

(2) 제33조1항6호

심사기준은,[45] 입체적 형상이 흔히 있는 공, 정육면체, 직육면체, 원기둥, 삼각기둥 등으로만 구성된 경우 법 제33조 제1항 제6호에 해당하는 것으로 본다.

(3) 제33조2항

- [쟁점] 입체적 형상에 기호·문자 등이 결합된 경우(비아그라 사건)

[쟁점] 입체적 형상에 기호·문자 등이 결합된 경우(비아그라 사건)

1. 제33조 제2항의 의의 및 취지

2. 판단방법

判例는, 특정인에게 독점사용하도록 함이 적당하지 않은 표장에 대하여 대세적 권리를 부여하는 것이므로, 그 형상이 수요자에게 누구의 상품을 표시하는 상표라고 현저하게 인식되어 있는지를 엄격하게 해석·적용하여 판단하여야 한다고 하였다.

3. 입체상표에서 다른 기호 등이 함께 부착된 경우 – 판례의 태도

상품 등에는 기호·문자·도형 등으로 된 표장이 함께 부착되는 경우, ① 그러한 사정만으로 곧바로 상품 등의 입체적 형상 자체에 관하여 사용에 의한 식별력 취득을 부정할 수는 없고, 부착되어 있는 ② 표장의 외관·크기·부착 위치·인지도 등을 고려할 때 그 표장과 별도로 상품 등의 입체적 형상이 그 상품의 출처를 표시하는 기능을 독립적으로 수행하기에 이르렀다면 사용에 의한 식별력 취득을 긍정할 수 있다.[46]

2. 기능성의 부존재 – 제34조 제1항 제15호

(1) 심사기준

심사기준은,[47] 입체상표의 기능성 여부를 ① 특허나 실용신안의 존재 여부, ② 유통과정의 편의성, ③ 사용의 효율성에 관한 광고선전 여부, ④ 대체성, ⑤ 제조비용의 저렴성 등을 고려한다고 규정한다.

(2) 판례의 태도

그 상품 등이 거래되는 ① 시장에서 유통되고 있거나 이용 가능한 대체적인 형상이 존재하는지, ② 대체적인 형상으로 상품을 생산하더라도 동등한 정도 또는 그 이하의 비용이 소요되는지, ③ 그 입체적 형상으로부터 상품 등의 본래적인 기능을 넘어서는 기술적 우위가 발휘되지는 아니하는 것인지 등을 종합적으로 고려하여 판단한다고 하였다.[48]

---

44) 대법원 2015. 2. 26. 선고 2014후2306 판결 (인공고관절볼 사건)
45) 심사기준 제8부 제1장 3.4
46) 대법원 2015. 10. 15. 선고 2013다84568 판결 (비아그라 사건)
47) 심사기준 제5부 제15장 – 2. 판단시 유의사항
48) 대법원 2015. 10. 15. 선고 2013다84568 판결 (비아그라 사건)

Ⅲ. 입체상표의 출원 및 심사

1. 입체상표의 출원
- 시행규칙[49])에 따라, 임의로 상표에 관한 설명서 및 상표견본을 제출할 수 있다.
- 국제상표등록출원에 대해서는 국제상표등록부에 등록된 상표의 취지를 상표등록출원서에 기재된 해당 상표의 취지로 본다(제182조2항).

2. 입체상표의 심사
1) 원칙적으로 입체상표 간 유사판단을 하나, 출처혼동 방지를 위하여 다른 유형의 상표·상호간에도 유사여부 판단할 수 있다.

> **[쟁점] 입체상표의 유사판단 방법(비아그라 사건)**
>
> 입체적 형상으로 된 상표들에서는 ① 외관이 주는 지배적 인상이 동일·유사하여 두 상표를 동일·유사한 상품에 다 같이 사용하는 경우 수요자에게 상품의 출처에 관하여 오인·혼동을 일으킬 우려가 있다면 두 상표는 유사하다고 보아야 한다. ② 이어서, 유사 여부에 관한 판단은 두 개의 상표 자체를 나란히 놓고 대비하는 것이 아니라 때와 장소를 달리하여 두 개의 상표를 대하는 수요자가 상품 출처에 관하여 오인·혼동을 일으킬 우려가 있는지의 관점에서 이루어져야 한다.[50])

Ⅳ. 입체상표의 효력 및 효력제한

1. 효력
- 제2조2항(형식적 상표의 사용, 2016년 개정법)

2. 효력제한
- 제90조1항2호
- 제90조1항3호
- 제90조1항5호

3. 타인의 특허권 및 디자인권등과의 관계
- 제92조1항

---

49) 시행규칙 제28조5항 및 제29조2항
50) 대법원 2015. 10. 15. 선고 2013다84568 판결 (비아그라 사건)

THEME 4-2-1 색채상표 – 기호 등에 색채가 결합된 상표

I. 의의 및 취지

기호·문자·도형·입체적 형상 등 다른 구성요소에 색채가 결합된 상표를 의미한다. 거래실정 반영하고, 국제추세에 부응하고자 95년 개정법에서 색채를 표장의 부수적 요소로 인정하였다.

II. 상표등록 후 단계에서의 영향 - 제225조

1. 의의 및 취지 [색.동.필.기.열]

① 등록상표와 유사한 상표로서 색채를 등록상표와 동일하게 하면 등록상표와 같은 상표라고 인정되는 상표는 일정 규정 하에서 동일한 상표로 본다. 마케팅 등을 이유로 실사용에 있어 색채의 변경의 필요성이 있다는 점, 동일한 색채를 사용하는 것이 기술적으로 어렵다는 점에서 색채를 열위적인 요소로 본다.

2. 제225조 규정의 전제조건

① 적용받고자 하는 상표가 등록상표와 전체로서 유사함이 전제되어야 하며, ② 색채만으로 이루어진 상표인 경우에는 적용되지 않는다(제225조 제4항).

3. 구체적 내용

(1) 상표권의 효력
- 제89조, 제92조 제1항 및 제225조

(2) 상표권 등의 효력 및 손해액 산정의 대상
- 제95조 제3항, 제97조 제2항, 제104조, 제110조 제4항 및 제225조

(3) 상표의 사용 및 거짓표시 여부
- 제119조 제1항 제1호, 제3호, 제222조, 제224조 및 제225조

(4) 재심에 의하여 회복한 상표권의 효력제한
- 제160조 및 제225조

4-2-2 색채상표 – 색채만의 상표

I. 의의 및 도입배경 [기.국.계]

단일의 색채 또는 색채의 조합만으로 된 상표를 말한다. 기술발전 및 거래실정 반영하고, 국제추세에 부응하고자 2007. 7. 1. 시행 개정법에서 도입되었다.

II. 등록요건

1. 식별력의 존부 – 제33조

심사기준은,[51] 색채는 본질적으로 출처표시로 기능하는 것이 아니므로 색채만으로 된 상표로 등록받기 위해서는 지정상품과 관련하여 제33조2항에서 정하는 사용에 의한 식별력이 인정되어야 한다. 생각건대, 상품의 색은 수요자들에게 출처표시기능보다 디자인적 요소로 인식된다는 점에서 타당하다고 본다.

2. 기능성의 부존재 – 제34조 제1항 제15호

심사기준은,[52] 색채만의 상표가 지정상품의 사용에 꼭 필요하거나 일반적으로 사용되는 것인지 여부를 두고 판단해야 한다고 한다.

III. 색채만의 상표의 출원 및 심사

1. 색채만의 상표의 출원

- 출원 시 표장에 관한 설명을 출원서에 적어야 한다(제36조2항, 제182조1항).

2. 색채만의 상표의 심사

- 심사기준[53]에 따르면, 출원상표에 색채를 새로이 결합하거나 색채를 변경하는 것은 원칙적으로 요지변경이 된다.

3. 색채만의 상표의 유사판단

- 심사기준[54]은 색채만으로 된 상표는 그 특성상 호칭은 있을 수 없으므로 지정상품과 관련하여 외관과 관념이 유사한지 여부를 중점적으로 비교하여 판단하도록 한다.

---

51) 심사기준 제8부 제2장 3.1
52) 심사기준 제5부 제15장 2
53) 심사기준 제3부 제2장 3.1
54) 심사기준 제8부 제2장 5.1

Ⅳ. 입체상표의 효력 및 효력제한

1. 효력
- 제2조2항(형식적 상표의 사용, 2016년 개정법)

2. 효력제한
- 제90조1항2호
- 제90조1항5호

[참고] 색채만의 상표가 인정되지 않았던 이론적 근거

1. 색채만의 상표의 의의 및 도입배경　　　　　　　　　　　　　　　　　　　　[기.국.계]

2. 색채만의 상표가 인정되지 않았던 이론적 근거　　　　　　　　　　　　　[고.대/기.혼]
   ① **[색채고갈론]** 동종업계의 식별 가능한 색채가 극히 제한적이어서 특정인의 선점에 의한 색채고갈이 우려된다는 견해, ② **[색조혼동론]** 색채 자체의 구별이나 혼동가능성이 현실적이지 않다는 견해, ③ **[기능성이론]** 색채는 상품의 이용 및 목적에 필수적이므로 자유경쟁의 필요성을 강조한 견해, ④ **[대체적 보호수단의 이용가능성]** 일종의 트레이드 드레스로서 부정경쟁방지법으로 충분히 보호가 가능하다고 보는 견해가 주장되었다.

3. 타국의 현황 및 소결　　　　　　　　　　　　　　　　　　　　　　　　　　　[2.기.허용]
   생각건대, 색채고갈론 및 색조혼동론 등의 견해도 일리가 있으나, 사용에 의한 식별력을 지니는 등 2차적 의미를 지니고, 기능성을 갖지 않는다면 그 등록을 **허용**함이 타당할 것이다.

[답안 작성 시 고려해야 하는 요소] 색채만의 상표

1. 등록가능성 판단시
   - 제33조1항3/6/7호, 제33조2항 필요(심사기준)
   - 제34조1항15호 (심사기준)

2. 침해여부 판단시
   1) 상표의 사용 - 제2조2항
   2) 상표의 유사판단 - 제225조1항 + 제225조4항(예외규정)
   3) 효력제한 - 제90조1항2/4/5호
   4) 권리남용 - 무효사유 명백한 권리에 기한 침해금지 등

THEME 4-3 홀로그램 및 동작상표

Ⅰ. 의의 및 도입배경   [광.섭/시.변/기.국.계]

① 홀로그램상표는 '두 개의 레이저광이 서로 만나 일으키는 빛의 간섭효과를 이용하여 사진용 필름과 유사한 표면에 3차원적 이미지를 기록한 상표'를 의미한다. ② 동작상표는 '일정한 시간의 흐름에 따라 변화하는 일련의 그림이나 동적 이미지를 기록한 상표'를 의미한다. 기술발전 및 거래실정 반영하고, 국제추세에 부응하고자 2007. 7. 1. 시행 개정법에서 도입되었다.

Ⅱ. 등록요건

1. 식별력의 존부 판단의 문제 - 제33조
심사기준은, 특정 일면만으로 식별력 유무를 판단해서는 안 되고, 표장 전체로서 식별력을 판단해야 한다고 하였다.

2. 표장의 특정 문제
출원서식 상의 인쇄물인 상표견본에 의해 실제 홀로그램 또는 동작상표로서 ① 구성 및 태양이 갖춰졌는지 여부(제2조1항1호 소정의 정의규정 문제)와, ② 1개의 상표로 인식되는지 여부(제38조의 1상표1출원 문제)가 문제될 수 있다.

Ⅲ. 홀로그램 및 동작상표의 출원 및 심사

1. 홀로그램 및 동작상표의 출원
- 출원 시 표장에 관한 설명을 출원서에 적어야 한다(제36조2항, 제182조2항).

2. 홀로그램 및 동작상표의 심사
- 시행규칙[55])에 따르면, 상표견본에 의하여 표시되는 상표가 명확하지 않은 경우 상표에 대한 설명(비디오테이프 또는 전자적 기록매체) 등을 요구할 수 있다.
- 심사기준[56])은, 상표견본이 전체적으로 하나의 홀로그램 또는 동작상표로 인식되지 않는 경우에는 1개의 출원에 여러 출원을 한 것으로 보아 제38조1항 거절이유를 통지한다고 규정한다.

---
55) 시행규칙 제29조3항
56) 심사기준 제8부 제3장 2.6

Ⅳ. 홀로그램 및 동작상표의 효력 및 효력제한

1. 홀로그램 및 동작상표권의 효력

(1) 효력

1) 적극적 효력과 관련하여, 홀로그램의 특정 일면 또는 동작상표의 순간 정지화상만을 사용한 경우에는, 홀로그램 및 동작상표가 동적 효과 및 시간의 흐름에 따른 표장의 변화를 본질로 한다는 점에서 동일성을 인정하기 어려울 것이다.

2) 소극적 효력과 관련하여, 홀로그램의 특정 일면 또는 동작상표의 순간 정지화상만을 사용한 경우에도 유사판단 기준에 따라 출처혼동 염려가 있다면 유사하다고 볼 수 있을 것이다.

(2) 효력제한

특정 일면만으로 식별력 유무를 판단해서는 안 되고, 표장 전체로서 구성태양 및 사용태양을 고려하여 제90조 여부를 판단할 것이다.

[답안 작성 시 고려해야 하는 요소] 홀로그램/동작 상표

1. 등록가능성 판단시
    1) 식별력 여부
        - 키워드: '일면'이 아닌 '표장 전체'로서
    2) 상표의 정의규정 및 제38조1항 거절이유
        - 키워드: '전체로서 하나의 홀로그램/동작 상표로 인식되므로'

2. 침해여부 판단시
    1) 상표의 유사판단
        - 키워드: '일면' 또는 '정지화상'임은 별론으로, ~~~ 출처혼동 염려 있는바,
    2) 효력제한여부 판단 (제90조 판단)
        - 키워드: '일면'이 아닌 '표장 전체'로서

THEME 4-4 위치상표

Ⅰ. 문제의 소재

먼저, 상표의 정의에 대하여 검토하고, 위치상표의 허용여부와 관련하여 判例의 태도를 검토한 후 등록가능성을 검토하기로 한다.

Ⅱ. 상표(표장)의 정의

표장이란, 기호, 문자·도형, 소리·냄새, 입체적 형상, 홀로그램·동작 또는 색채 등으로 그 구성이나 표현 방식에 상관없이 상품의 출처를 나타내기 위하여 사용하는 모든 표시를 말한다(2016. 9. 1. 시행 개정법 제2조1항2호).

Ⅲ. 위치상표의 허용여부

1. 위치상표의 의의   [기.문.도→형상.모양/형상.모양→특정 위치/식별]

위치상표란, ① 기호·문자·도형 각각 또는 그 결합이 일정한 형상이나 모양을 이루고, ② 이러한 일정한 형상이나 모양이 지정상품의 특정 위치에 부착되는 것에 의하여 ③ 자타상품을 식별하게 되는 표장을 의미한다(判例).

2. 위치상표 허용여부

전원합의체 判例는,57) ① 위치상표의 개념을 상표의 정의에 부합한다고 판시하고 있으며, ② 현재 우리나라에서 상표의 출원 및 그 심사의 과정에서 출원인이 위치상표라는 취지를 별도로 밝히는 상표설명서를 제출하는 절차 또는 위 지정상품의 형상 표시는 상표권이 행사되지 아니하는 부분임을 미리 밝히는 권리불요구절차 등에 관한 규정이 마련되어 있지 아니하다는 사유는 위와 같은 위치상표의 인정에 방해가 되지 아니한다고 판시하여 허용하고 있다.

3. 위치상표의 구성요소

(1) 표장
기호·문자·도형 각각 또는 그 결합에 의한 일정한 형상 또는 모양으로 구성되고, 나아가 일정한 색채도 될 수 있다. 출원시 표장은 통상 실선으로 표시한다.

(2) 형상
통상 점선이나 쇄선으로 표시하며, 권리범위와는 상관 없는 특정 위치를 나타내기 위한 수단이다.

(3) 표장의 위치
지정상품 형상의 어디에 위치하는지를 명확하게 표시하여야 하며, 고정적인 것이 바람직하다.

---

57) 대법원 2012. 12. 20. 선고 2010후2339 전원합의체 판결 (삼선 아디다스 사건)

4. 판단방법 및 판단기준 – 등록요건과 관련하여

(1) 판단방법

判例는, ① 표장의 전체적인 구성, 표장의 각 부분에 사용된 선의 종류, 지정상품의 종류 및 그 특성 등에 비추어 출원인의 의사가 지정상품의 형상을 표시하는 부분에 대하여는 위와 같은 설명의 의미를 부여한 것뿐임을 쉽사리 알 수 있는 한 이 부분은 위치상표의 표장 자체의 외형을 이루는 도형이 아니라고 파악하여야 한다. ② 그에 있어서는 출원인이 심사과정 중에 특허청 심사관에게 위와 같은 의사를 의견제출통지에 대한 의견서 제출 등의 방법으로 밝힌 바가 있는지 등의 사정도 고려되어야 할 것이다.

(2) 판단기준 – 식별력

위치상표의 경우 특정 위치에 부착된 특성을 고려하여 식별력을 판단하며, 전원합의체 判例는[58], 위치상표는 비록 일정한 형상이나 모양 등이 그 자체로는 식별력을 가지지 아니하더라도 지정상품의 특정 위치에 부착되어 사용됨으로써 당해 상품에 대한 거래자 및 수요자 대다수에게 특정인의 상품을 표시하는 것으로 인식되기에 이르렀다면, 사용에 의한 식별력을 취득한 것으로 인정받아 상표로서 등록될 수 있다.

(3) 유사판단시 판단기준   [위.모.각]

전체적인 형상이 아닌 상표로서 등록받고자 하는 표장을 표시한 위치, 표장의 모양, 각도의 유사성 정도로 출처혼동염려 유무를 판단한다.[59]

---

58) 대법원 2012. 12. 20. 선고 2010후2339 전원합의체 판결 (삼선 아디다스 사건)
59) 심사기준 제8부 제5장 5.2

[판례의 구조 - 아디다스 삼선 사건]

① 상표법상 정의 규정의 연혁과 배경 소개	상표법상 상표의 정의 규정은 1949. 11. 28. 제정된 상표법 제1조 제1항에서부터 이 사건 출원상표에 대하여 적용되는 구 상표법(2011. 12. 2. 법률 제11113호로 개정되기 전의 것) 제2조 제1항 제1호에 이르기까지 여러 차례 개정되어 왔으나, '자기의 상품을 타인의 상품과 식별되도록 하기 위하여 사용하는 기호·문자·도형 또는 그 결합'을 상표로 보는 취지는 공통적으로 포함되어 있다.
② 상표의 정의에 대한 고찰	이러한 상표의 정의 규정은 기호·문자·도형 또는 그 결합을 사용하여 시각적으로 인식할 수 있도록 구성하는 모든 형태의 표장을 상표의 범위로 포섭하고 있다고 할 것이다.
③ 위치상표의 정의	따라서 이러한 규정에 따르면, **'기호·문자·도형 각각 또는 그 결합이 일정한 형상이나 모양을 이루고, 이러한 일정한 형상이나 모양이 지정상품의 특정 위치에 부착되는 것에 의하여 자타상품을 식별하게 되는 표장'**도 상표의 한 가지로서 인정될 수 있다(이러한 표장을 이하 '위치상표'라고 한다).
④ 위치상표의 구성요소(형상) 소개	위치상표에서는 지정상품에 일정한 형상이나 모양 등이 부착되는 특정 위치를 설명하기 위하여 지정상품의 형상을 표시하는 부분을 필요로 하게 된다.
⑤ 위치상표의 구성 요소 판단방법과 심사시 고려요소	이때 표장의 전체적인 구성, 표장의 각 부분에 사용된 선의 종류, 지정상품의 종류 및 그 특성 등에 비추어 출원인의 의사가 지정상품의 형상을 표시하는 부분에 대하여는 위와 같은 설명의 의미를 부여한 것뿐임을 쉽사리 알 수 있는 한 이 부분은 위치상표의 표장 자체의 외형을 이루는 도형이 아니라고 파악하여야 한다. 그에 있어서는 출원인이 심사과정 중에 특허청 심사관에게 위와 같은 의사를 의견제출통지에 대한 의견서 제출 등의 방법으로 밝힌 바가 있는지 등의 사정도 고려되어야 할 것이다.
⑥ 위치상표의 인정 논거	한편 현재 우리나라에서 상표의 출원 및 그 심사의 과정에서 출원인이 위치상표라는 취지를 별도로 밝히는 상표설명서를 제출하는 절차 또는 위 지정상품의 형상 표시는 상표권이 행사되지 아니하는 부분임을 미리 밝히는 권리불요구절차 등에 관한 규정이 마련되어 있지 아니하다는 사유는 위와 같은 위치상표의 인정에 방해가 되지 아니한다고 할 것이다.
⑦ 위치상표 식별력 인정 요건 - 사용에 의한 식별력 취득요구	또한 위치상표는 비록 일정한 형상이나 모양 등이 그 자체로는 식별력을 가지지 아니하더라도 지정상품의 특정 위치에 부착되어 사용됨으로써 당해 상품에 대한 거래자 및 수요자 대다수에게 특정인의 상품을 표시하는 것으로 인식되기에 이르렀다면, 사용에 의한 식별력을 취득한 것으로 인정받아 상표로서 등록될 수 있다.

THEME 4-5 비시각적 상표 – 소리·냄새상표

Ⅰ. 의의 및 취지 [시.아.감각/미.싱.기.거.국]

비시각적 상표란, 시각이 아닌 청각, 후각, 미각, 촉각 등을 통하여 지각할 수 있는 모든 감각적 표장을 말한다. 기술발전 및 거래실정 반영하고, 국제추세에 부응하고, 한미FTA 및 싱가포르조약 반영하여 2012. 3. 15. 개정법에서 도입되었다.

Ⅱ. 등록요건

1. 시각적 표현을 통한 표장의 특정

- 심사 및 일반공중에의 공시를 용이하게 하고, 권리범위 결정 기준을 설정하기 위해 '시각적 표현'을 요구한다.
- ① 2016년 시행 개정법은 시각적 표현 구비여부와 무관하게 상표법상의 표장의 정의규정에 합치한다고 규정하였으나, ② 실무적으로[60] 시각적 표현을 불비한 경우 반려사유, 구체적으로 표현하지 않은 경우 상표의 정의규정에 불합치한 것으로 보아 거절이유를 통지한다.

2. 식별력의 존부 – 제33조 제1항 제3호, 제6호 및 제7호

1) 심사기준은,[61] 소리·냄새상표가 지정상품의 용도, 목적 등의 성질을 직접적으로 나타내는 경우에는 제33조1항3호를 적용한다.
2) 심사기준은,[62] 소리상표를 구성하는 소리가 1음 또는 2음으로 구성되어 있는 경우에는 제33조1항6호에 해당하는 것으로 본다.
3) 심사기준은,[63] 공익적인 소리나 특정인에게 독점시키는 것이 적당하지 않은 소리는 제33조1항7호에 해당한다고 규정한다(예: 국가).

3. 기능성의 부존재 – 제34조 제1항 제15호 [특.편.효광.대.비]

심사기준은,[64] 소리상표의 기능성 여부를 ① 특허나 실용신안의 존재 여부, ② 유통과정의 편의성, ③ 사용의 효율성에 관한 광고선전 여부, ④ 대체성, ⑤ 제조비용의 저렴성 등을 고려한다고 규정한다.

---

60) 시행규칙 제25조1항10호 및 심사기준 제8부 제6장 3.1; 심사기준 제8부 제6장 3.3;
61) 심사기준 제8부 제6장 4.2
62) 심사기준 제8부 제6장 4.3
63) 심사기준 제8부 제6장 4.4
64) 심사기준 제5부 제15장 2

Ⅲ. 비시각적 상표의 출원 및 심사

1. 비시각적 상표의 출원
- 출원 시 표장에 관한 설명을 출원서에 적어야 한다(제36조2항, 제182조2항).
- '시각적 표현'을 첨부하여야 한다. 상표견본은 제출하지 않아도 된다.

2. 비시각적 상표의 유사판단
- 상표의 유사판단은 ① 동일 유형의 상표 간 시각적 표현을 기준으로 출처혼동의 염려가 있는지 여부로 유사판단한다. ② 이때, 소리파일 및 냄새견본을 참고할 수 있다. 다만, ③ 다른 유형의 상표라도 칭호 및 관념의 관점에서 출처혼동 염려여부로 유사판단할 수 있다.[65]

Ⅳ. 비시각적 상표의 효력 및 효력제한

1. 효력
- 시각적 표현에 기재된 사항에 따라 권리범위가 정해진다(제91조1항).
- 제2조2항(2016년 개정법)

2. 효력제한
- 제90조1항2호
- 제90조1항5호

3. 제92조1항 적용 문제
냄새상표의 경우 적용 여지 없다. 소리상표의 경우 해당 소리가 저작물의 성립요건 중 하나인 창작성을 갖춘다면 저작권과의 저촉이 문제될 수 있다.

[답안 작성 시 고려해야 하는 요소] 비시각적 상표 - 소리/냄새상표

1. 등록가능성 판단시
   1) 상표의 특정 - 시각적 표현
   2) 식별력 여부 - 제33조1항3/6/7호, 제33조2항
   3) 기능성 여부 - 제34조1항15호

2. 침해여부 판단시
   1) 상표의 사용 - 제2조2항
   2) 상표의 유사판단 - 시각적 표현 고려
   3) 효력제한 - 제90조1항2/4/5호

---

[65] 심사기준 제2장 제8부 6.1, 6.2

4-6 단체표장

제2조(정의)
① 이 법에서 사용하는 용어의 뜻은 다음과 같다.
　3. "단체표장"이란 상품을 생산·제조·가공·판매하거나 서비스를 제공하는 자가 공동으로 설립한 법인이 직접 사용하거나 그 소속 단체원에게 사용하게 하기 위한 표장을 말한다.
③ 단체표장·증명표장 또는 업무표장에 관하여는 이 법에서 특별히 규정한 것을 제외하고는 상표에 관한 규정을 적용한다.

제3조(상표등록을 받을 수 있는 자)
② 상품을 생산·제조·가공·판매하거나 서비스를 제공하는 자가 공동으로 설립한 법인(지리적 표시 단체표장의 경우에는 그 지리적 표시를 사용할 수 있는 상품을 생산·제조 또는 가공하는 자로 구성된 법인으로 한정한다)은 자기의 단체표장을 등록받을 수 있다. 〈개정 2018. 4. 17.〉

제43조(수정정관 등의 제출)
① 단체표장등록을 출원한 출원인은 제36조제3항에 따른 정관을 수정한 경우에는 제40조제1항 각 호 또는 제41조제1항 각 호에서 정한 기간 내에 특허청장에게 수정된 정관을 제출하여야 한다.

제44조(출원의 변경)
① 다음 각 호의 어느 하나에 해당하는 출원을 한 출원인은 그 출원을 다음 각 호의 어느 하나에 해당하는 다른 출원으로 변경할 수 있다.
　1. 상표등록출원
　2. 단체표장등록출원(지리적 표시 단체표장등록출원은 제외한다)
　3. 증명표장등록출원(지리적 표시 증명표장등록출원은 제외한다)

제54조(상표등록거절결정)
심사관은 상표등록출원이 다음 각 호의 어느 하나에 해당하는 경우에는 상표등록거절결정을 하여야 한다.
　1. 제2조제1항에 따른 상표, 단체표장, 지리적 표시, 지리적 표시 단체표장, 증명표장, 지리적 표시 증명표장 또는 업무표장의 정의에 맞지 아니하는 경우
　4. 제3조에 따른 단체표장, 증명표장 및 업무표장의 등록을 받을 수 있는 자에 해당하지 아니한 경우
　6. 제36조제3항에 따른 정관에 대통령령으로 정하는 단체표장의 사용에 관한 사항의 전부 또는 일부를 적지 아니하였거나 같은 조 제4항에 따른 정관 또는 규약에 대통령령으로 정하는 증명표장의 사용에 관한 사항의 전부 또는 일부를 적지 아니한 경우

제119조(상표등록의 취소심판)
① 등록상표가 다음 각 호의 어느 하나에 해당하는 경우에는 그 상표등록의 취소심판을 청구할 수 있다.
　7. 단체표장과 관련하여 다음 각 목의 어느 하나에 해당하는 경우
　　가. 소속 단체원이 그 단체의 정관을 위반하여 단체표장을 타인에게 사용하게 한 경우나 소속 단체원이 그 단체의 정관을 위반하여 단체표장을 사용함으로써 수요자에게 상품의 품질 또는 지리적 출처를 오인하게 하거나 타인의 업무와 관련된 상품과 혼동을 불러일으키게 한 경우. 다만, 단체표장권자가 소속 단체원의 감독에 상당한 주의를 한 경우는 제외한다.
　　나. 단체표장의 설정등록 후 제36조제3항에 따른 정관을 변경함으로써 수요자에게 상품의 품질을 오인하게 하거나 타인의 업무와 관련된 상품과 혼동을 불러일으키게 할 염려가 있는 경우
　　다. 제3자가 단체표장을 사용하여 수요자에게 상품의 품질이나 지리적 출처를 오인하게 하거나 타인의 업무와 관련된 상품과 혼동을 불러일으키게 하였음에도 단체표장권자가 고의로 적절한 조치를 하지 아니한 경우

Ⅰ. 단체표장의 의의 및 취지

상품을 생산·제조·가공·판매하거나 서비스를 제공하는 자가 공동으로 설립한 법인이 직접 사용하거나 그 소속 단체원에게 사용하게 하기 위한 표장을 말한다(제2조1항3호).

Ⅱ. 상표에 관한 규정의 적용

단체표장에 관하여는 이 법에서 특별히 규정한 것을 제외하고는 상표에 관한 규정을 적용한다(제2조3항).

Ⅲ. 등록요건 및 절차

1. 특유의 출원절차

단체표장의 사용에 관한 사항을 정한 정관을 단체표장등록출원서에 첨부(제36조3항, 제182조3항)

2. 수정정관제도

정관을 수정하는 경우 보정이 가능한 기간 내에 특허청장에게 수정된 정관을 제출하여야 한다(제43조1항).

3. 특유의 거절이유(무효사유) [정.기.출]

1) 정의규정 위반(제54조1호)
2) 출원인적격 위반(제54조4호): 상품을 생산·제조·가공·판매·서비스 제공하는 자가 공동으로 설립한 법인
3) 정관의 기재불비(제54조6호)

4. 변경출원의 인정

출원인은 등록결정 전까지 상표등록출원, 증명표장등록출원으로 변경할 수 있다(제44조).

Ⅳ. 단체표장권의 효력

1. 적극적 효력

단체원이 사용하는 한, 등록단체표장의 정당한 사용에 해당한다.

2. 소극적 효력

1) 단체표장권의 권리주체는 법인이므로, 단체원 스스로 침해금지청구 또는 손해배상청구권 등을 행사할 수는 없다.
2) 다만, 상표법 제119조1항7호 취소사유 문제될 수 있다.

V. 특유의 제한사유

1. 이전 및 사용권 설정 등의 제한
1) [이전] 법인의 합병 + 특허청장의 허가(제48조7항)
2) [사용권, 질권] 불가

2. 특유의 취소사유 [이.타.후.고]
1) **제119조1항4호** - 이전 제한 규정 위반
2) **제119조1항7호 가목**
   ① 단체원이 정관을 위반하여 '자신이 사용'하여 '출처혼동 불러일으킨 경우'
   ② 단체원이 정관을 위반하여 '타인에게 사용'하게 하는 경우
3) **제119조1항7호 나목**
   단체표장 설정등록 후 정관 변경하여 출처혼동 품질오인 불러일으키게 한 경우
4) **제119조1항7호 다목**
   '제3자가 사용'하여 '출처혼동 품질오인을 일으켰음'에도 단체표장권자가 '고의로' 조치를 하지 않은 경우

[답안 작성 시 고려해야 하는 요소] 단체표장

1. 거절이유 검토   [23실/정.인.기]
   1) 상표에 관한 규정 적용 - 제2조3항
   2) 정의규정 - 제2조1항3호
   3) 출원인 적격 - 제3조2항
   4) 정관 기재불비 - 제54조6호

2. 등록가능성 검토
   1) 수정정관제도 - 제43조1항
   2) 변경출원 - 제44조

THEME 4-7 증명표장

제2조(정의)
① 이 법에서 사용하는 용어의 뜻은 다음과 같다.
  7. "증명표장"이란 상품의 품질, 원산지, 생산방법 또는 그 밖의 특성을 증명하고 관리하는 것을 업(業)으로 하는 자가 타인의 상품에 대하여 그 상품이 품질, 원산지, 생산방법 또는 그 밖의 특성을 충족한다는 것을 증명하는 데 사용하는 표장을 말한다.
③ 단체표장·증명표장 또는 업무표장에 관하여는 이 법에서 특별히 규정한 것을 제외하고는 상표에 관한 규정을 적용한다.

제3조(상표등록을 받을 수 있는 자)
③ 상품의 품질, 원산지, 생산방법 또는 그 밖의 특성을 증명하고 관리하는 것을 업으로 할 수 있는 자는 타인의 상품에 대하여 그 상품이 정해진 품질, 원산지, 생산방법 또는 그 밖의 특성을 충족하는 것을 증명하는 데 사용하기 위해서만 증명표장을 등록받을 수 있다. 다만, 자기의 영업에 관한 상품에 사용하려는 경우에는 증명표장의 등록을 받을 수 없다.
④ 제3항에도 불구하고 상표·단체표장 또는 업무표장을 출원(出願)하거나 등록을 받은 자는 그 상표 등과 동일·유사한 표장을 증명표장으로 등록받을 수 없다.
⑤ 증명표장을 출원하거나 등록을 받은 자는 그 증명표장과 동일·유사한 표장을 상표·단체표장 또는 업무표장으로 등록을 받을 수 없다.

제43조(수정정관 등의 제출)
② 증명표장등록을 출원한 출원인은 정관 또는 규약을 수정한 경우에는 제40조제1항 각 호 또는 제41조제1항 각 호에서 정한 기간 내에 특허청장에게 수정된 정관 또는 규약을 제출하여야 한다.

제44조(출원의 변경)
① 다음 각 호의 어느 하나에 해당하는 출원을 한 출원인은 그 출원을 다음 각 호의 어느 하나에 해당하는 다른 출원으로 변경할 수 있다.
  1. 상표등록출원
  2. 단체표장등록출원(지리적 표시 단체표장등록출원은 제외한다)
  3. 증명표장등록출원(지리적 표시 증명표장등록출원은 제외한다)

제54조(상표등록거절결정)
심사관은 상표등록출원이 다음 각 호의 어느 하나에 해당하는 경우에는 상표등록거절결정을 하여야 한다.
  1. 제2조제1항에 따른 상표, 단체표장, 지리적 표시, 지리적 표시 단체표장, 증명표장, 지리적 표시 증명표장 또는 업무표장의 정의에 맞지 아니하는 경우
  4. 제3조에 따른 단체표장, 증명표장 및 업무표장의 등록을 받을 수 있는 자에 해당하지 아니한 경우
  6. 제36조제3항에 따른 정관에 대통령령으로 정하는 단체표장의 사용에 관한 사항의 전부 또는 일부를 적지 아니하였거나 같은 조 제4항에 따른 정관 또는 규약에 대통령령으로 정하는 증명표장의 사용에 관한 사항의 전부 또는 일부를 적지 아니한 경우
  7. 증명표장등록출원의 경우에 그 증명표장을 사용할 수 있는 자에 대하여 정당한 사유 없이 정관 또는 규약으로 사용을 허락하지 아니하거나 정관 또는 규약에 충족하기 어려운 사용조건을 규정하는 등 실질적으로 사용을 허락하지 아니한 경우

제119조(상표등록의 취소심판)
① 등록상표가 다음 각 호의 어느 하나에 해당하는 경우에는 그 상표등록의 취소심판을 청구할 수 있다.

9. 증명표장과 관련하여 다음 각 목의 어느 하나에 해당하는 경우
   가. 증명표장권자가 제36조제4항에 따라 제출된 정관 또는 규약을 위반하여 증명표장의 사용을 허락한 경우
   나. 증명표장권자가 제3조제3항 단서를 위반하여 증명표장을 자기의 상품에 대하여 사용하는 경우
   다. 증명표장의 사용허락을 받은 자가 정관 또는 규약을 위반하여 타인에게 사용하게 한 경우 또는 사용을 허락받은 자가 정관 또는 규약을 위반하여 증명표장을 사용함으로써 수요자에게 상품의 품질, 원산지, 생산방법이나 그 밖의 특성에 관하여 혼동을 불러일으키게 한 경우. 다만, 증명표장권자가 사용을 허락받은 자에 대한 감독에 상당한 주의를 한 경우는 제외한다.
   라. 증명표장권자가 증명표장의 사용허락을 받지 아니한 제3자가 증명표장을 사용하여 수요자에게 상품의 품질, 원산지, 생산방법이나 그 밖의 상품의 특성에 관한 혼동을 불러일으키게 하였음을 알면서도 적절한 조치를 하지 아니한 경우
   마. 증명표장권자가 그 증명표장을 사용할 수 있는 자에 대하여 정당한 사유 없이 정관 또는 규약으로 사용을 허락하지 아니하거나 정관 또는 규약에 충족하기 어려운 사용조건을 규정하는 등 실질적으로 사용을 허락하지 아니한 경우

Ⅰ. 증명표장의 의의 및 취지 [보.올.미]

상품이나 서비스업의 품질 등을 증명을 업으로 하는 자가 타인의 상품이나 서비스업이 정해진 품질 등을 충족하는 것을 증명하기 위해 사용하는 표장이다. 한미FTA 협정문 반영, 품질보증기능 강화, 소비자에게 올바른 상품정보 제공 위함이다(제2조1항7호).

Ⅱ. 상표에 관한 규정 적용

증명표장에 관하여는 이 법에서 특별히 규정한 것을 제외하고는 상표에 관한 규정을 적용한다(제2조 3항).

Ⅲ. 등록요건 및 절차 [인.출.수.거.변]

1. 출원인 적격 - 제3조3항 내지 5항 [증.자.유]
① 상품의 품질 등을 업으로서 증명 관리할 수 있는 자 [품.업.증.관.자]
② 자기의 영업에 관한 상품에 사용하는 경우
③ 등록상표와 동일유사한 표장

2. 특유의 출원절차
① 정관 또는 규약 및 ② 증명하려는 상품의 품질, 원산지, 생산방법 기타 특성을 증명·관리할 수 있음을 증명하는 서류를 증명표장등록출원서에 첨부(제36조4항)

3. 수정정관제도
출원인은 정관 또는 규약을 수정하는 경우에는 보정이 가능한 기간 내에 특허청장에게 수정된 정관 또는 규약을 제출하여야 한다(제43조2항).

4. 거절이유 [정.기.출.사]

1) 정의규정 위반(제54조1호)
2) 출원인적격 위반(제54조4호)
3) 정관의 기재불비(제54조6호)
4) 사용허락 금지(제54조7호): 증명표장을 사용할 수 있는 자에 대하여 정당한 사유 없이 정관 또는 규약으로 사용을 허락하지 아니하거나 정관 또는 규약에 충족하기 어려운 사용조건을 규정하는 등 실질적으로 사용을 허락하지 아니한 경우

5. 변경출원의 인정

출원인은 등록결정 전까지 상표등록출원, 단체표장등록출원으로 변경할 수 있다(제44조).

Ⅳ. 증명표장의 효력

1. 적극적 효력

① 등록주체와 별개로, 사용주체는 증명표장권자 본인이 아닌 정관 또는 규약에서 정하는 기준과 요건을 구비하여 사용허락을 받은 타인이다. ② 위반 시 제119조1항9호 나목의 취소사유를 구성할 수 있다.

2. 소극적 효력

1) 단체표장권의 권리주체는 증명표장권자이므로, 사용허락을 받은 자 스스로 침해금지청구 또는 손해배상청구권 등을 행사할 수는 없다.
2) 다만, 상표법 제119조1항9호 라목 취소사유 문제될 수 있다.

Ⅴ. 특유의 제한사유

(1) 이전 및 사용권 설정 등의 제한
 - (이전) 출원인적격자 + 업무와 함께 + 특허청장의 허가
 - (사용권, 질권) 불가

(2) 특유의 취소사유 [이.허.자.타.고.사]
 1) **제119조1항4호** - 이전 제한 규정 위반
 2) **제119조1항9호 가목** - 증명표장권자가 정관 또는 규약을 위반하여 증명표장의 사용을 허락한 경우
 3) **제119조1항9호 나목** - 증명표장권자가 자기의 상품에 대하여 사용하는 경우(제3조3항 단서 위반)
 4) **제119조1항9호 다목** - ① 증명표장의 사용허락을 받은 자가 정관 또는 규약을 위반하여 타인에게 사용하게 한 경우 또는 ② 사용을 허락받은 자가 정관 또는 규약을 위반하여 증명표장을 사용함으로써 수요자에게 상품의 품질, 원산지, 생산방법 기타 특성에 관하여 혼동을 불러일으키게 한 경우. ③ 다만, 증명표장권자가 사용을 허락받은 자에 대한 감독에 상당한 주의를 한 경우는 제외한다.

5) 제119조1항9호 라목 - ① 증명표장권자가 ② 증명표장의 사용허락을 받지 아니한 타인이 증명표장을 사용하여 ③ 수요자에게 상품의 품질, 원산지, 생산방법 기타 특성에 관한 혼동을 불러일으키게 하였음을 ④ 알면서도 고의로 적절한 조치를 하지 아니한 경우
6) 제119조1항9호 마목 - ① 증명표장권자가 그 증명표장을 사용할 수 있는 자에 대하여 정당한 사유 없이 정관 또는 규약으로 사용을 허락하지 아니하거나 정관 또는 ② 규약에 충족하기 어려운 사용조건을 규정하는 등 실질적으로 사용을 허락하지 아니한 경우

Ⅵ. 특이사항

(1) 제34조1항1호 가목/마목
심사기준에 따르면,66) 본 호는 증명표장출원에서 적용하지 않는다.

(2) 제34조1항4호　　　　　　　　　　　　　　　　　　　　　　　　　　　　[인.실.휩]
심사기준에 따르면,67) 실정법에서 요구하는 인증요건을 미달하는 등 실정법의 인증요건을 회피하는 수단으로 이용되는 경우 본 호 적용한다.

(3) 제33조1항3호 및 제34조1항12호　　　　　　　　　　　　　　　　　　　　[A.G.C]
심사기준에 따르면,68) 증명(Approved), 보증(Guarantee), 인증(Certification)이 증명표장의 일부를 구성하여도 제33조1항3호 및 제34조1항12호를 적용하지 않는다.

(4) 제38조1항
심사기준에 따르면,69) ① 증명의 내용 및 ② 증명의 대상을 특정하지 않는 경우 본 호를 이유로 거절한다.

[답안 작성 시 고려해야 하는 요소] 증명표장

1. 거절이유 검토　　　　　　　　　　　　　　　　　　　　[23살/정.인.기/010-1412-7381]
　　1) 상표에 관한 규정 적용 - 제2조3항
　　2) 정의규정 - 제2조1항7호
　　3) 출원인 적격 - 제3조3항 내지 5항
　　4) 정관 기재불비 - 제54조6호
　　5) 제34조 특칙 - 34조1항1호/4호/12호
　　6) 특수거절이유 - 54조7항
　　7) 제38조1항

2. 등록가능성 검토
　　1) 수정정관제도 - 제43조1항
　　2) 변경출원 - 제44조

---

66) 심사기준 제5부 제1장 1.4 및 5.2
67) 심사기준 제5부 제4장 2.3.1
68) 심사기준 제7부 제3장 3.1.2
69) 심사기준 제7부 제3장 3.2.4

THEME 4-8 지리적 표시 단체표장

Ⅰ. 의의 및 취지

지리적 표시를 사용할 수 있는 상품을 생산·제조 또는 가공하는 자가 공동으로 설립한 법인이 직접 사용 또는 소속 단체원에게 사용하게 하기 위한 표장이다. 지리적 표시의 정당사용자 및 일반수요자 이익을 보호하기 위한 신지식재산권이다(제2조1항6호).

Ⅱ. 등록요건

1. 정의규정 및 출원인 적격

(1) '지리적 표시'의 정의규정의 합치 - 제2조1항4호

  1) 지리적 표시란, ① 상품의 ② 특정 품질·명성 기타 특성이 ③ 본질적으로 특정지역에서 비롯된 경우 ④ 그 지역에서 생산·제조 또는 가공된 상품임을 나타내는 표시이다.
  2) 심사기준은, 지리적 표시만으로 구성된 표장, 지리적 표시와 상품명을 결합한 표장만을 지리적 표시의 정의에 합치하는 것으로 본다. 다만, 지리적 명칭이 아닌 비지리적 명칭이나 엠블렘 등으로 구성되었으나 지리적 명칭을 즉각적으로 연상시키는 경우에도 지리적 표시의 정의규정에 합치하는 것으로 본다.70)

(2) '지리적 표시 단체표장'의 정의규정 - 제2조1항6호

(3) 출원인 적격 - 제3조2항 괄호

  출원인은 지리적 표시를 사용할 수 있는 상품을 생산·제조 또는 가공하는 자로 구성된 법인이어야 한다.

2. 식별력 - 제33조3항

제33조1항3호의 산지 또는 4호에 해당하는 표장이라도, 그 표장이 특정 상품에 대한 지리적 표시인 경우에는 그 사용상품을 지정상품으로 하여 등록 가능하다.

3. 부등록사유 - 제34조

(1) 제34조1항8호

  ① 선출원에 의한 타인의 등록된 지리적 표시 단체표장과 ② 동일·유사한 상표로서 ③ 그 지정상품과 동일하다고 인식되어 있는 상품에 사용하는 상표는 등록받을 수 없다.

(2) 제34조1항10호

  ① 특정 지역의 상품을 표시하는 것이라고 ② 수요자들에게 널리 인식되어 있는 타인의 지리적 표시와 ③ 동일·유사한 상표로서 ④ 그 지리적 표시를 사용하는 상품과 동일하다고 인정되어 있는 상품에 사용하는 상표는 등록받을 수 없다.

(3) 제34조1항14호

  ① 국내 또는 외국의 수요자들에게 특정 지역의 상품을 표시하는 것이라고 인식되어 있는 지리적 표시와 ② 동일·유사한 상표로서 ③ 부정한 목적으로 사용하는 상표는 등록받을 수 없다.

---

70) 심사기준 제7부 제4장 4.3.1

4. 선출원주의 - 제35조5항1호

① 둘 이상의 지리적 표시 단체표장출원 또는 지리적 표시 단체표장과 상표등록출원이 있는 경우, ② 선출원주의 규정(제35조1항 및 2항)은, ③ 동일 또는 동일하다고 인정되는 상품에 대하여만 적용된다.

5. 기타 거절이유

1) 정의규정 위반(제54조1호)
2) 출원인적격 위반(제54조4호)
3) 사용허락 금지(제54조5호): 소속 단체원의 가입을 금지 또는 충족하기 어려운 가입조건 규정하여 실질적으로 가입을 불허
4) 정관의 기재불비(제54조6호)

Ⅲ. 절차

1. 특유의 출원절차

제36조3항의 서류 외 대통령령으로 정하는 바에 따라 지리적 표시의 정의에 일치함을 증명할 수 있는 서류를 지리적 표시 단체표장등록출원서와 함께 제출(제36조5항)

2. 수정정관제도

출원인은 정관 또는 규약을 수정하는 경우에는 보정이 가능한 기간 내에 특허청장에게 수정된 정관을 제출하여야 한다(제43조1항).

3. 변경출원의 불인정

Ⅳ. 지리적 표시 단체표장권의 효력

1. 적극적 효력 - 전용권

지리적 표시 단체표장권자는 지정상품에 대하여 그 표장을 사용할 권리를 독점한다(제89조).

2. 소극적 효력 - 사용금지효

금지권은 제3자가 '동일 또는 동일하다고 인정되는 상품'에 대하여 사용한 경우에 한한다(제108조2항1호).

3. 효력제한

(1) 제90조2항1호 및 2호

① 제90조1항1호, 제2호(산지에 해당하는 경우는 제외) 또는 제5호에 해당하는 상표, ② 지리적 표시 등록단체표장의 지정상품과 동일하다고 인정되는 상품에 대하여 관용하는 상표는 효력이 제한된다.

(2) 제90조2항3호
　　1) **[전단]** ① 지리적 표시 등록단체표장의 지정상품과 동일하다고 인정되어 있는 상품에 사용하는 지리적 표시로서 ② 해당 지역에서 그 상품을 생산·제조 또는 가공하는 것을 ③ 업으로 영위하는 자가 사용하는 지리적 표시는 효력이 제한된다.
　　2) **[후단]** 동음이의어 지리적 표시 간에는 효력이 제한된다.
(3) 제90조2항4호
　　① 선출원에 의한 등록상표가 ② 지리적 표시 등록단체표장과 동일·유사한 지리적 표시를 포함하고 있는 경우에 ③ 상표권자, 전용사용권자 또는 통상사용권자가 지정상품에 사용하는 등록상표는 효력이 제한된다.

V. 특유의 제한사유

1. 이전 및 사용권 설정 등의 제한
1) [이전] 법인의 합병 + 특허청장의 허가(제48조7항)
2) [사용권, 질권] 불가

2. 특유의 취소사유 　　　　　　　　　　　　　　　　　　　　　　　　　　　　　[단체표장 취소사유+가.동]
1) **제119조1항4호** - 이전 제한 규정 위반
2) **제119조1항7호 가, 나, 다목** - 단체표장 취소사유 그대로 적용
3) **제119조1항8호 가목** - ① 소속 단원원의 가입을 정관에 의하여 금지하거나 ② 정관에 충족하기 어려운 가입조건을 규정하는 등 단체의 가입을 실질적으로 허용하지 아니하거나 ③ 그 지리적 표시를 사용할 수 없는 자에게 단체의 가입을 허용한 경우
4) **제119조1항8호 나목** - ① 동음이의어 지리적 표시 간, ② 혼동방지의무(제223조)를 위반하여, ③ 출처혼동 또는 품질오인을 불러일으키게 한 경우

[답안 작성 시 고려해야 하는 요소] 지리적 표시 단체표장 　　　　　　　　　　　　[정.인]

1. 거절이유 검토
　　1) 정의규정 - 제2조1항4, 6호
　　2) 출원인 적격 - 제3조2항 괄호
　　3) 제33조 - 제33조3항
　　4) 제34조 - 제34조1항8, 10, 14호
　　5) 제35조 - 제35조5항1호
　　6) 특수거절이유 - 제54조1, 4, 5, 6호

2. 등록가능성 검토
　　1) 수정정관제도 - 제43조1항

THEME 4-9 지리적 표시 증명표장

Ⅰ. 의의 및 취지

지리적 표시를 증명하는 것을 업으로 하는 자가 타인의 상품에 대하여 그 상품에 정해진 지리적 특성을 충족한다는 것을 증명하는 데 사용하는 표장이다. 지리적 표시의 정당사용자 및 일반수요자 이익을 보호하기 위한 신지식재산권이다(제2조1항8호).

Ⅱ. 지리적 표시 단체표장에 관한 규정의 적용 - 제2조4항

지리적 표시 증명표장에 관하여는 이 법에서 특별히 규정한 것을 제외하고는 지리적 표시 단체표장에 관한 규정을 적용한다.

Ⅲ. 등록요건

1. 정의규정 및 출원인 적격
(1) '지리적 표시'의 정의규정의 합치 - 제2조1항4호
(2) '지리적 표시 단체표장'의 정의규정 - 제2조1항8호
(3) 출원인 적격71)　　　　　　　　　　　　　　　　　　　　　　　　　　　[증.자.유]
　① 상품의 품질 등을 업으로서 증명 관리할 수 있는 자 또는 법인
　② 자기의 영업에 관한 상품에 사용하는 경우
　③ 등록상표와 동일유사한 표장

2. 식별력 - 제33조3항

3. 부등록사유 - 제34조
(1) 제34조1항8호, 10호, 14호
(2) 제34조1항1호 가목/마목
　- 심사기준에 따르면,72) 본 호는 증명표장출원에서 적용하지 않는다.
(3) 제34조1항4호　　　　　　　　　　　　　　　　　　　　　　　　　　　　[인.실.휩]
　- 심사기준에 따르면,73) 실정법에서 요구하는 인증요건을 미달하는 등, 실정법의 인증요건을 회피하는 수단으로 이용되는 경우 본 호 적용한다.
(4) 제34조1항12호　　　　　　　　　　　　　　　　　　　　　　　　　　　　[A.G.C]
　- 심사기준에 따르면,74) 증명(Approved), 보증(Guarantee), 인증(Certification)이 증명표장의 일부를 구성하여도 본 호를 적용하지 않는다.

---

71) 심사기준 제7부 제4장 3.2.1~3.2.3
72) 심사기준 제5부 제1장 1.4 및 5.2
73) 심사기준 제5부 제4장 2.3.1
74) 심사기준 제5부 제12장 4.3

(5) 제38조1항
- 증명의 내용 및 증명의 대상을 특정하지 않는 경우 본 호를 이유로 거절한다.

4. 선출원주의 - 제35조5항1호

5. 기타 거절이유
1) 정의규정 위반(제54조1호)
2) 출원인적격 위반(제54조4호)
3) 정관의 기재불비(제54조6호)
4) 사용허락 금지(제54조7호): 증명표장을 사용할 수 있는 자에 대하여 정당한 사유 없이 정관 또는 규약으로 사용을 허락하지 아니하거나 정관 또는 규약에 충족하기 어려운 사용조건을 규정하는 등 실질적으로 사용을 허락하지 아니한 경우

Ⅳ. 절차

1. 특유의 출원절차
제36조4항의 서류 외 대통령령으로 정하는 바에 따라 지리적 표시의 정의에 일치함을 증명할 수 있는 서류를 지리적 표시 증명표장등록출원서와 함께 제출(제36조5항)

2. 수정정관제도
출원인은 정관 또는 규약을 수정하는 경우에는 보정이 가능한 기간 내에 특허청장에게 수정된 규약 또는 정관을 제출하여야 한다(제43조1항).

3. 변경출원의 불인정

Ⅴ. 증명표장의 효력

1. 적극적 효력
① 등록주체와 별개로, 사용주체는 증명표장권자 본인이 아닌 정관 또는 규약에서 정하는 기준과 요건을 구비하여 사용허락을 받은 타인이다. ② 위반 시 제119조1항9호 나목의 취소사유를 구성할 수 있다.

2. 소극적 효력
1) 단체표장권의 권리주체는 증명표장권자이므로, 사용허락을 받은 자 스스로 침해금지청구 또는 손해배상청구권 등을 행사할 수는 없다.
2) 다만, 상표법 제119조1항9호 라목 취소사유가 문제될 수 있다.

3. 효력제한
(1) 제90조2항1호 및 2호
(2) 제90조2항3호
(3) 제90조2항4호

Ⅵ. 특유의 제한사유

(1) 이전 및 사용권 설정 등의 제한
- (이전) 출원인적격자 + 업무와 함께 + 특허청장의 허가
- (사용권, 질권) 불가

(2) 특유의 취소사유   [이.허.자.타.고.사]

1) **제119조1항4호** - 이전 제한 규정 위반

2) **제119조1항9호 가목** - 증명표장권자가 정관 또는 규약을 위반하여 증명표장의 사용을 허락한 경우

3) **제119조1항9호 나목** - 증명표장권자가 자기의 상품에 대하여 사용하는 경우(제3조3항 단서 위반)

4) **제119조1항9호 다목** - ① 증명표장의 사용허락을 받은 자가 정관 또는 규약을 위반하여 타인에게 사용하게 한 경우 또는 ② 사용을 허락받은 자가 정관 또는 규약을 위반하여 증명표장을 사용함으로써 수요자에게 상품의 품질, 원산지, 생산방법 기타 특성에 관하여 혼동을 불러일으키게 한 경우. ③ 다만, 증명표장권자가 사용을 허락받은 자에 대한 감독에 상당한 주의를 한 경우는 제외한다.

5) **제119조1항9호 라목** - ① 증명표장권자가 ② 증명표장의 사용허락을 받지 아니한 타인이 증명표장을 사용하여 ③ 수요자에게 상품의 품질, 원산지, 생산방법 기타 특성에 관한 혼동을 불러일으키게 하였음을 ④ 알면서도 고의로 적절한 조치를 하지 아니한 경우

6) **제119조1항9호 마목** - ① 증명표장권자가 그 증명표장을 사용할 수 있는 자에 대하여 정당한 사유 없이 정관 또는 규약으로 사용을 허락하지 아니하거나 정관 또는 ② 규약에 충족하기 어려운 사용조건을 규정하는 등 실질적으로 **사용을 허락하지 아니한 경우**

[답안 작성 시 고려해야 하는 요소] 지리적 표시 증명표장

1. **거절이유 검토**
   1) 지리적 표시 단체표장 규정 적용 - 제2조4항
   2) 정의규정 - 제2조1항4, 8호
   3) 출원인 적격 - 제3조3항 내지 5항
   4) 제33조 - 제33조3항
   5) 제34조 - 제34조1항8, 10, 14호
   6) 제35조 - 제35조5항1호
   7) 심사기준 특칙 규정들 - 제34조1항1호 가/마목, 4호, 12호, 제38조1항
   8) 기타 거절이유 - 제54조1, 4, 5, 6호

2. **등록가능성 검토**
   1) 수정정관제도 - 제43조1항

4-10 동음이의어 지리적 표시

1. 의미
　같은 상품에 대한 지리적 표시가 타인의 지리적 표시와 발음은 동일하나, 지역이 다른 지리적 표시를 의미한다(제2조1항5호).

　※ '동음이의어 지리적 표시'의 정의 자체가 '같은 상품'에 대한 것임

2. 부등록사유와 관련된 특칙
　1) **제34조4항**: 제34조1항8, 10호 적용 예외
　　단, 제34조1항14호는 적용 가능(부정한 목적을 요건으로 하므로)
　2) **제35조5항2호**: 동음이의어 지리적표시 상호 간에는 선출원주의 적용 예외

3. 효력과 관련된 특칙
　1) **제108조2항**: 동음이의어 지리적 표시 상호 간에는 적용 예외
　2) **제90조2항3호**: 동음이의어 지리적 표시 상호 간에는 적용 예외

4. 기타 특칙
　(1) 혼동방지의무 - 제223조
　　둘 이상의 지리적 표시 등록단체표장이 서로 동음이의어 지리적 표시에 해당하는 경우 각 단체표장권자와 그 소속 단체원은 지리적 출처에 대하여 수요자가 혼동하지 아니하도록 하는 표시를 등록단체표장과 함께 사용하여야 한다.
　(2) 혼동방지의무 위반 시 취소사유
　　제119조1항8호나목

4-11 업무표장

Ⅰ. 의의 및 취지

영리를 목적으로 하지 않는 자가 그 업무를 나타내기 위하여 사용하는 표장을 의미한다. 비영리업무의 식별 필요성 및 비영리업자의 사회적 신용을 보호하기 위함이다(제2조1항9호).

Ⅱ. 상표에 관한 규정 적용 - 제2조3항

업무표장에 관하여는 상표법에서 특별히 규정한 것을 제외하고는 상표에 관한 규정을 적용한다.

Ⅲ. 등록요건

1. 출원인 적격 - 제3조6항

국내에서 영리를 목적으로 하지 아니하는 업무를 하는 자는 자기의 업무표장을 등록받을 수 있다.

2. 제34조1항7호 - 判例

타인의 선출원등록상표와 동일유사한 표장으로서 그 지정서비스업과 유사한 지정업무에 사용하는 업무표장은 제34조1항7호에 따라 등록될 수 없다.

3. 제38조

지정업무가 불분명한 경우 본 호로 거절된다.

Ⅳ. 출원절차

1. 특유의 출원절차

업무표장등록을 받으려는 자는 그 업무의 경영 사실을 증명하는 서류를 업무표장등록출원서에 첨부하여야 한다(제36조6항).

2. 출원의 변경 불인정

Ⅴ. 효력

1. 적극적 효력 - 제89조

2. 소극적 효력

① 원칙적으로 영리적 사용에는 미치지 않으나, ② 判例는,[75] 대가로 약간의 수수료를 받았다 하여도, 업무의 성질을 달리 볼 수 없다 하여 업무표장권의 침해를 긍정한 바 있다.

Ⅵ. 이전 및 사용권 설정 등의 제한

- (이전) 업무와 함께
- (사용권, 질권) 불가

---

[75] 대법원 1995. 6. 16. 선고 94도1793 판결

THEME 5-1 상표의 동일·유사 - 총론

I. 상표의 동일 - 상표의 동일이 문제되는 경우

- 사용에 의한 식별력 취득의 적용여부(제33조2항)
- 출원일 소급과 관련된 우선권주장의 요건(제46조)
- 출원 시의 특례(제47조)
- [완화] 제119조1항3호의 불사용취소심판
- [완화] 제99조의 선사용권
- [완화] 권리범위확인심판의 확인대상상표 및 등록상표

II. 상표의 유사판단

1. 유사판단의 기본 원칙

판례는, ① 양 상표의 외관·칭호·관념을, ② 해당 상품에 관한 수요자의 직관적 인식을 기준으로, ③ 전체적·객관적·이격적으로 관찰하여, ④ 상품출처의 오인·혼동 염려가 있는지 여부에 따라 결정한다고 판시하였다.

2. 유사판단의 3요소 [Theme 5-1-1]

(1) 판단기준
(2) 문자상표의 경우
(3) 도형상표 및 입체상표의 경우 [Theme 5-1-2]

3. 유사판단의 기준

(1) 주체적 기준 [Theme 5-1-3]

1) [원칙] 상표의 유사 여부 판단에 있어서 상품 출처의 오인·혼동을 일으킬 우려가 있는지 여부는 보통의 주의력을 가진 우리나라의 일반 수요자나 거래자를 기준으로 판단하여야 한다.[76]
2) [예외] 다만, 지정상품이 의약품인 경우 판례[77]는, 특수한 몇몇 의약품들만이 의사, 약사 등 전문가들에 의하여 수요되고 거래되는 특수한 의약품에 해당한다고 볼 자료가 없는 한 일반 수요자를 기준으로 하여 양 상표 사이에 오인·혼동의 우려가 있는지 여부를 판단한다고 판시하였다.

(2) 시기적 기준

1) [등록단계 및 무효심판] 각 무효사유의 판단 시점을 기준으로, 2) [권리범위 확인심판] 심결 시 기준으로, 3) [침해금지청구] 당해 소송의 사실심 변론종결시 기준으로, 4) [손해배상청구의 소] 침해시, 5) [심결취소소송] 심결 시를 기준으로 판단한다.

---

[76] 대법원 2020. 4. 29. 선고 2019후11121 판결 (자연의 벗 사건)
[77] 대법원 1995. 9. 26. 선고 95후439 판결 (GINKOBA 사건), 대법원 2018. 7. 24. 선고 2017후2208 판결 (**GLIATAMIN** 사건)

4. 관찰 방법 [Theme 5-1-4]
　(1) 전체관찰의 원칙
　(2) 요부관찰
　(3) 분리관찰

5. 구체적 출처혼동의 고려 여부 [Theme 5-1-5]

THEME 5-1-1   상표의 동일·유사 – 유사판단의 3요소

Ⅰ. 상표의 유사판단의 기본 원칙

Ⅱ. 유사판단의 3요소

1. 판단기준

① 외관·칭호·관념에 따라 판단한다. 판례는,[78)79)80)] ② 외관·호칭·관념 중 하나가 유사하다 하더라도 전체로서 수요자 간 명확히 출처의 오인·혼동을 피할 수 있는 경우에는 유사라고 할 수 없으며, ③ 반대로 서로 다른 부분이 있어도 그 호칭 관념이 유사하여 일반 수요자 간 출처혼동염려가 있는 경우에는 유사상표라고 판시하였다.

2. 문자상표의 경우

(1) 판단방법

① 문자상표의 유사 여부는 칭호가 가장 중요한 요소이며,[81)] ② 짧은 음절로 구성된 문자상표는 첫 음절의 비중이 가장 크다.

(2) 외국어 문자상표의 경우

상표의 유사판단에 있어서 외국어로 이루어진 상표의 호칭은 ① 우리나라의 거래자나 수요자의 대부분이 그 외국어를 보고 특별한 어려움 없이 자연스럽게 하는 발음에 의하여 정하여짐이 원칙이고, ② 우리나라의 거래자나 수요자가 그 외국어 상표를 특정한 한국어로 표기하고 있는 등의 구체적인 사용실태가 인정되는 경우에는 그와 같은 구체적인 사용실태를 고려하여 외국어 상표의 호칭을 정하여야 한다.[82)]

3. 도형상표 및 입체상표의 경우   [Theme 5-1-2]

1) 判例는, 도형상표들에서는 외관이 주는 지배적 인상이 동일·유사하여 두 상표를 동일·유사한 상품에 다 같이 사용하는 경우 일반 수요자에게 상품의 출처에 관하여 오인·혼동을 일으킬 염려가 있다면 두 상표는 유사하다고 보아야 한다.
2) 나아가, 또한 두 개의 상표 자체를 나란히 놓고 대비하는 것이 아니라 때와 장소를 달리하여 두 개의 상표를 대하는 일반 수요자에게 상품 출처에 관하여 오인·혼동을 일으킬 우려가 있는지의 관점에서 이루어져야 한다고 판시하였다.

---

78) 대법원 2013. 1. 16. 선고 2011후3322 판결 (한설화 사건)
79) 대법원 2016. 7. 22. 선고 2015후178 판결 (SUNCON 사건)
80) 대법원 2020. 4. 29. 선고 2019후11121 판결 (Nature's Friend 사건)
81) 대법원 2000. 2. 25. 선고 97후3050 판결 (M&Ms 사건)
82) 대법원 2005. 11. 10. 선고 판결 (ZEISS 사건)

5-1-2 상표의 동일·유사 – 도형상표의 유사판단

Ⅰ. 상표의 유사판단

1. 유사판단의 기본 원칙

2. 도형상표의 유사판단 방법

(1) 判例의 태도 　　　　　　　　　　　　　　[외.주.지.인.유/동.사.같.출.오.혼/나란히.때.장.달]

1) 判例는, 도형상표들에서는 외관이 주는 지배적 인상이 동일·유사하여 두 상표를 동일·유사한 상품에 다 같이 사용하는 경우 일반 수요자에게 상품의 출처에 관하여 오인·혼동을 일으킬 염려가 있다면 두 상표는 유사하다고 보아야 한다고 하였다.

2) 이어서 判例는, 두 개의 상표 자체를 나란히 놓고 대비하는 것이 아니라 때와 장소를 달리하여 두 개의 상표를 대하는 일반 수요자에게 상품 출처에 관하여 오인·혼동을 일으킬 우려가 있는지의 관점에서 이루어져야 한다고 판시하였다.

(2) 사안의 경우

'유사' 로 포섭83) [공.차.혼동]	① **공통점 포섭**: ~~~한 점에서 외관이 주는 지배적 인상(모티브)이 공통된다. ② **차이점 포섭**: ~~~한 차이점이 있으나, 이는 세세한 부분으로 이격적 관찰로는 쉽게 파악하기 어렵다. ③ **결론**: 따라서 동일유사한 상품에 다 같이 사용되는 경우 수요자 간의 출처혼동을 일으킬 염려가 있어 유사하다.
'비유사' 로 포섭84) [공.차.혼동]	① **공통점 포섭**: ~~~한 점에서 공통된다. ② **차이점 포섭**: 그러나, ~~~한 차이가 있다는 점에서 乙 상표와 구별될 수 있다고 본다. ③ **결론**: 따라서, 수요자들에게 오인·혼동 염려가 있다고 보기 어려워 비유사하다.

> **[심화] 통칭하는 용어로 호칭·관념되는 여러 종류의 형상의 도형상표의 경우**85)
>
> 수많은 종류의 유사 또는 상이한 형상을 통칭하는 용어에 의하여 호칭되고 관념되는 도형상표의 경우에 그 외관의 유사에 관계없이 호칭과 관념이 유사하다는 이유만으로 대비되는 양 상표가 전체적으로 유사한 상표라고 한다면 상표의 유사 범위가 지나치게 확대되어 제3자의 상표선택의 자유를 부당하게 제한하는 불합리한 결과를 가져오는 점 등에 비추어 볼 때, 통칭하는 용어로 호칭·관념되는 여러 종류의 형상의 도형상표의 경우 호칭 및 관념이 유사하다는 이유만으로 서로 유사하다고 단정할 수 없다.

---

83) 대법원 2013. 3. 14. 선고 2010도15512 판결 (**루이비통** 사건), 대법원 2013. 7. 25. 선고 2011후1548 판결 (　　 사건), 대법원 2014. 1. 23. 선고 2013후1900 판결 (　　 사건), 대법원 2016. 7. 14. 선고 2015후1348 판결 (　 사건)

84) 대법원 2013. 1. 24. 선고 2011다18802 판결 (　　사건), 대법원 2015. 10. 15. 선고 2013다84568 판결 (비아그라 사건)

3. 입체상표의 유사판단 방법 　　　　　　　　　*(2. 도형상표의 유사판단 방법과 동일)*

判例는,[86] ① 입체적 형상으로 된 상표들에서는 외관이 주는 지배적 인상이 동일·유사하여 두 상표를 동일·유사한 상품에 다 같이 사용하는 경우 수요자에게 상품의 출처에 관하여 오인·혼동을 일으킬 우려가 있다면 두 상표는 유사하다고 판시하였다.

또한, 判例는 ② 두 개의 상표 자체를 나란히 놓고 대비하는 것이 아니라 때와 장소를 달리하여 두 개의 상표를 대하는 수요자가 상품 출처에 관하여 오인·혼동을 일으킬 우려가 있는지의 관점에서 판단한다.

[도형상표의 유사판단 - 도해]

判例의 법리	① 외관이 주는 지배적 인상이 동일·유사하여 두 상표를 동일·유사한 상품에 다 같이 사용하는 경우 일반 수요자나 거래자로 하여금 상품의 출처에 관하여 오인·혼동을 일으킬 염려가 있다면 두 상표는 유사하다고 보아야 할 것이다.	② 두 개의 상표 자체를 나란히 놓고 대비하는 것이 아니라 때와 장소를 달리하여 두 개의 상표를 대하는 거래자나 일반 수요자가 상품 출처에 관하여 오인·혼동을 일으킬 우려가 있는지 여부의 관점에서 이루어져야 하고, 두 개의 상표가 그 외관, 호칭, 관념 등에 의하여 거래자나 일반 수요자에게 주는 인상, 기억, 연상 등을 전체적으로 종합할 때 상품의 출처에 관하여 오인·혼동을 일으킬 우려가 있는 경우에는 두 개의 상표는 서로 유사하다고 할 것이다.
사안의 포섭과정	'공통점' 비교 외관, 모티브가 유사하여...	'차이점'이 있으나 이격적으로 볼 때 '세세한 부분'까지는 수요자들이 구분하기 어렵다.

---

85) 대법원 2013. 1. 24. 선고 2011다18802 판결 (사건)
86) 대법원 2015. 10. 15. 선고 2013다84568 판결 (**비아그라** 사건)

[도형상표의 유사판단 법리를 사용한 判例]

사건명	표장		유사 여부
발리 사건 대법원 2016. 7. 14. 선고 2015후1348 판결			유사
닻 도형상표 사건 대법원 2013. 7. 25. 선고 2011후1548 판결			유사
꽃무늬 도형 사건 대법원 2014. 1. 23. 선고 2013후1900 판결			유사
아가타 사건 대법원 2013. 1. 24. 선고 2011다18802 판결			비유사
루이비통 사건 대법원 2013. 3. 14. 선고 2010도15512 판결			유사

THEME 5-1-3 전문의약품에 있어서 상표 및 상품의 유사판단

1. 문제의 소재
먼저 의약품이 지정상품인 경우 '상표'의 유사판단을 어떻게 할지, '상품'의 유사판단을 어떻게 할지 검토한다.

2. 상표에 관하여 - 상표의 유사판단
(1) 유사판단의 기본원칙

(2) 판단방법 - 주체적 기준
  1) 일반수요자를 기준으로, 직감적 인식에 따라 판단함이 원칙이다.
  2) 다만, 지정상품이 의약품인 경우 판례[87])는, 특수한 몇몇 의약품들만이 의사, 약사 등 전문가들에 의하여 수요되고 거래되는 특수한 의약품에 해당한다고 볼 자료가 없는 한, 일반 수요자를 기준으로 하여 양 상표 사이에 오인·혼동의 우려가 있는지 여부를 판단한다고 판시하였다.

(3) 구체적 판단 - 일반의약품과 전문의약품
  최근 판례[88])의 태도는, 1) ① 전문의약품의 경우 의사가 환자의 증상에 따라 의약품을 처방하면 약사가 조제를 하므로 사실상 일반수요자가 의약품의 선택에 개입할 여지가 없다는 점, ② 전문의약품은 약사법에 비추어 볼 때 일반수요자가 그 정보를 쉽게 알지 못한다는 점에서, 약사의 직감적 인식을 고려하고 있다. **[처방.개입.쉽알]**
  2) 일반의약품인 경우에도 일반수요자가 약국에서 직접 의약품을 구매하나, i) 수요자가 증상을 설명하면 약사가 의약품을 골라주는 것이 거래실정인 점, ii) 약사는 복약지도를 할 의무가 있다는 점, iii) 대개 약사의 개입하에 구매가 이루어 진다는 점을 감안하면 약사의 직감적 인식을 고려한다. **[개입하.지도.골라]**

3. 상품에 관하여 - 상품의 유사판단
(1) 상품의 유사판단 일반원칙 - 판례[89])
  판례는, 1) 대비되는 상품에 동일 또는 유사한 상표를 사용할 경우 동일 업체에 의하여 제조 또는 판매되는 상품으로 오인될 우려가 있는가 여부를 기준으로 하여 판단하되, 2) 상품 자체의 속성인 품질, 형상, 용도와 생산 부문, 판매 부문, 수요자의 범위 등 거래의 실정을 종합적으로 고려하여 일반 거래의 통념에 따라 판단한다.

(2) 판단기준 및 판단방법 - 사안포섭 시
  - [품.형.용.생.판.수]에 기초하여 판단
  - 설문에 의약품의 유사군 코드가 주어져 있다면 38조 2항은 유사여부를 나타낸 것이 아니라는 법리 같이 써줄 것

---

87) 대법원 1995. 9. 26. 선고 95후439 판결 (GINKOBA 사건), 대법원 2018. 7. 24. 선고 2017후2208 판결 (**GLIATAMIN** 사건)
88) 대법원 2018. 7. 24. 선고 2017후2208 판결 (**GLIATAMIN** 사건)
89) 대법원 2011. 7. 28. 선고 2011후538 판결 (미착메딕팜 주식회사 사건)

THEME 5-1-4 관찰방법 – 전체관찰, 요부관찰, 분리관찰

Ⅰ. 전체관찰의 원칙

둘 이상의 문자 또는 도형의 조합으로 이루어진 결합상표는 그 구성 부분 전체의 외관, 호칭, 관념을 기준으로 상표의 유사 여부를 판단하는 것이 원칙이다.[90]

Ⅱ. 요부관찰

1. 요부관찰의 의미 - 판례의 태도 [전찰/인.기.연상.독립/유도]

判例는[91], ① 전체관찰이 원칙이나, ② 상표 중에서 일반 수요자에게 그 상표에 관한 인상을 심어주거나 기억·연상을 하게 함으로써 그 부분만으로 독립하여 상품의 출처표시기능을 수행하는 부분, 즉 요부가 있는 경우 ③ 적절한 전체관찰의 결론을 유도하기 위해서는 요부를 가지고 상표의 유사 여부를 대비·판단하는 것이 필요하다.

2. '요부'의 판단방법

(1) 판단기준 [주.강.비.상.식.거.품.결]

1) 상표의 구성 부분 중 식별력이 없거나 미약한 부분은 요부가 된다고 할 수 없다.[92]
2) 상표의 구성 부분이 요부인지는 그 부분이 i) 주지·저명하거나 ii) 일반 수요자에게 강한 인상을 주는 부분인지, iii) 전체 상표에서 높은 비중을 차지하는 부분인지 등의 요소를 따져 보되, iv) 여기에 다른 구성 부분과 비교한 상대적인 식별력 수준이나 v) 그와의 결합상태와 정도, vi) 지정상품과의 관계, vii) 거래실정 등까지 종합적으로 고려하여 판단하여야 한다.[93]

(2) 판단방법 - 동일유사한 상품에 대하여 다수 등록된 사정 등이 있는 경우 [등.출/수.수.식.품.공익]

判例는,[94] 결합상표 중 일부 구성 부분이 요부로 기능할 수 있는 식별력이 없거나 미약한지 여부를 판단할 때는 ① 해당 구성 부분을 포함하는 상표가 지정상품과 동일·유사한 상품에 관하여 다수 등록되어 있거나 ② 출원공고되어 있는 사정도 고려할 수 있으므로, i) 등록 또는 출원공고된 상표의 수나 ii) 출원인 또는 상표권자의 수, iii) 해당 구성 부분의 본질적인 식별력의 정도 및 iv) 지정상품과의 관계, v) 공익상 특정인에게 독점시키는 것이 적당하지 않다고 보이는 사정의 유무 등을 종합적으로 고려하여 판단하여야 한다.

---

90) 대법원 1990. 7. 27. 선고 89후919 판결
91) 대법원 2017. 2. 9. 선고 2015후1690 판결 (자생초 사건); 대법원 2013. 2. 28. 선고 2012후3206 판결 (MONSTER 사건); 대법원 2018. 3. 29. 선고 2017후2697 판결 (DAWN FIELD 사건); 대법원 2013. 2. 28. 선고 판결 (기영농 사건);
92) 대법원 2017. 3. 9. 선고 2015후932 판결 (몬스터에너지 사건)
93) 대법원 2017. 2. 9. 선고 2015후1690 판결 자생초 사건; 대법원 2018. 9. 13. 선고 2017후2932 판결 (천년마루 사건); 대법원 2018. 8. 30. 선고 2017후981 판결 MOU-JON-JON 사건)
94) 대법원 2013. 2. 28. 선고 2012후3206 판결 (MONSTER 사건); 대법원 2018. 9. 13. 선고 2017후2932 판결 (천년마루 사건);

(3) 판단방법 - 상표의 구성의 식별력 여부에 따른 판단

상표의 구성 중 그 일부분이 지정서비스의 품질, 제공 물건, 제공방법 등을 암시 또는 강조하는 것으로 보인다고 하더라도 일반 수요자나 거래자가 지정서비스의 품질, 제공 물건, 제공방법 등을 표시하는 것으로 바로 인식할 수 없는 것은 그 식별력을 함부로 부정해서는 안된다.95)

3. 요부관찰이 분리관찰을 전제하는지 여부

(1) 판례의 태도 [분.따.요부]

判例는,96) 상표에서 요부가 존재하는 경우에는 그 부분이 분리관찰이 되는지를 따질 필요 없이 요부만으로 대비함으로써 상표의 유사 여부를 판단할 수 있다고 판시하였다.

(2) 검토 - 판례의 논거 [다.구.일/두드.독.식]

생각건대, 상표에서 요부는 다른 구성 부분과 상관없이 그 부분만으로 일반 수요자에게 두드러지게 인식되는 독자적인 식별력 때문에 다른 상표와 유사 여부를 판단할 때 대비의 대상이 되는 것이므로, 판례의 태도가 타당하다.

Ⅲ. 분리관찰

1. 분리관찰의 의미 - 결합상표의 유사판단 방법

1) 상표의 기능은 구성 전체가 발휘하는 것이므로, 전체관찰이 원칙이다.
2) 다만, 그 결합관계 등에 따라 '독립하여 자타 상품을 식별할 수 있는 구성 부분'만으로도 거래될 수 있다고 인정되는 경우에는 그 부분을 분리·추출하여 그로부터 생기는 호칭 또는 관념을 기준으로 상표의 유사 여부를 판단할 수 있다. [독.자.식.구.거래]
3) 이때 상표의 일부 구성 부분이 독립하여 자타 상품을 식별할 수 있는 부분에 해당하는지 여부는 그 부분이 지니고 있는 관념, 지정상품과의 관계, 거래사회의 실정 등을 감안하여 객관적으로 판단한다고 하였다. [관.지.거.객]

2. 분리관찰의 예외

(1) 판례의 태도 [부.분.가.희/전.관.출.혼.명.피]

判例는,97) 대비되는 상표 사이에 유사한 부분이 있다고 하더라도 그 부분만으로 분리인식될 가능성이 희박하거나 전체적으로 관찰할 때 출처의 혼동을 명확히 피할 수 있는 경우에는 유사상표라고 할 수 없다.

---

95) 대법원 2013. 2. 28. 선고 판결 (가바양 사건); 대법원 2006. 12. 8. 선고 2005후674 판결 (홍초불닭 사건)
96) 대법원 2017. 2. 9. 선고 2015후1690 판결 (**자생초** 사건);
97) 대법원 2015. 1. 29. 선고 2014후2399 판결 (**ROMANTIC** 사건); 대법원 2014. 12. 11. 선고 2014후1587 판결 (**Cherry Spoon** 사건); 대법원 1999. 4. 23. 선고 98후874 판결 (Homeplus 사건); 대법원 2013. 1. 24. 선고 2011다76778 판결 (스쿨버스100 사건); 대법원 2010. 12. 9. 선고 2009후4193 판결 (**좋은엄마프로젝트** 사건); 1. 대법원 2011. 12. 27. 선고 2010다20778 (**동부** 사건)

(2) 검토
[파괴.광.선.괴]

생각건대, 분리관찰의 과도한 적용은 ① 전체관찰의 원칙을 파괴하고, ② 유사범위가 지나치게 넓어질(광범위) 우려가 있으며, ③ 상표선택의 기회가 부당하게 제한될 우려가 있으며, ④ 실제 거래현실과 괴리된 결론에 이를 수 있다는 점에서 분리관찰은 어디까지나 구성요소가 분리하여 관찰하는 것이 자연스러운 경우에 한하여야 하는바 판례의 태도가 타당하다고 본다.

[TIP] 분리관찰 사안포섭문구

1. 분리관찰을 긍정하는 경우

> [전제부] 를 고려할 때, [논증부] 하므로 분리 인식된다 할 것이고, [외관/호칭/관념 비교] 하므로~~ [유사/비유사] 하다.

2. 분리관찰을 부정하는 경우

> [전제부] 를 고려할 때, [논증부] 하므로 전체로서 인식된다 할 것이고, [외관/호칭/관념 비교] 하므로~~ [유사/비유사] 하다.

- 전제부 예시
  1) 우리나라 언어관습/영어교육수준을 고려할 때,
  2) A는 ~음절이고, B는 ~음절로 호칭이 비교적 짧다는 점을 고려할 때,
  3) A는 ~라는 관념, B는 ~라는 관념을 가진다는 점을 고려할 때,
  4) 사용표장의 주지 정도와 일반적인 거래실정을 고려할 때,
  5) 일반수요자의 보통의 주의력과 호칭 관습을 고려할 때,

- 논증부 예시 (분리관찰이 긍정되는 경우)
  1) A와 B 부분만으로도 거래될 수 있어...

- 논증부 예시 (분리관찰이 부정되는 경우)
  1) A+B가 일련불가분적으로 결합되어 있어...
  2) A 또는 B 부분만으로 분리인식될 가능성이 희박하여...
  3) A+B가 항상 전체로서만 사용되고 있어...
  4) A 또는 B가 분리약칭되어 사용된 예를 찾아보기 어려워...
  5) A 또는 B의 결합으로도 새로운 관념이 형성되지 않아...

5-1-5 상표의 동일·유사 – 구체적 거래실정 고려 여부

Ⅰ. 문제점

구체적 거래실정 고려하는지 여부를 원칙적 태도와 예외적인 경우로 判例에 따라 살펴본 후 사안을 검토한다.

Ⅱ. 구체적 거래실정을 고려한 출처혼동 판단여부

1. 원칙적 태도 - 判例 [등록/일.취]

등록주의를 취하고 있는 현행 법제하, 상표유사여부는 일반적 추상적 기준에 따라 획일적으로 판단해야 하며, 판례도 구체적 오인혼동의 발생유무 등은 고려하지 않음이 원칙이라고 판시하였다.

2. 예외의 태도 - 判例 [유사/속.고.거.주.언.장/구.개.출.혼]

(1) 등록단계에서의 태도 - Rolex 사건

判例는, ① 비록 2개의 상표가 상표 자체의 외관·칭호·관념에서 서로 유사하여 일반적·추상적·정형적으로는 양 상표가 서로 유사해 보인다 하더라도 ② 당해 상품을 둘러싼 일반적인 거래실정, 즉, 시장의 성질, 고객층의 재력이나 지식 정도, 전문가인지 여부, 연령, 성별, 당해 상품의 속성과 거래방법, 거래장소, 고장 수리 등 사후관리 여부, 상표의 현존 및 사용상황, 상표의 주지 정도 및 당해 상품과의 관계, 수요자의 일상 언어생활 등을 종합적·전체적으로 고려하여, ③ 거래사회에서 수요자들이 구체적·개별적으로는 상품의 품질이나 출처에 관하여 오인·혼동할 염려가 없을 경우에는 ④ 양 상표가 공존하더라도 당해 상표권자나 수요자 및 거래자들의 보호에 아무런 지장이 없다 하여, 비유사로 본 듯하다.

(2) 상표권침해금지소송에서의 태도 - Oracle 사건, 다이소 사건

1) 判例는,[98] ① 대비되는 상표 사이에 유사한 부분이 있다고 하더라도 ② 당해 상품을 둘러싼 일반적인 거래실정, 즉 시장의 성질, 수요자(고객)의 재력이나 지식, 주의의 정도, 전문가인지 여부, 연령, 성별, 당해 상품의 속성과 거래방법, 거래장소, 사후관리 여부, 상표의 현존 및 사용상황, 상표의 주지 정도 및 당해 상품과의 관계, 수요자의 일상 언어생활 등을 종합적·전체적으로 고려하여, ③ 거래사회에서 수요자들이 구체적·개별적으로는 상품의 품질이나 출처에 관하여 오인·혼동할 염려가 없을 경우에는 ④ 유사상표라고 할 수 없어 그러한 상표 사용의 금지를 청구할 수 없다고 판시하였다.

2) 判例는,[99] 유사상표의 사용행위에 해당하는지에 대한 판단은 두 상표가 해당 상품에 관한 거래실정을 바탕으로 외관, 호칭, 관념 등에 의하여 거래자나 일반 수요자에게 주는 인상, 기억, 연상 등을 전체적으로 종합할 때, 두 상표를 때와 장소를 달리하여 대하는 거래자나 일반 수요자가 상품 출처에 관하여 오인·혼동할 우려가 있는지의 관점에서 이루어져야 한다.

---

[98] 대법원 2013. 6. 27. 선고 2011다97065 판결 (ORACLE 사건)
[99] 대법원 2015. 10. 15. 선고 2014다216522 판결 (다이소 사건)

(3) 권리범위확인심판에서의 태도

1) 判例는,[100] 당해 상품에 대한 표장의 사용사실이 인정되는 경우 ① 표장의 주지 정도 및 ② 당해 상품과의 관계, ③ 표장에 대한 수요자들의 호칭 및 ④ 인식 등 당해 상품을 둘러싼 거래실정을 종합적·전체적으로 고려하여야 한다.

2) 이어서 判例는,[101] 거래실정을 고려한 양 표장의 외관 및 호칭의 차이에도 불구하고, ① 상품의 구체적인 형상과 ② 모양 및 ③ 그 포장의 구체적인 형태 등과 같이 **그 상품에서 쉽게 변경이 가능한 특수하고 한정적인 거래실정**을 비중 있게 고려하여 양 표장이 유사하다고 판단해서는 안 된다.

3. 검토

생각건대, 상표법은 상표의 출처 식별 및 품질보증의 기능을 보호함으로써 당해 상표의 사용에 의하여 축조된 상표권자의 기업신뢰이익을 보호하고 유통질서를 유지하며 수요자로 하여금 상품의 출처의 동일성을 식별하게 하여 수요자가 요구하는 일정한 품질의 상품 구입을 가능하게 함으로써 수요자의 이익을 보호하려는 취지인 점을 기초해 볼 때, 구체적 거래실정 등을 고려하는 판례의 태도가 타당하다.

---

[100] 대법원 2019. 8. 14. 선고 2018후10848 판결 (사건 - [판결요지] 中)

[101] 대법원 2019. 8. 14. 선고 2018후10848 판결 (사건 - [이유] 中)

THEME 6 상품의 동일·유사

I. 상품의 유사판단 방법

1. 상품의 유사판단의 기본원칙 [동일상표/동일출처]

判例는,102) 지정상품의 유사 여부는 ① 동일 또는 유사한 상표를 사용하였을 때 ② 동일한 영업주체가 제공하는 상품/서비스로 오인될 우려가 있는지 여부를 기준으로 하여 판단한다.

2. 판단기준 – 判例가 제시한 기준

(1) 상품 간의 판단기준 [품.형.용.생.판.쉬]

판례는,103) 상품 자체의 속성인 품질, 형상, 용도와 생산 부문, 판매 부문, 수요자의 범위 등 거래의 실정을 종합적으로 고려하여 일반 거래의 통념에 따라 판단한다고 하였다.

(2) 서비스 간의 경우 [성.내.장.제.수.범.일]

판례는,104) 제공되는 서비스의 성질이나 내용, 제공 방법과 장소, 서비스의 제공자, 수요자의 범위 및 서비스 제공에 관련된 물품이 일치하는지 여부 등 거래의 실정을 종합적으로 고려하여 일반 거래의 통념에 따라 판단한다고 하였다.

(3) 상품과 서비스 간의 경우 [동종성/없.극.밀]

1) 判例는, 상품과 서비스간 '**동종성**' 여부로 판단하면서, '동종성'이란 당해 상품이 없으면 당해 서비스가 없을 만큼 극히 밀접한 관계를 의미한다고 판시하였다.

2) 구체적으로, '동종성' 판단은 양자의 밀접한 관계유무, 동일사업자에 의한 영위가 일반적인지 여부, 용도의 일치여부, 제공장소의 일치여부, 수요자범위의 일치여부, 유사표장 사용시 출처혼동 염려 여부 등을 따져 거래사회 통념상 판단한다.

3. 특허청 실무 및 상표법의 태도

(1) 상표법 제38조1항

상품류의 구분은 상품의 유사범위를 정하는 것은 아니다. 상표등록사무의 편의를 위하여 구분한 것이다.

(2) 실무의 태도

심사실무는 신속 획일적 심사처리를 위해, 유사군 코드가 동일한 상품 상호간은 유사한 상품으로 추정한다. 다만, 이에 구속되지는 않는다.

---

102) 대법원 2018. 8. 30. 선고 2016두36000 판결 (**APM24** 사건); 대법원 2011. 7. 28. 선고 2011후538 판결 (미림메디팜 주식회사 사건)
103) 대법원 2011. 7. 28. 선고 2011후538 판결 (미림메디팜 주식회사 사건)
104) 대법원 2018. 8. 30. 선고 2016두36000 판결 (**APM24** 사건)

MEMO

THEME 7 부등록사유 – 식별력

제33조(상표등록의 요건)
① 다음 각 호의 어느 하나에 해당하는 상표를 제외하고는 상표등록을 받을 수 있다.
  1. 그 상품의 보통명칭을 보통으로 사용하는 방법으로 표시한 표장만으로 된 상표
  2. 그 상품에 대하여 관용(慣用)하는 상표
  3. 그 상품의 산지(産地)·품질·원재료·효능·용도·수량·형상·가격·생산방법·가공방법·사용방법 또는 시기를 보통으로 사용하는 방법으로 표시한 표장만으로 된 상표
  4. 현저한 지리적 명칭이나 그 약어(略語) 또는 지도만으로 된 상표
  5. 흔히 있는 성(姓) 또는 명칭을 보통으로 사용하는 방법으로 표시한 표장만으로 된 상표
  6. 간단하고 흔히 있는 표장만으로 된 상표
  7. 제1호부터 제7호까지에 해당하는 상표 외에 수요자가 누구의 업무에 관련된 상품을 표시하는 것인가를 식별할 수 없는 상표
② 제1항제3호부터 제7호까지에 해당하는 상표라도 상표등록출원 전부터 그 상표를 사용한 결과 수요자 간에 특정인의 상품에 관한 출처를 표시하는 것으로 식별할 수 있게 된 경우에는 그 상표를 사용한 상품에 한정하여 상표등록을 받을 수 있다. 〈2024. 5. 1. 시행 개정법〉
③ 제1항제3호(산지로 한정한다) 또는 제4호에 해당하는 표장이라도 그 표장이 특정 상품에 대한 지리적 표시인 경우에는 그 지리적 표시를 사용한 상품을 지정상품(제38조제1항에 따라 지정한 상품 및 제86조제1항에 따라 추가로 지정한 상품을 말한다. 이하 같다)으로 하여 지리적 표시 단체표장등록을 받을 수 있다.

7-1 식별력 – 제33조 제1항 제1호

> 제33조(상표등록의 요건)
> ① 다음 각 호의 어느 하나에 해당하는 상표를 제외하고는 상표등록을 받을 수 있다.
>   1. 그 상품의 보통명칭을 보통으로 사용하는 방법으로 표시한 표장만으로 된 상표

Ⅰ. 의의 및 취지

그 상품의 보통명칭을 보통으로 사용하는 방법으로 표시한 표장만으로 된 상표는 상표등록 받을 수 없다. 자타상품식별력 및 독점적응성이 없기 때문이다.

Ⅱ. 적용요건

1. 그 상품의 보통명칭

보통명칭이란 그 상품을 취급하는 거래계에서 그 상품을 지칭하는 것으로 실제로 사용되고 인식되어 있는 일반적인 약칭, 속칭, 기타의 명칭을 말한다.[105]

2. 보통으로 사용하는 방법으로 표시한 표장

상표가 그 상품의 보통명칭임을 직감할 수 있는 표시를 말하며, 단순 암시하거나 특수한 방법으로 표시한 표장은 이에 해당하지 않는다.

3. '만'으로 된 표장

단순히 부기적·보조적 표장이 결합된 경우도 '만'으로 된 상표로 본다.

Ⅲ. 판단

1. 판단기준

① [주체적 기준] 보통명칭에의 해당 여부는 '지정상품에 관한 일반수요자 및 거래자'를 기준으로 판단한다.
② [시기적 기준] 상표등록여부결정시를 기준으로 판단한다.
③ [지역적 기준] 국내 상품거래실정에 따라 판단한다.

2. 구체적 판단방법

1) 보통명칭인지 여부는 지정상품과의 관계를 고려하여야 한다.
2) [품종명칭의 경우] 등록상표와 품종명칭의 오인 혼동을 방지하고자 하는 식물신품종 보호법의 취지를 고려하여, (구)종자산업법에 따라 품종명칭으로 등록된 경우 상표법 제33조1항1호에 따른 보통명칭으로 되었다고 본다.[106] 2010년 개정 상표법은 제34조 제1항 제17호를 신설하여 식물신품종 보호법에 따라 등록된 품종명칭을 지정상품에 대하여 거절이유로 구성하였다.

---

105) 대법원 1997. 10. 10. 선고 97후594 판결 (POLO 사건), 대법원 2002. 11. 26. 선고 2001후2283 판결 (Red Sandra 사건)
106) 대법원 2004. 9. 24. 선고 2003후1314 판결 (화랑 사건)

Ⅳ. 상표법상 취급

1. 상표등록 전
① 상표등록거절이유(제54조 제3호), ② 정보제공이유(제49조) 및 ③ 이의신청이유(제60조 제1항)에 해당한다.

2. 상표등록 후
① 착오로 등록된 경우에는 제척기간 없는 상표등록무효사유에 해당한다(제117조 제1항).
② 보통명칭을 보통으로 사용하는 방법으로 표시한 상표에 대하여는 상표권 효력이 제한된다(제90조).
③ 후발적으로 본 호에 해당하게 되는 경우 후발적 무효사유를 구성한다(제117조 제3항 및 제4항).

Ⅴ. 보통명칭화

[단문대비] 보통명칭화　　　　　　　　　　　　　　　　　　　　　　　　[의.유.방.전.시.취]

1. 의의
특정인의 상표가, 일반수요자 및 동종업자들의 반복된 사용에 의하여 식별력을 상실한 결과, 보통명칭이 되는 현상을 말한다.

2. 보통명칭화의 유형　　　　　　　　　　　　　　　　　　　　　　　　　　　[대.잘.소.길]
① 특정상표가 매우 저명해져서 해당상품의 대명사가 된 경우, ② 당해 상표가 보통명칭으로 잘못 사용된 경우, ③ 상표관리 소홀로 인한 경우, ④ 상품명이 길고 불편하여 상표를 상품명으로 사용하게 되는 경우가 있다.

3. 보통명칭화의 판단
(1) 판단의 전제
상표권자 및 일반수요자의 이익을 희생하면서까지 이를 인정해야 할 만한 예외적인 경우인가를 고려하여 신중하게 판단해야 한다.

(2) 판단시점
등록결정시, 심결시, 침해시, 사실심 변론종결시 기준으로 판단한다.

4. 보통명칭화의 방지책　　　　　　　　　　　　　　　　　　　　　[등.명.소.다/강한.백.철권]
① **등록상표**라는 표기를 병기하고, ② 상품**명**과 병기함과 동시에 다른 상품에 병행하여 사용하며, ③ 동사나 **소**유격화하여 사용하지 않고, ④ 제3자의 무단사용에 대한 **철**저한 **권**리행사, ⑤ **백**과사전 등의 기재 말소요청, ⑥ 상표선정시 **강한**상표 선정 등이 있다.

5. 등록 후 보통명칭화된 경우 상표법상 취급　　　　　　　　　　　　　　　[후.유.제.남.갱]
① **후**발적 무효사유가 되며, ② 보통명칭화된 이후부터는 **유**사판단시 요부가 될 수 없고, ③ **제**90조1항2호의 효력제한사유가 되며, ④ 권리행사시 권리**남**용이 될 수 있다. ⑤ 다만 **갱**신등록은 가능하다.

THEME 7-2 식별력 – 제33조 제1항 제2호

> 제33조(상표등록의 요건)
> ① 다음 각 호의 어느 하나에 해당하는 상표를 제외하고는 상표등록을 받을 수 있다.
>   2. 그 상품에 대하여 관용(慣用)하는 상표

I. 의의 및 취지

그 상품에 대하여 관용하는 상표는 등록받을 수 없다. 자타상품식별력 및 독점적응성이 없기 때문이다.

II. 적용요건

1. 그 상품에 대한 관용상표

관용상표란, 특정상품을 취급하는 동종업계에서 자유롭고 관용적으로 사용되고 있는 결과 자타상품식별력을 상실한 표장을 말한다.

2. 보통으로 사용하는 방법으로 표시한 표장

3. '만'으로 된 표장(해석상)

III. 판단

1. 판단기준

① [주체적 기준] 관용상표인지 여부는 '관련거래업계의 동종업자'를 기준으로 판단한다.
② [시기적 기준] 상표등록여부결정시를 기준으로 판단한다.
③ [지역적 기준] 국내 상품거래실정에 따라 판단한다. 다만 특허법원 判例는,[107] 반드시 전국적으로 관용화되어 있을 필요는 없다고 판시하였다.

2. 구체적 판단방법

보통명칭인지 여부는 지정상품과의 관계를 고려하여야 한다.

IV. 상표법상 취급

1. 상표등록 전

① 상표등록거절이유(제54조 제3호), ② 정보제공이유(제49조) 및 ③ 이의신청이유(제60조 제1항)에 해당한다.

2. 상표등록 후

① 착오로 등록된 경우에는 제척기간 없는 상표등록무효사유에 해당한다(제117조 제1항).
② 관용표장에 대하여는 상표권 효력이 제한된다(제90조).
③ 후발적으로 본 호에 해당하게 되는 경우 후발적 무효사유를 구성한다(제117조 제3항 및 제4항).

---

[107] 특허법원 2008. 9. 25. 선고 2008허6710 판결 (버버리찰떡 사건)

THEME 7-3 식별력 – 제33조 제1항 제3호

> 제33조(상표등록의 요건)
> ① 다음 각 호의 어느 하나에 해당하는 상표를 제외하고는 상표등록을 받을 수 있다.
>   3. 그 상품의 산지(産地)·품질·원재료·효능·용도·수량·형상·가격·생산방법·가공방법·사용방법 또는 시기를 보통으로 사용하는 방법으로 표시한 표장만으로 된 상표

Ⅰ. 의의 및 취지

지정상품의 성질 등을 보통으로 사용하는 방법으로 표시한 표장만으로 이루어진 상표는 등록받을 수 없다. 자타상품식별력과 독점적응성이 없기 때문이다.

> **[심화]** 제33조1항3호의 취지 - 판례문구108)
> 위 규정의 취지는 그와 같은 표장은 상품의 특성을 기술하기 위하여 표시되어 있는 기술적 표장으로서 ① 자타 상품을 식별하는 기능을 상실하는 경우가 많을 뿐만 아니라, 설령 상품 식별의 기능이 있는 경우라 하더라도 상품 거래상 누구에게나 필요한 표시이므로 ② 어느 특정인에게만 독점적으로 사용하게 하는 것은 공익상으로 타당하지 아니하다는 데에 있다.

Ⅱ. 적용요건

1. 그 상품의 기술적 표장

법문상 '산지·품질·원재료 등'은 기술적 표장의 예시이므로, 상품의 성질이나 특성을 표시하는 기술적 표장의 범주에 속하는 한 본 호에 해당하는 것으로 본다.

2. 보통으로 사용하는 방법으로 표시한 표장

(1) 의미

상표가 그 상품의 성질 등을 직감할 수 있는 표시를 말하고, 단순히 암시하거나 특수한 방법으로 표시한 표장은 이에 해당하지 않는다.

(2) 구체적 판단방법 - 도안화된 경우

문자상표가 도안화되어 있고, 그 도안화의 정도가 일반인의 특별한 주의를 끌 만큼 문자인식력을 압도하는 경우에는 '보통으로 사용하는 방법'에 해당하지 않는다.109)

3. '만'으로 된 표장

단순히 부기적·보조적 표장이 결합된 경우도 '만'으로 된 상표로 본다.

---

108) 대법원 2019. 7. 10. 선고 2016후526 판결 (ChargeNow 사건)

109) 대법원 2002. 6. 11. 선고 2000후2569 판결 (사건), 대법원 2000. 2. 25. 선고 98후1679 판결 (premiere 사건)

Ⅲ. 판단

1. 판단기준

(1) 주체적 기준

① '해당 상품에 관한 일반 수요자의 직관적 인식'을 기준으로 판단한다. ② 지정상품이 특수한 계층의 전문가에 의하여 취급되는 특별한 사정이 있는 경우에는 그 전문가를 기준으로 판단한다.110)

(2) 시기·지역적 기준

① 상표등록여부결정시를 기준으로 판단한다. ② 국내 상품거래실정에 따라 판단한다.

2. 구체적 판단

(1) 판단방법   [관.지.거.객]

判例는, ① 그 상표가 지니고 있는 관념, ② 지정상품과의 관계, ③ 일반 수요자나 거래자의 그 상표에 대한 이해력과 인식의 정도, ④ 거래사회의 실정 등을 감안하여 객관적으로 판단하여야 한다.

(2) 기술적 표장 vs 암시적 표장

1) 判例는, ① 그 상표가 지니고 있는 관념, 지정상품과의 관계, 일반 수요자나 거래자의 그 상표에 대한 이해력과 인식의 정도, 거래사회의 실정 등을 감안하여 객관적으로 판단하여야 하고, ② 그 상표가 지정상품의 품질, 효능, 용도를 암시하는 정도에 그치는 경우에는 그에 해당하지 아니한다고 판시하였다.111)

2) 判例는, ① 상표가 지정상품의 산지·품질·원재료·효능·용도 등을 암시하거나 강조하는 것으로 보인다고 하더라도, ② 상표의 전체적인 구성으로 볼 때 일반수요자나 거래자가 단순히 지정상품의 산지·품질·원재료·효능·용도 등을 표시한 것으로 인식할 수 없는 것은 기술적 표장에 해당하지 않는다고 판시하였다.112)

[사안포섭 문구]

1) 우리나라의 영어보급수준,
2) 지정상품들과 직접적으로 연관된 것이라기보다는 간접적으로 연상되는 정도,
3) 암시한다고 할 수 있을지언정 이를 직감하도록 한다고는 할 수 없을 것,
4) 암시를 줄 수 있기는 하나 직접적으로 표시하는 것으로 인식된다고 할 수 없어

---

110) 대법원 2000. 12. 8. 선고 2000후2170 판결 (PNEUMOSHIELD 사건)
111) 대법원 2016. 1. 14. 선고 2015후1911 판결 (알바천국 사건)
112) 대법원 2022. 6. 30. 선고 2022후10128 판결 (로얄비 / ROYAL BEE 사건)

(3) 절대적 성질표시

심사기준에 따르면,[113] 'BEST', 'No. 1', 'NICE', 'SUPER', 'DELUXE' 등 절대적 성질표시는 지정상품과 무관하게 본 호에 해당하는 것으로 보고 있다.

(4) 결합상표의 경우

두 개 이상의 구성부분이 결합하여 이루어진 이른바 결합상표는 구성부분 전체를 하나로 보아서 식별력이 있는지를 판단하여야 한다.[114]

Ⅳ. 상표법상 취급

1. 상표등록 전

① 상표등록거절이유(제54조 제3호), ② 정보제공이유(제49조) 및 ③ 이의신청이유(제60조 제1항)에 해당한다.

2. 상표등록 후

① 착오로 등록된 경우에는 제척기간 없는 상표등록무효사유에 해당한다(제117조 제1항).
② 성질직감표시을 보통으로 사용하는 방법으로 표시한 상표에 대하여는 상표권 효력이 제한된다(제90조).
③ 후발적으로 본 호에 해당하게 되는 경우 후발적 무효사유를 구성한다(제117조 제3항 및 제4항).

3. 지리적 표시 단체표장 및 지리적 표시 증명표장의 경우

지리적 표시 단체표장의 경우 제33조3항에서 본 호의 '산지'에 해당하는 경우에도 본 호를 적용하지 않는 것으로 규정한다.

Ⅴ. 서적의 제호   [Theme 7-3-1]

1. 단행본 서적의 경우
2. 정기간행물 서적의 경우

---

113) 심사기준 제4부 제3장 2
114) 대법원 2019. 7. 10. 선고 2016후526 판결 (ChargeNow 사건)

THEME 7-3-1 서적의 제호 諸 논점

Ⅰ. 단행본의 경우

1. 정의규정 위반여부 - 제2조1항1호
서적의 제호는 자타상품식별의사가 결여되어 등록을 불허한다는 견해가 있으나, 자타상품식별의사는 현실적으로 판단이 불가능하여 선언적 의미로 해석하는 실정상 등록에 문제가 없다고 판단된다.

2. 제33조1항3호
(1) 의의 및 취지

(2) 서적의 제호의 취급 - 판례의 태도 　　　　　　　　　　　　　[단.암.강.넘어.일.내.직.정]
判例는, 그 상표가 서적의 내용을 단순히 암시하거나 강조하는 정도를 넘어, 일반수요자로 하여금 서적에 수록된 내용을 직감케 할 정도에 이른다면 제33조1항3호에 해당될 수 있다고 판시하였다.

3. 제34조1항12호 전단
(1) 의의 및 취지

(2) 판례의 태도 - 제33조1항3호와의 관계
判例는, 등록상표가 지정상품의 용도 등을 직감케 하지 않는 이상, 수요자들 간 품질오인 내지 수요자기만의 염려도 없으므로, 제34조1항12호 전단에 해당된다고 볼 수 없다고 판시하였다.

4. 제90조 - 효력제한여부
(1) 判例의 태도
판례는, 특정 표장이 서적의 제호로 사용되는 경우, 이는 누구든지 사용할 수 있는 것으로서 보통명칭 또는 관용상표와 같은 성격을 지니므로 제90조 규정에 따라 효력이 제한된다.

(2) 검토
생각건대, 서적의 제호는 해당 저작물의 창작물로서 명칭 내지 내용을 나타낸 것에 불과하므로 판례의 태도가 타당하다.

5. 서적의 제호의 사용이 상표적 사용인지 여부
(1) 상표적 사용의 의미 및 판단방법(判例)

(2) 서적의 제호의 취급 　　　　　　　　　　　　　　　　　　　[내.표.출.표/성.사.시.광]
　1) **[원칙]** 서적의 제호는 그 서적의 내용을 표시할 뿐, 그 출처를 표시하는 것은 아니어서 상표로서 기능하기 어려우므로, 원칙적으로 상표적 사용에 해당되지 않는다.
　2) **[예외]** 다만, 判例는 해당 서적의 성격, 제호의 사용태양, 후속 시리즈물의 출시여부, 광고실적 및 기간 등 구체적 개별적 사정에 따라, 일반수요자에게 출처표시로서 기능하는 경우 상표적 사용에 해당된다고 보았다.

Ⅱ. 정기간행물 서적의 경우

일반적인 등록요건 판단과 동일

THEME 7-4 식별력 – 제33조 제1항 제4호

> 제33조(상표등록의 요건)
> ① 다음 각 호의 어느 하나에 해당하는 상표를 제외하고는 상표등록을 받을 수 있다.
>   4. 현저한 지리적 명칭이나 그 약어(略語) 또는 지도만으로 된 상표

Ⅰ. 의의 및 취지   [현.지.명.약.지.만]

현저한 지리적 명칭이나 그 약어 또는 지도만으로 된 상표는 등록받을 수 없다. 자타상품식별력과 독점적응성이 없기 때문이다.

Ⅱ. 적용요건

1. 현저한 지리적 명칭이나 그 약어 또는 지도

현저한 지리적 명칭이란, 그 용어 자체가 일반수요자들에게 즉각적인 지리적 감각을 전달할 수 있는 표장을 말한다.

2. '만'으로 된 상표

Ⅲ. 판단

1. 판단기준

① **[주체적 기준]** 현저한 지리적 명칭인지 여부는 '통상적인 일반인의 평균적 인식'을 기준으로 판단한다.
② **[시기적 기준]** 상표등록여부결정시를 기준으로 판단한다.
③ **[지역적 기준]** 국내 상품거래실정에 따라 판단한다.

2. 구체적 판단 방법

(1) 판단기준 및 판단방법

判例는,115) 지리적 명칭이 현저한 것으로 볼 수 있는지는 ① 상표등록여부결정시를 기준으로 ② 교과서, 언론 보도, 설문조사 등을 비롯하여 일반 수요자의 인식에 영향을 미칠 수 있는 여러 사정을 종합적으로 고려하여 합리적으로 판단하여야 한다고 판시하였다.   [교.언.설.비.인.사]

---

115) 대법원 2018. 2. 13. 선고 2017후1342 판결 (**사리원면옥** 사건)

(2) 현저한 지리적 명칭에 다른 식별력 없는 표장이 결합된 경우 [Theme 7-4-1]

判例는,116) 현저한 지리적 명칭 등이 식별력 없는 기술적 표장 등과 결합되어 있는 경우라고 하더라도 ① 그 결합에 의하여 본래의 현저한 지리적 명칭이나 기술적 의미 등을 떠나 ② 새로운 관념을 낳는다거나 새로운 식별력을 형성하는 것이 아니라면 본 호의 적용이 배제된다고 할 수 없다고 판시하였다.   [결합.떠나.새.관.새.식]

Ⅳ. 상표법상 취급

1. 상표등록 전

① 상표등록거절이유(제54조 제3호), ② 정보제공이유(제49조) 및 ③ 이의신청이유(제60조 제1항)에 해당한다.

2. 상표등록 후

① 착오로 등록된 경우에는 제척기간 없는 상표등록무효사유에 해당한다(제117조 제1항).
② 성질직감표시을 보통으로 사용하는 방법으로 표시한 상표에 대하여는 상표권 효력이 제한된다(제90조).
③ 후발적으로 본 호에 해당하게 되는 경우 후발적 무효사유를 구성한다(제117조 제3항 및 제4항).

3. 지리적 표시 단체표장 및 지리적 표시 증명표장의 경우

지리적 표시 단체표장의 경우 제33조3항에서 본 호의 '현저한 지리적 명칭'에 해당하는 경우에도 본 호를 적용하지 않는 것으로 규정한다.

---

116) 대법원 2012. 12. 13. 선고 2011후958 판결 (GEORGIA 사건), 대법원 2015. 1. 29. 선고 2014후2283 판결 (**서 울 대 학 교** 사건), 대법원 2018. 6. 21. 선고 2015후1454 전원합의체 판결 (**AMERICAN UNIVERSITY** 사건)

THEME 7-4-1 현저한 지리적 명칭에 다른 식별력 없는 표장이 결합된 경우

Ⅰ. 일반적인 경우 - GEORGIA 사건

1. 제33조1항4호의 의의 및 취지

2. 요건

3. 판단방법 - 다른 식별력 없는 표장이 결합된 경우

判例는, 현저한 지리적 명칭 등이 식별력 없는 기술적 표장 등과 결합되어 있는 경우라고 하더라도 ① 그 결합에 의하여 본래의 현저한 지리적 명칭이나 기술적 의미 등을 떠나 ② 새로운 관념을 낳는다거나 새로운 식별력을 형성하는 것이 아니라면 본 호의 적용이 배제된다고 할 수 없다고 판시하였다.

Ⅱ. 현저한 지리적 명칭으로 구성된 대학교 명칭의 경우 - 식별력 여부

1. 문제점

'서울/America'은 현저한 지리적 명칭이고 '대학교/University'는 보통명칭에 해당하나, 본질적 식별력과 관련하여 이들이 결합한 '서울대학교/American University'의 식별력 여부가 문제된다.

2. 전원합의체 판례의 태도

1) 判例는, 현저한 지리적 명칭 등이 식별력 없는 기술적 표장 등과 결합되어 있는 경우라고 하더라도 ① 그 결합에 의하여 본래의 현저한 지리적 명칭이나 기술적 의미 등을 떠나 ② 새로운 관념을 낳는다거나 새로운 식별력을 형성하는 것이 아니라면 본 호의 적용이 배제된다고 할 수 없다고 판시하였다.
2) **덧붙여** 判例는, 현저한 지리적 명칭과 표장이 결합한 상표에 새로운 관념이나 새로운 식별력이 생기는 경우는 다종다양하므로, 구체적인 사안에서 개별적으로 새로운 관념이나 식별력이 생겼는지를 판단하여야 하며,
3) **따라서,** 현저한 지리적 명칭과 대학교라는 단어의 결합으로 본래의 현저한 지리적 명칭을 떠나 새로운 관념을 낳거나 새로운 식별력을 형성한 경우에는 상표등록을 할 수 있다고 판시하였다.

3. 검토

생각건대, ① 사용에 의하여 식별력을 취득한 것임에도, 표장 자체의 식별력을 인정하여 법리오해를 지적하는 견해가 있으나, ② 새로운 관념이 형성된다면 그 자체로 식별력을 인정할 수 있는바 判例가 타당하다.

GEORGIA 사건 (위 목차 I 에 해당)	서 울 대 학 교 사건 (위 목차 II 에 해당)	AMERICAN UNIVERSITY (위 목차 II 에 해당)
① 현저한 지리적 명칭 등이 식별력 없는 기술적 표장 등과 결합되어 있는 경우라고 하더라도 그 결합에 의하여 본래의 현저한 지리적 명칭이나 기술적 의미 등을 떠나 새로운 관념을 낳는다거나 새로운 식별력을 형성하는 것이 아니라면 지리적 명칭 등과 기술적 표장 등이 결합된 표장이라는 사정만으로 위 법조항의 적용이 배제된다고 할 수 없다.	① 상표법 제33조 제1항 제4호의 규정은 현저한 지리적 명칭 등이 다른 식별력 없는 표장과 결합되어 있는 경우에도 적용될 수 있기는 하나, 그러한 결합에 의하여 본래의 현저한 지리적 명칭 등을 떠나 새로운 관념을 낳거나 새로운 식별력을 형성하는 경우에는 위 법조항의 적용이 배제된다(대법원 2012. 12. 13. 선고 2011후958 판결 등 참조).	① 위 규정은 현저한 지리적 명칭 등이 다른 식별력 없는 표장과 결합되어 있는 상표에도 적용될 수 있다. 그러나 그러한 결합으로 본래의 현저한 지리적 명칭 등을 떠나 새로운 관념을 낳거나 새로운 식별력을 형성하는 경우에는 상표로 등록할 수 있다(대법원 2012. 12. 13. 선고 2011후958 판결 등 참조).
		② 현저한 지리적 명칭과 표장이 결합한 상표에 새로운 관념이나 새로운 식별력이 생기는 경우는 다종다양하므로, 구체적인 사안에서 개별적으로 새로운 관념이나 식별력이 생겼는지를 판단하여야 한다.
		③ 현저한 지리적 명칭이 대학교를 의미하는 단어와 결합되어 있는 상표에 대해서도 같은 법리가 적용된다. 따라서 이러한 상표가 현저한 지리적 명칭과 대학교라는 단어의 결합으로 본래의 현저한 지리적 명칭을 떠나 새로운 관념을 낳거나 새로운 식별력을 형성한 경우에는 상표등록을 할 수 있다. 이 경우에 현저한 지리적 명칭과 대학교라는 단어의 결합만으로 무조건 새로운 관념이나 식별력이 생긴다고 볼 수는 없다.

THEME 7-5　식별력 - 제33조 제1항 제5호

> 제33조(상표등록의 요건)
> ① 다음 각 호의 어느 하나에 해당하는 상표를 제외하고는 상표등록을 받을 수 있다.
> 　5. 흔히 있는 성(姓) 또는 명칭을 보통으로 사용하는 방법으로 표시한 표장만으로 된 상표

I. 의의 및 취지

흔한 성 또는 명칭을 보통으로 사용하는 방법으로 표시한 표장만으로 된 상표는 등록받을 수 없다. 자타상품식별력 및 독점적응성이 없기 때문이다.

II. 적용요건

1. 흔히 있는 성 또는 명칭

흔히 있는 성 또는 명칭이란, 현실적으로 다수가 존재하는 경우는 물론 관념상으로 다수가 존재하는 것으로 인식되고 있는 자연인의 성이나 법인, 단체, 상호임을 표시하는 명칭을 말한다.[117]

2. 보통으로 사용하는 방법으로 표시한 표장

3. '만'으로 된 상표

단순히 부기적·보조적 표장이 결합된 경우도 '만'으로 된 상표로 본다.

III. 판단

1. 판단기준

① [주체적 기준] 흔히 있는 성 또는 명칭인지 여부는 '통상적인 일반인의 평균적 인식'을 기준으로 판단한다.
② [시기적 기준] 상표등록여부결정시를 기준으로 판단한다.
③ [지역적 기준] 국내 기준으로 판단한다.

IV. 상표법상 취급

1. 상표등록 전

① 상표등록거절이유(제54조 제3호), ② 정보제공이유(제49조) 및 ③ 이의신청이유(제60조 제1항)에 해당한다.

2. 상표등록 후

① 착오로 등록된 경우에는 제척기간 없는 상표등록무효사유에 해당한다(제117조 제1항).
② 성질직감표시을 보통으로 사용하는 방법으로 표시한 상표에 대하여는 상표권 효력이 제한된다(제90조).
③ 후발적으로 본 호에 해당하게 되는 경우 후발적 무효사유를 구성한다(제117조 제3항 및 제4항).

---

[117] 심사기준 제4부 제5장 1.1.1

THEME 7-6 식별력 – 제33조 제1항 제6호

> 제33조(상표등록의 요건)
> ① 다음 각 호의 어느 하나에 해당하는 상표를 제외하고는 상표등록을 받을 수 있다.
>   6. 간단하고 흔히 있는 표장만으로 된 상표

Ⅰ. 의의 및 취지

간단하고 흔히 있는 표장만으로 된 상표는 등록받을 수 없다. 자타상품식별력 및 독점적응성이 없기 때문이다.

Ⅱ. 적용요건

1. 간단하고 흔히 있는 표장[118]

---

[118] 간단하고 흔히 있는 표장만으로 된 상표일 때는 등록받을 수 없다는 것이지 간단하거나 흔히 있는 표장만으로 된 상표일 때는 등록받을 수 없다는 뜻은 아니다. (대법원 1985. 1. 29. 선고 84후93 판결)

> **[참고] 간단하고 흔한 표장인지 여부 – 심사기준의 예시**
>
> 1. 문자상표의 경우
>   - ① 1자의 한글로 구성된 표장이거나 2자 이내의 알파벳(이를 다른 외국어로 표시한 경우를 포함한다)으로 구성된 표장119)은 원칙적으로 본 호에 해당한다. 다만, ② 구체적인 관념으로 직감될 수 있거나120), ③ 특정인의 출처표시로 직감되는 경우121)에는 본 호에 해당하지 않는다.
>   - 한글 1자와 영문자 1자가 결합된 경우에는 식별력이 있는 것으로 본다.122) 다만, 지정상품과 관련하여 거래사회 성질표시로 인식되거나 기타 식별력을 인정할 수 없는 경우에는 그러하지 아니하다.123)
>   - 1자의 한글 또는 2자 이내의 외국문자가 기타 식별력 없는 문자와 결합한 때에는 식별력이 없는 것으로 본다.124) 다만, 외국문자 2자를 '&'로 연결한 때에는 그러하지 아니하다.125)
>
> 2. 숫자상표의 경우
>   - ① 두 자리 이하의 숫자로 표시된 것(그것을 한글, 한자 또는 외국어로 표시한 것을 포함한다)은 이에 해당한다. ② 또한, 10단위 숫자 2개와 +, -, ×, ÷, = 등 부호로 결합하거나, ③ 10단위 숫자를 식별력 없는 표장과 결합한 때에는 식별력이 없는 것으로 본다.126) ④ 다만, '&'로 결합하거나 같은 숫자를 나열한 경우에는 그러하지 아니하다.127)
>   - ① 100 이상의 숫자라 하더라도 12345 등과 같이 단순한 숫자를 연속적으로 나열한 것은 식별력이 없는 것으로 본다. ② 다만, '&'로 결합하거나 같은 숫자를 나열한 경우에는 그러하지 아니하다.128)
>   - ① 외국문자 1자와 숫자 1자를 결합한 것 또는 숫자를 순위의 문자로 표시한 경우에는 식별력이 없는 것으로 본다. ② 또한, 이들을 하이픈(-)으로 연결한 경우에도 식별력이 없는 것으로 본다.129)
>
> 3. 도형상표의 경우
>   - ① 흔히 사용되는 원형, 삼각형, 마름모형, 卍, 삼태극 등과, 이러한 도형 또는 무늬를 동일하게 중복하여 표시한 것은 식별력이 없는 것으로 본다. ② 다만, 다른 도형 또는 무늬가 결합된 것 중에서 흔히 사용되는 것이라고 볼 수 없는 경우에는 그러하지 아니하다.

2. '만'으로 된 상표

단순히 부기적·보조적 표장이 결합된 경우도 '만'으로 된 상표로 본다.

---

119) 예컨대, "가, 취, A, B, 오메가, β" 등
120) 예컨대, "닭, 별, 해, 용" 등
121) 예컨대, "LG, CJ, GS, SK, NH, KT, HP" 등
122) 예컨대, "W항(휴양소업, 미용업 등), N제(서적, 연필 등)" 등
123) 예컨대, "P검(컴퓨터 검증시험업), T봉(수지침강좌업)" 등
124) 예컨대, "E PRINT, A-MART" 등
125) 예컨대, "P&H" 등 (대법원 1979. 12. 11. 선고 79후33 판결)
126) 예컨대, "57, 22+35, 50/25" 등
127) 예컨대, "22&35, One and Two, 23.7, 3&7" 등
128) 예컨대, "777, 888, 원 화이브 쓰리, One five Three, 1&234" 는 본 호에 해당하지 않는다.
129) 예컨대, "A6, K2, A1, A-1, 원 쓰리, ninety-nine, 제2, second, A-B, K-Y" 등

Ⅲ. 판단

1. 판단기준

① **[주체적 기준]** 간단하고 흔한 표장인지 여부는 '통상적인 일반인의 평균적 인식'을 기준으로 판단한다.
② **[시기적 기준]** 상표등록여부결정시를 기준으로 판단한다.
③ **[지역적 기준]** 국내 기준으로 판단한다.

Ⅳ. 상표법상 취급

1. 상표등록 전

① 상표등록거절이유(제54조 제3호), ② 정보제공이유(제49조) 및 ③ 이의신청이유(제60조 제1항)에 해당한다.

2. 상표등록 후

① 착오로 등록된 경우에는 제척기간 없는 상표등록무효사유에 해당한다(제117조 제1항).
② 성질직감표시을 보통으로 사용하는 방법으로 표시한 상표에 대하여는 상표권 효력이 제한된다(제90조).
③ 후발적으로 본 호에 해당하게 되는 경우 후발적 무효사유를 구성한다(제117조 제3항 및 제4항).

[쟁점] 제33조1항6호 표장이 효력제한되는지 여부

1. 문제점

착오로 등록된 경우 제척기간 없는 무효사유가 되나, 효력제한사유에 규정이 없어, 제90조의 확장해석과 관련 문제된다.

2. 특허법원 판례의 태도[130]

判例는, 제90조1항2호, 3호의 규정은 제33조1항의 규정에 의하여 식별력이 없는 것으로 인정되는 상표들을 예시적으로 규정한 것으로 보아, 33조1항6호의 경우도 효력이 제한될 수 있다고 판시하였다.

3. 검토

생각건대, 제33조1항의 다른 각호 상표들과 구분하여 취급할 만한 특별한 이유가 없다는 점 일응 수긍이 가나, 명문의 근거 없이 제90조의 확대적용은 곤란하다는 점에서 判例의 태도는 납득하기 어렵다.

---

[130] 특허법원 2013. 7. 11. 선고 2013허709 판결 (88카 사건)

THEME 7-7 식별력 – 제33조 제1항 제7호

> **제33조(상표등록의 요건)**
> ① 다음 각 호의 어느 하나에 해당하는 상표를 제외하고는 상표등록을 받을 수 있다.
> 　7. 제1호부터 제6호까지에 해당하는 상표 외에 수요자가 누구의 업무에 관련된 상품을 표시하는 것인가를 식별할 수 없는 상표

I. 의의 및 취지

제33조1항1호~6호 이외에 식별력이 없는 상표는 등록받을 수 없다고 규정한다. 식별력 없는 상표의 제한적 열거에 대한 입법적 한계를 극복하기 위한 일반적 규정이다.

II. 법적성질

1. 문제점

본 호 규정이 동조 제1호 내지 제6호와 동시에 적용이 가능한지 관련, 본 호 규정의 법적성질이 문제된다.

2. 학설의 대립

① 예시적 열거규정이라고 보아 동시적용이 가능하다고 보는 견해와, ② 7호는 나머지 규정의 보충적 규정으로 보아 동시적용이 어렵다고 보는 견해로 나뉜다.

3. 판례

判例는, 제33조1항7호는 1호 내지 6호에 해당되지 않으나, 그 취지로 보아 거절함이 적당한 상표에 등록을 불허하는 취지의 보충적 규정이라 판시하였다.

4. 검토

생각건대, 법문의 표현 및 일반규정의 성격상 判例의 태도가 타당하나, 실무적으로는 동시 적용을 허용한다.

III. 판단

1. 판단기준

① **[주체적 기준]** 본 호 해당 여부는 '해당 지정상품에 관한 일반수요자'를 기준으로 판단한다.
② **[시기적 기준]** 상표등록여부결정시를 기준으로 판단한다.
③ **[지역적 기준]** 국내 상품거래실정에 따라 판단한다.

2. 판단방법 [외.다.공] [관.지.거.객]

(1) 적용범위
① 외관상 식별력이 없는 상표, ② 다수인이 사용하여 식별력이 없는 상표, ③ 공익상 특정인의 독점이 불가능한 상표에 본 호를 적용한다.

(2) 판단기준
본 호에 해당하는지는 상표가 지니고 있는 관념, 지정상품과의 관계와 거래사회의 실정 등을 감안하여 객관적으로 결정하여야 하는데, 사회통념상 자타상품의 식별력을 인정하기 곤란하거나 공익상 특정인에게 상표를 독점시키는 것이 적당하지 않다고 인정되는 경우에 그 상표는 식별력이 없다.131)

[참고] 제33조 제1항 제7호 - 심사기준의 예시

Ⅰ. 외관상 식별력이 없는 상표 [구.인.표/유.연.재/사.동.자/집.장]
① 일반적으로 쓰이는 **구호**, **인사말**, 인칭대명사, **표어**
② **유행어**
   - 개정 심사기준(2014년): 모방상표의 근절 위하여, 저명한 방송프로그램명칭, 영화제명 등은 유행어로 취급
   - 비판: 정당권원을 가진 자의 출원도 거절될 위험이 있어 제34조1항12호로 거절시킴이 타당
③ **연**도, 연도표시로 인식되는 표장
④ 문화재를 사진 인쇄물로 구성된 표장, **사람**, **동물**, **자연물**
⑤ 상품의 **집**합, 판매, 제조장소 등 **장**소적 의미로 사용

Ⅱ. 다수인이 현재 사용하고 있어 식별력 없는 경우
   - 다수인이 현실적으로 사용함을 증명하거나, 현실적 사용과 관계없이 지정상품 분야에 대하여 특정 단어를 포함하는 상표가 다수 등록되는 사정

Ⅲ. 공익상 특정인에게 독점시킴이 부당

Ⅳ. 상표법상 취급

1. 상표등록 전
① 상표등록거절이유(제54조 제3호), ② 정보제공이유(제49조) 및 ③ 이의신청이유(제60조 제1항)에 해당한다.

2. 상표등록 후
① 착오로 등록된 경우에는 제척기간 없는 상표등록무효사유에 해당한다(제117조 제1항).
② 성질직감표시을 보통으로 사용하는 방법으로 표시한 상표에 대하여는 상표권 효력이 제한된다(제90조).
③ 후발적으로 본 호에 해당하게 되는 경우 후발적 무효사유를 구성한다(제117조 제3항 및 제4항).

---

131) 대법원 2020. 5. 14. 선고 2019후11787 판결 (허니버터아몬드 사건)

THEME 7-8 식별력 – 제33조 제2항

> 제33조(상표등록의 요건)
> ② 제1항 제3호부터 제7호까지에 해당하는 상표라도 상표등록출원 전부터 그 상표를 사용한 결과 수요자 간에 특정인의 상품에 관한 출처를 표시하는 것으로 식별할 수 있게 된 경우에는 그 상표를 사용한 상품에 한정하여 상표등록을 받을 수 있다. 〈2024. 5. 1. 시행 개정법〉

Ⅰ. 의의 및 취지

제33조1항3호 내지 7호로 식별력이 없더라도, 등록결정시 사용에 의하여 식별력을 취득한 경우 예외적으로 등록을 허용한다. 사용주의적 요소를 가미한 것이다.

Ⅱ. 적용 요건

1. 적용대상

① 제33조 제1항 제3호 내지 제7호에 해당하는 상표일 것을 요한다. ② 다만, 심사기준 및 判例에 따를 때 동조 1호, 2호 및 7호에 대하여도 제33조 제2항이 적용된다고 볼 것이다.

> **[쟁점] 제33조 제1항 제7호가 적용대상인지 여부(긍정 – 2024. 5. 1. 시행 개정사항)**
>
> **1. 구법의 태도**
> 과거에는 제33조2항은 동조 3호 내지 6호에 대해서만 적용한다고 규정하였다. 이와 관련하여 판례는, 제33조1항7호와 관련, 출원인이 수요자에게 그 표장이 누구의 업무에 관련된 상품을 표시하는 것으로 식별할 수 있게 된 경우에는 특별한 사정이 없는 한 상표법 제33조1항7호에 해당하지 아니하게 되고, 상표등록을 받는 데 아무런 지장이 없다고 판시한 바 있었다.[132]
>
> **2. 2024. 5. 1. 시행 개정법의 태도**
> 생각건대, 제33조1항 규정은 자기의 상품과 타인의 상품 사이의 출처를 식별할 수 없는 상표에 대하여 등록을 배제하는 규정이라는 점에서 기존의 7호를 적용 범위로 확대한 점은 타당한 개정이라고 판단된다.

---

132) 대법원 2012. 12. 27. 선고 2012후2951 판결 (**본테소리** 사건), 대법원 2003. 7. 11. 선고 2001후2863 판결

2. 수요자 간 특정인의 상품에 관한 출처표시로서 식별할 수 있게 된 것

① 상표등록출원 전부터 그 상표를 사용하였을 것, ② 수요자 간에 특정인의 상품에 관한 출처를 표시하는 것으로 식별할 수 있게 될 것을 요구한다.

> **[쟁점] 사용에 의한 식별력 취득의 귀속 주체 및 사용실적 문제**
>
> **1. 문제점**
> 출원인 甲은 출원 전부터 乙 회사의 발행주식 전부 보유 및 실질적으로 경영하여 왔는바, 乙의 사용실적이 누구에게 귀속되는지 여부가 문제된다.
>
> **2. 판례의 태도**
> 判例는, ① 식별력 취득의 효과는 실제 사용자에게 귀속되는 것이므로, ② 원칙적으로 출원인의 상표사용실적을 기준으로 판단하여야 하나, ③ 경우에 따라 출원 전 실제 사용자로부터 상표에 관한 권리를 양수할 수도 있는데, 그러한 경우에는 출원인 이외의 실제 사용자의 사용실적도 고려하여야 한다고 하였다.

3. 동일성 상표와 상품에 대한 출원일 것

(1) 동일성의 의미

본 조에 있어서 동일성은, ① 물리적으로 동일한 경우뿐 아니라 ② 사회통념상 동일성 개념도 포함한다(실질적 동일성).

(2) 구체적 사례

1) 구성요소 중 일부에 대하여 사용에 의한 식별력을 취득한 경우

判例는,[133] 식별력을 취득한 부분을 그대로 포함함으로써 그 이외의 구성 부분과의 결합으로 인하여 이미 취득한 식별력이 감쇄되지 않는 경우 전체적으로 볼 때 동일한 상표로 볼 수 있다고 판시하였다.   [식.부.그.포.결.식.감]

2) 구성요소를 추가하여 사용에 의한 식별력을 취득한 경우

判例는,[134] ① 실질적 동일성 개념으로 이해하며, ② 다른 구성요소가 부가 결합된 경우, 동일성과 독립성 만족여부로 판단하며, 결합으로 인해 새로운 관념이 형성되는지 여부도 고려한다.   [동.독.결.새]

---

[133] 대법원 2012. 11. 15. 선고 2011후1982 판결 (경남대학교 사건)
[134] 대법원 2012. 12. 27. 선고 2012후2951 판결 (**몬테소리** 사건), 대법원 2017. 9. 12. 선고 2015후2174 판결 (**단박대출** 사건)

III. 판단

1. 판단기준

(1) 시기적 기준

과거 조문의 해석상 논란이 있었으나, 2014년 개정법에서 '상표등록여부결정시'를 기준으로 판단할 것을 규정하였다.

(2) 지역적 기준

1) 심사기준에 따르면, ① 원칙적으로 전국적으로 알려져 있는 경우를 말하나, ② 지정상품의 특성상 일정 지역에서 알려져 있는 경우도 인정 가능하다.

2) ① 판례는,135) 여전히 '전국적으로 걸쳐 현저하게 인식될 것'을 요구하나, ② 2014년 개정법에서 지역 내의 동종업자의 신용을 보호하기 위하여 본 규정의 인식도 요건을 완화한 점에 비추어 볼 때, ③ '국내 상당한 지역 내'로 해석함이 타당할 것이다.

2. 판단방법

(1) 일반적 판단방법

본 호는 원래 특정인에게 독점사용시킬 수 없는 표장에 대하여 대세적 권리를 부여하는 것이므로 그 기준을 **엄격하게 해석 적용**하여야 한다.

> **[TIP] 일반적 판단방법 - 판례에서 추가적으로 설시하는 문구들**
>
> ① 그 상표가 어느 정도 선전·광고된 사실이 있다거나 또는 외국에서 등록된 사실이 있다는 사정만으로는 그 상표가 수요간 특정인의 상품을 표시하는 것으로 식별되기에 이르렀다고 볼 수 없고, ② 그 상표가 수요간 특정인의 상품을 표시하는 것으로 식별되기에 이르렀음은 **증거에 의하여 알 수 있어야** 하며, ③ 이와 같은 사용에 의한 식별력의 구비 여부는 **등록결정시**를 기준으로 하여 판단하여야 한다.136)

(2) 사용에 의한 식별력 취득의 판단방법

상표의 사용기간, 사용횟수 및 사용의 계속성, 그 상표가 부착된 상품의 생산·판매량 및 시장점유율, 광고·선전의 방법, 횟수, 내용, 기간 및 그 액수, 상품품질의 우수성, 상표사용자의 명성과 신용, 상표의 경합적 사용의 정도 및 태양 등을 종합적으로 고려할 때 그 상표가 수요간 특정인의 상품을 표시하는 것으로 식별되기에 이르렀다면 사용에 의한 식별력의 취득을 인정할 수 있다.137)

(3) 동일성이 인정되는 상표의 장기간 사용

① 사용에 의한 식별력 취득은 **실사용한 상표 그 자체**에 한하고 그와 유사한 상표에 대하여까지 식별력 취득을 인정할 수는 없지만, ② 그와 **동일성이 인정되는 상표**의 장기간의 사용은 위 식별력 취득에 도움이 되는 요소이다.138)

---

135) 대법원 1994. 5. 24. 선고 92후2274 전원합의체 판결 (황금당 사건)
136) 대법원 2012. 12. 27. 선고 2012후2951 판결 (**본테소리** 사건)
137) 대법원 2017. 9. 12. 선고 2015후2174 판결 (**단박대출** 사건)
138) 대법원 2008. 9. 25. 선고 2006후2288 판결 (**K2** 사건)

Ⅳ. 상표법상 취급

- 일반적 등록요건의 충족(제33조1항 각호 - 제33조2항)
- 상표의 유사판단에 있어서의 문제
- 효력제한여부 판단에서의 문제

[답안작성 Formation - 제33조 제2항]

1. 제33조2항 적용여부
   (1) 의의 및 취지
   (2) 요건
   (3) 사안의 경우   [적.판.사.동.입]으로 포섭

2. 사용에 의한 식별력 취득여부
   (1) 판단방법(判例)
   (2) 사안의 경우

3. 동일성 상표에 사용여부
   (1) 판단방법(判例)
   (2) 구성요소를 추가하여 사용한 경우
      1) [판례의 태도]
      2) [검토]
   (3) 사안의 경우

4. 사안의 해결

THEME 8-1 부등록사유 – 제34조

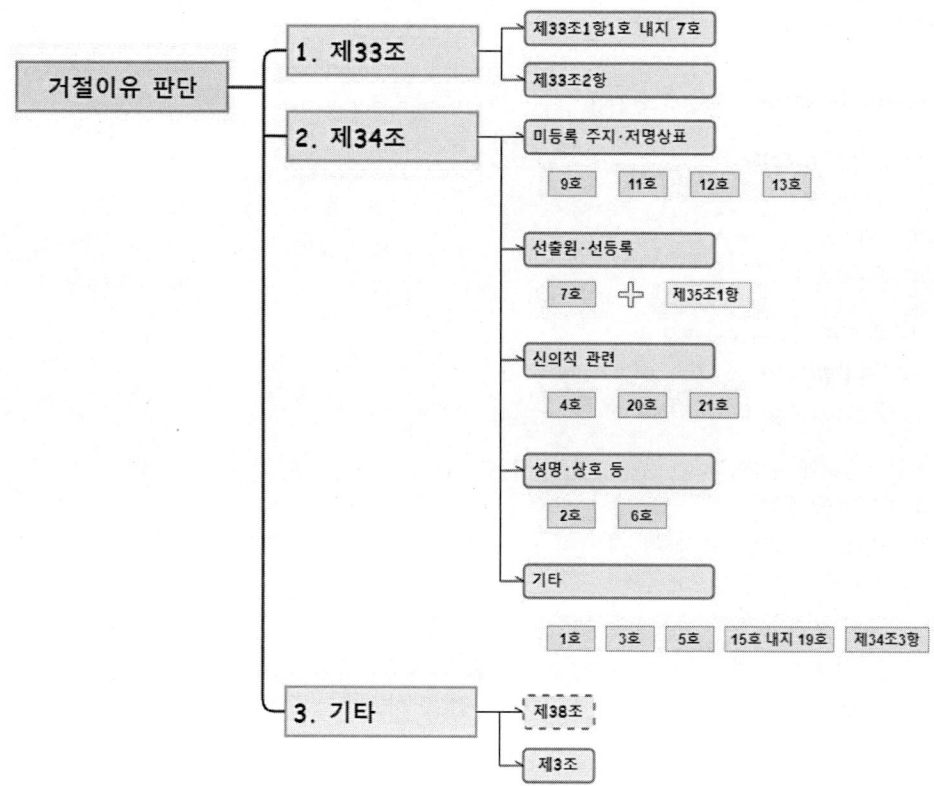

8-1-1 부등록사유 – 제34조 제1항 제1호

> **제34조(상표등록을 받을 수 없는 상표)**
> ① 제33조에도 불구하고 다음 각 호의 어느 하나에 해당하는 상표에 대해서는 상표등록을 받을 수 없다.
>   1. 국가의 국기(國旗) 및 국제기구의 기장(記章) 등으로서 다음 각 목의 어느 하나에 해당하는 상표
>   가. 대한민국의 국기, 국장(國章), 군기(軍旗), 훈장, 포장(褒章), 기장, 대한민국이나 공공기관의 감독용 또는 증명용 인장(印章)·기호와 동일·유사한 상표
>   나. 「공업소유권의 보호를 위한 파리 협약」(이하 "파리협약"이라 한다) 동맹국, 세계무역기구 회원국 또는 「상표법조약」 체약국(이하 이 항에서 "동맹국등"이라 한다)의 국기와 동일·유사한 상표
>   다. 국제적십자, 국제올림픽위원회 또는 저명(著名)한 국제기관의 명칭, 약칭, 표장과 동일·유사한 상표. 다만, 그 기관이 자기의 명칭, 약칭 또는 표장을 상표등록출원한 경우에는 상표등록을 받을 수 있다.
>   라. 파리협약 제6조의3에 따라 세계지식재산기구로부터 통지받아 특허청장이 지정한 동맹국등의 문장(紋章), 기(旗), 훈장, 포장 또는 기장이나 동맹국등이 가입한 정부 간 국제기구의 명칭, 약칭, 문장, 기, 훈장, 포장 또는 기장과 동일·유사한 상표. 다만, 그 동맹국등이 가입한 정부 간 국제기구가 자기의 명칭·약칭, 표장을 상표등록출원한 경우에는 상표등록을 받을 수 있다.
>   마. 파리협약 제6조의3에 따라 세계지식재산기구로부터 통지받아 특허청장이 지정한 동맹국등이나 그 공공기관의 감독용 또는 증명용 인장·기호와 동일·유사한 상표로서 그 인장 또는 기호가 사용되고 있는 상품과 동일·유사한 상품에 대하여 사용하는 상표

Ⅰ. 제34조 제1항 제1호

1. 의의 및 취지

국가의 국기, 국제기구의 기장 등에 해당하는 상표와 관련된 상표는 등록받을 수 없다. 파리조약 제6조의3 규정을 입법화한 것으로, 공공기관 등의 권위를 유지하고 품질오인으로부터 수요자를 보호하기 위함이다.

2. 요건

(1) 제34조1항1호 가목

① 대한민국의 국기, 국장, 군기, 훈장, 포장, 기장 또는 ② 대한민국이나 공공기관의 감독용 또는 증명용 인장·기호와, ③ 동일·유사한 상표여야 한다.

(2) 제34조1항1호 나목

① 동맹국 등(파리협약 동맹국, 세계무역기구 회원국 또는 상표법조약 체약국)의 국기와 ② 동일·유사한 상표여야 한다.

(3) 제34조1항1호 다목

1) ① 국제적십자, 국제올림픽위원회 또는 저명한 국제기관의 명칭, 약칭, 표장과, ② 동일·유사한 상표여야 한다. 다만, ③ 해당 기관이 자기의 명칭 등으로 출원한 때에는 등록 가능하다.

2) '저명한 국제기관'이라 함은 원칙적으로 상표등록 사정 당시 존재하는 기관으로서 그 조직이나 활동상황 등에 의해 국제적으로 널리 알려질 것을 요하고, 이미 오래전에 폐지되어 위 사정 당시에 활동을 하지 않는 경우에는 이에 해당하지 않는다.[139]

---
[139] 대법원 1991. 8. 9. 선고 90후2263 판결 (국제난민구제기구 사건)

(4) 제34조1항1호 라목
① 파리협약 제6조의3에 따라 세계지식재산기구로부터 통지받아 특허청장이 지정한 동맹국 등의 문장, 기 훈장, 포장, 기장 또는 ② 동맹국 등이 가입한 정부 간 국제기구의 명칭, 약칭, 문장, 기, 훈장, 포장, 기장과 ③ 동일·유사한 상표여야 한다. 다만, ④ 해당 기구가 자기의 명칭 등을 상표등록출원한 경우 등록 가능하다.

(5) 제34조1항1호 마목
① 파리협약 제6조의3에 따라 세계지식재산기구로부터 통지받아 특허청장이 지정한 동맹국 등이나 그 공공기관의 감독용 또는 증명용 인장·기호와 ② 동일·유사한 상표로서, ③ 상품이 동일·유사한 경우여야 한다.

3. 판단기준
본 호에 해당하는지는 '상표등록여부결정 시'를 기준으로 판단한다(제34조 제2항).

4. 상표법상 취급
(1) 상표등록 전
① 상표등록거절이유(제54조 제3호), ② 정보제공이유(제49조) 및 ③ 이의신청이유(제60조 제1항)

(2) 상표등록 후
① 착오로 등록된 경우에는 제척기간 없는 상표등록무효사유(제117조 제1항). ② 다만, 후발적 무효사유는 아님

Ⅱ. 관련 문제

1. 상표등록출원의 이전 제한
제34조 제1항 제1호 다목 및 라목 단서에 따른 상표등록출원은 양도할 수 없다. 다만, 해당 업무와 함께 양도하는 경우에는 양도할 수 있다(제48조 제6항). 이에 위반하여 이전된 경우 거절이유(제54조 제3호), 착오등록 시 무효사유(제117조 제1항 제1호)에 해당한다.

2. 상표권의 이전 제한 및 질권설정의 제한
제34조 제1항 제1호 다목 및 라목 단서에 따라 등록된 상표권은 이전할 수 없다. 다만, 명칭, 약칭 또는 표장과 관련된 업무와 함께 양도하는 경우에는 그러하지 아니하다(제93조 제5항). 이에 위반하여 이전된 경우 취소사유(제119조 제1항 제4호)에 해당한다. 또한 이에 위반하여 상표권을 목적으로 하는 질권을 설정할 수 없다(제93조 제8항).

	대상주체	대상객체	상표	상품	기타
가목	대한민국	A1) 국기, 국장, 군기, 훈장, 포장, 기장 B) 공공기관의 감독용/증명용 인장, 기호	동일 유사	×	
나목	동맹국 등	A2) 국기	동일 유사	×	
다목	국제기관 등	C1) 명칭, 약칭, 표장	동일 유사	×	S) 자신이 출원 예외 J) 국제기관은 저명
라목	동맹국 등	A3) 문장, 기, 훈장, 포장, 기장	동일 유사	×	S) 자신이 출원 예외 W) WIPO로부터 통지 T) 특허청장이 지정한
	(동맹국 등이 가입한) 국제기구 등	C2) 명칭, 약칭 A3) 문장, 기, 훈장, 포장, 기장			
마목	동맹국 등	B) 공공기관의 감독용/증명용 인장, 기호	동일 유사	동일 유사	W) WIPO로부터 통지 T) 특허청장이 지정한

대한민국 - 가목
동맹국 - 나목, 라목, 마목
국제기관/국제기구 - 다목, 라목
저명한 국제기관 - 다목

국기 - 가목, 나목
공공기관의 감독용/증명용 - 가목, 마목

WIPO로부터 통지받아 특허청장이 지정한
 - 라목, 마목
적십자, 올림픽 - 다목

자신이 출원한 경우 예외 - 다목, 라목
상품이 동일·유사 - 마목

THEME 8-1-2 부등록사유 – 제34조 제1항 제2호

> 제34조(상표등록을 받을 수 없는 상표)
> ① 제33조에도 불구하고 다음 각 호의 어느 하나에 해당하는 상표에 대해서는 상표등록을 받을 수 없다.
>   2. 국가·인종·민족·공공단체·종교 또는 저명한 고인(故人)과의 관계를 거짓으로 표시하거나 이들을 비방 또는 모욕하거나 이들에 대한 평판을 나쁘게 할 우려가 있는 상표

I. 제34조 제1항 제2호

1. 의의 및 취지

국가·인종·민족·공공단체·종교 또는 저명한 고인과의 관계를 거짓으로 표시하거나 비방·모욕 또는 나쁜 평판을 갖게 할 우려가 있는 상표는 등록받지 못한다. 국가·민족 등의 권위 및 저명한 고인의 명예를 보호하기 위함이다.

2. 요건

① 국가·인종·민족·공공단체·종교 또는 저명한 고인에 대하여, ② 관계를 거짓으로 표시·비방·모욕·나쁜 평판을 갖게 할 우려가 있어야 한다.

3. 판단기준

본 호에 해당하는지는 '상표등록여부결정 시'를 기준으로 판단한다(제34조 제2항).

4. 상표법상 취급

(1) 상표등록 전
　① 상표등록거절이유(제54조 제3호), ② 정보제공이유(제49조) 및 ③ 이의신청이유(제60조 제1항)

(2) 상표등록 후
　① 착오로 등록된 경우에는 제척기간 없는 상표등록무효사유(제117조 제1항). ② 다만, 후발적 무효사유는 아님

II. 거짓으로 표시·비방·모욕·나쁜 평판을 갖게 할 우려

1. 판단방법

1) 判例는,[140] 고인의 성명 그 자체를 상표로 사용한 것에 지나지 아니할 뿐 동인과의 관련성에 관한 아무런 표시가 없는 경우에는 본 호에 해당하지 않는다고 판시하였다.
2) 종교 등을 표시하는 상표가 이를 비방 또는 모욕하거나 악평을 받게 할 염려가 있는지의 여부는 그 상표의 구성을 전체적으로 고찰하여 판단하여야 할 것이며 그 상표를 구성하는 일부분만을 따로 떼어내어 그 부분이 특정종교에서 숭앙받는 사람을 표시한 것에 해당된다 하여 등록결격사유로 삼을 것은 아니다.[141]

---

140) 대법원 1997. 7. 11. 선고 96후2173 판결 (JAMES DEAN 사건)
141) 대법원 1990. 9. 28. 선고 89후711 판결 (CARDINAL 사건)

THEME 8-1-3 부등록사유 – 제34조 제1항 제3호

> 제34조(상표등록을 받을 수 없는 상표)
> ① 제33조에도 불구하고 다음 각 호의 어느 하나에 해당하는 상표에 대해서는 상표등록을 받을 수 없다.
>   3. 국가·공공단체 또는 이들의 기관과 공익법인의 비영리 업무나 공익사업을 표시하는 표장으로서 저명한 것과 동일·유사한 상표. 다만, 그 국가 등이 자기의 표장을 상표등록출원한 경우에는 상표등록을 받을 수 있다.

Ⅰ. 제34조 제1항 제3호

1. 의의 및 취지

국가·공공단체·공익법인의 비영리 업무나 공익사업을 표시하는 표장으로서 저명한 것과 동일·유사한 상표는 등록받지 못한다. 공익단체의 신용 및 일반 공중을 보호하기 위함이다.

2. 요건

① 국가·공공단체·공익법인의, ② 비영리 업무나 공익사업을 표시하는 저명한 표장과, ③ 동일·유사한 상표여야 한다. ④ 다만, 자신의 출원의 경우에는 등록 가능하다.

3. 판단기준

본 호에 해당하는지는 '상표등록여부결정 시'를 기준으로 판단한다(제34조 제2항).

4. 상표법상 취급

(1) 상표등록 전
   ① 상표등록거절이유(제54조 제3호), ② 정보제공이유(제49조) 및 ③ 이의신청이유(제60조 제1항)

(2) 상표등록 후
   ① 착오로 등록된 경우에는 제척기간 없는 상표등록무효사유(제117조 제1항). ② 다만, 후발적 무효사유는 아님

Ⅱ. 국가·공공단체 또는 이들의 기관인 공익법인

1) 심사기준은,[142] '공공단체'라 함은 지방자치단체, 공공조합, 공법상의 영조물법인과 그 대표기관 및 산하기관을 포함한다. 또한, 외국의 주정부 및 그 산하기관도 이에 해당한다고 본다.
2) 심사기준은,[143] '공익법인'이란 민법상 비영리법인 중에서 공익을 주목적으로 하는 법인을 의미하며, 공법인은 제외된다고 규정한다.

---

142) 심사기준 제5부 제3장 1.1.2
143) 심사기준 제5부 제3장 1.1.2

Ⅲ. 비영리 업무나 공익사업을 표시하는 표장으로서 저명한 것

1) 비록 부수적인 요금 또는 수수료의 부과 등 부수적으로 영리업무를 하더라도 주목적이 영리를 목적으로 하지 아니하는 업무 또는 공익사업을 포함한다.144)

Ⅳ. 적용의 예외

① 그 국가 등이 자기의 표장을 상표등록출원한 경우에는 상표등록을 받을 수 있다(제34조 제1항 제3호 단서). ② 업무상의 신용훼손 또는 출처혼동 염려가 없다는 점에서 타당하다.

---

144) 특허법원 2007. 10. 11. 선고 2007허1954 판결 (이화학당 사건)

8-1-4 부등록사유 – 제34조 제1항 제4호

> 제34조(상표등록을 받을 수 없는 상표)
> ① 제33조에도 불구하고 다음 각 호의 어느 하나에 해당하는 상표에 대해서는 상표등록을 받을 수 없다.
>   4. 상표 그 자체 또는 상표가 상품에 사용되는 경우 수요자에게 주는 의미와 내용 등이 일반인의 통상적인 도덕관념인 선량한 풍속에 어긋나는 등 공공의 질서를 해칠 우려가 있는 상표

Ⅰ. 제34조 제1항 제4호

1. 의의 및 취지

상표 그 자체 또는 상표가 상품에 사용되는 경우 공서양속에 어긋나는 상표는 등록받을 수 없다. 공공질서를 보호하고 선량풍속을 유지하기 위함이다.

2. 적용범위

① 상표 그 자체가 공서양속에 위반될 우려가 있는 경우, 또는 ② 상표가 상품에 사용되는 경우 공서양속에 위반될 우려가 있는 상표는 등록받지 못한다.

[쟁점] 상표의 출원·등록과정에 사회적 타당성이 현저히 결여된 경우

1. 제34조1항4호
   (1) 의의 및 취지   (2) 적용범위

2. 출원·등록과정에 사회적 타당성이 현저히 결여된 경우
   (1) 문제점
       상표 그 자체 또는 상품과의 관계에서 공서양속에 위반되는 경우 이외에, 출원·등록과정상 하자가 있는 경우에도 본 호 적용 가능한지 문제된다.
   (2) 판례의 태도
       判例는,[145] ① 상표의 출원·등록과정에 사회적 타당성이 현저히 결여되어 ② 그 등록을 인정하는 것이 상표법의 질서에 반하는 것으로서 도저히 용인할 수 없다고 보이는 경우에 한하고, ③ 타인의 상표나 상호 등의 신용이나 명성에 편승하기 위하여 무단으로 타인의 표장을 i) 모방한 상표를 출원하여 등록받았다거나, 또는 상표를 등록하여 사용하는 행위가 ii) 특정 당사자 사이에 이루어진 계약을 위반하거나 iii) 특정인에 대한 관계에서 신의성실의 원칙에 위배된 것으로 보인다는 등의 사정만을 들어 곧바로 위 규정에 해당한다고 할 수 없다고 하였다.
   (3) 검토 - 판례의 논거
       생각건대, ① 본 규정의 취지가 상표 그 자체 또는 상품과의 관계에서 공서양속에 반하는 경우에 적용하는 규정인 점, ② 출원·등록과정상 신의칙 등에 반하는 경우에는 제34조1항의 다른 부등록사유로 규정되고 있는 점, ③ 우리 상표법이 상표선택의 자유를 전제로 선출원주의의 원칙을 채택하고 있는 점에 비추어 볼 때, 판례의 태도가 타당하다.

---

[145] 대법원 2012. 6. 28. 선고 2011후1722 판결 (송석 사건)

3. 판단기준
본 호에 해당하는지는 '상표등록여부결정 시'를 기준으로 판단한다(제34조제2항).

4. 상표법상 취급
(1) 상표등록 전
① 상표등록거절이유(제54조 제3호), ② 정보제공이유(제49조) 및 ③ 이의신청이유(제60조 제1항)
(2) 상표등록 후
① 착오로 등록된 경우에는 제척기간 없는 상표등록무효사유(제117조 제1항). ② 다만, 후발적 무효사유는 아님

Ⅱ. 관련 문제

1. 저작권과의 관계
① 일반규정 도피 방지 취지와, ② 제92조2항 규정의 취지, ③ 심사시 저작권 침해 판단이 어렵다는 점에서, 저작권 침해라는 이유로 본 호 해당한다 보기 어렵다.

[쟁점] 타인의 저명한 저작권을 침해하는 경우

1. 문제점
타인의 저명한 저작권을 침해하는 경우에는 본 호가 적용될 수 있는지 여부가 문제된다.

2. 판례 및 심사기준의 태도
1) 특허법원 判例는,146) 저작권은 무방식주의를 채택하고 있어 심사단계에서 침해의 판단이 어렵고, 상표법의 제92조2항에서 저촉관계를 규정한다는 점에서 본 호 적용되지 않는다고 판시하였다.
2) 과거 심사기준은 본 호에 해당하는 것으로 보았으나, 2019. 1. 1. 시행 개정 상표심사기준은 이러한 규정을 삭제하였다.

3. 검토
생각건대, 상표법에는 타인의 저작권의 목적이 되는 표장을 포함하는 상표의 등록을 금지하는 규정이 없다는 점에서 적용 부정함이 타당하다.

---

2. 사용의사가 없는 상표의 경우
판례는,147) 서비스의 제공에 특정한 자격을 필요로 하는 상품에 대하여 그러한 자격을 갖추지 못한 자가 서비스표를 출원, 등록하는 것이 상표법 제34조 제1항 제4호에서 규정하는 공공의 질서 또는 선량한 풍속을 문란하게 할 염려가 있는 경우에 해당하지 않는다고 판시하였다.

---

146) 특허법원 2003. 5. 1. 선고 2002허6664, 6671 판결(확정)
147) 대법원 2005. 10. 28. 선고 2004후271 판결 (나홀로 사건)

3. 계약 또는 신의성실 원칙에 위반된 경우

1) 상표를 등록 사용하는 행위가 특정한 당사자 사이에 이루어진 계약을 위반하거나 특정인에 대한 관계에서 신의성실의 원칙에 위배된 것으로 보인다고 하더라도 그러한 사정만을 들어 본 호의 '공공의 질서 또는 선량한 풍속을 문란하게 할 염려가 있는' 상표에 해당한다고 할 수 없다고 판시하였다.148)

2) 라이선스 계약을 체결한 주식회사의 대표이사가 계약 상대방의 상호와 동일·유사한 상품으로 하는 상표의 구성의 일부로 출원·등록하였다고 하더라도 그 등록서비스표가 본 호에 해당하지 않는다고 판시하였다.149)

4. 상표를 등록·사용하는 행위가 사회 공공의 이익을 침해하는 경우

> **[쟁점] 우리은행 사건 – 구법 제7조 제1항 제4호**
>
> 1. 제33조1항7호
>   (1) 의의 및 취지
>   (2) 적용범위
>   (3) 사안의 경우 - ○
>
> 2. 제34조1항4호 (구법 제7조1항4호)
>   (1) 의의 및 취지
>   (2) 판단방법 – 적용범위와 관련
>   判例는,150) ① 상표 자체 또는 ② 지정상품에 사용되는 경우 공서양속에 반하는 경우뿐 아니라, 그 ③ 상표를 등록하여 사용하는 행위가 선량한 풍속에 위배되는 경우도 포함되며, 그 상표의 사용이 사회 공공의 이익을 침해하는 것이라면 이는 공공의 질서에 위반되는 것으로서 허용될 수 없다고 하였다.
>   [자.필.공.영/보.생.필.단]
>   (3) 사안의 경우
>   ① '우리'라는 단어는 자유사용 필요성이 있는 공공의 영역
>   ② 이 단어의 사용이 제한되거나 그 뜻에 혼란이 일어난다면 보편적, 일상적 생활에 지장을 받을 정도로 일반인에게 필수불가결한 단어

5. 증명표장제도의 악용 방지

심사기준은,151) 증명표장등록출원 시 실정법의 인증요건을 회피하는 수단으로 이용되는 경우에는 본 호를 적용한다.

---

148) 대법원 2006. 2. 24. 선고 2004후1267 판결 (KGB 사건)
149) 대법원 2006. 9. 14. 선고 2003후137 판결 (LCI 사건)
150) 대법원 2009. 5. 28. 선고 2007후3301 판결 (우리은행 사건)
151) 심사기준 제5부 제4장 2.3.1

6. 2007년 개정 전 구법상 쟁점

[쟁점] 구법 제7조1항4호 - 백남준미술관 사건

※ (쟁점1) 무효: 제7조1항4호 관련 경과규정이 없는 경우 적용규정
※ (쟁점2) 무효: 제7조1항4호 - 명예훼손
※ (쟁점3) 취소: 불사용취소심판 - 방명록에의 사용

1. 구법 제7조1항4호 적용여부 - 무효심판의 결과
   (1) 의의 및 취지
   (2) 판단방법 - 적용범위와 관련

   判例는, 본 규정은 ① 상표의 구성 자체 또는, ② 지정상품에 사용되는 경우 그 의미나 내용이 공서양속에 반하는 경우 뿐만 아니라, 그 ③ 상표를 등록하여 사용하는 행위가 공정한 상품유통질서나 국제적 신의와 상도덕 등 선량한 풍속에 위배되는 경우도 포함한다고 판시하였다.

   (3) 경과규정이 없는 경우 적용되는 규정   [개.별.경/특.전.출.법.종]

   判例는, 상표등록요건에 관한 규정이 개정되면서 부칙에서 별도의 경과규정을 정하지 않은 경우에는, 특별한 사정이 없는 한 개정 전에 출원하여 등록된 상표에 대한 심판 및 소송에 대하여는 법정안정성 유지를 위하여 종전의 규정이 적용되어야 한다고 판시하였다.

   (4) 사안의 해결   [경.저/명.훼/수.구.불.흡]
   ① 등록상표서비스표의 출원 경위 및 백남준 성명의 저명성 등에 비추어 보면,
   ② 甲이 고의로 저명한 백남준 성명의 명성에 편승하기 위하여 무단으로 이 사건 등록상표서비스표를 출원·등록하여 사용하는 행위는 저명한 비디오 아트 예술가로서의 백남준의 명성을 떨어뜨려 그의 명예를 훼손시킬 우려가 있어 사회 일반인의 도덕관념인 선량한 풍속에 반할 뿐만 아니라,
   ③ 저명한 백남준 성명의 명성에 편승하여 수요자의 구매를 불공정하게 흡인하고자 하는 것으로서 공정한 상품유통질서나 상도덕 등 선량한 풍속을 문란하게 할 염려가 있으므로,

[참고 - 4호 판례의 구법상 논증구도]

	'공공의 질서 또는 선량한 풍속을 문란하게 할 염려가 있는' 상표라 함은,
[4호의 적용태양 ①, ②] : 상표 그 자체 : 상품과의 관계에서..	상표의 구성 자체 또는 그 상표가 지정상품에 사용되는 경우 일반 수요자에게 주는 의미나 내용이 사회공공의 질서에 위반하거나 사회일반인의 통상적인 도덕관념인 선량한 풍속에 반하는 경우

또는

고의로 저명한 타인의 상표나 상호 등의 명성에 편승하기 위하여 무단으로 타인의 표장을 모방한 상표를 등록 사용하는 것처럼 그 상표를 등록하여 사용하는 행위가 일반적으로 공정한 상품유통질서나 국제적 신의와 상도덕 등 선량한 풍속에 위배되는 경우	그 상표를 등록하여 사용하는 행위가 일반적으로 공정한 상품유통질서나 국제적 신의와 상도덕 등 선량한 풍속에 위배되거나, 그 상표의 출원·등록과정에 사회적 타당성이 결여되어 그 등록을 인정하는 것이 상표법의 질서에 반하는 것으로서 용인할 수 없는 경우	그 상표를 등록하여 사용하는 행위가 공정한 상품유통질서나 국제적 신의와 상도덕 등 선량한 풍속에 위배되는 경우도 포함되며, 또한 그 상표의 사용이 사회 공공의 이익을 침해하는 것이라면	그 상표를 등록하여 사용하는 행위가 공정한 상품유통질서나 국제적 신의와 상도덕 등 선량한 풍속에 위배되는 경우도 포함된다.
KGB 사건	백남준 미술관 사건	우리은행 사건	피카소 사건
[사안포섭 - 상도덕] 저명한 상호, 상표계약 위반	[사안포섭 - 인물] - 명예를 훼손 - 수요자 구매 불공정 흡인	[사안포섭 - 단어] 위 참조	[사안포섭 - 인물] - 명예를 훼손 - 수요자 구매 불공정 흡인

[4호의 개정법상 논증구도]

[4호의 적용태양 ①] 상표 그 자체가 공서양속에 위반될 경우	[4호의 적용태양 ②] 그 상표가 지정상품에 사용되는 경우 공서양속에 위반될 경우

+

① 출원/등록과정상 사회적 타당성 현저히 결여	① 상표의 출원·등록이 위 규정에 해당하기 위해서는 상표의 출원·등록과정에 사회적 타당성이 현저히 결여되어
② 도저히 등록을 못 시켜 주겠다 싶을 때만 적용하고	② 그 등록을 인정하는 것이 상표법의 질서에 반하는 것으로서 도저히 용인할 수 없다고 보이는 경우에 한하고
③ 모방, 계약, 신의칙 정도는 봐주자.	③ 타인의 상표나 상호 등의 신용이나 명성에 편승하기 위하여 무단으로 타인의 표장을 모방한 상표를 출원하여 등록받았다거나, 또는 상표를 등록하여 사용하는 행위가 특정 당사자 사이에 이루어진 계약을 위반하거나 특정인에 대한 관계에서 신의성실의 원칙에 위배된 것으로 보인다는 등의 사정만을 들어 곧바로 위 규정에 해당한다고 할 수 없다.

(송석 사건, 후술 - 대법원 2012. 6. 28. 선고 2011후1722 판결 [등록무효(상)])

8-1-5 부등록사유 – 제34조 제1항 제5호

> 제34조(상표등록을 받을 수 없는 상표)
> ① 제33조에도 불구하고 다음 각 호의 어느 하나에 해당하는 상표에 대해서는 상표등록을 받을 수 없다.
>   5. 정부가 개최하거나 정부의 승인을 받아 개최하는 박람회 또는 외국정부가 개최하거나 외국정부의 승인을 받아 개최하는 박람회의 상패·상장 또는 포장과 동일·유사한 표장이 있는 상표. 다만, 그 박람회에서 수상한 자가 그 수상한 상품에 관하여 상표의 일부로서 그 표장을 사용하는 경우에는 상표등록을 받을 수 있다.

I. 의의 및 취지

정부가 개최하거나 정부의 승인을 받아 개최하는 박람회의 상패 등과 동일·유사한 상표는 등록받지 못한다. 박람회의 상패 등의 권위를 보호하기 위함이다.

II. 요건

① 정부 또는 외국정부가 개최하거나 승인을 얻어 개최한 박람회의, ② 상패 등과, ③ 동일·유사한 표장이 있는 상표여야 한다. ④ 다만, 박람회의 수상자가 수상한 상품에 대하여, 상표의 일부로 출원하는 경우 등록 가능하다.

III. 판단기준

본 호에 해당하는지는 '상표등록여부결정 시'를 기준으로 판단한다(제34조 제2항).

IV. 상표법상 취급

1. 상표등록 전

① 상표등록거절이유(제54조 제3호), ② 정보제공이유(제49조) 및 ③ 이의신청이유(제60조 제1항)

2. 상표등록 후

① 착오로 등록된 경우에는 제척기간 없는 상표등록무효사유(제117조 제1항). ② 다만, 후발적 무효사유는 아님

THEME 8-1-6 부등록사유 – 제34조 제1항 제6호

> 제34조(상표등록을 받을 수 없는 상표)
> ① 제33조에도 불구하고 다음 각 호의 어느 하나에 해당하는 상표에 대해서는 상표등록을 받을 수 없다.
>   6. 저명한 타인의 성명·명칭 또는 상호·초상·서명·인장·아호(雅號)·예명(藝名)·필명(筆名) 또는 이들의 약칭을 포함하는 상표. 다만, 그 타인의 승낙을 받은 경우에는 상표등록을 받을 수 있다.

Ⅰ. 제34조 제1항 제6호

1. 의의 및 취지
저명한 타인의 성명·상호 등을 포함하는 상표는 등록받지 못한다. 타인의 인격권을 보호하고 저명한 타인의 성명 등에 따른 출처혼동 방지 위함이다.

2. 요건
① 저명한, ② 타인의 성명·명칭·상호 등 또는 이들의 약칭을, ③ 포함하는 상표여야 한다. ④ 다만, 타인의 승낙이 있는 경우 등록 가능하다.

3. 판단기준
1) 본 호에 해당하는지는 '상표등록여부결정 시'를 기준으로 판단한다(제34조제2항).
2) 구 상표법은, 출원인에게 발생할 수 있는 불측의 손해를 방지하는 취지로 본 호의 판단시점을 '상표등록출원시'로 규정하였으나, 타인의 저명한 성명·상호 보호를 강화하기 위하여 2016. 9. 1. 시행 개정법에서 판단시점을 '상표등록여부 결정시'로 개정하였다.

4. 상표법상 취급
(1) 상표등록 전
① 상표등록거절이유(제54조 제3호), ② 정보제공이유(제49조) 및 ③ 이의신청이유(제60조 제1항)

(2) 상표등록 후
① 착오로 등록된 경우에는 제척기간 없는 상표등록무효사유(제117조 제1항). ② 다만, 후발적 무효사유는 아님

Ⅱ. 저명성

1. 판단방법
1) 타인의 명칭 등이 저명한지는 그 사용기간, 방법, 태양, 사용량 및 거래의 범위와 상품거래의 실정 등을 고려하여 사회통념상 또는 지정상품과 관련한 거래사회에서 타인의 명칭 등이 널리 인식될 수 있는 정도에 이르렀는지 여부에 따라 판단한다.[152]

---

[152] 대법원 2013. 10. 31. 선고 2012후1033 판결 (**2NE1** 사건)

2) 본 호 소정의 '상호'의 저명성은 동조 제9호 소정의 주지성, 현저성보다 훨씬 해당 상호의 주지도가 높을 뿐만 아니라 나아가 오랜 전통 내지 명성을 지닌 경우를 가리킨다고 판시하였다.[153]

Ⅲ. 타인의 성명·명칭·상호 등이나 이들의 약칭을 포함하는 상표

'타인'이라 함은 ① 현존하는 자연인, ② 법인은 물론 ③ 법인격 없는 단체와 ④ 외국인도 포함한다.[154]

---

153) 대법원 1996. 9. 24. 선고 95후2046 판결 (장용표 사건)
154) 심사기준 제5부 제6장 1.2.1

THEME 8-1-7 부등록사유 – 제34조 제1항 제7호

> 제34조(상표등록을 받을 수 없는 상표)
> ① 제33조에도 불구하고 다음 각 호의 어느 하나에 해당하는 상표에 대해서는 상표등록을 받을 수 없다.
>   7. 선출원(先出願)에 의한 타인의 등록상표(등록된 지리적 표시 단체표장은 제외한다)와 동일·유사한 상표로서 그 지정상품과 동일·유사한 상품에 사용하는 상표. 다만, 그 타인으로부터 상표등록에 대한 동의를 받은 경우(동일한 상표로서 그 지정상품과 동일한 상품에 사용하는 상표에 대하여 동의를 받은 경우는 제외한다)에는 상표등록을 받을 수 있다. 〈2024. 5. 1. 시행 개정법〉

Ⅰ. 제34조 제1항 제7호

1. 의의 및 취지

선출원에 의한 타인의 선등록상표와 동일·유사한 상표로서 동일·유사한 상품에 출원하는 경우, 유사범위 사용과 관련하여 그 타인과 공존 동의가 없는 한 등록받지 못한다. 중복등록으로 인한 수요자 간 출처혼동을 방지하기 위함이다.

2. 요건

① 선출원에 기한 타인의 선등록상표와, ② 동일·유사한 상표 및 ③ 동일·유사한 상품에 대한 것이어야 한다. 다만, ④ 그 타인으로부터 상표등록에 대한 동의(상표 및 상품이 모두 동일한 경우 제외)를 받은 경우에는 적용되지 않는다.

3. 판단기준

1) 본 호에 해당하는지는 '상표등록여부결정시'를 기준으로 판단한다(제34조제2항).
2) 과거에는, 법률관계의 조속한 확정을 위하여 '상표등록출원시'를 기준으로 판단하였으나, 재출원으로 인한 불경제를 방지하기 위하여 2016. 9. 1. 시행 개정법에서 판단시점을 '상표등록여부결정시'로 개정하였다.

4. 상표법상 취급

(1) 상표등록 전
① 상표등록거절이유(제54조 제3호), ② 정보제공이유(제49조), ③ 이의신청이유(제60조 제1항)

(2) 상표등록 후
① 제척기간 5년이 적용되는 무효사유(제117조 제1항, 제122조 제1항)

(3) 제34조1항7호 단서에 따라 등록된 경우
제34조1항7호 단서에 따라 등록된 상표의 권리자 또는 그 상표등록에 대한 동의를 한 자 중 1인이 자기의 등록상표의 지정상품과 동일·유사한 상품에 부정경쟁을 목적으로 자기의 등록상표를 사용함으로써 수요자에게 상품의 품질을 오인하게 하거나 타인의 업무와 관련된 상품과 혼동을 불러일으키게 한 경우, 취소사유가 된다(제119조1항5의2).

II. 제35조 제1항과의 관계[155]

1) 각 상표가 타인에 의한 출원인 경우는 가장 먼저 출원한 자의 상표를 제외한 나머지 상표등록출원에 대하여는 제35조제1항에 따라 거절이유를 통지한다.
2) 최우선 출원이 등록된 후 나머지 출원은 제34조제1항제7호로 거절이유를 통지한다. 다만, 최우선 출원이 취하·포기 또는 무효로 되거나 거절결정 또는 심결이 확정된 경우에는 그러하지 아니하다.

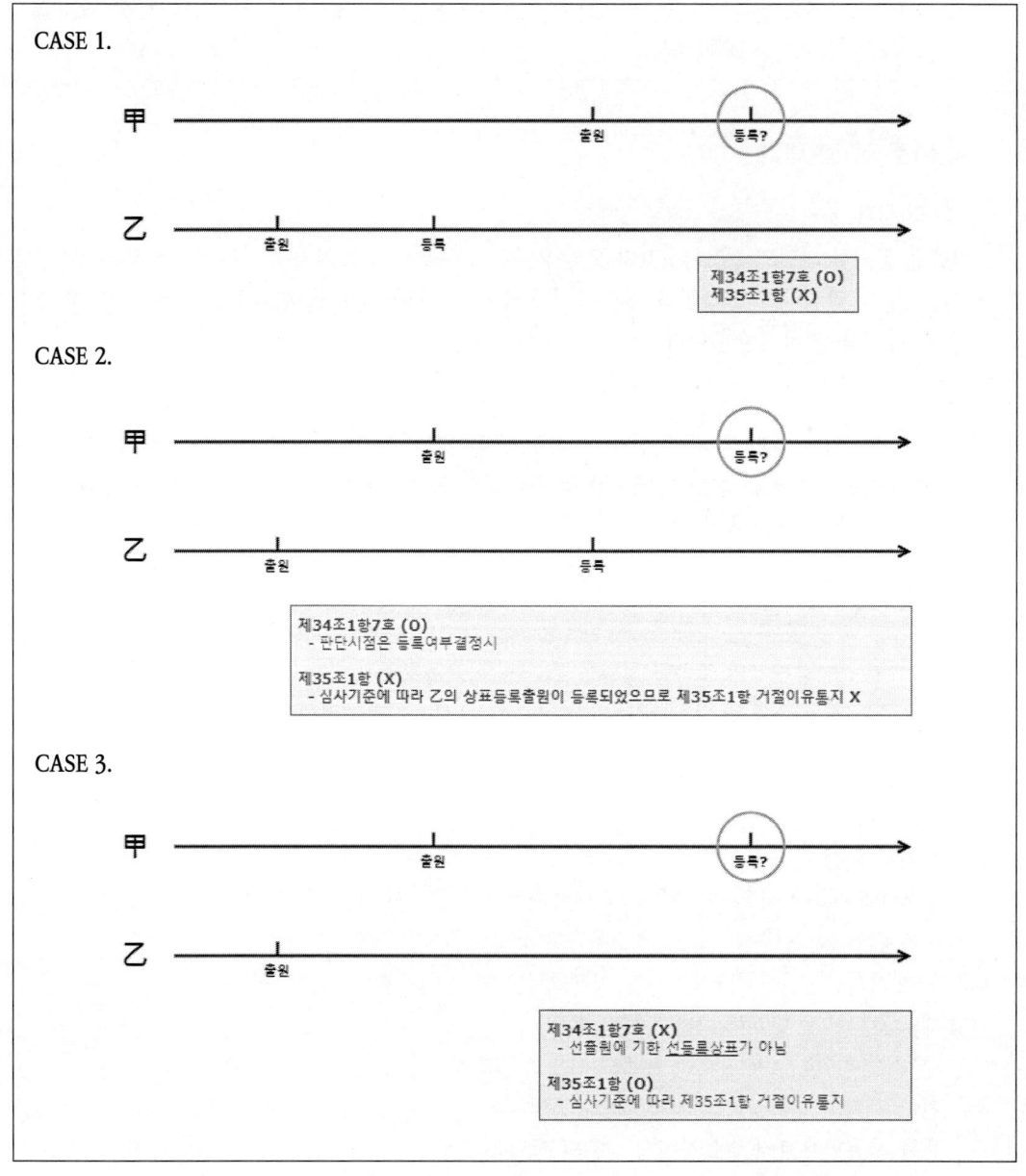

---

155) 심사기준 제5부 제23장 2.1.2

THEME 8-1-8 부등록사유 – 제34조 제1항 제9호

> 제34조(상표등록을 받을 수 없는 상표)
> ① 제33조에도 불구하고 다음 각 호의 어느 하나에 해당하는 상표에 대해서는 상표등록을 받을 수 없다.
>   9. 타인의 상품을 표시하는 것이라고 수요자들에게 널리 인식되어 있는 상표(지리적 표시는 제외한다)와 동일·유사한 상표로서 그 타인의 상품과 동일·유사한 상품에 사용하는 상표

I. 제34조 제1항 제9호

1. 의의 및 취지

타인의 주지 상표와 동일·유사한 상표를 동일·유사한 상품에 사용하는 상표는 등록받지 못한다. 주지상표 사용자의 이익을 보호하고 수요자의 출처혼동 방지 위함이다.

2. 요건

① 타인의 상품을 표시하는 것으로, ② 수요자 간 주지한 상표로서, ③ 상표가 동일·유사할 것, ④ 상품이 동일·유사할 것을 요한다.

3. 판단기준

1) **[주체적 기준]** 해당 상품에 관한 거래자 및 일반수요자의 인식
2) **[시기적 기준]** 상표등록여부결정시(제34조 제2항).
3) **[지역적 기준]** ① 전국이든 일정한 지역이든 불문하며, ② 상품의 특성상 일정한 지역에서만 거래되는 경우에는 그 특성을 충분히 고려하여 주지성을 판단해야 한다.[156]

> **[참고] 2016년 개정법에 따른 제34조 제1항 제9호 판단시점**
>
> 구 상표법은, 출원인에게 발생할 수 있는 불측의 손해를 방지하는 취지로 본 호의 판단시점을 '상표등록출원시'로 규정하였으나, 주지상표 사용자의 이익을 강화하고자 2016. 9. 1. 시행 개정법은 본호 판단시점을 '상표등록여부 결정시'로 개정하였다.

4. 상표법상 취급

(1) 상표등록 전
① 상표등록거절이유(제54조 제3호), ② 정보제공이유(제49조), ③ 이의신청이유(제60조 제1항)

(2) 상표등록 후
① 제척기간 5년이 적용되는 무효사유(제117조 제1항, 제122조 제1항)
② 후발적 무효사유 아님

---

156) 심사기준 제5부 제9장 1.2.4

Ⅱ. 타인의 상품을 표시하는 것

타인은 익명의 존재로서의 추상적 출처를 의미한다.

Ⅲ. 수요자들에게 널리 인식된 상표

1. 주지의 의미

1) 주지란, ① 당해 상품의 거래자 및 수요자의 ② 대다수(압도적 다수)가 ③ 해당 상표를 특정 출처의 상품표지로 인식하고 있는 상태를 의미한다.
2) 주지상표인지 여부는 그 상표의 **사**용, **공**급, 영업활동의 **기**간, **방**법, **태**양 및 **거**래의 **범**위 등을 고려하여 거래**실**정 또는 사회**통**념상 널리 알려졌느냐의 여부에 따라 판단한다.157)

[사.공.기.방.태.거.범.실.통]

2. 악의로 인식도를 획득한 경우

[쟁점] 악의로 인식도를 획득한 경우 - 제34조 제1항 제9호 해당여부

1. 제34조1항9호
   (1) 의의 및 취지
   (2) 요건

2. 악의로 인식도를 획득한 경우 - 주지성 여부 관련하여
   (1) 심사기준의 태도
   상표를 사용하는 자가 그 사용을 시작하기 전에 타인이 먼저 사용하는 상표임을 알고서도 계속 사용하여 널리 인식된 상표로 만들어 놓은 경우 이는 주지상표로 보지 않는다.158)
   (2) 학설의 대립
   ① 악의 또는 부정경쟁목적의 주지상표는 보호하지 않는다는 보호부정설과, ② 상품출처 혼동방지 위해 보호하자는 보호긍정설이 대립한다.
   (3) 검토
   이에 관하여 판례는 없으나, 생각건대 제34조1항9호의 취지가 주지상표 사용자의 사용사실을 보호하는 사익적 취지인 점에서 보호부정설이 타당하다.

---

3. 둘 이상의 주지상표가 경합하는 경우

1) 심사기준에 따르면, 2개의 주지상표가 병존하는 경우에는 선의로 주지상표가 된 것이든, 악의로 주지상표가 된 것이든 불문하고 어느 것도 등록을 인정하지 아니한다.159)
2) 하지만 생각건대, 선의의 주지상표와 악의의 주지상표가 경합하는 경우에는 선의의 주지상표만 등록을 허용해야 하므로, 위 심사기준 규정은 2 이상의 악의의 주지상표가 경합하는 경우에 적용되어야 한다고 본다.

---

157) 1990. 9. 28. 선고 89후2281 판결 등
158) 심사기준 제5부 제9장 1.1.3
159) 심사기준 제5부 제9장 2.3

8-1-9 부등록사유 – 제34조 제1항 제11호 전단

> 제34조(상표등록을 받을 수 없는 상표)
> ① 제33조에도 불구하고 다음 각 호의 어느 하나에 해당하는 상표에 대해서는 상표등록을 받을 수 없다.
>   11. 수요자들에게 현저하게 인식되어 있는 타인의 상품이나 영업과 혼동을 일으키게 하거나 그 식별력 또는 명성을 손상시킬 염려가 있는 상표

Ⅰ. 제34조 제1항 제11호 전단

1. 의의 및 취지

타인의 저명한 상표와 혼동을 일으키게 하거나, 희석화 염려 있는 상표는 등록받을 수 없다. 저명상표 보호와 수요자 간 출처혼동 방지 위함이다.

2. 요건

① 타인의 상품/영업을 표시하는 것으로, ② 수요자 간 저명한 상표로서, ③ 혼동을 일으키게 할 염려가 있는 상표여야 한다.

3. 판단기준

1) [주체적 기준] 해당 상품뿐만 아니라 이종상품 및 영업에 관한 거래자 및 수요자의 인식의 정도
2) [시기적 기준] ① 본 호의 해당 여부는 상표등록출원시(제34조 제2항 단서). ② 다만, 타인에 해당하는지는 상표등록여부결정시(제34조 제2항 본문)
3) [지역적 기준] ① 국내에서 주지된 경우에 적용하며, ② 전국적이든 일정지역이든 불문하는 것이 통설 및 심사기준의 태도이다. ③ 또한, 외국의 저명상표가 국내에서 널리 사용된 적이 없더라도 외국에서의 저명성이 국내에 알려져 일반수요자들에게 저명상표로 인식되었다면 본 호를 적용할 수 있다.[160]

4. 상표법상 취급

(1) 상표등록 전
   ① 상표등록거절이유(제54조 제3호), ② 정보제공이유(제49조), ③ 이의신청이유(제60조 제1항)

(2) 상표등록 후
   ① 제척기간 없는 무효사유(제117조 제1항)
   ② 후발적 무효사유 아님

---

[160] 심사기준 제5부 제11장 1.2.4

Ⅱ. 타인의 상품이나 영업

> **[쟁점]** 선사용상표 권리자 - 경제적·조직적으로 밀접한 관계가 있는 계열사들로 이루어진 기업그룹이 분리된 경우161)
>
> 1. 제34조1항11호 전단
>   (1) 의의 및 취지
>   (2) 요건 및 판단기준
>   (3) 사안의 경우
> 2. 선사용상표 권리자 - '타인'인지 여부 관련
>   (1) 문제점
>   "타인"이란, 익명의 존재로서 추상적 출처를 의미한다. 사안에서 甲이라는 기업집단도 선사용상표 주체로서 "타인"의 범위에 해당하는지 문제된다.
>   (2) 판례의 태도
>   판례는, ① 선사용표장의 권리자는 개인이나 개별 기업뿐만 아니라 그들의 집합체인 사회적 실체도 될 수 있다고 하면서, ② 경제적·조직적으로 밀접한 관계가 있는 계열사들로 이루어진 기업그룹이 분리된 경우에는, 기업그룹의 선사용표장을 채택하여 등록·사용하는데 중심적인 역할을 담당함으로써 일반 수요자들 사이에 선사용표장에 화체된 신용의 주체로 인식됨과 아울러 선사용표장을 승계하였다고 인정되는 계열사들을 선사용표장의 권리자로 보아야 한다고 판시하여 긍정하였다.
>   (3) 검토
>   생각건대, "타인"이란, 익명의 존재로서 추상적 출처를 의미한다는 점에서 判例의 태도가 타당하다.
>   (4) 사안의 경우
> 3. 사안의 해결

Ⅲ. 수요자들에게 현저하게 인식(저명성)

1. 저명성의 의미

① 해당 상품에 관한 거래자 및 수요자들뿐만 아니라 ② 이종상품이나 이종영업에 걸친 거래자 및 일반수요자의 ③ 대다수(압도적 다수)에까지 알려질 것을 요한다.

2. 판단방법 - 判例   [사.공.기.방.태.거.범.실.통]

저명상표인가의 여부는 그 상표의 사용, 공급, 영업활동의 기간, 방법, 태양 및 거래범위 등과 그 거래실정 또는 사회통념상 객관적으로 널리 알려졌느냐 여부 등에 따라 판단한다.162)

---

161) 대법원 2015. 1. 29. 선고 2012후3657 판결 (현대 사건)
162) 대법원 1989. 6. 27. 선고 88후219 판결; 2000. 5. 30. 선고 98후843 판결 등

Ⅳ. 혼동을 일으키게 할 염려가 있을 것

1. '혼동'의 의미

본 호에 따른 '혼동'은 ① 직접혼동, ② 간접혼동을 포함하며, ③ 양자 사이에 거래상·경제상 그 밖에 특수한 관계에 있는 것처럼 오인되는 광의의 혼동까지 포함한다고 본다.

2. 판단방법 - 判例　　　　　　　　　　　　　　　　　　　　　　　　　　　[저.구.유.밀.각.쉬]

판례는,163) 상품의 출처 등에 관한 일반 수요자의 오인·혼동이 있는지 여부는 타인의 상표등록을 받을 수 없는 상표와 대비되는 ① 저명한 상표의 저명 정도, ② 등록상표와 타인의 선사용표장의 각 구성, ③ 상품 혹은 영업의 유사성 또는 ④ 밀접성 정도, ⑤ 선사용표장 권리자의 사업다각화 정도, ⑥ 이들 수요자 층의 중복 정도 등을 비교·종합하여 판단하여야 한다고 판시하였다.

3. 구체적 판단

(1) 상표의 경우　　　　　　　　　　　　　　　　　　　　　　　　　　　　　　[구.모.아.용.연.밀.관]

判例는,164) 양 상표 구성의 모티브, 아이디어 등을 비교하여 그 상표에서 타인의 저명상표 또는 상품 등이 용이하게 연상되거나 타인의 상표 또는 상품과 밀접한 관련성이 있는 것으로 인정되어 상품출처에 오인·혼동을 일으킬 염려가 있는 경우 본 호가 적용된다고 판시하였다.

(2) 상품의 경우　　　　　　　　　　　　　　　　　　　　　　　　　　[저.타.영.신.편.고.부.유/경업.유연]

判例는,165) 비유사한 상품 사이에 혼동이 일어난다고 하기 위해서는, 저명한 타인의 영업상의 신용에 편승하여 고객을 부당하게 유인할 정도의 **경업관계** 내지 양 상품 사이에 양질감이 이전될 수 있을 정도로 경제적인 **유연관계**가 존재하여야 한다고 판시하였다.

---

163) 대법원 2015. 1. 29. 선고 2012후3657 판결 (현대 사건)
164) 대법원 1993. 3. 23. 선고 92후1370 판결
165) 대법원 1991. 2. 12. 선고 90후1376 판결

8-1-10 부등록사유 - 제34조 제1항 제11호 후단

> 제34조(상표등록을 받을 수 없는 상표)
> ① 제33조에도 불구하고 다음 각 호의 어느 하나에 해당하는 상표에 대해서는 상표등록을 받을 수 없다.
>   11. 수요자들에게 현저하게 인식되어 있는 타인의 상품이나 영업과 혼동을 일으키게 하거나 그 식별력 또는 명성을 손상시킬 염려가 있는 상표

Ⅰ. 제34조 제1항 제11호 후단

1. 의의 및 취지

희석화 염려 있는 상표는 등록받을 수 없다. 저명상표 보호와 수요자 간 출처혼동 방지 위함이다.

2. 요건

① 수요자들에게 현저하게 인식되어 있는 타인의 상품/영업으로, ② 식별력을 약화시키거나 명상을 손상시킬 염려가 있는 상표이어야 한다.

3. 판단기준

1) **[주체적 기준]** 해당 상품뿐만 아니라 이종상품 및 영업에 관한 거래자 및 수요자의 인식의 정도
2) **[시기적 기준]** ① 본 호의 해당 여부는 상표등록출원시(제34조 제2항 단서). ② 다만, 타인에 해당하는지는 상표등록여부결정시(제34조 제2항 본문)
3) **[지역적 기준]** 제34조1항11호 전단과 동일

4. 상표법상 취급

(1) 상표등록 전
   ① 상표등록거절이유(제54조 제3호), ② 정보제공이유(제49조), ③ 이의신청이유(제60조 제1항)

(2) 상표등록 후
   ① 제척기간 없는 무효사유(제117조 제1항)
   ② 후발적 무효사유 아님

Ⅱ. 저명상표의 희석화

[단문 대비] 저명상표의 희석화　　　　　　　　　　　　　　　　　　　　　　[의.문.유.보]

Ⅰ. 의의 및 문제점

타인의 저명상표와 동일유사한 상표를 사용하여 식별력을 손상하거나, 부정적 이미지의 상품에 사용하여 명성을 손상하는 행위이다. 상표에 화체된 신용이 훼손될 염려가 있어 문제된다.

Ⅱ. 희석화의 유형

1. 식별력 손상(상표 약화, Blurring)

타인의 ① **저명상표**와 동일·유사한 표장을 ② 혼동가능성이 없는 **비유사한 상품**에 사용하여 저명상표의 상품표지나 영업표지로서의 출처표시기능을 손상시키는 행위이다.

2. 명성 손상(상표 손상, Tarnishment)

타인의 ① **저명상표**와 동일·유사한 표장을 ② **부정적 이미지의 상품**에 사용하여 저명상표의 양질감을 손상하는 행위이다.

Ⅲ. 우리 법상 희석화 이론의 보호방안

1. 상표법

① 직접적인 제재규정은 없으나,
② 등록금지적 효력으로서 제34조1항11호 후단, 제34조1항13호로 보호받을 수 있다.
③ '부정한 목적'임을 이유로 제34조1항13호가 적용될 수 있으나,
④ 2014. 6. 11. 시행 개정법에 따라 제34조1항11호 후단이 신설되었는바, 그 이후의 출원에 대해서는 입법취지를 좇아 신설 규정을 적극 활용할 필요가 있다.

2. 부정경쟁방지법

① 미등록 저명상표일지라도 부정경쟁방지법 제2조 제1호 다목에 따라 보호 가능하다.
② 저명성 및 상품의 태양 여하에 따라 동법 가목 또는 나목도 적용될 수 있다.

8-1-11 부등록사유 - 제34조 제1항 제12호 전단

> 제34조(상표등록을 받을 수 없는 상표)
> ① 제33조에도 불구하고 다음 각 호의 어느 하나에 해당하는 상표에 대해서는 상표등록을 받을 수 없다.
>   12. 상품의 품질을 오인하게 하거나 수요자를 기만할 염려가 있는 상표

I. 제34조 제1항 제12호 전단

1. 의의 및 취지

상품의 품질을 오인하게 할 염려가 있는 상표는 등록받을 수 없다. 상품의 품질오인 및 출처혼동 방지하여 거래질서 도모하기 위한 공익적 규정이다.

2. 태양

① 상품 자체를 오인 또는 ② 상품의 품질에 대하여 오인하게 할 염려가 있는 경우 적용된다.

3. 판단기준

본 호는 수요자의 이익을 보호하고 거래질서 도모하기 위한 공익적 규정이므로, '상표등록여부결정시'를 기준으로 판단한다(제34조 제2항).

4. 상표법상 취급

(1) 상표등록 전
  ① 상표등록거절이유(제54조 제3호), ② 정보제공이유(제49조), ③ 이의신청이유(제60조 제1항)

(2) 상표등록 후
  ① 제척기간 없는 상표등록무효사유(제117조 제1항) ② 후발적 무효사유 아님

II. 구체적 판단방법

1. 품질오인의 판단방법

1) '상품의 품질을 오인하게 할 염려가 있는 상표'라 함은 ① 그 상표의 **구성** 자체가 그 지정상품이 **본**래 가지고 있는 **성**질과 **다**른 **성**질을 갖는 것으로 수요자를 오인하게 할 염려가 있는 상표를 말하고, ② 어느 상표가 품질오인을 생기게 할 염려가 있는지는 **일**반 수요자를 **표**준으로 하여 **거**래**통**념에 따라 판단한다고 판시하였다.166) **[구성.본.성.다.성/일.표.거.통]**

2) ① 당해 상표에 의하여 **일**반**인**이 **인**식하는 상품과 **현**실로 그 상표가 **사**용되는 상품과의 사이에 일정한 **경**제적인 **견**련관계 내지 **부**실관계가 인정되어야 한다고 하며, ② **재**료, **용**도, **외**관, **제**법, **판매** 등의 점에서 계통을 공통히 함으로써 그 상품의 특성에 관하여 **거**래상 **오**인을 일으킬 정도의 **관**계가 인정되는지 여부로 판단하며, ③ 이는 **일**반수요자를 **표**준으로 **거**래**통**념에 따라 판정한다.167) **[일.인.현.사.경.견.부/재.용.외.판.품.거.오.관/일.표.거.통]**

3) 단순한 품질의 우열이나 품질오인의 염려를 객관적으로 정할 수 없는 경우에는 그 적용이 없다고 봄이 일반적이다.

---

166) 대법원 2012. 10. 18. 선고 2010다103000 전원합의체 판결 (**HI WOOD**) 사건
167) 대법원 1994. 12. 9. 선고 94후623 판결 [거절사정] (**NECTAR** 사건)

THEME 8-1-12 부등록사유 - 제34조 제1항 제12호 후단

> 제34조(상표등록을 받을 수 없는 상표)
> ① 제33조에도 불구하고 다음 각 호의 어느 하나에 해당하는 상표에 대해서는 상표등록을 받을 수 없다.
>   12. 상품의 품질을 오인하게 하거나 수요자를 기만할 염려가 있는 상표

I. 제34조 제1항 제12호 후단

1. 의의 및 취지

수요자를 기만할 염려가 있는 상표는 등록받을 수 없다. 수요자들의 이익을 보호하고 출처혼동 방지하여 거래질서 도모하기 위한 공익적 규정이다.

2. 적용요건

① 순수한 수요자 기만의 우려가 있거나, ② 출처혼동으로 인한 수요자 기만으로서, i) 타인의 특정인의 출처표시로 인식되어 있는 상표와, ii) 상표/상품이 동일유사 등인 경우 적용된다.

3. 판단기준

본 호는 수요자의 이익을 보호하고 거래질서 도모하기 위한 공익적 규정이므로, '상표등록여부결정시'를 기준으로 판단한다(제34조 제2항).

4. 상표법상 취급

(1) 상표등록 전
    ① 상표등록거절이유(제54조 제3호), ② 정보제공이유(제49조), ③ 이의신청이유(제60조 제1항)
(2) 상표등록 후
    ① 세척기간 없는 상표등록무효사유(제117조 제1항) ② 후발적 무효사유 아님

II. 순수한 수요자 기만

1. 유명한 방송프로그램 명칭, 영화 또는 노래 제목 관련   [단문대비 Theme 5]

2. 기타 심사기준의 태도

- 자연인이 법인 명의의 상표를 명칭으로 출원한 경우
- 일반수요자에게 공법상 특수법인, 공공연구기관 및 협회 또는 연맹 등과 같은 단체로 오인을 유발할 우려가 있는 명칭의 상표를 출원한 경우

III. 출처의 혼동으로 인한 수요자 기만

1. 특정인의 출처표시로 인식되어 있을 것

(1) '특정인'- 타인일 것

[쟁점] 선사용상표 권리자 - 당사자 간의 구체적인 내부관계(SODA 사건)

1. 제34조1항12호 후단
 (1) 의의 및 취지   (2) 요건
 (3) 사안의 경우

2. 선사용상표 권리자 - 타인인지 여부
 (1) 문제점
  본 호의 취지가 출처혼동 방지라는 점에서, 출원상표와 대비되는 선사용상표의 권리자는 출원인 이외의 타인이어야 한다. 다만 구체적 계약 관계가 있는 경우 선사용상표 권리자가 누구인지가 문제된다.
 (2) 판례의 태도
  判例는,168) 선사용상표의 권리자가 누구인지는 ① 선사용상표의 선택과 사용을 둘러싼 관련 당사자 사이의 구체적인 내부관계 등을 종합적으로 살펴 판단하여야 하고, ② 선사용상표의 사용자 외에 사용허락계약 등을 통하여 ③ 선사용상표 사용자의 상표사용을 통제하거나 ④ 선사용상표를 사용하는 상품의 성질이나 품질을 관리하여 온 자가 따로 있는 경우에는 그를 선사용상표의 권리자로 보아야 하며 선사용상표 사용자를 권리자로 볼 것은 아니라고 판시하였다.

---

(2) 출처표시로 인식

[쟁점] 선사용상표 권리자 - 판매대리인 등이 판매한 경우(MUCOTA 사건)

1. 제34조1항12호 후단
2. 출처표시로서 인식되었는지 여부 - 인식도 획득 관련
 (1) 문제점
  乙은 甲이 상표를 처음 만들어 품질관리와 수입판매계약에 따라 국내에서 부착하여 판매하고 있는바, 선사용상표 권리자가 누구인지와 관련하여 문제된다.
 (2) 판례의 태도169)
  判例는, 1) 선사용상표는 일반 수요자에게 특정인의 상표로 인식될 수 있을 정도로 알려져 있어야 할 것인데, 2) 이는 그 ① 선사용상표의 권리자가 직접 그 상표를 사용하거나 그 권리자로부터 직접 그 상표의 사용에 관한 ② 허락을 받은 사용권자의 사용 등으로 알려진 경우는 물론 ③ 상표 자체의 사용권과는 직접 관계가 없는 제3자의 사용에 의하여 알려진 경우라도 상관이 없다고 판시하였다.
  3) 이어서 判例는, ① 외국회사에 의해 선사용상표가 표시된 상품을 수입판매하는 판매대리인이나 ② 국내대리점 총판을 하는 영업자가 선사용상표를 ③ **그 외국회사의 상품으로 인식시키는 방법**으로 광고를 하는 등으로 사용함으로써 ④ 국내에서도 그 상표가 **외국회사의 업무와 관련된 상품을 표창하**

---

168) 대법원 2013. 3. 14. 선고 2011후1159 판결 (SODA 사건)

는 것으로 알려진 경우에는 ⑤ 비록 그렇게 알려진 것이 국내 영업자의 사용 등으로 인한 것이라 하더라도 ⑥ 이는 외국회사의 상표로 알려진 것일 뿐 국내 영업자의 상표로 알려진 것이라고 볼 것은 아니다.

※ 사안포섭 방법   [3.사.외.만.품]

[제3자가 사용] 하더라도, 외국회사 甲이 처음 만들어 사용하고, 이를 부착한 제품의 **품질**을 관리해온 이상, 선사용상표 권리자는 甲이라고 볼 것이므로~~

[쟁점] 특정인의 출처로서 인식 – 지역적 범위(웨딩쿨 사건)

1. 제34조1항12호 후단
2. 특정인의 출처표시로 인식 여부
   (1) 판단방법
   (2) 판례의 태도170)
   1) 판례는, 사용상품이 반드시 저명하여야 하는 것은 아니지만 ① 적어도 국내의 일반거래에서 수요자나 거래자에게 ② 그 상표나 상품이라고 하면 곧 특정인의 상표나 상품이라고 인식될 수 있을 정도로는 알려져 있어야 하고, ③ 그 판단은 등록상표의 등록결정 시를 기준으로 하여야 한다고 판시하였다.
   2) 이어서 판례는, '특정인의 상표나 상품이라고 인식'되었다고 하기 위하여는 ① 선사용상표가 반드시 국내 전역에 걸쳐 수요자나 거래자에게 알려져야만 하는 것은 아니고, ② 특정인의 상표 등으로 인식되었는지 여부는 그 상표의 사용기간, 방법, 태양 및 이용범위 등과 거래실정 등에 비추어 볼 때 사회통념상 객관적으로 상당한 정도로 알려졌는지를 기준으로 판단하여야 한다고 판시하였다.

[쟁점] 선사용상표 사용상품이 특정 재료/용도에 한정되는 경우(송석 사건)

1. 제34조1항12호 후단
2. 타인의 출처표시로 인식되었는지 여부
   (1) 판례의 태도   [일반수요자+거래실정+객관 /한.지.관.충.한.지.전.배]
   判例는,171) ① 수요자나 거래자에게 어느 정도로 알려져 있는지는 **일반수요자**를 표준으로 하여 **거래의 실정**에 따라 인정하여야 하는 **객관적인 상태**를 말하는 것이고, ② 선사용상표가 사용된 상품이 등록상표의 지정상품 중 특정의 재료 또는 용도 등의 것에 **한정**되는 경우라면 그와 같은 **한정**이 없는 **지정상품과의 관계**를 **충분**히 고려하여 그 선사용상표가 그러한 **한정**이 없는 **지정상품 전체**의 상표등록을 **배제**할 수 있을 정도로 수요자나 거래자에게 특정인의 상표나 상품으로 인식되어 있는지를 판단하여야 한다.
   (2) 검토
   생각건대, 선사용상표나 그 사용상품이 국내의 일반거래에서 수요자나 거래자에게 어느 정도로 알려져 있는지에 관한 사항은 ① 일반수요자를 표준으로 하여 ② 거래의 실정에 따라 인정하여야 하는 ③ 객관적인 상태를 말하는 것이므로, 判例의 태도가 타당하다.

---

169) 대법원 2013. 3. 14. 선고 2012후3619 판결; 대법원 1997. 3. 14. 선고 96후412 판결 등

170) 대법원 2020. 9. 3. 선고 2019후11688 판결 (Wedding CooL 사건)

> **[쟁점] 선사용상표를 악의로 인식시킨 경우(BCBGENERATION 사건)**
>
> 1. 제34조1항12호 후단
> 2. 상품의 범위 - 저명성을 취득한 경우
>   (1) 판례의 태도   [등.사.알.주/인.객.한.측]
>   判例는,172) ① 선사용 상표 사용자가 타인의 상표의 **등록** 또는 **사용**사실을 **알**면서 사용하였다는 **주**관적인 사정은, ② 기존 상표의 **인**식도를 판단함에 있어 고려할 **객**관적인 거래실정의 **한** **측**면에 불과하므로, ③ 본 호 적용에 있어 고려할 사항이 되지 못한다고 판시하였다.
>   (2) 검토   [일반수요자+거래실정+객관]
>   생각건대, ① 인식도는 **일반수요자**를 표준으로 **거래 실정**에 따라 인정하여야 하는 **객관**적인 상태라는 점, ② 본 규정의 취지가 일반 거래 수요자를 보호하기 위한 공익적 목적이라는 점에서 판례의 태도가 타당하다.

2. 상품의 범위 - 출처의 혼동

(1) 판례의 태도 - 일반적인 경우

1) 동일·유사한 상품에 사용되고 있거나, 2) ① 선사용상표의 구체적인 사용실태나 ② 양 상표가 사용되는 상품 사이의 경제적인 견련의 정도, ③ 기타 일반적인 거래실정 등에 비추어, 그 상표가 선사용상표의 사용상품과 동일·유사한 상품에 사용된 경우에 못지않을 정도로 선사용상표의 권리자에 의하여 사용되고 있다고 오인될 만한 특별한 사정이 있으면 수요자로 하여금 출처의 오인·혼동을 일으켜 수요자를 기만할 염려가 있다.

(2) 선사용상표가 저명성을 취득한 경우

> **[쟁점] 선사용상표가 저명성을 취득한 경우 - 상품의 범위(소녀시대 사건)**
>
> 1. 제34조1항12호 후단
> 2. 상품의 범위 - 저명성을 취득한 경우
>   (1) 문제점
>   (2) 판례의 태도   [저.다.용.거/권.특.관.자]
>   判例는,173) ① 선사용상표가 **저**명성을 획득하게 되면, 그 상표를 주지시킨 상품 또는 그와 유사한 상품뿐만 아니라 ② 이와 **다**른 종류의 상품이라고 할지라도 ③ 상품의 **용**도 및 판매**거**래의 상황 등에 따라 ④ 저명상표**권**자나 그와 **특**수한 **관**계에 있는 **자**에 의하여 생산 또는 판매되는 것으로 인식될 수 있고, 그 경우에는 어떤 상표가 선사용상표의 사용상품과 다른 상품에 사용되더라도 수요자로 하여금 상품의 출처를 오인·혼동하게 하여 수요자를 기만할 염려가 있다고 판시하였다.
>   (3) 검토
>   이와 같은 해석은 ① 제34조1항9호,11호,13호와 같은 규정을 잠식시키는 결과를 초래할 수 있다는 점에서 비판적 견해가 있으나, ② 저명상표에 대한 보호를 두텁게 하기 위한 취지에서 판례의 태도가 타당하다고 본다.

---

171) 대법원 2012. 6. 28. 선고 2011후1722 판결 (**송석** 사건)
172) 대법원 2007. 6. 28. 선고 2006후3113 판결 (BCBGENERATION 사건)

> 3. 저명성 여부 – '소녀시대'의 저명성
>   (1) 판단방법 – 판례의 태도 [사.공.기.방.태.거.범.실.통]
>   판례는, 선사용상표가 저명상표인가는 상표의 **사용**, **공급**, 영업활동의 **기간**·**방법**·**태양** 및 **거래범위** 등을 고려하여 거래실정 또는 사회통념상 객관적으로 널리 알려졌느냐를 기준으로 판단한다.

Ⅳ. 관련 문제

1. 증명표장에 있어서의 제34조 제1항 제12호에 대한 특칙

상표심사기준은,174) 증명표장은 그 구성 중 '품질보증', 'approved', 'certified', 'guaranteed' 등의 품질을 나타내는 문자가 있더라도 본 호를 적용하지 않는다.

---

173) 대법원 2015. 10. 15. 선고 2013후1207 판결 **(소녀시대** 사건)
174) 심사기준 제5부 제12장 4.3

THEME 8-1-13 부등록사유 – 제34조 제1항 제13호

> 제34조(상표등록을 받을 수 없는 상표)
> ① 제33조에도 불구하고 다음 각 호의 어느 하나에 해당하는 상표에 대해서는 상표등록을 받을 수 없다.
> 13. 국내 또는 외국의 수요자들에게 특정인의 상품을 표시하는 것이라고 인식되어 있는 상표(지리적 표시는 제외한다)와 동일·유사한 상표로서 부당한 이익을 얻으려 하거나 그 특정인에게 손해를 입히려고 하는 등 부정한 목적으로 사용하는 상표

I. 제34조 제1항 제13호

1. 의의 및 취지

국내외 특정인의 출처표시로 인식된 상표와 동일·유사한 상표로서 부정한 목적으로 사용하는 상표는 등록받지 못한다. 수요자들의 이익을 보호하고 출처혼동 방지하여 거래질서 도모하기 위함이다.

> **[보충] 제34조 제1항 제13호의 취지 – 判例에서 설시한 문구[175]**
>
> 이 규정은 국내 또는 외국의 수요자에게 특정인의 상품을 표시하는 것이라고 인식되어 있는 상표가 국내에 등록되어 있지 않음을 기화로 제3자가 이를 모방한 상표를 등록하여 사용함으로써 모방대상상표에 체화된 영업상 신용 등에 편승하여 부당한 이익을 얻으려 하거나, 모방대상상표의 가치에 손상을 주거나 모방대상상표권자의 국내 영업을 방해하는 등의 방법으로 모방대상상표권자에게 손해를 끼치려는 목적으로 사용하는 상표는 등록을 허용하지 않는다는 취지이다.

2. 요건

① 국내외 타인의, ② 특정인의 출처표시로서 인식된 상표와, ③ 동일·유사한 상표여야 하며, ④ 부정한 목적이 있어야 한다.

3. 판단기준

본 호에 해당하는지는 '상표등록출원시'를 기준으로 판단한다(제34조 제2항 단서). 다만, 타인에 해당하는지 여부는 '상표등록여부 결정시'를 기준으로 한다(제34조 제2항 본문).

4. 상표법상 취급

(1) 상표등록 전
 ① 상표등록거절이유(제54조 제3호), ② 정보제공이유(제49조), ③ 이의신청이유(제60조 제1항)

(2) 상표등록 후
 ① 제척기간 없는 상표등록무효사유(제117조 제1항) ② 후발적 무효사유 아님

---

[175] 대법원 2012. 6. 28. 선고 2012후672 판결 (WARAWA 사건), 대법원 2013. 5. 9. 선고 2011후3896 판결 (Sunwood 사건), 대법원 2014. 1. 23. 선고 2013후1986 판결 (바비퀸 사건)

Ⅱ. 특정인의 상품을 표시하는 것이라고 인식되어 있는 상표

1. 인식도 판단방법 - 判例176)

선사용상표가 국내외 수요자 간 특정인의 상표로 인식되어 있는지는 그 상표의 사용기간, 방법, 태양 및 이용범위 등과 거래실정 또는 사회통념상 객관적으로 상당한 정도로 알려졌는지 등을 기준으로 판단하여야 한다.

Ⅲ. 부정한 목적

1. 부정한 목적의 의미 - 심사기준의 태도177)

심사기준에 따르면, ① 외국의 상표권자의 국내시장진입 저지를 위한 목적, ② 저명상표를 희석화 할 목적, ③ 창작성이 인정되는 타인의 상표를 동일 또는 극히 유사하게 모방한 경우, ④ 타인의 신용에 편승하기 위한 목적을 부정한 목적으로 보고 있다.

2. 부정한 목적의 판단방법 - 判例178)

특정인의 상표에 대한 인식도 또는 창작성의 정도, 특정인의 상표와 출원인의 상표의 동일·유사성의 정도, 출원인과 특정인 사이의 상표를 둘러싼 교섭의 유무와 그 내용, 기타 양 당사자의 관계, 출원인이 등록상표를 이용한 사업을 구체적으로 준비하였는지 여부, 상품의 동일·유사성 내지는 경제적 견련관계 유무, 거래 실정 등을 종합적으로 고려하여 판단한다.

3. 계속 사용할 의사가 없는 경우 - 判例

① 등록상표의 출원일 당시에 모방대상상표가 실제 상표로 사용되고 있지 아니하거나 모방대상상표의 권리자가 이를 상표로 계속 사용하려고 하는 의사가 명백하지 아니하다고 하여 곧바로 위 규정의 적용이 배제되는 것은 아니라고 하면서, ② 모방대상상표가 상표로 사용되고 있는지 여부, 모방대상상표의 권리자가 이를 상표로 계속 사용하려고 하는 의사가 있는지 여부는 모방대상상표가 특정인의 상표로 인식되어 있는지 여부와 등록상표 출원인의 부정한 목적 여부 등 위 규정에서 정한 요건의 충족 여부를 판단하기 위한 고려요소 중 하나가 되는 것에 불과하다.179)

4. 모든 지정상품에 부정한 목적이 인정되어야 하는지

1) 지정상품 일부에 대하여 부정한 목적이 있다고 판단하여 거절이유통지를 한 경우 출원인이 선사용상품과 경제적 견련관계가 있는 상품을 삭제보정하더라도 부정한 목적은 치유되지 않는다.180)

---

176) 대법원 2012. 6. 28. 선고 2012후672 판결 (WARAWA 사건), 대법원 2013. 5. 9. 선고 2011후3896 판결 (Sunwood 사건), 대법원 2014. 1. 23. 선고 2013후1986 판결 (바비퀸 사건) 등
177) 심사기준 제5부 제13장 1.2
178) 대법원 2010. 7. 15. 선고 2010후807 판결 (Butterfly 사건), 대법원 2013. 5. 9. 선고 2011후3896 판결 (Sunwood 사건), 대법원 2019. 8. 14. 선고 2017후752 판결 (레드불 사건)
179) 대법원 2013. 5. 9. 선고 2011후3896 판결 (선우드 사건)
180) 심사기준 제5부 제13장 2.3

2) 명시적으로 판시한 대법원 판례는 없으나, 대법원은 특정 상품에 대하여 부정한 목적이 있는 경우 나머지 지정상품에 대해서도 부정한 목적이 있는 것으로 본 바 있다.[181]

5. 다른 민사소송 및 행정소송과의 관계[182]

출원인과 선사용상표를 사용해온 특정인 사이에 그 상표 및 상표를 기반으로 한 사업체, 관련 행정상의 인허가 또는 등록 등을 둘러싸고 여러 차례 민사소송이나 행정소송 등이 확정되었다면 이러한 일련의 경위와 결과는 '부정한 목적'의 해석에서 모순되지 않도록 고려되어야 하며, 위 확정된 민사소송 등의 판결에서 인정된 사실은 특별한 사정이 없는 한 유력한 증거가 된다.[183]

※ **본 규정 답안작성 시 유의점**

제34조1항13호에서 부정한 목적이 메인 논점이 되는 경우에는, **(1) 부정한 목적의 의미, (2) 부정한 목적의 판단방법, (3) 판단시점**과 같은 목차를 함께 활용하시는 것이 좋습니다.

---

181) 대법원 2014. 1. 23. 선고 2013후1986 판결 (**바비퀸** 사건) 등
182) 대법원 2022. 12. 1. 선고 2020후11622 판결 (**제주일보** 사건)
183) 상표법은 상표를 보호함으로써 상표 사용자의 업무상 신용 유지를 도모하여 산업발전에 이바지하고 수요자의 이익을 보호함을 입법 목적으로 하여 상표권 등록과 사용, 관련 쟁송 등을 규정하고 있다. 위와 같은 상표법 등 지식재산권 관련 법령은 전체 법질서 안에서 조화롭게 해석·적용되어야 한다.
상표법 제34조 제1항 제13호는 이미 특정인의 영업상 신용이나 명성이 체화된 상표를 모방하여 출원함으로써 선출원주의에 따른 상표제도를 악용하는 것을 방지하기 위한 규정으로, 그 요건인 '부정한 목적'의 해석·적용 역시 전체 법질서와 조화를 이루어야 한다. (대법원 판례의 논거)

THEME 8-1-14 부등록사유 – 제34조 제1항 제15호

> 제34조(상표등록을 받을 수 없는 상표)
> ① 제33조에도 불구하고 다음 각 호의 어느 하나에 해당하는 상표에 대해서는 상표등록을 받을 수 없다.
> 15. 상표등록을 받으려는 상품 또는 그 상품의 포장의 기능을 확보하는 데 꼭 필요한(서비스의 경우에는 그 이용과 목적에 꼭 필요한 경우를 말한다) 입체적 형상, 색채, 색채의 조합, 소리 또는 냄새만으로 된 상표

Ⅰ. 제34조 제1항 제15호

1. 의의 및 취지

상품, 상품의 포장의 기능을 확보하는 데 꼭 필요한 입체적 형상만으로 된 상표는 등록받을 수 없다. 자유롭고 효과적인 경쟁을 유도하기 위해 기능성있는 상표는 특허로만 보호하겠다는 산업재산권법의 정책에 취지가 있다.

2. 판단방법

(1) 입체상표의 경우   [본기우.유대.비용 / 특.이점.대.생경]

1) 判例는,[184] 그 상품 등이 ① 거래되는 시장에서 유통되고 있거나 이용 가능한 대체적인 형상이 존재하는지, ② 대체적인 형상으로 상품을 생산하더라도 동등한 정도 또는 그 이하의 비용이 소요되는지, ③ 그 입체적 형상으로부터 상품 등의 본래적인 기능을 넘어서는 기술적 우위가 발휘되지는 아니하는 것인지 등을 종합적으로 고려하여 판단한다고 하였다.

2) 심사기준은, ① 입체적 형상 등과 관련된 특허, 실용신안 등의 존재 여부, ② 입체적 형상 등이 제공하는 실용적인 이점에 대한 홍보, 광고, 설명의 존재 여부, ③ 동일한 기능을 가진 대체가능한 입체적 형상 등의 존재 여부, ④ 대체가능한 입체적 형상 등의 생산 용이성 및 경제성을 고려한다.[185]

(2) 색채상표의 경우   [소재.이점]

심사기준은, ① 상품을 구성하는 소재 또는 재료의 색채인지, ② 실용적인 이점을 가지는지를 더 고려한다.[186]

(3) 소리·냄새상표의 경우   [사불일사.특발특소]

심사기준은, ① 소리·냄새가 지정상품의 사용에 불가결하거나 일반적으로 사용되는지 여부, ② 상품의 특성으로부터 발생하는 특정 소리·냄새인지 여부를 고려한다.[187]

---

184) 대법원 2015. 10. 15. 선고 2013다84568 판결 (비아그라 사건)
185) 심사기준 제5부 제15장 2.2 (2021)
186) 심사기준 제8부 제2장 4.3 (2021)
187) 심사기준 제8부 제7장 5.3 (2021)

3. 상표법상 취급

(1) 상표등록 전

① 상표등록거절이유(제54조 제3호), ② 정보제공이유(제49조), ③ 이의신청이유(제60조 제1항)

(2) 상표등록 후

① 제척기간 없는 상표등록무효사유(제117조 제1항) ② 후발적 무효사유 아님

[보충] 判例원문에서 설시한 제34조1항15호 취지 - 판결요지 [1]

[1] 지정상품 또는 그 포장(이하 '상품 등'이라고 한다)의 기술적 기능은 원칙적으로 특허법이 정하는 특허 요건 또는 실용신안법이 정하는 실용신안등록 요건을 구비한 때에 한하여 존속기간의 범위 내에서만 특허권 또는 실용신안권으로 보호받을 수 있는데, ① **[특허제도 등과의 충돌]** 그러한 기능을 확보하는 데 불가결한 입체적 형상에 대하여 식별력을 구비하였다는 이유로 상표권으로 보호하게 된다면, 상표권의 존속기간갱신 등록을 통하여 입체적 형상에 불가결하게 구현되어 있는 기술적 기능에 대해서까지 영구적인 독점권을 허용하는 결과가 되어 특허제도 또는 실용신안제도(이하 '특허제도 등'이라고 한다)와 충돌하게 될 뿐만 아니라, ② **[자유로운 경쟁을 저해]** 해당 상품 등이 가지는 특정한 기능, 효용 등을 발휘하기 위하여 경쟁자가 그러한 입체적 형상을 사용해야만 할 경쟁상의 필요가 있음에도 사용을 금지시킴으로써 자유로운 경쟁을 저해하는 부당한 결과를 초래하게 된다.

이에 1997. 8. 22. 법률 제5355호로 개정된 상표법은 상표의 한 가지로 입체적 형상으로 된 상표를 도입하면서, 특허제도 등과의 조화를 도모하고 경쟁자들의 자유롭고 효율적인 경쟁을 보장하기 위한 취지에서 제34조1항15호를 신설하여 상표등록을 받으려는 상품 등의 기능을 확보하는 데 불가결한 입체적 형상만으로 된 상표 등은 제33조의 식별력 요건을 충족하더라도 상표등록을 받을 수 없도록 하였다.

8-1-15 부등록사유 – 제34조 제1항 제16호 내지 제19호

> 제34조(상표등록을 받을 수 없는 상표)
> ① 제33조에도 불구하고 다음 각 호의 어느 하나에 해당하는 상표에 대해서는 상표등록을 받을 수 없다.
>   16. 세계무역기구 회원국 내의 포도주 또는 증류주의 산지에 관한 지리적 표시로서 구성되거나 그 지리적 표시를 포함하는 상표로서 포도주 또는 증류주에 사용하려는 상표. 다만, 지리적 표시의 정당한 사용자가 해당 상품을 지정상품으로 하여 제36조제5항에 따른 지리적 표시 단체표장등록출원을 한 경우에는 상표등록을 받을 수 있다.
>   17. 「식물신품종 보호법」 제109조에 따라 등록된 품종명칭과 동일·유사한 상표로서 그 품종명칭과 동일·유사한 상품에 대하여 사용하는 상표
>   18. 「농수산물 품질관리법」 제32조에 따라 등록된 타인의 지리적 표시와 동일·유사한 상표로서 그 지리적 표시를 사용하는 상품과 동일하다고 인정되는 상품에 사용하는 상표
>   19. 대한민국이 외국과 양자간(兩者間) 또는 다자간(多者間)으로 체결하여 발효된 자유무역협정에 따라 보호하는 타인의 지리적 표시와 동일·유사한 상표 또는 그 지리적 표시로 구성되거나 그 지리적 표시를 포함하는 상표로서 지리적 표시를 사용하는 상품과 동일하다고 인정되는 상품에 사용하는 상표

Ⅰ. 제34조 제1항 제16호

1. 의의 및 취지

WTO 회원국 내 포도주/증류주의 산지에 관한 지리적 표시로 구성·포함하는 상표를 포도주/증류주에 사용하려는 상표는 등록받지 못한다. WTO 가입에 따른 협정 규정을 준수하고, 포도주/증류주 지리적 표시를 보호하기 위함이다.

2. 요건

① 세계무역기구 회원국 내의, ② 포도주/증류주의 산지에 관한, ③ 지리적 표시로 구성되거나 이를 포함하는 상표를, ④ 포도주 또는 증류주에 사용하는 경우 적용된다. ⑤ 다만, 지리적 표시 단체표장으로 출원한 경우 본 호 적용되지 않는다.

3. 판단기준

본 호에 해당하는지는 '상표등록여부결정시'를 기준으로 판단한다(제34조 제2항).

4. 상표법상 취급

(1) 상표등록 전

① 상표등록거절이유(제54조 제3호), ② 정보제공이유(제49조) 및 ③ 이의신청이유(제60조 제1항)에 해당한다.

(2) 상표등록 후

착오로 등록된 경우에는 제척기간 5년이 적용되는 무효사유(제117조 제1항, 제122조 제1항). 다만, 후발적 무효사유는 아님

Ⅱ. 제34조 제1항 제17호

1. 의의 및 취지
식물신품종보호법에 따라 등록된 품종명칭과 동일·유사한 상표를 동일·유사한 상품에 사용하는 상표는 등록받을 수 없다. 품종명칭의 오인·혼동 방지 위함이다.

2. 요건
① 식물신품종보호법에 따라 등록된 품종명칭과, ② 동일·유사한 상표, ③ 동일·유사한 상품으로 출원한 경우여야 한다.

3. 판단기준
본 호에 해당하는지는 '상표등록여부결정시'를 기준으로 판단한다(제34조 제2항).

4. 상표법상 취급
(1) 상표등록 전
① 상표등록거절이유(제54조 제3호), ② 정보제공이유(제49조), ③ 이의신청이유(제60조 제1항)
(2) 상표등록 후
① 제척기간 없는 상표등록무효사유(제117조 제1항) ② 후발적 무효사유 아님

Ⅲ. 제34조 제1항 제18호

1. 의의 및 취지
농수산물 품질관리법에 따라 등록된 타인의 지리적 표시와 동일·유사한 상표로, 그 지리적 표시를 사용하는 상품과 동일하다고 인정되는 상품에 사용하는 상표는 등록받지 못한다. 농수산물 품질관리법과의 저촉을 피하고, 한·EU FTA에 의하여 보호의무가 발생한 지리적 표시와의 형평성 보장 위함이다.

2. 요건
① 농수산물 품질관리법에 따라 등록된 타인의 지리적 표시와, ② 동일·유사한 상표, ③ 동일하다고 인정되는 상품으로 출원한 경우여야 한다.

3. 판단기준
본 호에 해당하는지는 '상표등록여부결정시'를 기준으로 판단한다(제34조 제2항).

4. 상표법상 취급
(1) 상표등록 전
① 상표등록거절이유(제54조 제3호), ② 정보제공이유(제49조), ③ 이의신청이유(제60조 제1항)
(2) 상표등록 후
① 제척기간 없는 상표등록무효사유(제117조 제1항) ② 후발적 무효사유 아님

Ⅳ. 제34조 제1항 제19호

1. 의의 및 취지
대한민국과 체결하여 발효된 FTA에 따라 보호하는 타인의 지리적 표시와 동일·유사한 상표 또는 그 지리적 표시로 구성/포함하는 상표로, 그 상품과 동일하다고 인정되는 상품에 사용하는 상표는 등록받지 못한다. 한·EU FTA에 따라 지리적 표시를 보호하기 위함이다.

2. 요건
① 대한민국이 외국과 양자간 또는 다자간 체결/발효된 자유무역협정에 따라 보호되는 타인의 지리적 표시와, ② 동일·유사하거나 그 지리적 표시를 구성/포함하는 상표로서, ③ 동일하다고 인정되는 상품으로 출원한 경우여야 한다.

3. 판단기준
본 호에 해당하는지는 '상표등록여부결정시'를 기준으로 판단한다(제34조 제2항).

4. 상표법상 취급
(1) 상표등록 전
① 상표등록거절이유(제54조 제3호), ② 정보제공이유(제49조) 및 ③ 이의신청이유(제60조 제1항)에 해당한다.

(2) 상표등록 후
① 착오로 등록된 경우에는 제척기간 없는 상표등록무효사유에 해당(제117조 제1항). ② 다만, 후발적 무효사유는 아님

	대상		상표	상품	기타
16호	WTO 회원국 내 포도주/증류주 산지	지리적 표시	구성/포함	포도주 증류주	1) 정당사용자가 지표단 출원시 예외
17호	식물신품종보호법	등록된 품종명칭	동일유사	동일유사	1) 자기 출원도 적용 2) 2010. 7. 28. 후 최초 출원부터 적용
18호	농수산물품질관리법	지리적 표시	동일유사	동일 인정 상품	1) 자기 출원에는 미적용 (∵타인) 2) 2011. 7. 1. 후 최초 출원부터 적용
19호	대한민국과 FTA 체결 및 발효국	지리적 표시	동일유사 구성/포함	동일 인정 상품	1) 자기 출원에는 미적용 (∵타인) 2) 2011. 7. 1. 후 최초 출원부터 적용

8-1-16 부등록사유 – 제34조 제1항 제20호

> 제34조(상표등록을 받을 수 없는 상표)
> ① 제33조에도 불구하고 다음 각 호의 어느 하나에 해당하는 상표에 대해서는 상표등록을 받을 수 없다.
>   20. 동업·고용 등 계약관계나 업무상 거래관계 또는 그 밖의 관계를 통하여 타인이 사용하거나 사용을 준비 중인 상표임을 알면서 그 상표와 동일·유사한 상표를 동일·유사한 상품에 등록출원한 상표

Ⅰ. 제34조 제1항 제20호

1. 의의 및 취지 [신.타.사.준.알.표.품]

신의관계를 통하여 타인이 사용하거나 사용 준비 중임을 알면서, 그 상표와 동일·유사한 상표를 동일·유사한 상품에 대한 상표는 등록받지 못한다. 모방상표에 대처하고 공정한 거래질서를 확립하기 위함이다.

> [보충] 제34조 제1항 제20호의 취지 – 判例에서 설시한 문구[188]
>
> 위 규정의 취지는 타인과의 계약관계 등을 통해 타인이 사용하거나 사용 준비 중인 상표(이하 '선사용상표'라고 한다)를 알게 되었을 뿐 그 상표등록을 받을 수 있는 권리자가 아닌 사람이 타인에 대한 관계에서 신의성실의 원칙에 위반하여 선사용상표와 동일·유사한 상표를 동일·유사한 상품에 등록출원한 경우 그 상표등록을 허용하지 않는다는 데에 있다.

2. 요건

① 동업·고용 등 계약관계나 업무상 거래관계 또는 그 밖의 관계(신의관계)를 통하여, ② 타인이 사용하거나 사용 준비 중인 상표임을 알아야 하며, ③ 동일·유사한 상표, ④ 동일·유사한 상품에 출원한 것이어야 한다.

3. 판단기준

1) 본 호에 해당 여부는 '상표등록출원시'를 기준으로 판단(제34조 제2항)
2) '타인'에 해당 여부는 '상표등록여부결정시'를 기준으로 판단(제34조 제2항 단서)

4. 상표법상 취급

(1) 상표등록 전
① 상표등록거절이유(제54조 제3호), ② 정보제공이유(제49조), ③ 이의신청이유(제60조 제1항)

(2) 상표등록 후
제척기간 없는 상표등록무효사유(제117조 제1항)

---

[188] 대법원 2020. 9. 3. 선고 2019후10739 판결 (**장보고** 사건), 대법원 2020. 11. 5. 선고 2020후10827 판결 (**청문각** 사건)

Ⅱ. 동업·고용 등 계약관계나 업무상 거래관계 또는 그 밖의 관계

1) '그 밖의 관계'란, 동업·고용 등 계약관계나 업무상 거래관계에 준하는 정도의 일정한 신의관계가 형성된 상태를 의미한다.
2) 단순히 대중매체 등을 통하여 특정 상표의 출원 동향을 인지하고 이를 출원하였다는 사정만으로는 본 호가 적용된다고 볼 수 없다.

> **[쟁점] 계약관계 등이 있는 경우 상표등록을 받을 수 있는 권리자**
>
> **1. 문제점**
> 甲과 乙은 계약관계 있음이 명백하고, 乙이 甲의 동의 없이 상표 출원하였는바, 乙 출원에 제34조1항20호 적용 여부 관련하여 상표등록을 받을 수 있는 권리자가 누구인지 문제된다.
>
> **2. 판례의 태도**[189]
> 판례는, ① 타인과 출원인의 내부 관계, ② 계약이 체결된 경우 해당 계약의 구체적 내용, ③ 선사용상표의 개발·선정·사용 경위, ④ 선사용상표가 사용 중인 경우 그 사용을 통제하거나 선사용상표를 사용하는 상품의 성질 또는 품질을 관리하여 온 사람이 누구인지 등을 종합적으로 고려하여 판단해야 한다고 판시하였다.
>
> **3. 사안의 경우**

Ⅲ. 타인이 사용하거나 사용 준비 중인 상표임을 알았을 것

1. '타인이 사용한 상표'의 범위[190]

타인이 사용하거나 사용을 준비 중인 상표(선사용상표)는 ① 원칙적으로 국내에서 사용 또는 사용 준비 중인 상표여야 하는데, ② 선사용상표에 관한 권리자가 외국에서 선사용상표를 상품에 표시하였을 뿐 국내에서 직접 또는 대리인을 통하여 상표법 제2조 제1항 제11호에서 정한 상표의 사용행위를 한 바 없다고 하더라도, ③ 국내에 유통될 것을 전제로 상품을 수출하여 그 상품을 선사용상표를 표시한 그대로 국내의 정상적인 거래에서 양도, 전시되는 등의 방법으로 유통되게 하였다면 ④ 이를 수입하여 유통시킨 제3자와의 관계에서 선사용상표는 상표법 제34조 제1항 제20호의 '타인이 사용한 상표'에 해당한다.

2. 기타 쟁점

1) '타인'이란, 국내외 자연인, 법인은 물론 법인격 없는 단체와 외국인도 포함한다.
2) '사용·사용 준비'는 국내에서의 사용을 요한다.[191]
3) '상표'이어야 하므로, 드라마 제명이나 저작물은 본 호의 보호 대상이 아니다. 다만, 상표로 사용 중인 이상 적용되는 것이고 인식도와 무관하다.
4) '알고 출원한 것'이면 충분하고, 타인에게 손해를 미칠 부정한 목적이나 신용 편승하려는 부정경쟁의 목적까지는 필요 없다.

---

[189] 대법원 2020. 9. 3. 선고 2019후10739 판결 (장보고 사건), 대법원 2020. 11. 5. 선고 2020후10827 판결 (청문각 사건)

[190] 대법원 2023. 3. 9. 선고 2022후10289 판결 (masmi NATURAL COTTON 사건)

[191] 심사기준 제5부 제18장 1.2.2

THEME
8-1-17 부등록사유 - 제34조 제1항 제21호

> 제34조(상표등록을 받을 수 없는 상표)
> ① 제33조에도 불구하고 다음 각 호의 어느 하나에 해당하는 상표에 대해서는 상표등록을 받을 수 없다.
>   21. 조약당사국에 등록된 상표와 동일·유사한 상표로서 그 등록된 상표에 관한 권리를 가진 자와의 동업·고용 등 계약관계나 업무상 거래관계 또는 그 밖의 관계에 있거나 있었던 자가 그 상표에 관한 권리를 가진 자의 동의를 받지 아니하고 그 상표의 지정상품과 동일·유사한 상품을 지정상품으로 하여 등록출원한 상표

Ⅰ. 제34조 제1항 제21호

1. 의의 및 취지
[조등표.신.동.품]

조약당사국에 등록된 상표와 동일·유사한 상표로서, 해당 권리자와 동업·고용 기타 신의관계에 있거나 있었던 자가, 동의 없이, 동일·유사한 상품을 출원한 상표는 등록받지 못한다. 파리협약 제6조의7 규정을 준수하고 공정한 국제거래 확립하기 위한 규정이다.

2. 요건

① 조약당사국에 등록된 상표와 동일·유사한 상표로, ② 권리자와 동업·고용 등 계약관계나 업무상 거래관계 또는 그 밖의 관계에 있거나 있었던 자가, ③ 권리자의 동의 없이, ④ 동일·유사한 상품에 출원한 경우여야 한다.

3. 판단기준

1) 본 호에 해당 여부는 '상표등록출원시'를 기준으로 판단(제34조제2항)
2) '타인'에 해당 여부는 '상표등록여부결정시'를 기준으로 판단(제34조제2항 단서)
3) '동의'여부는 심사실무상[192] '등록여부결정시'를 기준으로 판단

4. 상표법상 취급

(1) 상표등록 전
  ① 상표등록거절이유(제54조 제3호), ② 정보제공이유(제49조), ③ 이의신청이유(제60조 제1항)
(2) 상표등록 후
  제척기간 없는 상표등록무효사유(제117조 제1항)

Ⅱ. 조약당사국에 등록된 상표와 동일·유사한 상표

1) '조약당사국'은 파리협약 당사국뿐 아니라 WTO 회원국·상표법조약 체약국, 다자간/쌍무적인 조약의 당사국을 포함한다.
2) '조약당사국에 등록된 상표'에서, 조약당사국이 사용주의 국가인 경우에는 파리협약의 해석상 '사용에 의하여 발생한 상표권'을 포함한다고 해석한다.[193]

---
[192] 심사기준 제5부 제21장 4.2

III. 권리자와 동업·고용 등 계약관계나 업무상 거래관계 또는 그 밖의 관계에 있거나 있었던 자

1. 의미

'있거나 있었던 자'이면 족하므로, 본 호 판단시점(출원시) 기준 계약관계 등이 반드시 유지될 필요는 없다.

2. 계약에 따라 대리점 등으로 된 자가 타인의 명의로 상표등록출원한 경우

구 상표법상 判例는,[194] 계약에 의하여 대리점 등으로 된 자와 상표등록을 한 자가 서로 다른 경우에도 ① i) 양자의 관계 및 영업형태, ii) 대리점 등 계약의 체결 경위 및 이후의 경과, iii) 등록상표의 등록경위 등 제반 사정에 비추어, ② 상표등록 명의자를 대리점 등 계약의 명의자와 달리한 것이 상표법 규정의 적용을 회피하기 위한 편의적, 형식적인 것에 불과하다고 인정되는 때에는 ③ 위 규정을 적용함에 있어 양자는 실질적으로 동일인으로 보아야 하므로, 구 상표법 제23조 제1항 제3호에 따른 '대리인이나 대표자'에 해당한다고 보았다.

[쟁점] 계약당사자는 회사인데 회사의 대표이사가 개인 명의로 출원한 경우

1. 문제점

계약당사자는 회사인데, 회사의 대표이사 甲이 개인 명의로 출원한 경우, 본 호 적용여부가 문제된다.

2. 구법상 判例의 태도

判例는, 양자의 관계 및 영업형태, 계약의 체결 경위 및 이후의 경과, 등록상표의 등록경위 등 제반 사정에 비추어, 명의를 달리한 것이 본 규정의 적용을 회피하기 위한 편의적, 형식적인 것에 불과하다고 인정되는 경우에는 구법상 '대리인이나 대표자'에 해당한다고 판시하였다.

3. 검토 - 2016년 개정법 고려

생각건대, 실질적으로 동일인으로 볼 필요가 있고, 2016년 개정법이 적용범위 및 대상기간을 확대한 취지에 비추어 볼 때, 판례의 태도가 타당하다.

---

193) 특허법원 1999. 3. 19. 선고 98허8519 판결
194) 대법원 2013. 2. 28. 선고 판결 (**abbi** 사건)

Ⅳ. 구법 제23조 제1항 제3호와 개정법(2016. 9. 1. 시행 개정법)의 비교 정리

	인적범위	적용기간	동의 등	위반시 취급
구 상표법	대리인·대표자	1년	동의 기타 정당한 이유없이	1) 거절이유(조약당사국 권리자의 정보제공/이의신청에 한하여) 2) 취소사유
개정 상표법	계약관계 업무상 거래관계 그 밖의 관계	제한없음	동의 없이	1) 거절이유 2) 무효사유

1. 인적범위 관련 판례

'Ⅲ. 2. 계약에 따라 대리점 등으로 된 자가 타인의 명의로 상표등록출원한 경우' 목차 참조

2. 동의 등 관련 판례

구 상표법상 判例는,[195] '정당한 이유'가 있는 경우란 반드시 상표에 관한 권리를 가진 자가 대리인 등의 상표출원에 ① 명시적으로 동의한 경우에 한정되지 아니하고, ② 묵시적으로 동의한 경우는 물론 ③ 상표에 관한 권리를 가진 자가 우리나라에서 그 상표를 포기하였거나 권리를 취득할 의사가 없는 것으로 믿게 한 경우와 같이 대리인 등이 당해 상표 또는 이와 유사한 상표를 출원하여도 공정한 국제거래질서를 해치지 아니하는 것으로 볼 수 있는 경우를 포함한다.

---

[195] 대법원 2016. 7. 27. 선고 2016후717 (만다 효소 사건)

THEME 8-2 부등록사유 – 제34조 제3항

> **제34조(상표등록을 받을 수 없는 상표)**
> ③ 상표권자 또는 그 상표권자의 상표를 사용하는 자는 제119조제1항제1호부터 제3호까지, 제5호, <u>제5호의2</u> 및 제6호부터 제9호까지의 규정에 해당한다는 이유로 상표등록의 취소심판이 청구되고 그 청구일 이후에 다음 각 호의 어느 하나에 해당하게 된 경우 그 상표와 동일·유사한 상표[동일·유사한 상품(지리적 표시 단체표장의 경우에는 동일하다고 인정되는 상품을 말한다)을 지정상품으로 하여 다시 등록받으려는 경우로 한정한다]에 대해서는 <u>그 청구일부터 다음 각 호의 어느 하나에 해당하게 된 날 이후 3년이 지나기 전에 출원하면 상표등록을 받을 수 없다.</u>
> 1. 존속기간이 만료되어 상표권이 소멸한 경우
> 2. 상표권자가 상표권 또는 지정상품의 일부를 포기한 경우
> 3. 상표등록 취소의 심결(審決)이 확정된 경우

Ⅰ. 제34조 제3항

1. 의의 및 취지

제119조1항4호를 제외한 취소심판청구 후, 존속기간 만료 등의 사유로 소멸된 후 3년 이내, 동일·유사한 상표를 동일·유사한 상품에 출원한 상표는 등록받지 못한다. 상표권자의 의무위반에 대한 제재 및 취소심판제도의 실효성을 확보하기 위한 규정이다.

2. 요건

① **[객체적 요건 - 1]** 제119조1항4호를 제외한 취소심판 청구
② **[객체적 요건 - 2]** 심판청구일 이후 i) 존속기간 만료, ii) 포기, iii) 취소심결 확정
③ **[시기적 요건]** 3년 이내의 출원
④ **[상표/상품]** 상표 동일·유사, 상품 동일·유사

3. 판단기준

상표등록여부결정시 기준으로 판단(제34조 제2항)

4. 상표법상 취급

(1) 상표등록 전
① 상표등록거절이유(제54조 제3호), ② 정보제공이유(제49조), ③ 이의신청이유(제60조 제1항)

(2) 상표등록 후
제척기간 없는 상표등록무효사유(제117조 제1항)

II. 제119조 제1항 제4호를 제외한 취소심판이 청구되었을 것

1) 判例는,196) 반드시 모든 소송요건을 갖춘 적법한 청구일 것을 요하는 것은 아니고 상표권 포기 당시 취소심판청구가 계류 중이면 족하며 그 이후 그 취소심판청구의 처리결과에 영향을 받는 것은 아니라고 판시하였다.
2) 생각건대, 위 규정의 취지가 취소심판제도가 실효를 거두지 못하게 되는 폐단을 방지하기 위한 것임을 감안할 때, 판례의 태도가 타당하다.

III. 심판청구일로부터 제34조 제3항 각 호에 해당하게 된 날 이후 3년 이내의 출원일 것

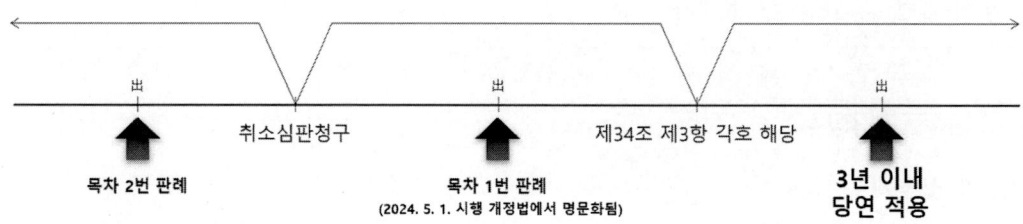

1. 취소심판청구 후 제34조 제3항 각 호에 해당하게 된 날 전에 출원한 경우

1) 判例는,197) 본 규정은 취소심결이 확정된 후에 새로이 출원한 경우뿐만 아니라 위 취소심결이 확정되기 전에 이미 출원되어 있던 경우에도 적용된다고 판시하였다.
2) 심판청구 후 출원은 본 규정의 취지를 잠탈할 목적의 탈법적 출원으로 볼 수 있으므로, 판례의 태도가 타당하며, 2024년 5월 1일 시행 개정법은 이를 명문화하였다. [취.잠.탈.출]

2. 취소심판이 청구되기 전에 출원한 경우

1) 判例는,198) 출원인이 등록상표에 대한 취소심판이 있을 것을 예상하고 본 규정의 적용을 회피할 목적으로 출원한 경우 등 특별한 사정이 없는 한 본 규정이 적용되지 않는다고 판시하였다.
2) 생각건대, 본 규정의 취지가 심판청구 후 출원되는 본 규정의 취지를 잠탈할 목적의 탈법적 출원을 막는 데 있으므로, 이에 해당하지 않는 한 판례의 태도가 타당하다고 본다. [취.잠.탈.출]

---

196) 대법원 1998. 9. 25. 선고 97후2279 판결 [상표등록무효]
197) 대법원 1990. 7. 10. 선고 89후2267 판결 [거절사정]
198) 특허법원 2000. 11. 17. 선고 2000허6127 판결; 대법원 2002. 10. 22. 선고 2000후3647 판결;

THEME 8-3 선출원주의 – 제35조

> **제35조(선출원)**
> ① 동일·유사한 상품에 사용할 동일·유사한 상표에 대하여 다른 날에 둘 이상의 상표등록출원이 있는 경우에는 먼저 출원한 자만이 그 상표를 등록받을 수 있다.
> ② 동일·유사한 상품에 사용할 동일·유사한 상표에 대하여 같은 날에 둘 이상의 상표등록출원이 있는 경우에는 출원인의 협의에 의하여 정하여진 하나의 출원인만이 그 상표에 관하여 상표등록을 받을 수 있다. 협의가 성립하지 아니하거나 협의를 할 수 없는 때에는 특허청장이 행하는 추첨에 의하여 결정된 하나의 출원인만이 상표등록을 받을 수 있다.
> ③ 상표등록출원이 다음 각 호의 어느 하나에 해당되는 경우에는 그 상표등록출원은 제1항 및 제2항을 적용할 때에 처음부터 없었던 것으로 본다.
>   1. 포기 또는 취하된 경우
>   2. 무효로 된 경우
>   3. 제54조에 따른 상표등록거절결정 또는 거절한다는 취지의 심결이 확정된 경우
> ④ 특허청장은 제2항의 경우에는 출원인에게 기간을 정하여 협의의 결과를 신고할 것을 명하고, 그 기간 내에 신고가 없는 경우에는 제2항에 따른 협의는 성립되지 아니한 것으로 본다.
> ⑤ 제1항 및 제2항은 다음 각 호의 어느 하나에 해당하는 경우에는 적용하지 아니한다.
>   1. 동일(동일하다고 인정되는 경우를 포함한다)하지 아니한 상품에 대하여 동일·유사한 표장으로 둘 이상의 지리적 표시 단체표장등록출원 또는 지리적 표시 단체표장등록출원과 상표등록출원이 있는 경우
>   2. 서로 동음이의어 지리적 표시에 해당하는 표장으로 둘 이상의 지리적 표시 단체표장등록출원이 있는 경우
> ⑥ 제1항 및 제2항에도 불구하고 먼저 출원한 자 또는 협의·추첨에 의하여 정하여지거나 결정된 출원인으로부터 상표등록에 대한 동의를 받은 경우(동일한 상표로서 그 지정상품과 동일한 상품에 사용하는 상표에 대하여 동의를 받은 경우는 제외한다)에는 나중에 출원한 자 또는 협의·추첨에 의하여 정하여지거나 결정된 출원인이 아닌 출원인도 상표를 등록받을 수 있다. 〈2024. 5. 1. 시행 개정법〉

Ⅰ. 의의 및 취지

동일·유사한 상표·상품에 대하여 2 이상 경합하여 출원된 경우, 후출원인이 선출원인으로부터 동의를 받지 않는 한 선출원인만 등록받을 수 있다. 출처의 오인·혼동을 방지하고 중복등록을 배제하기 위함이다.

Ⅱ. 내용

1. 타인 간 2이상의 출원이 경합하는 경우

1) [제35조1항] 원칙적으로, 먼저 출원한 자만이 상표등록받을 수 있다.
2) [제35조2항] 동일·유사한 상표·상품에 대하여 같은 날에 둘 이상의 출원이 있는 경우, i) 협의에 의하여 정하여진 하나의 출원인만이 상표등록을 받을 수 있고, ii) 협의 불성립 또는 협의불가한 경우 특허청장의 추첨에 의하여 결정된 출원인만이 상표등록을 받을 수 있다. [협.불.불.추]
3) [제35조4항] 동일·유사한 상표·상품에 대하여 같은 날에 둘 이상의 출원이 있는 경우, i) 특허청장은 출원인에게 기간을 정하여 협의의 결과를 신고할 것을 명하고, ii) 기간 내 신고가 없는 경우 협의 불성립으로 본다. [기.협.신.명.불]

4) [제35조6항 - 공존 동의] 제1항 및 제2항에도 불구하고 먼저 출원한 자 또는 협의·추첨에 의하여 정하여지거나 결정된 출원인으로부터 상표등록에 대한 동의를 받은 경우(동일한 상표로서 그 지정상품과 동일한 상품에 사용하는 상표에 대하여 동의를 받은 경우는 제외한다)에는 나중에 출원한 자 또는 협의·추첨에 의하여 정하여지거나 결정된 출원인이 아닌 출원인도 상표를 등록받을 수 있다.

2. 동일인에 의하여 2 이상의 출원이 경합하는 경우

1) 동일인에 의한 출원인 경우는 제35조의 적용이 없다.
2) 다만, 동일인이 동일상표를 동일상품에 중복하여 출원한 경우 후출원은 제38조1항으로 거절된다.

3. 선원의 지위

(1) 제35조3항

상표등록출원이 ⅰ) 포기 또는 취하, ⅱ) 무효로 된 경우, ⅲ) 거절결정 등이 된 경우에는, 제35조 1항 및 2항을 적용할 때 처음부터 없었던 것으로 본다.

(2) 인용상표가 무효심판에 의하여 소급소멸한 경우 　　　　　　　　　　[등.무.처.등.소.선.소.상]

判例는, 선출원상표가 등록 후 무효심결이 확정된 경우에는 선출원이 처음부터 등록에 이르지 못하고 소멸된 경우와 마찬가지로 선원의 지위는 소급적으로 상실한다고 판시하였다.

4. 판단기준

본 호에 해당하는지는 '상표등록여부결정시'를 기준으로 판단한다(제34조 제2항).

Ⅲ. 상표법상 취급

1. 상표등록 전

① 상표등록거절이유(제54조 제3호), ② 정보제공이유(제49조), ③ 이의신청이유(제60조 제1항)

2. 상표등록 후

착오로 등록된 경우에는 제척기간 5년이 적용되는 무효사유(제117조 제1항, 제122조 제1항). 다만, 후발적 무효사유는 아님.

3. 제34조1항7호 단서에 따라 등록된 경우

제34조제1항제7호 단서에 따라 등록된 상표의 권리자 또는 그 상표등록에 대한 동의를 한 자 중 1인이 자기의 등록상표의 지정상품과 동일·유사한 상품에 부정경쟁을 목적으로 자기의 등록상표를 사용함으로써 수요자에게 상품의 품질을 오인하게 하거나 타인의 업무와 관련된 상품과 혼동을 불러일으키게 한 경우, 취소사유가 된다(제119조1항5의2).

※ 제35조 거절이유 극복 방법 – 답안 작성 Form

1. 제35조 제1항
   (1) 의의 및 취지 (2) 내용 - 제35조1항, 2항
   (3) 사안의 경우

2. 공존 동의 활용 (상표 및 상품이 모두 동일한 경우 해당 ×)
   (1) 의의 및 취지
   2024년 5월 1일 시행 개정법은, 제35조1항 및 2항에도 불구하고 자율적인 합의에 의하여 후속 출원인의 경영상의 안정성을 보장하고 상표 분쟁을 사전에 방지하고자, 일정 요건과 상호 동의하에 모두 등록받을 수 있도록 제35조6항을 신설하였다.
   (2) 사안의 경우

3. 인용상표 지위 소멸 조치
   (1) 인용상표의 지위 - 제35조 제3항
   상표등록이 i) 포기 또는 취하된 경우, ii) 무효된 경우, iii) 인용상표등록이 거절결정/거절결정 심결 확정된 경우, 본 호 적용되지 않는다.
   (2) 사안의 경우
   ① 甲 상표는 선출원(2017. 1. 2.), ② 상표 유사, ③ 상품 유사하여 본 규정 적용여지가 있다. 이하 출원상표의 등록방법을 甲 상표의 선원지위 관련하여 검토한다.

4. 거절이유 검토
   (1) 제34조1항12호
   (2) 제34조1항21호
   (3) ...

5. 사안의 해결 – 취할 수 있는 조치   [정.이.포.승.보]
   - 우선 공존 동의 유도 (상표 및 상품이 모두 동일한 경우 해당 ×)
   - **정보제공**, **이의신청**
   - 출원의 **포기**, 취하권유
   - 출원의 **승계** (등록여부결정시까지 출원인변경신고)
   - 심사보류요청

THEME 8-4 공존 동의 제도

제34조(상표등록을 받을 수 없는 상표)
① 제33조에도 불구하고 다음 각 호의 어느 하나에 해당하는 상표에 대해서는 상표등록을 받을 수 없다.
  7. 선출원(先出願)에 의한 타인의 등록상표(등록된 지리적 표시 단체표장은 제외한다)와 동일·유사한 상표로서 그 지정상품과 동일·유사한 상품에 사용하는 상표. <u>다만, 그 타인으로부터 상표등록에 대한 동의를 받은 경우(동일한 상표로서 그 지정상품과 동일한 상품에 사용하는 상표에 대하여 동의를 받은 경우는 제외한다)에는 상표등록을 받을 수 있다.</u>
③ 상표권자 또는 그 상표권자의 상표를 사용하는 자는 제119조제1항제1호부터 제3호까지, 제5호, <u>제5호의2</u> 및 제6호부터 제9호까지의 규정에 해당한다는 이유로 상표등록의 취소심판이 청구되고 그 청구일 이후에 다음 각 호의 어느 하나에 해당하게 된 경우 그 상표와 동일·유사한 상표[동일·유사한 상품(지리적 표시 단체표장의 경우에는 동일하다고 인정되는 상품을 말한다)을 지정상품으로 하여 다시 등록받으려는 경우로 한정한다]에 대해서는 그 청구일부터 다음 각 호의 어느 하나에 해당하게 된 날 이후 3년이 지나기 전에 출원하면 상표등록을 받을 수 없다.
  1. 존속기간이 만료되어 상표권이 소멸한 경우
  2. 상표권자가 상표권 또는 지정상품의 일부를 포기한 경우
  3. 상표등록 취소의 심결(審決)이 확정된 경우

제35조(선출원)
① 동일·유사한 상품에 사용할 동일·유사한 상표에 대하여 다른 날에 둘 이상의 상표등록출원이 있는 경우에는 먼저 출원한 자만이 그 상표를 등록받을 수 있다.
② 동일·유사한 상품에 사용할 동일·유사한 상표에 대하여 같은 날에 둘 이상의 상표등록출원이 있는 경우에는 출원인의 협의에 의하여 정하여진 하나의 출원인만이 그 상표에 관하여 상표등록을 받을 수 있다. 협의가 성립하지 아니하거나 협의를 할 수 없는 때에는 특허청장이 행하는 추첨에 의하여 결정된 하나의 출원인만이 상표등록을 받을 수 있다.
③ 상표등록출원이 다음 각 호의 어느 하나에 해당되는 경우에는 그 상표등록출원은 제1항 및 제2항을 적용할 때에 처음부터 없었던 것으로 본다.
  1. 포기 또는 취하된 경우
  2. 무효로 된 경우
  3. 제54조에 따른 상표등록거절결정 또는 거절한다는 취지의 심결이 확정된 경우
④ 특허청장은 제2항의 경우에는 출원인에게 기간을 정하여 협의의 결과를 신고할 것을 명하고, 그 기간 내에 신고가 없는 경우에는 제2항에 따른 협의는 성립되지 아니한 것으로 본다.
⑤ 제1항 및 제2항은 다음 각 호의 어느 하나에 해당하는 경우에는 적용하지 아니한다.
  1. 동일(동일하다고 인정되는 경우를 포함한다)하지 아니한 상품에 대하여 동일·유사한 표장으로 둘 이상의 지리적 표시 단체표장등록출원 또는 지리적 표시 단체표장등록출원과 상표등록출원이 있는 경우
  2. 서로 동음이의어 지리적 표시에 해당하는 표장으로 둘 이상의 지리적 표시 단체표장등록출원이 있는 경우
⑥ <u>제1항 및 제2항에도 불구하고 먼저 출원한 자 또는 협의·추첨에 의하여 정하여지거나 결정된 출원인으로부터 상표등록에 대한 동의를 받은 경우(동일한 상표로서 그 지정상품과 동일한 상품에 사용하는 상표에 대하여 동의를 받은 경우는 제외한다)에는 나중에 출원한 자 또는 협의·추첨에 의하여 정하여지거나 결정된 출원인이 아닌 출원인도 상표를 등록받을 수 있다.</u>

제119조(상표등록의 취소심판)
① 등록상표가 다음 각 호의 어느 하나에 해당하는 경우에는 그 상표등록의 취소심판을 청구할 수 있다.
  <u>5의2. 제34조제1항제7호 단서 또는 제35조제6항에 따라 등록된 상표의 권리자 또는 그 상표등록에 대한 동의를 한</u>

> 자 중 1인이 자기의 등록상표의 지정상품과 동일·유사한 상품에 부정경쟁을 목적으로 자기의 등록상표를 사용함으로써 수요자에게 상품의 품질을 오인하게 하거나 타인의 업무와 관련된 상품과 혼동을 불러일으키게 한 경우
>
> 제122조(제척기간)
> ① 제34조제1항제6호부터 제10호까지 및 제16호, 제35조, 제118조제1항제1호 및 제214조제1항제3호에 해당하는 것을 사유로 하는 상표등록의 무효심판, 존속기간갱신등록의 무효심판 또는 상품분류전환등록의 무효심판은 상표등록일, 존속기간갱신등록일 또는 상품분류전환등록일부터 5년이 지난 후에는 청구할 수 없다.
> ② 제119조제1항제1호·제2호·제5호·제5호의2, 제7호부터 제9호까지 및 제120조제1항에 해당하는 것을 사유로 하는 상표등록의 취소심판 및 전용사용권 또는 통상사용권 등록의 취소심판은 취소사유에 해당하는 사실이 없어진 날부터 3년이 지난 후에는 청구할 수 없다.

Ⅰ. 의의 및 취지

제34조1항7호 단서, 제35조1항 및 2항에도 불구하고, 일정 요건과 상호 동의가 있는 경우 모두 등록받을 수 있다. 자율적인 합의에 의하여 후속 출원인의 경영상의 안정성을 보장하고 상표 분쟁을 사전에 방지하고자, 2024년 5월 1일 시행 개정법에 도입되었다.[199]

Ⅱ. 적용대상[200]

1. 제34조 제1항 제7호 본문

그 타인으로부터 상표등록에 대한 동의를 받은 경우에는, 상표 및 상품이 동일 또는 유사하더라도 상표등록을 받을 수 있다. 다만, 동일한 상표로서 그 지정상품과 동일한 상품에 사용하는 상표에 대하여는 동의를 받은 경우라도 등록받을 수 없다(제34조1항7호 단서).

다만, 소비자들의 출처 오인·혼동을 방지하기 위하여 상표와 지정상품이 모두 동일한 경우에는 동의가 있는 경우라고 하더라도 등록을 할 수 없다.

2. 제35조 제1항 및 제2항

제35조 제1항 및 제2항에도 불구하고 먼저 출원한 자 또는 협의·추첨에 의하여 정하여지거나 결정된 출원인으로부터 상표등록에 대한 동의를 받은 경우에는 나중에 출원한 자 또는 협의·추첨에 의하여 정하여지거나 결정된 출원인이 아닌 출원인도 상표를 등록받을 수 있다.

다만, 소비자들의 출처 오인·혼동을 방지하기 위하여 상표와 지정상품이 모두 동일한 경우에는 동의가 있는 경우라고 하더라도 등록을 할 수 없다.

---

[199] 상표공존동의제도가 시행되면 기업이 사용하고자 하는 상표에 유사한 선등록상표가 있다는 이유만으로 그 출원 및 등록이 거절되는 상황은 발생하지 않도록 할 수 있고, 이에 따라 기업은 보다 안정적이고, 유연하게 상표를 등록하고 이를 사용할 수 있을 것으로 전망됩니다. 그리고 이러한 상표의 공존이 법률의 강제나 규제에 의해 이루어지는 것이 아닌 상호간의 자율적인 합의에 의해 이루어진다는 것 역시 의의가 있습니다. (답안지 쓰실 때 '취지' 문구로 반드시 풍겨야 하는 뉘앙스입니다.)

[200] 이번 상표법 개정으로 도입되는 상표공존동의제도는 미국, EU, 싱가포르 등 해당 제도를 시행하는 대부분의 국가가 선택한 '유보형 공존동의'입니다. 즉, 상표권자의 동의가 있다고 하더라고 ① 출처의 오인·혼동 우려가 존재하는 경우, ② 선등록(선출원)상표와 후출원상표 및 지정상품이 모두 동일한 경우, ③ 이외의 다른 등록거절사유가 존재하는 경우에 해당된다고 판단되면 상표등록을 받을 수 없다는 점이 그 특징입니다.

III. 효과 및 관련규정

1. 등록 가능

2. 1인의 부정사용에 대한 취급 – 제119조1항5의2

1) 제34조제1항제7호 단서 또는 제35조제6항에 따라 등록된 상표의 권리자 또는 그 상표등록에 대한 동의를 한 자 중 1인이 자기의 등록상표의 지정상품과 동일·유사한 상품에 부정경쟁을 목적으로 자기의 등록상표를 사용함으로써 수요자에게 상품의 품질을 오인하게 하거나 타인의 업무와 관련된 상품과 혼동을 불러일으키게 한 경우, 취소사유가 된다.
2) 제119조1항5의2에 따른 취소심판은 취소사유에 해당하는 사실이 없어진 날부터 3년이 지난 후에는 청구할 수 없다(제122조2항).

3. 선원의 지위

(1) 제35조3항
   상표등록출원이 ⅰ) 포기 또는 취하, ⅱ) 무효로 된 경우, ⅲ) 거절결정 등이 된 경우에는, 제35조 1항 및 2항을 적용할 때 처음부터 없었던 것으로 본다.
(2) 인용상표가 무효심판에 의하여 소급소멸한 경우   [등.무.처.등.소.선.소.상]
   判例는, 선출원상표가 등록 후 무효심결이 확정된 경우에는 선출원이 처음부터 등록에 이르지 못하고 소멸된 경우와 마찬가지로 선원의 지위는 소급적으로 상실한다고 판시하였다.

4. 판단기준

본 호에 해당하는지는 '상표등록여부결정시'를 기준으로 판단한다(제34조 제2항).

III. 상표법상 취급

1. 상표등록 전

① 상표등록거절이유(제54조 제3호), ② 정보제공이유(제49조), ③ 이의신청이유(제60조 제1항)

2. 상표등록 후

착오로 등록된 경우에는 제척기간 5년이 적용되는 무효사유(제117조 제1항, 제122조 제1항). 다만, 후발적 무효사유는 아님

3. 제34조1항7호 단서에 따라 등록된 경우

제34조1항7호 단서에 따라 등록된 상표의 권리자 또는 그 상표등록에 대한 동의를 한 자 중 1인이 자기의 등록상표의 지정상품과 동일·유사한 상품에 부정경쟁을 목적으로 자기의 등록상표를 사용함으로써 수요자에게 상품의 품질을 오인하게 하거나 타인의 업무와 관련된 상품과 혼동을 불러일으키게 한 경우, 취소사유가 된다(제119조1항5의2).

THEME 9 1상표 1출원주의 – 제38조

> 제38조(1상표 1출원)
> ① 상표등록출원을 하려는 자는 상품류의 구분에 따라 1류 이상의 상품을 지정하여 1상표마다 1출원을 하여야 한다.
> ② 제1항에 따른 상품류에 속하는 구체적인 상품은 특허청장이 정하여 고시한다.
> ③ 제1항에 따른 상품류의 구분은 상품의 유사범위를 정하는 것은 아니다.

Ⅰ. 의의

상표출원은 상표마다 별개의 출원으로 하여야 한다는 원칙이며, 우리 법은 '1상표 다류 1출원주의'를 채택한다.

Ⅱ. 내용

1. 포괄명칭에 대한 상표등록 허용

(1) 협의의 포괄명칭 [동.구.동.군.7.규]

협의의 포괄명칭이란, 동일 상품류구분 내에서 동일 유사군에 속하는 여러 상품을 포함하는 상품명칭이다. 2007. 1. 1. 시행 상표법 시행규칙에 의해 허용된다.

(2) 광의의 포괄명칭 [여.구.복.군.8.심]

1) 광의의 포괄명칭이란, 여러 상품류구분 내에서 복수의 유사군에 속하는 상품을 포함하는 상품명칭이다. 2008. 9. 16. 상표법 심사기준의 개정에 의해 허용된다.

2) 2012. 1. 1. 상표법 시행규칙의 개정으로 인해 '백화점업, 편의점업, 대형할인마트업, 슈퍼마켓업'을 등록가능한 지정상품(서비스)으로 포함되었고, 이들은 서로 유사한 서비스로 추정한다.[201] [백.편.대.슈]

2. 1상표 1출원에 위반되는 예

- 지정상품이 불명확하거나 상품류구분 등이 일치하지 않는 경우
- 하나의 출원에 둘 이상의 상표견본이 기재된 경우
- 소리·냄새상표의 출원서에 문자·도형 등의 상표견본이 제출된 경우
- 동일인이 동일 지정상품에 대하여 동일상표를 중복 출원한 경우
- 지리적표시 증명표장 출원에서 증명의 대상 및 증명의 내용 중 하나 이상을 누락한 경우

3. 판단시점

본 호에 해당하는지는 '상표등록여부결정시'를 기준으로 판단한다(제34조 제2항).

---

201) 최근 대법원은, '백화점업, 대형할인마트업, 슈퍼마켓업, 편의점업'과 '의류, 우산, 신발, 모자, 장신용품, 패션잡화, 화장품류의 판매대행/판매알선/도·소매업'은 서비스의 성질, 내용, 제공방법이 유사하고, 서비스의 제공에 관련된 물품과 수요자도 공통되어 서로 유사한 서비스에 해당한다고 판시한 바 있음 (대법원 2018. 11. 9. 선고 2016후1376 판결 – **APM24** 사건)

Ⅲ. 상표법상 취급

1. 상표등록 전
① 상표등록거절이유(제54조 제3호), ② 정보제공이유(제49조), ③ 이의신청이유(제60조 제1항)

2. 상표등록 후
본 규정은 절차상 편의를 위한 것일 뿐이고, 권리의 실체와 무관하므로, 착오등록된 경우라도 무효사유에 해당하지 않는다.

THEME 9-1-1 상표등록출원 및 상표등록출원의 심사

제37조(상표등록출원일의 인정 등)
① 상표등록출원일은 상표등록출원에 관한 출원서가 특허청장에게 도달한 날로 한다. 다만, 상표등록출원이 다음 각 호의 어느 하나에 해당하는 경우에는 그러하지 아니하다.
  1. 상표등록을 받으려는 취지가 명확하게 표시되지 아니한 경우
  2. 출원인의 성명이나 명칭이 적혀 있지 아니하거나 명확하게 적혀 있지 아니하여 출원인을 특정할 수 없는 경우
  3. 상표등록출원서에 상표등록을 받으려는 상표가 적혀 있지 아니하거나 적힌 사항이 선명하지 아니하여 상표로 인식할 수 없는 경우
  4. 지정상품이 적혀 있지 아니한 경우
  5. 한글로 적혀 있지 아니한 경우
② 특허청장은 상표등록출원이 제1항 각 호의 어느 하나에 해당하는 경우에는 상표등록을 받으려는 자에게 적절한 기간을 정하여 보완할 것을 명하여야 한다.
③ 제2항에 따른 보완명령을 받은 자가 상표등록출원을 보완하는 경우에는 절차보완에 관한 서면(이하 이 조에서 "절차보완서"라 한다)을 제출하여야 한다.
④ 특허청장은 제2항에 따른 보완명령을 받은 자가 지정된 기간 내에 상표등록출원을 보완한 경우에는 그 절차보완서가 특허청에 도달한 날을 상표등록출원일로 본다.
⑤ 특허청장은 제2항에 따른 보완명령을 받은 자가 지정된 기간 내에 보완을 하지 아니한 경우에는 그 상표등록출원을 부적합한 출원으로 보아 반려할 수 있다.

제50조(심사관에 의한 심사)
① 특허청장은 심사관에게 상표등록출원 및 이의신청을 심사하게 한다.
② 심사관의 자격에 관하여 필요한 사항은 대통령령으로 정한다.

제53조(심사의 순위 및 우선심사)
① 상표등록출원에 대한 심사의 순위는 출원의 순위에 따른다.
② 특허청장은 다음 각 호의 어느 하나에 해당하는 상표등록출원에 대해서는 제1항에도 불구하고 심사관으로 하여금 다른 상표등록출원보다 우선하여 심사하게 할 수 있다.
  1. 상표등록출원 후 출원인이 아닌 자가 상표등록출원된 상표와 동일·유사한 상표를 동일·유사한 지정상품에 정당한 사유 없이 업으로서 사용하고 있다고 인정되는 경우
  2. 출원인이 상표등록출원한 상표를 지정상품의 전부에 사용하고 있는 등 대통령령으로 정하는 상표등록출원으로서 긴급한 처리가 필요하다고 인정되는 경우

제57조(출원공고)
① 심사관은 상표등록출원에 대하여 거절이유를 발견할 수 없는 경우에는 출원공고결정을 하여야 한다. 다만, 다음 각 호의 어느 하나에 해당하는 경우에는 출원공고결정을 생략할 수 있다.
  1. 제2항에 따른 출원공고결정의 등본이 출원인에게 송달된 후 그 출원인이 출원공고된 상표등록출원을 제45조에 따라 둘 이상의 상표등록출원으로 분할한 경우로서 그 분할출원에 대하여 거절이유를 발견할 수 없는 경우
  2. 제54조에 따른 상표등록거절결정에 대하여 취소의 심결이 있는 경우로서 해당 상표등록출원에 대하여 이미 출원공고된 사실이 있고 다른 거절이유를 발견할 수 없는 경우
② 특허청장은 제1항 각 호 외의 부분 본문에 따른 결정이 있을 경우에는 그 결정의 등본을 출원인에게 송달하고 그 상표등록출원에 관하여 상표공보에 게재하여 출원공고를 하여야 한다.
③ 특허청장은 제2항에 따라 출원공고를 한 날부터 2개월간 상표등록출원 서류 및 그 부속 서류를 특허청에서 일반인이 열람할 수 있게 하여야 한다.

Ⅰ. 상표등록출원의 심사

1. 심사방법
1) 상표등록출원의 심사는 ① 특허청장 등에 의해 방식적 요건에 적합한지 여부를 심사하는 방식심사와, ② 실체적 등록요건을 구비하였는지 여부를 심사하는 실체심사로 구분된다.
2) 우리 법은 권리안정성 및 수요자 보호를 위해 상표등록에 모든 사항을 심사하는 (완전)심사주의를 채택한다.

2. 심사주체
심사관이 상표등록출원 및 이의신청을 심사한다(제50조 제1항). 거절결정불복심판이 청구된 경우에는 심판관(심판관 합의체)도 심사의 주체가 될 수 있다.

3. 심사순위
① 심사의 순위는 출원의 순서에 따르나(제53조 제1항), ② 일정 사유가 있는 경우 우선심사가 가능하다(제53조 제2항).

Ⅱ. 출원일의 인정   - 법조문 활용 [제37조]

1. 의의
상표등록출원일은 상표등록출원에 관한 출원서가 특허청장에 도달한 날로 한다(제37조 제1항 본문).

2. 출원일 인정의 요건 - 제37조 제1항 각호   [취.성.상.지.한]
① 상표등록을 받으려는 취지가 명확하게 표시되지 않은 경우
② 출원인의 성명이나 명칭이 적혀 있지 아니하거나 명확하게 적혀 있지 아니하여 출원일을 특정할 수 없는 경우
③ 상표등록출원서에 상표등록을 받으려는 상표가 적혀 있지 아니하거나 적힌 사항이 선명하지 아니하여 상표로 인식할 수 없는 경우
④ 지정상품이 적혀 있지 아니한 경우
⑤ 한글로 적혀 있지 아니한 경우

3. 출원일 불인정에 따른 절차보완
- 제37조 제2항, 제37조 제3항, 제37조 제4항, 제37조 제5항

Ⅲ. 우선심사제도

1. 의의 - 심사의 순위
① 심사의 순위는 출원의 순서에 따르나(제53조 제1항), ② 일정 사유가 있는 경우, ③ 출원인 또는 이해관계인의 신청에 따라, ④ 우선심사가 가능하다(제53조 제2항).

2. 우선심사의 대상
[품.손.손.마.달.우.만]

① 출원인이 출원상표를 지정상품 전부에 대하여 사용하고 있거나 사용준비 중
② 손실보상청구권에 따른 경고를 받은 경우
③ 손실보상청구권에 따라 경고를 한 경우
④ 마드리드의정서의 기초출원
⑤ 조달사업에 관한 법률 제9조의2제1항2호에 따른 경우
⑥ 조약우선권주장의 기초출원
⑦ 존속기간만료로 소멸한 경우

Ⅳ. 출원공고제도 - 법조문 활용 [제57조, 제59조]

1. 의의 및 요건
심사관은 상표등록출원에 거절이유를 발견할 수 없는 경우에는 출원공고결정을 하여야 한다(제57조 1항 본문).

2. 출원공고의 절차
1) 심사관은 출원공고결정을 할 때에 상표등록출원서에 적힌 사항이 명백히 잘못된 경우에는 직권보정을 할 수 있다(제59조).
2) 기타 절차: 제57제2항, 제57제3항

9-1-2 상표등록이의신청

제60조(이의신청)
① 출원공고가 있는 경우에는 누구든지 출원공고일부터 2개월 내에 다음 각 호의 어느 하나에 해당한다는 것을 이유로 특허청장에게 이의신청을 할 수 있다.
  1. 제54조에 따른 상표등록거절결정의 거절이유에 해당한다는 것
  2. 제87조제1항에 따른 추가등록거절결정의 거절이유에 해당한다는 것
② 제1항에 따라 이의신청을 하려는 자는 다음 각 호의 사항을 적은 이의신청서에 필요한 증거를 첨부하여 특허청장에게 제출하여야 한다.
  1. 신청인의 성명 및 주소(법인인 경우에는 그 명칭 및 영업소의 소재지를 말한다)
  2. 신청인의 대리인이 있는 경우에는 그 대리인의 성명 및 주소나 영업소의 소재지[대리인이 특허법인·특허법인(유한)인 경우에는 그 명칭, 사무소의 소재지 및 지정된 변리사의 성명을 말한다]
  3. 이의신청의 대상
  4. 이의신청사항
  5. 이의신청의 이유 및 필요한 증거의 표시

제61조(이의신청 이유 등의 보정)
제60조제1항에 따른 상표등록의 이의신청인(이하 "이의신청인"이라 한다)은 이의신청기간이 지난 후 30일 이내에 그 이의신청서에 적은 이유와 증거를 보정할 수 있다.

제62조(이의신청에 대한 심사 등)
① 이의신청은 심사관 3명으로 구성되는 심사관합의체(이하 "심사관합의체"라 한다)에서 심사·결정한다.
② 특허청장은 각각의 이의신청에 대하여 심사관합의체를 구성할 심사관을 지정하여야 한다.
③ 특허청장은 제2항에 따라 지정된 심사관 중 1명을 심사장으로 지정하여야 한다.
④ 심사관합의체 및 심사장에 관하여는 제130조제2항, 제131조제2항 및 제132조제2항·제3항을 준용한다. 이 경우 제130조제2항 중 "특허심판원장"은 "특허청장"으로, "심판관"은 "심사관"으로, "심판"은 "심사"로 보고, 제131조제2항 중 "심판장"은 "심사장"으로, "심판사건"은 "이의신청사건"으로 보며, 제132조제2항 중 "심판관합의체"는 "심사관합의체"로 보고, 같은 조 제3항 중 "심판"은 "심사"로 본다.

제63조(이의신청에 대한 심사의 범위)
심사관합의체는 이의신청에 관하여 출원인이나 이의신청인이 주장하지 아니한 이유에 관하여도 심사할 수 있다. 이 경우 출원인이나 이의신청인에게 기간을 정하여 그 이유에 관하여 의견을 진술할 수 있는 기회를 주어야 한다.

제64조(이의신청의 병합 또는 분리)
심사관합의체는 둘 이상의 이의신청을 병합하거나 분리하여 심사·결정할 수 있다.

제65조(이의신청의 경합)
① 심사관합의체는 둘 이상의 이의신청이 있는 경우에 그 중 어느 하나의 이의신청에 대하여 심사한 결과 그 이의신청이 이유가 있다고 인정할 때에는 다른 이의신청에 대해서는 결정을 하지 아니할 수 있다.
② 특허청장은 심사관합의체가 제1항에 따라 이의신청에 대하여 결정을 하지 아니한 경우에는 해당 이의신청인에게도 상표등록거절결정 등본을 송달하여야 한다.

제66조(이의신청에 대한 결정)
① 심사장은 이의신청이 있는 경우에는 이의신청서 부본(副本)을 출원인에게 송달하고 기간을 정하여 답변서 제출의 기회를 주어야 한다.

② 심사관합의체는 제1항 및 제60조제1항에 따른 이의신청기간이 지난 후에 이의신청에 대한 결정을 하여야 한다.
③ 이의신청에 대한 결정은 서면으로 하여야 하며, 그 이유를 붙여야 한다. 이 경우 둘 이상의 지정상품에 대한 결정이유가 다른 경우에는 지정상품마다 그 이유를 붙여야 한다.
④ 심사관합의체는 이의신청인이 제60조제1항에 따른 이의신청기간 내에 그 이유나 증거를 제출하지 아니한 경우에는 제1항에도 불구하고 제61조에 따른 기간이 지난 후 결정으로 이의신청을 각하할 수 있다. 이 경우 그 결정의 등본을 이의신청인에게 송달하여야 한다.
⑤ 특허청장은 제2항에 따른 결정이 있는 경우에는 그 결정의 등본을 출원인 및 이의신청인에게 송달하여야 한다.
⑥ 출원인 및 이의신청인은 제2항 및 제4항에 따른 결정에 대하여 다음 각 호의 구분에 따른 방법으로 불복할 수 있다.
　1. 출원인: 제116조에 따른 심판의 청구
　2. 이의신청인: 제117조에 따른 상표등록 무효심판의 청구

1. 의의 및 취지

출원공고 된 상표등록출원에 거절이유가 있음을 이유로 그 등록을 거절할 것을 요구하는 신청이다(제60조). 심사의 공정성과 완전성을 담보하고, 부실권리 예방하며, 분쟁을 미연에 방지하기 위함이다.

2. 요건- 법조문 활용 [제60조1항]

　(1) **주체적** - 누구든지
　(2) **객체적** - 거절이유(제54조), 지정상품추가등록출원의 거절이유(제87조1항)
　(3) **시기적** - 출원공고일로부터 2개월 내, 연장 불가

3. 절차 및 심사- 법조문 활용 [제60조2항 ~ 제64조]

　1) **[제출]** 이의신청서 및 필요한 증거 첨부(제60조2항)
　2) **[보정]** ① 이의신청기간이 지난 후 30일 이내, ② 이유 및 증거 보정가능(제61조)
　3) **[부본송달 및 답변서 제출기회]**(제66조1항)
　4) **[심사 주체]** 심사관 3인의 심사관합의체에서 심사·결정하고(제62조1항), 특허청장이 이를 지정한다(제62조2항). 특허청장은 심사관합의체로 지정된 심사관 중 1인을 심사장으로 지정해야 한다(제62조3항).
　5) **[심사 범위]** 심사관합의체는 출원인·이의신청인이 주장하지 아니한 이유에 대해서도 심사할 수 있다. 이 경우 출원인·이의신청인에게 기간을 정하여 그 이유에 관하여 의견진술기회를 주어야 한다(제63조).
　6) **[심사의 병합·분리]** 심사관합의체는 둘 이상의 이의신청이 있는 경우 병합 또는 분리하여 심사·결정할 수 있다(제64조).

4. 결정 및 효과- 법조문 활용 [제60조2항 ~ 제66조]

　(1) **각하결정** - 제66조4항
　　심사관합의체는 이유나 증거를 제출하지 않은 경우, 이의신청기간이 경과한 때로부터 30일 후 결정으로 이의신청을 각하할 수 있다(제66조4항).

(2) 이의결정- 법조문 활용 [제66조2항, 3항, 5항]
   1) 출원인의 답변서제출기간 및 이의신청기간 경과 후 이의신청에 대한 결정을 해야 한다(제66조 2항).
   2) 이의신청에 대한 결정은 서면으로 해야 하고, 그 이유를 붙여야 하며, 둘 이상의 지정상품에 대한 결정이유가 다른 경우에는 지정상품마다 그 이유를 붙여야 한다(제66조3항).
   3) 등본을 출원인·이의신청인에게 송달해야 한다(제66조5항)

(3) 효과- 법조문 활용 [제66조6항]
   이의신청이 이유 있는 경우에는 그 출원은 거절결정되며, 출원인은 거절결정불복심판의 청구로 불복할 수 있다(제66조6항1호). 이의신청이 이유 없는 경우 등록결정되며, 이의신청인은 상표등록무효심판의 청구로 불복할 수 있다(제66조6항2호).

THEME 9-1-3 상표등록출원 절차 – 출원의 보정

제39조(절차의 보정)
특허청장 또는 특허심판원장은 상표에 관한 절차가 다음 각 호의 어느 하나에 해당하는 경우에는 산업통상자원부령으로 정하는 바에 따라 기간을 정하여 상표에 관한 절차를 밟는 자에게 보정을 명하여야 한다.
1. 제4조제1항 또는 제7조에 위반된 경우
2. 제78조에 따라 내야 할 수수료를 내지 아니한 경우
3. 이 법 또는 이 법에 따른 명령으로 정한 방식에 위반된 경우

제40조(출원공고결정 전의 보정)
① 출원인은 다음 각 호의 구분에 따른 때까지는 최초의 상표등록출원의 요지를 변경하지 아니하는 범위에서 상표등록출원서의 기재사항, 상표등록출원에 관한 지정상품 및 상표를 보정할 수 있다.
 1. 제55조의2에 따른 재심사를 청구하는 경우: 재심사의 청구기간
 1의2. 제57조에 따른 출원공고의 결정이 있는 경우: 출원공고의 때까지
 2. 제57조에 따른 출원공고의 결정이 없는 경우: 제54조에 따른 상표등록거절결정의 때까지
 3. 제116조에 따른 거절결정에 대한 심판을 청구하는 경우: 그 청구일부터 30일 이내
 4. 제123조에 따라 거절결정에 대한 심판에서 심사규정이 준용되는 경우: 제55조제1항·제3항 또는 제87조제2항·제3항에 따른 의견서 제출기간
② 제1항에 따른 보정이 다음 각 호의 어느 하나에 해당하는 경우에는 상표등록출원의 요지를 변경하지 아니하는 것으로 본다.
 1. 지정상품의 범위의 감축(減縮)
 2. 오기(誤記)의 정정
 3. 불명료한 기재의 석명(釋明)
 4. 상표의 부기적(附記的)인 부분의 삭제
 5. 그 밖에 제36조제2항에 따른 표장에 관한 설명 등 산업통상자원부령으로 정하는 사항
③ 상표권 설정등록이 있은 후에 제1항에 따른 보정이 제2항 각 호의 어느 하나에 해당하지 아니하는 것으로 인정된 경우에는 그 상표등록출원은 그 보정서를 제출한 때에 상표등록출원을 한 것으로 본다.

제41조(출원공고결정 후의 보정)
① 출원인은 제57조제2항에 따른 출원공고결정 등본의 송달 후에 다음 각 호의 어느 하나에 해당하게 된 경우에는 해당 호에서 정하는 기간 내에 최초의 상표등록출원의 요지를 변경하지 아니하는 범위에서 지정상품 및 상표를 보정할 수 있다.
 1. 제54조에 따른 상표등록거절결정 또는 제87조제1항에 따른 지정상품의 추가등록거절결정의 거절이유에 나타난 사항에 대하여 제116조에 따른 심판을 청구한 경우: 심판청구일부터 30일
 2. 제55조제1항 및 제87조제2항에 따른 거절이유의 통지를 받고 그 거절이유에 나타난 사항에 대하여 보정하려는 경우: 해당 거절이유에 대한 의견서 제출기간
 2의2. 제55조의2에 따른 재심사를 청구하는 경우: 재심사의 청구기간
 3. 이의신청이 있는 경우에 그 이의신청의 이유에 나타난 사항에 대하여 보정하려는 경우: 제66조제1항에 따른 답변서 제출기간
② 제1항에 따른 보정이 제40조제2항 각 호의 어느 하나에 해당하는 경우에는 상표등록출원의 요지를 변경하지 아니하는 것으로 본다.
③ 상표권 설정등록이 있은 후에 제1항에 따른 보정이 제40조제2항 각 호의 어느 하나에 해당하지 아니하는 것으로 인정된 경우에는 그 상표등록출원은 그 보정을 하지 아니하였던 상표등록출원에 관하여 상표권이 설정등록된 것으로 본다.

제42조(보정의 각하)
① 심사관은 제40조 및 제41조에 따른 보정이 제40조제2항 각 호의 어느 하나에 해당하지 아니하는 것인 경우에는 결정으로 그 보정을 각하(却下)하여야 한다.
② 심사관은 제1항에 따른 각하결정을 한 경우에는 그 결정 등본을 출원인에게 송달한 날부터 30일이 지나기 전까지는 그 상표등록출원에 대한 상표등록여부결정을 해서는 아니 되며, 출원공고할 것을 결정하기 전에 제1항에 따른 각하결정을 한 경우에는 출원공고결정도 해서는 아니 된다.
③ 심사관은 출원인이 제1항에 따른 각하결정에 대하여 제115조에 따라 심판을 청구한 경우에는 그 심판의 심결이 확정될 때까지 그 상표등록출원의 심사를 중지하여야 한다.
④ 제1항에 따른 각하결정은 서면으로 하여야 하며, 그 이유를 붙여야 한다.
⑤ 제1항에 따른 각하결정(제41조에 따른 보정에 대한 각하결정으로 한정한다)에 대해서는 불복할 수 없다. 다만, 제116조에 따른 거절결정에 대한 심판을 청구하는 경우에는 그러하지 아니하다.

제59조(직권보정 등)
① 심사관은 제57조에 따른 출원공고결정을 할 때에 상표등록출원서에 적힌 사항이 명백히 잘못된 경우에는 직권으로 보정(이하 이 조에서 "직권보정"이라 한다)을 할 수 있다. <u>이 경우 직권보정은 제40조제2항에 따른 범위에서 하여야 한다.</u> 〈2024. 5. 1. 시행 개정법〉
② 제1항에 따라 심사관이 직권보정을 하려면 제57조제2항에 따른 출원공고결정 등본의 송달과 함께 그 직권보정 사항을 출원인에게 알려야 한다.
③ 출원인은 직권보정 사항의 전부 또는 일부를 받아들일 수 없는 경우에는 제57조제3항에 따른 기간 내에 그 직권보정 사항에 대한 의견서를 특허청장에게 제출하여야 한다.
④ 출원인이 제3항에 따라 의견서를 제출한 경우 해당 직권보정 사항의 전부 또는 일부는 처음부터 없었던 것으로 본다. 이 경우 그 출원공고결정도 함께 취소된 것으로 본다.
⑤ <u>직권보정이 제40조제2항에 따른 범위를 벗어나거나 명백히 잘못되지 아니한 사항을 직권보정한 경우 그 직권보정은 처음부터 없었던 것으로 본다.</u> 〈2024. 5. 1. 시행 개정법〉

Ⅰ. 보정의 의의 및 취지

출원에 흠결이 있는 경우 이를 보충 정정하는 것이다. 출원인 이익을 보호하고 절차의 번잡을 방지하기 위함이다.

Ⅱ. 절차보정

1. 의의

절차에 관한 형식적 요건의 흠결에 대한 정정(제39조)이다. 출원인 이익을 보호하고 절차의 번잡을 방지하기 위함이다.

2. 요건

① **[주체적 요건]** 출원인 또는 정당한 승계인, 공유자 각자가 가능, 위임대리인도 특별수권 없이 가능
② **[시기적 요건]** 특허청장이 지정한 기간 내 가능하다.
③ **[객체적 요건]** i) 행위능력 위반, ii) 대리권 범위의 위반, iii) 상표법령의 방식에 위반, iv) 수수료 미납

3. 효과
1) 보정이 적법한 경우 절차에 관한 하자가 치유되고 절차가 계속된다.
2) 보정명령에 불응한 경우 특허청장은 상표에 관한 절차를 무효로 할 수 있다.
3) 다만, 책임질 수 없는 사유로 지정된 기간을 지키지 못한 경우, 그 사유가 소멸한 날부터 2개월 이내에 보정명령을 받은 자의 청구에 의하여 그 무효처분을 취소할 수 있다. 다만, 지정된 기간의 만료일부터 1년이 지났을 경우에는 그러하지 아니하다(제18조2항).

Ⅲ. 실체보정

1. 의의
출원의 실체적인 내용과 관련 있는 상표와 지정상품을 보충 또는 정정하는 것이다. 선출원주의 침범 우려상 그 범위를 제한할 필요가 있다.

2. 실체보정의 요건
① [주체적 요건] 출원인 또는 정당한 승계인, 공유자 각자가 가능, 위임대리인도 특별수권 없이 가능
② [객체적 요건] 출원서에 기재된 상표 및 상품, 제40조 보정의 경우 상표등록출원서의 기재사항
③ [보정의 시기] - 법조문 활용 [제40조, 제41조]
  - 출원공고 등본 송달 전의 보정(제40조)
    ⅰ) 출원공고 전
    ⅱ) 거절결정 전
    ⅲ) 거절결정불복심판에서 심판청구일로부터 30일 이내
    ⅳ) 거절결정불복심판에서 심사규정이 준용되는 경우 의견서 제출기간
    ⅴ) 재심사의 청구기간(결정 등본을 송달받은 날부터 3개월 내)
  - 출원공고 등본 송달 후의 보정(제41조)
    ⅰ) 거절결정불복심판 청구한 경우 심판청구일로부터 30일 이내
    ⅱ) 거절이유 통지 받고 거절이유에 나타난 사항에 대해 보정하려는 경우, 의견서 제출기간
    ⅲ) 이의신청 사항에 대해 보정하려는 경우 답변서 제출기간
    ⅳ) 재심사의 청구기간(결정 등본을 송달받은 날부터 3개월 내)

3. 실체보정의 범위 - 요지변경이 아닌 범위 내
(1) 요지변경의 의의 및 불허의 취지　　　　　　　　　　　　　　　　　　　　　[보.전.동.현]
보정 전후에 동일성을 인정할 수 없을 정도로 현저하게 변경된 경우로서, 제3자에 대한 불측의 손해를 방지하고 심사절차의 지연을 방지하기 위해 불허한다(제40조 제2항).

(2) 요지변경이 아닌 경우 - 제40조 제3항
  1) 지정상품의 감축(1호)
  2) 오기의 정정(2호)
  3) 불명료한 기재의 석명(3호)
  4) 상표의 부기적 부분의 삭제(4호)
  5) 그 밖의 상표등록출원서의 기재사항(5호)

(3) 판례의 태도[202]

특허법원 판례는, 요지가 변경되지 않는 범위는 외관·호칭·관념을 전체적으로 대비하였을 때 보정된 상표와 출원상표 사이에 별다른 차이가 없어 그 동일성이 인정되고, 보정 전 상표가 출원된 것으로 신뢰한 제3자에게 불이익을 미칠 우려가 없는 부분을 의미한다고 판시하였다.

(4) 심사기준의 태도[203]

1) 보통명칭, 품질표시, 현저한 지리적 명칭 등을 나타내는 문자, 도형 또는 기호라도 상표의 주요부와 결합되거나 상표의 구성상 큰 비중을 차지하는 경우 요지변경으로 본다.
2) 상표의 외관·호칭·관념 등에 중요한 영향을 미친다고 판단될 경우에는 요지변경에 해당하는 것으로 본다.
3) 포괄명칭을 세분화하거나 포괄명칭을 그대로 둔 채 세분화하는 경우에는 요지변경으로 보지 아니한다.
4) 국제상표등록출원은 어떠한 경우에도 요지변경으로 본다.
5) 상표에서 식별력이 있는 요부를 삭제하는 것은 요지변경에 해당하고, 지리적 표시 단체표장·증명표장의 경우 지리적명칭이 식별력이 있는 요부이므로 이를 삭제하거나 추가하는 보정은 요지변경에 해당한다.

※ 실체보정의 적법성 관련 문제 - 답안 Form

Ⅰ. 실체보정의 적법 여부
 1. 실체보정의 의의 및 취지

 2. 실체보정의 요건 - 제40조 (또는 제41조)
  → 주체적, 시기적, 객체적 요건(요지변경이 아닐 것) 설명

 3. 실체보정의 허용범위
  (1) 요지변경의 의의 및 불허의 취지
  (2) 요지변경이 아닌 경우 - 제40조 제3항
  (3) 심사기준의 태도
  (4) 사안의 경우

 4. 사안의 해결

---

[202] 심사기준 제2장 제3부 1.1에도 반영 (2022)
[203] 심사기준 제2장 제3부 2.1, 2.2 (2021)

THEME 9-2 출원인의 이익을 위한 제도 – 분할/변경/조약우선권주장/출원 시 특례

제44조(출원의 변경)

① 다음 각 호의 어느 하나에 해당하는 출원을 한 출원인은 그 출원을 다음 각 호의 어느 하나에 해당하는 다른 출원으로 변경할 수 있다.
  1. 상표등록출원
  2. 단체표장등록출원(지리적 표시 단체표장등록출원은 제외한다)
  3. 증명표장등록출원(지리적 표시 증명표장등록출원은 제외한다)
② 지정상품추가등록출원을 한 출원인은 상표등록출원으로 변경할 수 있다. 다만, 지정상품추가등록출원의 기초가 된 등록상표에 대하여 무효심판 또는 취소심판이 청구되거나 그 등록상표가 무효심판 또는 취소심판 등으로 소멸된 경우에는 그러하지 아니하다.
③ 제1항 및 제2항에 따라 변경된 출원(이하 "변경출원"이라 한다)은 최초의 출원을 한 때에 출원한 것으로 본다. <u>다만, 제46조제3항·제4항 또는 제47조제2항을 적용할 때에는 변경출원한 때를 기준으로 한다.</u> 〈2024. 5. 1. 시행 개정법〉
④ 제1항 및 제2항에 따른 출원의 변경은 최초의 출원에 대한 등록여부결정 또는 심결이 확정된 후에는 할 수 없다.
⑤ 변경출원의 기초가 된 출원이 제46조에 따라 우선권을 주장한 출원인 경우에는 제1항 및 제2항에 따라 변경출원을 한 때에 그 변경출원에 우선권 주장을 한 것으로 보며, 변경출원의 기초가 된 출원에 대하여 제46조에 따라 제출된 서류 또는 서면이 있는 경우에는 그 변경출원에 해당 서류 또는 서면이 제출된 것으로 본다. 〈2024. 5. 1. 시행 개정법〉
⑥ 제5항에 따라 제46조에 따른 우선권 주장을 한 것으로 보는 변경출원에 대해서는 변경출원을 한 날부터 30일 이내에 그 우선권 주장의 전부 또는 일부를 취하할 수 있다. 〈2024. 5. 1. 시행 개정법〉
⑦ 제47조에 따른 출원 시의 특례에 관하여는 제5항 및 제6항을 준용한다. 〈2024. 5. 1. 시행 개정법〉
⑧ 변경출원의 경우 최초의 출원은 취하된 것으로 본다.

제45조(출원의 분할)

① 출원인은 둘 이상의 상품을 지정상품으로 하여 상표등록출원을 한 경우에는 제40조제1항 각 호 및 제41조제1항 각 호에서 정한 기간 내에 둘 이상의 상표등록출원으로 분할할 수 있다.
② 제1항에 따라 분할하는 상표등록출원(이하 "분할출원"이라 한다)이 있는 경우 그 분할출원은 최초에 상표등록출원을 한 때에 출원한 것으로 본다. 다만, <u>제46조제3항·제4항 또는 제47조제2항을 적용할 때에는 분할출원한 때를 기준으로 한다.</u> 〈2024. 5. 1. 시행 개정법〉
③ 분할의 기초가 된 상표등록출원이 제46조에 따라 우선권을 주장한 상표등록출원인 경우에는 제1항에 따라 분할출원을 한 때에 그 분할출원에 대해서도 우선권 주장을 한 것으로 보며, 분할의 기초가 된 상표등록출원에 대하여 제46조에 따라 제출된 서류 또는 서면이 있는 경우에는 그 분할출원에 대해서도 해당 서류 또는 서면이 제출된 것으로 본다.
④ 제3항에 따라 제46조에 따른 우선권 주장을 한 것으로 보는 분할출원에 대해서는 분할출원을 한 날부터 30일 이내에 그 우선권 주장의 전부 또는 일부를 취하할 수 있다.
⑤ 제47조에 따른 출원 시의 특례에 관하여는 제3항 및 제4항을 준용한다.

제46조(조약에 따른 우선권 주장)

① 조약에 따라 대한민국 국민에게 상표등록출원에 대한 우선권을 인정하는 당사국의 국민이 그 당사국 또는 다른 당사국에 상표등록출원을 한 후 같은 상표를 대한민국에 상표등록출원하여 우선권을 주장하는 경우에는 제35조를 적용할 때 그 당사국에 출원한 날을 대한민국에 상표등록출원한 날로 본다. 대한민국 국민이 조약에 따라 대한민국 국민에게 상표등록출원에 대한 우선권을 인정하는 당사국에 상표등록출원한 후 같은 상표를 대한민국에 상표등록출원한 경우에도 또한 같다.
② 제1항에 따라 우선권을 주장하려는 자는 우선권 주장의 기초가 되는 최초의 출원일부터 6개월 이내에 출원하지 아니하면 우선권을 주장할 수 없다.

③ 제1항에 따라 우선권을 주장하려는 자는 상표등록출원 시 상표등록출원서에 그 취지, 최초로 출원한 국가명 및 출원 연월일을 적어야 한다.
④ 제3항에 따라 우선권을 주장한 자는 최초로 출원한 국가의 정부가 인정하는 상표등록출원의 연월일을 적은 서면, 상표 및 지정상품의 등본을 상표등록출원일부터 3개월 이내에 특허청장에게 제출하여야 한다.
⑤ 제3항에 따라 우선권을 주장한 자가 제4항의 기간 내에 같은 항에 따른 서류를 제출하지 아니한 경우에는 그 우선권 주장은 효력을 상실한다.

제47조(출원 시의 특례)
① 상표등록을 받을 수 있는 자가 다음 각 호의 어느 하나에 해당하는 박람회에 출품한 상품에 사용한 상표를 그 출품일부터 6개월 이내에 그 상품을 지정상품으로 하여 상표등록출원을 한 경우에는 그 상표등록출원은 그 출품을 한 때에 출원한 것으로 본다.
  1. 정부 또는 지방자치단체가 개최하는 박람회
  2. 정부 또는 지방자치단체의 승인을 받은 자가 개최하는 박람회
  3. 정부의 승인을 받아 국외에서 개최하는 박람회
  4. 조약당사국의 영역(領域)에서 그 정부나 그 정부로부터 승인을 받은 자가 개최하는 국제박람회
② 제1항을 적용받으려는 자는 그 취지를 적은 상표등록출원서를 특허청장에게 제출하고, 이를 증명할 수 있는 서류를 상표등록출원일부터 30일 이내에 특허청장에게 제출하여야 한다.

Ⅰ. 출원의 변경 - 법조문 활용 [제44조]

1. 의의 및 취지 [못.선.편.재]

출원인이 출원 형식을 잘못 선택한 경우, 선출원의 지위를 계속 유지하면서 이를 변경하는 제도이다. 출원인의 편의 도모 및 재출원으로 인한 번잡 방지하기 위함이다.

2. 요건

(1) 주체적 요건
  원출원인, 정당한 승계인
(2) 시기적 요건- 법조문 활용 [제44조 제2항 단서, 제4항]
  ⅰ) 최초 출원에 대한 등록여부결정 또는 심결 확정 후에는 출원할 수 없다(본조 제4항).
  ⅱ) 지정상품추가등록출원을 상표등록출원으로 변경하는 경우, 지정상품추가등록출원의 기초 등록상표에 무효심판/취소심판이 청구되거나 그로 인해 소멸되는 경우에는 불가능하다(본조 제2항 단서).
(3) 객체적 요건
  최초출원의 계속 및 객체(표장, 지정상품)의 동일성이 유지될 것

3. 절차

변경출원서에 그 취지를 기재하여 새로이 출원해야 한다.

4. 효과

(1) 적법한 경우

1) 변경출원은 최초에 상표등록출원을 한 때에 출원한 것으로 본다(단, 제46조 제1항, 제47조 제1항을 적용하는 경우에는 예외)(제44제3항).

2) 변경출원을 한 경우 최초의 출원은 취하된 것으로 본다(제44조8항).

3) 제46조에 따른 우선권 주장, 제47조에 따른 출원시 특례 적용에 필요한 서류 제출은 변경출원일을 기준으로 기산한다(제44조3항 단서).

4) 변경출원의 기초가 된 출원이 제46조에 따라 우선권을 주장한 출원인 경우에는 변경출원을 한 때에 우선권 주장을 한 것으로 보며, 변경출원의 기초가 된 출원에 대하여 제46조에 따라 제출된 서류 또는 서면이 있는 경우에는 그 변경출원에 해당 서류 또는 서면이 제출된 것으로 본다(제44조5항). 제5항에 따라 우선권 주장을 한 것으로 보는 변경출원에 대해서는 변경출원을 한 날부터 30일 이내에 그 우선권 주장의 전부 또는 일부를 취하할 수 있다(제44조6항).

(2) 부적법한 경우

시기적 제한을 위반한 경우, 부적법한 분할출원으로 보아 반려한다.

Ⅱ. 출원의 분할 - 법조문 활용 [제45조]

1. 의의 및 취지 [동.분.편.재]

상표의 동일성을 유지한 채로 지정상품을 분할하여 출원하는 것을 말한다. 지정상품 일부의 거절이유가 있는 경우, 거절이유 없는 상품을 먼저 등록받도록 하여 출원인의 편의 도모 및 재출원으로 인한 번잡 방지 위함이다.

2. 요건

(1) 주체적 요건

원출원인, 정당한 승계인

(2) 시기적 요건

제40조 제1항 각 호, 제 41조 제1항 각 호 규정에 따른 실체보정을 할 수 있는 기간 내

(3) 객체적 요건

① 원출원이 출원 계속 중일 것, ② 원출원의 범위 내에서의 분할일 것을 요구한다.

3. 절차

1) 상표등록분할출원서에 그 취지를 기재하고 새로이 출원하여야 한다.

2) 원출원에 대하여는 분할하고자 하는 상품을 삭제하는 보정서를 제출하여야 한다(시행규칙 제37조 제1항).

4. 효과

(1) 적법한 경우

1) 분할출원은 최초에 상표등록출원을 한 때에 출원한 것으로 본다(단, 제46조 제1항, 제47조 제1항을 적용하는 경우에는 예외)(제45조 제2항).
2) 분할출원은 원출원과 독립된 별개의 출원이다. 따라서, 분할출원 후 원출원이 거절되거나 취하되더라도 분할출원에는 영향이 없다(분할출원의 독립성).

(2) 부적법한 경우

1) 시기적 제한을 위반한 경우, 부적법한 분할출원으로 보아 반려한다.
2) 내용적 제한을 위반한 경우, '분할불인정예고통지' 후 출원인이 이에 대응하여 추가된 상품을 삭제하면 적법한 분할출원으로 인정, 응하지 않거나 하자가 치유되지 않는 경우에는 부적법한 출원으로 보아 지정상품 전체에 대하여 실제 분할출원일을 출원일로 보아 심사한다.

5. 상표출원의 분할이전

1) 상표등록출원은 지정상품마다 분할하여 이전할 수 있다. 다만, 유사한 지정상품은 함께 이전하여야 한다(제48조 제2항).
2) 위 이전 제한 규정을 위반한 경우 거절이유(제54조 제3호), 무효사유(제117조 제1항 제1호)

Ⅲ. 조약에 따른 우선권 주장 제도 - 법조문 활용 [제46조]

1. 의의 및 취지   [조.선.파.국]

조약당사국에 상표등록출원한 후 해당 상표를 우선권 주장과 함께 상표등록출원한 경우 선출원(제35조)의 적용 시 조약당사국의 출원일을 대한민국에 출원한 날로 본다. 파리조약 제4조를 입법한 것으로, 상표의 국제적인 보호를 도모하기 위함이다.

2. 요건

(1) 우선권 주장의 기초가 되는 제1국 출원
(2) 제2국에서의 적법한 우선권 주장
(3) 시기적 요건

3. 절차

1) **[주장, 증명서류 제출]** 상표등록출원 시 우선권을 주장하여야 하며(제46조3항), 출원일로부터 3개월 이내 우선권 증명서류를 제출해야 한다(제46조4항).
2) **[마드리드 의정서의 특칙]** 마드리드 의정서에 의한 국제상표등록출원의 경우 우선권 증명서류를 제출할 필요가 없다(제118조).

4. 효과

(1) 적법한 경우

1) 제35조(선출원) 규정을 적용할 때, 제1국 출원일을 우리나라의 출원일로 본다(제46조1항).

> **[쟁점] 조약우선권 주장 시 제34조 등의 규정을 적용하는 경우 출원일**
>
> **1. 상표법 및 심사기준의 태도**
> 적법한 우선권주장출원의 경우 제35조를 적용할 때 제1국 출원일을 우리나라의 출원일로 본다(제46조 1항). 심사기준도 제34조의 규정을 적용하는 경우 해당 상표등록출원일을 기준으로 판단한다고 규정하였다.
>
> **2. 검토**
> **[상표법/심사기준 찬성]** 생각건대, 조문의 규정이 제34조를 규정하지 않고 있다는 점, 제34조1항13호나 20호는 '부정한 목적' 또는 '악의'와 같은 주관적 사정을 요건으로 하고 있으므로 실제 출원일을 기준으로 판단해야 할 것이다.
> **[상표법/심사기준 반대]** 생각건대, 파리조약 제4조(B)의 규정에 비추어 볼 때, 제34조 각 호 등의 규정에 대해서도 특별한 사정이 없는 한 제1국 출원일을 기준으로 판단하는 것이 타당하다.

    2) 색채/색채의조합/홀로그램/동작상표: 2007. 7. 1. 전에 제1국에 출원하였더라도 2007. 7. 1. 이후에 우선권을 주장하여 출원한 경우, 2007. 7. 1.에 출원한 것으로 본다.

    3) 소리/냄새상표/증명표장출원: 2012. 3. 15. 전에 제1국에 출원하였더라도 2012. 3. 15. 이후에 우선권을 주장하여 출원한 경우, 2012. 3. 15.에 출원한 것으로 본다.

  (2) 부적법한 경우

    1) 우선권이 상실하나(제46조5항), 이 경우에는 우리나라의 실제 출원일을 기준으로 심사한다.

Ⅳ. 출원 시의 특례 - 법조문 활용 [제47조]

1. 의의 및 취지
[박.소.권.출]

박람회에 출품한 상품에 사용한 상표를, 그 출품일로부터 6개월 이내에 그 상품을 지정상품으로 출원한 경우 그 출원일이 소급하는 규정이다. 파리협약 제11조를 준수하고, 박람회의 권위 및 출품자 보호 위함이다.

2. 요건

  (1) 주체적 요건

    박람회에서 상품을 출품한 출품자 또는 정당승계인

  (2) 시기적 요건

    박람회 출품일로부터 6개월 이내

  (3) 객체적 요건

    1) 지정상품: 박람회에 출품한 상품

    2) 상표: 박람회에 출품한 상품에 사용한 상표와 동일

    3) '박람회'란, ① 정부 또는 지방자치단체가 개최하는 박람회, ② 정부 또는 지방자치단체의 승인을 받은 자가 개최하는 박람회, ③ 정부의 승인을 받아 국외에서 개최하는 박람회, ④ 조약당사국의 영역에서 그 정부나 그 정부로부터 승인을 받은 자가 개최하는 국제박람회를 말한다.

3. 절차
1) **[주장, 증명서류 제출]** 상표등록출원 시 그 취지를 주장하여야 하고(제47조2항), 출원일로부터 30일 이내 우선권 증명서류를 제출해야 한다(제47조2항).
2) **[마드리드 의정서의 특칙]** 취지를 적은 서면 및 이를 증명할 수 있는 서류를 국제등록일로부터 3개월 이내 특허청장에게 제출해야 한다(제189조).

4. 효과
(1) 적법한 경우
박람회 출품을 한 때 출원한 것으로 본다(제47조1항).
(2) 부적법한 경우
출원 시 특례가 인정되지 않는 경우에는 실제로 출원한 날에 출원한 것으로 본다.
(3) 우선권 주장을 수반한 경우
출원 시 특례는 실제 출원일이 박람회 출품일로부터 6개월 이내인 경우에만 인정되므로, 우선권주장출원에 있어서도 제1국 출원일이 아닌 제2국 출원일이 박람회 출품일로부터 6개월 이내여야 한다.

[단문형 문제 답안 Formation] 변경출원, 분할출원, 조약우선권주장, 출원 시 특례

1. 의의 및 취지
   - 의의는 암기 　　　　　　　　　　　　　　　　[못.선.편.재] [동.분.편.재] [조.선.파.국] [박.소.권.출]
   - 분할/변경 취지: 출원인의 편의 도모 및 재출원으로 인한 번잡 방지
   - 조약우주 취지: 파리협약 4조, 국제적 보호
   - 출원 시 특례 취지: 박람회 권위 및 출품자 보호
2. 요건
   - 주체적, 시기적, 객체적
3. 절차
4. 효과

9-3-1 부분거절제도

제54조(상표등록거절결정)
　심사관은 상표등록출원이 다음 각 호의 어느 하나에 해당하는 경우에는 상표등록거절결정을 하여야 한다. 이 경우 상표등록출원의 지정상품 일부가 다음 각 호의 어느 하나에 해당하는 경우에는 그 지정상품에 대하여만 상표등록거절결정을 하여야 한다. 〈개정 2022. 2. 3.〉
1. 제2조제1항에 따른 상표, 단체표장, 지리적 표시, 지리적 표시 단체표장, 증명표장, 지리적 표시 증명표장 또는 업무표장의 정의에 맞지 아니하는 경우
2. 조약에 위반된 경우
3. 제3조, 제27조, 제33조부터 제35조까지, 제38조제1항, 제48조제2항 후단, 같은 조 제4항 또는 제6항부터 제8항까지의 규정에 따라 상표등록을 할 수 없는 경우
4. 제3조에 따른 단체표장, 증명표장 및 업무표장의 등록을 받을 수 있는 자에 해당하지 아니한 경우
5. 지리적 표시 단체표장등록출원의 경우에 그 소속 단체원의 가입에 관하여 정관에 의하여 단체의 가입을 금지하거나 정관에 충족하기 어려운 가입조건을 규정하는 등 단체의 가입을 실질적으로 허용하지 아니한 경우
6. 제36조제3항에 따른 정관에 대통령령으로 정하는 단체표장의 사용에 관한 사항의 전부 또는 일부를 적지 아니하였거나 같은 조 제4항에 따른 정관 또는 규약에 대통령령으로 정하는 증명표장의 사용에 관한 사항의 전부 또는 일부를 적지 아니한 경우
7. 증명표장등록출원의 경우에 그 증명표장을 사용할 수 있는 자에 대하여 정당한 사유 없이 정관 또는 규약으로 사용을 허락하지 아니하거나 정관 또는 규약에 충족하기 어려운 사용조건을 규정하는 등 실질적으로 사용을 허락하지 아니한 경우

제55조(거절이유통지)
① 심사관은 다음 각 호의 어느 하나에 해당하는 경우에는 출원인에게 미리 거절이유(제54조 각 호의 어느 하나에 해당하는 이유를 말하며, 이하 "거절이유"라 한다)를 통지하여야 한다. 이 경우 출원인은 산업통상자원부령으로 정하는 기간 내에 거절이유에 대한 의견서를 제출할 수 있다. 〈개정 2021. 10. 19.〉
1. 제54조에 따라 상표등록거절결정을 하려는 경우
2. 제68조의2제1항에 따른 직권 재심사를 하여 취소된 상표등록결정 전에 이미 통지한 거절이유로 상표등록거절결정을 하려는 경우
② 심사관은 제1항에 따라 거절이유를 통지하는 경우에 지정상품별로 거절이유와 근거를 구체적으로 적어야 한다.
③ 제1항 후단에 따른 기간 내에 의견서를 제출하지 못한 출원인은 그 기간의 만료일부터 2개월 내에 상표에 관한 절차를 계속 진행할 것을 신청하고, 거절이유에 대한 의견서를 제출할 수 있다.

제57조(출원공고)
① 심사관은 상표등록출원에 대하여 거절이유를 발견할 수 없는 경우(일부 지정상품에 대하여 거절이유가 있는 경우에는 그 지정상품에 대한 거절결정이 확정된 경우를 말한다)에는 출원공고결정을 하여야 한다. 다만, 다음 각 호의 어느 하나에 해당하는 경우에는 출원공고결정을 생략할 수 있다. 〈개정 2022. 2. 3.〉
1. 제2항에 따른 출원공고결정의 등본이 출원인에게 송달된 후 그 출원인이 출원공고된 상표등록출원을 제45조에 따라 둘 이상의 상표등록출원으로 분할한 경우로서 그 분할출원에 대하여 거절이유를 발견할 수 없는 경우
2. 제54조에 따른 상표등록거절결정에 대하여 취소의 심결이 있는 경우로서 해당 상표등록출원의 지정상품에 대하여 이미 출원공고된 사실이 있고 다른 거절이유를 발견할 수 없는 경우
② 특허청장은 제1항 각 호 외의 부분 본문에 따른 결정이 있을 경우에는 그 결정의 등본을 출원인에게 송달하고 그 상표등록출원에 관하여 상표공보에 게재하여 출원공고를 하여야 한다.

③ 특허청장은 제2항에 따라 출원공고를 한 날부터 2개월간 상표등록출원 서류 및 그 부속 서류를 특허청에서 일반인이 열람할 수 있게 하여야 한다.

제68조(상표등록결정)
심사관은 상표등록출원에 대하여 거절이유를 발견할 수 없는 경우(일부 지정상품에 대하여 거절이유가 있는 경우에는 그 지정상품에 대한 거절결정이 확정된 경우를 말한다)에는 상표등록결정을 하여야 한다. 〈개정 2022. 2. 3.〉

제87조(지정상품의 추가등록거절결정 및 거절이유통지)
① 심사관은 지정상품추가등록출원이 다음 각 호의 어느 하나에 해당하는 경우에는 그 지정상품의 추가등록거절결정을 하여야 한다. 이 경우 지정상품추가등록출원의 지정상품 일부가 다음 각 호의 어느 하나에 해당하는 경우에는 그 지정상품에 대하여만 지정상품의 추가등록거절결정을 하여야 한다. 〈개정 2022. 2. 3.〉
  1. 제54조 각 호의 어느 하나에 해당할 경우
  2. 지정상품의 추가등록출원인이 해당 상표권자 또는 출원인이 아닌 경우
  3. 등록상표의 상표권 또는 상표등록출원이 다음 각 목의 어느 하나에 해당하게 된 경우
      가. 상표권의 소멸
      나. 상표등록출원의 포기, 취하 또는 무효
      다. 상표등록출원에 대한 제54조에 따른 상표등록거절결정의 확정
② 심사관은 다음 각 호의 어느 하나에 해당하는 경우에는 출원인에게 거절이유를 통지하여야 한다. 이 경우 출원인은 산업통상자원부령으로 정하는 기간 내에 거절이유에 대한 의견서를 제출할 수 있다. 〈개정 2021. 10. 19.〉
  1. 제1항에 따라 지정상품의 추가등록거절결정을 하려는 경우
  2. 제88조제2항에 따라 준용되는 제68조의2제1항에 따른 직권 재심사를 하여 취소된 지정상품의 추가등록결정 전에 이미 통지한 거절이유로 지정상품의 추가등록거절결정을 하려는 경우
③ 제2항 후단에 따른 기간 내에 의견서를 제출하지 아니한 출원인은 그 기간의 만료일부터 2개월 이내에 지정상품의 추가등록에 관한 절차를 계속 진행할 것을 신청하고, 그 기간 내에 거절이유에 대한 의견서를 제출할 수 있다.
④ 심사관은 제2항에 따라 거절이유를 통지하는 경우 지정상품별로 거절이유와 근거를 구체적으로 적어야 한다. 〈신설 2022. 2. 3.〉

제116조(거절결정에 대한 심판)
제54조에 따른 상표등록거절결정, 지정상품추가등록 거절결정 또는 상품분류전환등록 거절결정(이하 "거절결정"이라 한다)을 받은 자가 불복하는 경우에는 그 거절결정의 등본을 송달받은 날부터 3개월 이내에 거절결정된 지정상품의 전부 또는 일부에 관하여 심판을 청구할 수 있다. 〈개정 2021. 10. 19., 2022. 2. 3.〉

제148조(심판청구의 취하)
① 심판청구는 심결이 확정될 때까지 취하할 수 있다. 다만, 제133조제1항에 따른 답변서가 제출된 경우에는 상대방의 동의를 받아야 한다.
② 둘 이상의 지정상품에 관하여 제116조에 따른 거절결정에 대한 심판이나 제117조제1항, 제118조제1항 또는 제214조제1항에 따른 무효심판이 청구되었을 경우에는 지정상품마다 심판청구를 취하할 수 있다. 〈개정 2022. 2. 3.〉
③ 제1항 또는 제2항에 따라 심판청구가 취하되었을 경우에는 그 심판청구 또는 그 지정상품에 대한 심판청구는 처음부터 없었던 것으로 본다.

제191조(출원공고의 특례)
국제상표등록출원에 대하여 제57조제1항 각 호 외의 부분 본문을 적용할 경우 "거절이유를 발견할 수 없는 경우(일부 지정상품에 대하여 거절이유가 있는 경우에는 그 지정상품에 대한 거절결정이 확정된 경우를 말한다)에는"은 "산업통상자원부령으로 정하는 기간 내에 거절이유를 발견할 수 없는 경우(일부 지정상품에 대하여 거절이유가 있는 경우에는 그 지정상품에 대한 거절결정이 확정된 경우를 말한다)에는"으로 본다. 〈개정 2022. 2. 3.〉

> **제193조(상표등록결정 및 직권에 의한 보정 등의 특례)**
> ① 국제상표등록출원에 대하여 제68조를 적용할 경우 "거절이유를 발견할 수 없는 경우(일부 지정상품에 대하여 거절이유가 있는 경우에는 그 지정상품에 대한 거절결정이 확정된 경우를 말한다)에는"은 "산업통상자원부령으로 정하는 기간 내에 거절이유를 발견할 수 없는 경우(일부 지정상품에 대하여 거절이유가 있는 경우에는 그 지정상품에 대한 거절결정이 확정된 경우를 말한다)에는"으로 본다. 〈개정 2022. 2. 3.〉
> ② 국제상표등록출원에 대해서는 제59조를 적용하지 아니한다.
> ③ 국제상표등록출원에 대해서는 제68조의2를 적용하지 아니한다. 〈신설 2021. 10. 19.〉

I. 의의 및 취지

상표등록출원의 지정상품 일부에 거절이유가 있는 경우, 그 지정상품에 대해서만 거절결정을 하고 나머지 지정상품은 등록을 받게 하는 제도이다. 출원인의 거절이유 대응의 비용 및 시간 부담을 완화하기 위함이다.

II. 심사 단계에서의 적용 [거.공.등.재]

1. 거절이유통지 및 상표등록거절결정

① 심사관은 거절이유를 통지하는 경우에 지정상품별로 거절이유와 근거를 구체적으로 적어야 하며(제55조1항), ② 지정상품 일부에만 거절이유가 있는 경우에는 그 지정상품에 대하여만 거절결정을 하여야 한다(제54조1항).

2. 출원공고결정

지정상품 일부에만 거절이유가 있는 경우에는 그 지정상품에 대한 거절결정이 확정된 경우에 출원공고를 하여야 한다(제57조1항).

3. 상표등록결정

지정상품 일부에만 거절이유가 있는 경우에는 그 지정상품에 대한 거절결정이 확정된 경우에 출원공고를 거쳐, 등록결정을 하여야 한다(제68조).

4. 재심사 청구

일부 지정상품에 대하여만 상표등록거절결정을 받은 경우에는 재심사 청구 가능하다(제55조의2).

III. 거절결정불복심판 단계에서의 적용 [청.취]

1. 일부에 대한 거절결정불복심판청구 가능

상표등록거절결정을 받은 자가 불복하는 경우, 그 거절결정의 등본을 송달받은 날부터 3개월 이내에, 거절결정된 지정상품의 일부에 관하여 심판을 청구할 수 있다(제116조).

2. 일부 취하 가능[204]

2023년 시행 개정법은, 구법과 달리 둘 이상의 지정상품에 관하여 거절결정불복심판이 청구된 경우에는 지정상품마다 심판청구를 취하할 수 있도록 하였다(제148조2항).

IV. 기타 적용가능성

1) 지정상품추가등록출원에도 그 적용이 있다.
2) 상품분류전환등록신청 및 존속기간갱신등록신청은 그 적용이 없다(제88조, 제210조).
3) 다만, 국제상표등록출원에 대해서는 부분거절제도의 적용이 있다(제191조, 제193조).

V. 경과규정

부칙 제3조에 따라, 2023. 2. 4. 개정법 시행일 이후 출원하는 상표등록출원 또는 지정상품추가출원부터 적용한다.

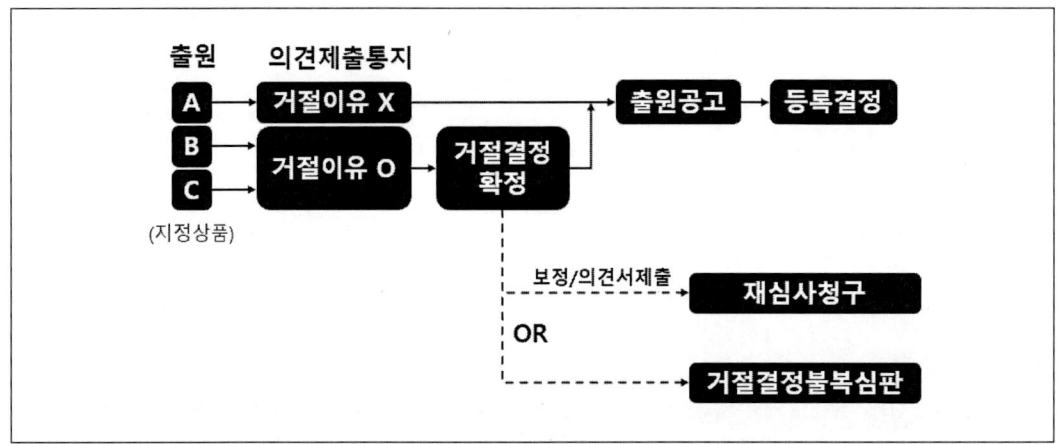

---

[204] 다만, 거절결정불복심판의 일부인용/일부기각 심결이 가능한지에 대하여 다툼이 있으나, 판례, 통설적 태도 및 심판실무의 지침이 없으므로 조속한 지침 마련이 필요할 것이다.

THEME 9-3-2 재심사 청구제도

> **제55조(거절이유통지)**
> ① 심사관은 다음 각 호의 어느 하나에 해당하는 경우에는 출원인에게 미리 거절이유(제54조 각 호의 어느 하나에 해당하는 이유를 말하며, 이하 "거절이유"라 한다)를 통지하여야 한다. 이 경우 출원인은 산업통상자원부령으로 정하는 기간 내에 거절이유에 대한 의견서를 제출할 수 있다.
>   1. 제54조에 따라 상표등록거절결정을 하려는 경우
>   2. 제68조의2제1항에 따른 직권 재심사를 하여 취소된 상표등록결정 전에 이미 통지한 거절이유로 상표등록거절결정을 하려는 경우
> ② 심사관은 제1항에 따라 거절이유를 통지하는 경우에 지정상품별로 거절이유와 근거를 구체적으로 적어야 한다.
> ③ 제1항 후단에 따른 기간 내에 의견서를 제출하지 못한 출원인은 그 기간의 만료일부터 2개월 내에 상표에 관한 절차를 계속 진행할 것을 신청하고, 거절이유에 대한 의견서를 제출할 수 있다.
>
> **제55조의2(재심사의 청구)**
> ① 제54조에 따른 상표등록거절결정을 받은 자는 그 결정 등본을 송달받은 날부터 3개월(제17조제1항에 따라 제116조에 따른 기간이 연장된 경우에는 그 연장된 기간을 말한다) 이내에 지정상품 또는 상표를 보정하여 해당 상표등록출원에 관한 재심사를 청구할 수 있다. 다만, 재심사를 청구할 때 이미 재심사에 따른 거절결정이 있거나 제116조에 따른 심판청구가 있는 경우에는 그러하지 아니하다.
> ② 출원인은 제1항에 따른 재심사의 청구와 함께 의견서를 제출할 수 있다.
> ③ 제1항에 따라 재심사가 청구된 경우 그 상표등록출원에 대하여 종전에 이루어진 상표등록거절결정은 취소된 것으로 본다. 다만, 재심사의 청구절차가 제18조제1항에 따라 무효로 된 경우에는 그러하지 아니하다.
> ④ 제1항에 따른 재심사의 청구는 취하할 수 없다.

- 법조문 활용 [제55조의2]

I. 의의 및 취지

거절결정을 받은 자가 재심사청구기간 이내 상표 또는 지정상품을 보정하여 출원을 다시 심사할 것을 청구하는 것을 말한다. 절차의 간이·신속을 도모하고, 출원인의 편의를 도모하기 위함이다.

II. 적용 요건 [3실.재거]

1. 거절결정등본 송달받은 날로부터 3개월 이내 실체보정이 있을 것

상표등록거절결정을 받은 자는 그 결정 등본을 송달받은 날부터 3개월 이내에 지정상품 또는 상표를 보정하여 해당 상표등록출원에 관한 재심사를 청구할 수 있다. 다만, 제17조제1항에 따라 거절결정불복심판의 청구기간이 연장된 경우에는 그 연장된 기간 이내에 해당 상표등록출원에 관한 재심사를 청구할 수 있다.

2. 이미 재심사에 따른 거절결정 또는 거절결정불복심판의 청구가 없을 것

재심사를 청구할 때 이미 재심사에 따른 거절결정이 있거나 거절결정불복심판 청구가 있는 경우에는 그러하지 아니하다.

III. 절차

1. 보정(필수)
- ① 보정과 동시에 또는 ② 보정 후 재심사 청구 가능[205]
- 재심사 청구기간 내에는 횟수에 제한 없이 자유롭게 보정 가능(제40조1항1호)

2. 의견서 제출(선택)
- 재심사의 청구와 함께 의견서 제출 가능(제55조의2 2항)

IV. 효과

1. 종전의 거절결정의 취소 간주(제55조의2 3항)
재심사가 청구된 경우 그 상표등록출원에 대하여 종전에 이루어진 상표등록거절결정은 취소된 것으로 본다. 다만, 재심사의 청구절차가 제18조제1항에 따라 절차의 무효로 된 경우에는 그러하지 아니하다.

2. 재심사 청구의 취하 금지(제55조의2 4항)
재심사의 청구는 취하할 수 없다.

V. 관련쟁점

1. 국제상표등록출원의 경우
국제상표등록출원에 대해서는 재심사 청구제도를 적용하지 아니한다(제193조의2).

2. 경과규정
부칙 제2조에 따라 2023. 2. 4. 시행 이후 출원하는 상표등록출원, 지정상품추가출원, 상품분류전환등록신청부터 적용한다.

---

[205] 현행 특허법은, 출원인이 재심사를 청구할 때에만 특허출원의 보정이 가능

THEME 9-4 손실보상청구권

> **제58조(손실보상청구권)**
> ① 출원인은 제57조제2항(제88조제2항 및 제123조제1항에 따라 준용되는 경우를 포함한다)에 따른 출원공고가 있은 후 해당 상표등록출원에 관한 지정상품과 동일·유사한 상품에 대하여 해당 상표등록출원에 관한 상표와 동일·유사한 상표를 사용하는 자에게 서면으로 경고할 수 있다. 다만, 출원인이 해당 상표등록출원의 사본을 제시하는 경우에는 출원공고 전이라도 서면으로 경고할 수 있다.
> ② 제1항에 따라 경고를 한 출원인은 경고 후 상표권을 설정등록할 때까지의 기간에 발생한 해당 상표의 사용에 관한 업무상 손실에 상당하는 보상금의 지급을 청구할 수 있다.
> ③ 제2항에 따른 청구권은 해당 상표등록출원에 대한 상표권의 설정등록 전까지는 행사할 수 없다.
> ④ 제2항에 따른 청구권의 행사는 상표권의 행사에 영향을 미치지 아니한다.
> ⑤ 제2항에 따른 청구권을 행사하는 경우의 등록상표 보호범위 등에 관하여는 제91조, 제108조, 제113조 및 제114조와 「민법」 제760조 및 제766조를 준용한다. 이 경우 「민법」 제766조제1항 중 "피해자나 그 법정대리인이 그 손해 및 가해자를 안 날"은 "해당 상표권의 설정등록일"로 본다.
> ⑥ 상표등록출원이 다음 각 호의 어느 하나에 해당하는 경우에는 제2항에 따른 청구권은 처음부터 발생하지 아니한 것으로 본다.
> 　1. 상표등록출원이 포기·취하 또는 무효가 된 경우
> 　2. 상표등록출원에 대한 제54조에 따른 상표등록거절결정이 확정된 경우
> 　3. 제117조에 따라 상표등록을 무효로 한다는 심결(같은 조 제1항제5호부터 제7호까지의 규정에 따른 경우는 제외한다)이 확정된 경우

　　- 법조문 활용 [제58조]

Ⅰ. 의의 및 취지　　　　　　　　　　　　　　　　　　　　　　　　　　　　　　　[출.전.손.금/조.마.조]

출원상표와 유사한 상표의 제3자 사용으로 인하여, 상표등록 전 발생한 출원인의 업무상 손실을 보전하기 위한 금전적 청구권이다. 출원상표 조기 보호 및 마드리드의정서에 따른 국제출원과의 조화 위함이다.

Ⅱ. 요건　　　　　　　　　　　　　　　　　　　　　　　　　　　　　　　　　　　　　[유.경.사.실]

① 출원상표와 유사한 상표의 범위 내, ② 서면에 의한 경고 필요, ③ 경고 후 제3자의 계속적 사용, ④ 업무상 손실 발생

Ⅲ. 행사 및 소멸　　　　　　　　　　　　　　　　　　　　　　　　　　　　　　　　　[전.영.준]

1. 행사

1) [3항] 상표등록출원에 대한 상표권의 설정등록 전까지는 행사할 수 없다.
2) [4항] 손실보상금청구권 행사는 상표권 행사에 영향을 미치지 않는다.

3) **[5항]** 상표권의 보호범위에 관한 규정(제91조, 제108조, 제113조, 제114조), 민법 제760조 및 제766조 규정을 준용한다. 다만, 손해액 추정(제110조) 및 고의의 추정(제112조) 규정은 준용되지 않는다.

2. 소멸

1) **[6항]** ① 상표등록출원이 포기·취하 또는 무효가 된 경우, ② 상표등록거절결정이 확정된 경우, ③ 무효심결 확정된 경우(후발적 무효사유 제외) 처음부터 발생하지 아니한 것으로 본다.
2) **[시효에 의한 소멸]** 민법 제766조의 규정이 준용되므로, 상표권의 설정등록일로부터(즉, 손해 및 가해자를 안 날) 3년 또는 출원상표를 사용한 날로부터 10년 경과한 때 시효로 소멸한다.

Ⅳ. 관련문제 - 상표법 제90조 준용문제

① 제58조5항은 제90조를 준용하지 않으나, ② 출원상표에 대한 보호가 등록상표의 보호보다 클 수 없다는 점, 사용자의 사용이 제90조에 해당하는 경우 업무상 손실이 있다고 보기 어렵다는 점에서, ③ 제90조에 해당하는 경우 손실보상청구권 적용이 있기 어렵다.

※ **손실보상청구권 행사 문제의 답안지 전개 방식**

1. 손실보상금청구권
   (1) 의의 및 취지   (2) 요건
   (3) 사안의 경우
      사안에서, 甲은 2017. 1. 1. 乙에게 서면으로 경고하였으나(②), 乙은 계속 ~를 사용하여(③) 업무상 손실 있으므로(④), 사용상표가 유사한지(①), 효력제한 규정이 준용되는지 문제된다(Ⅳ).

2. 상표의 유사 여부

3. 제90조의 준용 여부
   (1) 문제점   ... Ⅳ. ①
   (2) 검토   ... Ⅳ. ②③
   (3) 사안의 경우

4. 사안의 해결

THEME 9-5 지정상품추가등록제도

제86조(지정상품추가등록출원)
① 상표권자 또는 출원인은 등록상표 또는 상표등록출원의 지정상품을 추가하여 상표등록을 받을 수 있다. 이 경우 추가 등록된 지정상품에 대한 상표권의 존속기간 만료일은 그 등록상표권의 존속기간 만료일로 한다.
② 제1항에 따라 지정상품의 추가등록을 받으려는 자는 다음 각 호의 사항을 적은 지정상품의 추가등록출원서를 특허청장에게 제출하여야 한다.
 1. 제36조제1항제1호·제2호·제5호 및 제6호의 사항
 2. 상표등록번호 또는 상표등록출원번호
 3. 추가로 지정할 상품 및 그 상품류

제87조(지정상품의 추가등록거절결정 및 거절이유통지)
① 심사관은 지정상품추가등록출원이 다음 각 호의 어느 하나에 해당하는 경우에는 그 지정상품의 추가등록거절결정을 하여야 한다. 이 경우 지정상품추가등록출원의 지정상품 일부가 다음 각 호의 어느 하나에 해당하는 경우에는 그 지정상품에 대하여만 지정상품의 추가등록거절결정을 하여야 한다. 〈개정 2022. 2. 3.〉
 1. 제54조 각 호의 어느 하나에 해당할 경우
 2. 지정상품의 추가등록출원인이 해당 상표권자 또는 출원인이 아닌 경우
 3. 등록상표의 상표권 또는 상표등록출원이 다음 각 목의 어느 하나에 해당하게 된 경우
  가. 상표권의 소멸
  나. 상표등록출원의 포기, 취하 또는 무효
  다. 상표등록출원에 대한 제54조에 따른 상표등록거절결정의 확정
② 심사관은 제1항에 따라 지정상품의 추가등록거절결정을 하려는 경우에는 출원인에게 거절이유를 통지하여야 한다. 이 경우 출원인은 산업통상자원부령으로 정하는 기간 내에 거절이유에 대한 의견서를 제출할 수 있다.
③ 제2항 후단에 따른 기간 내에 의견서를 제출하지 아니한 출원인은 그 기간의 만료일부터 2개월 이내에 지정상품의 추가등록에 관한 절차를 계속 진행할 것을 신청하고, 그 기간 내에 거절이유에 대한 의견서를 제출할 수 있다.
④ 심사관은 제2항에 따라 거절이유를 통지하는 경우 지정상품별로 거절이유와 근거를 구체적으로 적어야 한다. 〈신설 2022. 2. 3.〉

Ⅰ. 의의 및 취지 - 법조문 활용 [제86조, 제87조]

출원상표 또는 등록상표의 지정상품을 추가하여 등록받을 수 있는 제도이다. 상표관리 등에 있어 편의를 도모하고자 함이다.

Ⅱ. 요건 [주.상.통.존]

1. 주체적 요건

상표권자 또는 출원인이어야 한다(제87조1항2호).

2. 객체적 요건

(1) 상표의 동일
상표의 경우, 추가출원시 상표견본을 제출하지 않고, 원출원 또는 원등록상표와 동일한 것으로 취급하며, 상품의 경우 추가되는 상품범위에 제한이 없다.

(2) 통상의 상표출원에 대한 거절이유에 해당하지 않을 것
실체심사시 등록요건상 문제가 없어야 하며, 사실상 신규출원에 준하는 것으로 '추가출원의 출원시 또는 결정시'를 기준으로 등록요건을 판단한다(제87조1항1호).

3. 원상표권 또는 원상표등록출원의 존재
원등록상표 또는 원출원상표가 적법하게 존재하여야 하며, 상표권이 이미 소멸하였거나 무효, 취하, 포기 또는 거절결정이 확정된 경우 거절이유에 해당한다(제87조1항3호).

Ⅲ. 지정상품추가등록출원의 절차

1. 지정상품추가등록출원서 제출
- 제86조2항(기재사항 및 특허청장에의 제출)

2. 지정상품추가등록출원의 심사
- 제88조2항(심사규정 대부분 준용), 제87조2항(심사관의 거절이유통지)
  제87조3항(절차계속신청제도)
- 제44조(출원의 변경)

Ⅳ. 지정상품추가등록의 효과

① 지정상품추가등록은 원상표권에 합체되어 존속기간이 함께 진행되어, 원상표권의 설정등록일로부터 10년 후 만료된다. ② 다만, 추가된 지정상품의 출원은 독자성을 가지므로 독자적으로 소멸이 가능하다(독자성).

Ⅴ. 지정상품추가등록 무효심판 - 제117조

1. 의의 및 취지
지정상품추가등록이 일정한 무효사유를 갖는 경우 그 등록을 심결에 의해 소급적으로 소멸시킬 수 있다(제118조).

2. 요건
1) [주체적 요건] 이해관계인 또는 심사관
2) [객체적 요건] 상표등록의 무효사유(제117조1항 각호)

3. 효과

① 상표권이 소멸된 후에도 청구 가능하며(제117조2항), ② 무효심결 확정 시 존속기간갱신등록은 소급 소멸한다(제117조3항)

[보충] 지정상품추가등록출원의 장단점

1. 장점
   - 하나의 상표권으로 합체되어 효율적인 관리가 가능하다.
   - 불사용취소심판(제119조1항3호)에 있어 사용의제 혜택을 볼 수 있다.

2. 단점
   - 원상표권과 합체되므로 존속기간 측면에서 불리하다.
   - 유사상품의 동시이전에 관한 제한이 따른다(제93조1항 단서).
   - 부정사용 취소심판(제119조1항1호)에서 지정상품 전부에 대한 상표등록이 취소될 수 있다.

THEME 9-6 절차계속신청제도

1. 의의 및 취지 [의.구.싱.편]
출원인이 의견서 제출기간을 준수하지 못한 경우 인정되는 구제수단으로서, 싱가포르 조약을 준수하고, 출원인의 편의를 제고하고자 도입된 제도이다(제55조3항).

2. 요건 및 절차
① **[주체적 요건]** 출원인이,
② **[객체적 요건]** 거절이유에 대한 의견서 제출기간, 상품류구분전환신청의 거절이유에 대한 의견서 제출기간, 상표등록추가등록출원의 거절이유에 대한 의견서 제출기간을 대상으로, **[거.상.추]**
③ **[시기적 요건]** 기간만료일로부터 2개월 이내,
④ **[절차]** 절차계속신청서를 제출하고 의견서를 제출한다.

3. 관련문제
(1) 국제상표등록출원에 대한 특례
국제상표등록출원에는 이를 적용하지 않는다. 싱가포르 조약에서 마드리드 국제출원에 대한 예외를 인정하기 때문이다.

(2) 경과규정
2013년 10월 6일 이후 출원부터 그 적용이 있다.

10-1-1 상표권 – 상표권의 이전, 공유, 소멸

제93조(상표권 등의 이전 및 공유)
① 상표권은 그 지정상품마다 분할하여 이전할 수 있다. 이 경우 유사한 지정상품은 함께 이전하여야 한다.
② 상표권이 공유인 경우에는 각 공유자는 다른 공유자 모두의 동의를 받지 아니하면 그 지분을 양도하거나 그 지분을 목적으로 하는 질권을 설정할 수 없다.
③ 상표권이 공유인 경우에는 각 공유자는 다른 공유자 모두의 동의를 받지 아니하면 그 상표권에 대하여 전용사용권 또는 통상사용권을 설정할 수 없다.
④ 업무표장권은 양도할 수 없다. 다만, 그 업무와 함께 양도하는 경우에는 그러하지 아니하다.
⑤ 제34조제1항제1호다목 단서, 같은 호 라목 단서 또는 같은 항 제3호 단서에 따라 등록된 상표권은 이전할 수 없다. 다만, 제34조제1항제1호다목·라목 또는 같은 항 제3호의 명칭, 약칭 또는 표장과 관련된 업무와 함께 양도하는 경우에는 그러하지 아니하다.
⑥ 단체표장권은 이전할 수 없다. 다만, 법인의 합병의 경우에는 특허청장의 허가를 받아 이전할 수 있다.
⑦ 증명표장권은 이전할 수 없다. 다만, 해당 증명표장에 대하여 제3조제3항에 따라 등록받을 수 있는 자에게 그 업무와 함께 이전할 경우에는 특허청장의 허가를 받아 이전할 수 있다.
⑧ 업무표장권, 제34조제1항제1호다목 단서, 같은 호 라목 단서 또는 같은 항 제3호 단서에 따른 상표권, 단체표장권 또는 증명표장권을 목적으로 하는 질권은 설정할 수 없다.

제96조(상표권 등의 등록의 효력)
① 다음 각 호에 해당하는 사항은 등록하지 아니하면 그 효력이 발생하지 아니한다.
  1. 상표권의 이전(상속이나 그 밖의 일반승계에 의한 경우는 제외한다)·변경·포기에 의한 소멸, 존속기간의 갱신, 상품분류전환, 지정상품의 추가 또는 처분의 제한
  2. 상표권을 목적으로 하는 질권의 설정·이전(상속이나 그 밖의 일반승계에 의한 경우는 제외한다)·변경·소멸(권리의 혼동에 의한 경우는 제외한다) 또는 처분의 제한
② 제1항 각 호에 따른 상표권 및 질권의 상속이나 그 밖의 일반승계의 경우에는 지체 없이 그 취지를 특허청장에게 신고하여야 한다.

제101조(상표권의 포기)
상표권자는 상표권에 관하여 지정상품마다 포기할 수 있다.

제102조(상표권 등의 포기의 제한)
① 상표권자는 전용사용권자·통상사용권자 또는 질권자의 동의를 받지 아니하면 상표권을 포기할 수 없다.
② 전용사용권자는 제95조제6항에 따른 질권자 또는 통상사용권자의 동의를 받지 아니하면 전용사용권을 포기할 수 없다.
③ 통상사용권자는 제97조제4항에 따른 질권자의 동의를 받지 아니하면 통상사용권을 포기할 수 없다.

제103조(포기의 효과)
상표권·전용사용권·통상사용권 및 질권을 포기하였을 경우에는 상표권·전용사용권·통상사용권 및 질권은 그때부터 소멸된다.

1. 상표권의 이전

(1) 의의
상표권의 내용의 동일성을 유지하면서 상표권자만이 변경되는 것이다. 재산권의 일종으로 자유로운 이전이 허용되나, 출처의 오인혼동방지라는 상표법 목적상 일정 제한이 따른다.

(2) 이전의 효력 및 발생
1) 특정승계에 의한 이전은 등록하지 않으면 효력이 발생하지 않는다(제96조1항1호). 일반승계의 경우 승계원인 발생과 더불어 승계의 효력이 발생하나, 지체없이 특허청장에게 신고해야 한다(제96조2항).

(3) 이전의 제한
1) **[제93조1항]** 상표권의 분할이전 시 유사한 지정상품은 함께 이전(후단)
2) **[제93조4항]** 업무표장권은 업무와 함께 양도
3) **[제93조5항]** 제34조1항1호 다·라목, 동조 3호단서 상표는 업무와 함께 양도
4) **[제93조6항]** 단체표장권은 법인합병+특허청장허가
5) **[제93조7항]** 증명표장권은 출원인적격자(제3조3항)+업무와 함께+특허청장허가
6) 위반 시 효과: 제119조1항4호 취소사유

(4) 기타 상표권의 이전 관련 규정
- 제106조3항: 청산절차 진행 중인 법인의 상표권 이전
- 제48조: 상표출원의 승계 및 분할이전

2. 상표권의 공유

(1) 의미 및 법적성질
상표권을 2인 이상이 공동으로 소유하는 것을 의미한다. 상표권의 공유는 민법상 합유적 성질을 가지나, 민법상 공유의 규정에 따르는 준공유에 해당한다.

(2) 효력
1) 상표법상 명문의 규정 없으나, 공유자는 다른 공유자의 동의 없이 자유로이 사용할 수 있다.
2) 침해 시 민법 제265조 단서에 기초하여 공유자가 단독으로 침해금지청구를 행사할 수 있다. 다만, 손해배상청구는 보존행위가 아닌 처분행위로 자기 지분에 대한 손해배상청구는 가능하나 1인이 단독으로 전체의 손해배상청구는 할 수 없다.

(3) 제한
1) **[제93조2항]** 상표권이 공유인 경우 지분양도, 지분을 목적으로 질권설정 시 다른 공유자의 모두의 동의
2) **[제93조3항]** 상표권이 공유인 경우 전용사용권 또는 통상사용권 설정 시 타 공유자 모두의 동의
3) **[제124조2항, 3항]** 공유상표권의 상표권자에 대한 심판청구시 공유자 모두를 피청구인으로 청구. 상표권 등의 공유자가 공유인 권리에 관하여 심판청구 시 모두가 공동으로 청구

3. 상표권의 소멸 [존만.불.상.포.취.법.무]
① 존속기간 만료
② 상표등록료 2회차 불납
③ 상속인 부존재 및 상속인 이전등록 미이행(제106조1항 및 2항)
④ 포기(제101조)
⑤ 취소심판
⑥ 법인의 소멸에 따른 상표권 소멸(제106조3항)
⑦ 무효심판

10-1-2 상표권 – 사용권 제도

제89조(상표권의 효력)
　상표권자는 지정상품에 관하여 그 등록상표를 사용할 권리를 독점한다. 다만, 그 상표권에 관하여 전용사용권을 설정한 때에는 제95조제3항에 따라 전용사용권자가 등록상표를 사용할 권리를 독점하는 범위에서는 그러하지 아니하다.

제95조(전용사용권)
① 상표권자는 그 상표권에 관하여 타인에게 전용사용권을 설정할 수 있다.
② 업무표장권, 단체표장권 또는 증명표장권에 관하여는 전용사용권을 설정할 수 없다.
③ 제1항에 따른 전용사용권의 설정을 받은 전용사용권자는 그 설정행위로 정한 범위에서 지정상품에 관하여 등록상표를 사용할 권리를 독점한다.
④ 전용사용권자는 그 상품에 자기의 성명 또는 명칭을 표시하여야 한다.
⑤ 전용사용권자는 상속이나 그 밖의 일반승계의 경우를 제외하고는 상표권자의 동의를 받지 아니하면 그 전용사용권을 이전할 수 없다.
⑥ 전용사용권자는 상표권자의 동의를 받지 아니하면 그 전용사용권을 목적으로 하는 질권을 설정하거나 통상사용권을 설정할 수 없다.
⑦ 전용사용권의 이전 및 공유에 관하여는 제93조제2항 및 제3항을 준용한다.

제96조(상표권 등의 등록의 효력)
① 다음 각 호에 해당하는 사항은 등록하지 아니하면 그 효력이 발생하지 아니한다.
　1. 상표권의 이전(상속이나 그 밖의 일반승계에 의한 경우는 제외한다)·변경·포기에 의한 소멸, 존속기간의 갱신, 상품분류전환, 지정상품의 추가 또는 처분의 제한
　2. 상표권을 목적으로 하는 질권의 설정·이전(상속이나 그 밖의 일반승계에 의한 경우는 제외한다)·변경·소멸(권리의 혼동에 의한 경우는 제외한다) 또는 처분의 제한
② 제1항 각 호에 따른 상표권 및 질권의 상속이나 그 밖의 일반승계의 경우에는 지체 없이 그 취지를 특허청장에게 신고하여야 한다.

제97조(통상사용권)
① 상표권자는 그 상표권에 관하여 타인에게 통상사용권을 설정할 수 있다.
② 제1항에 따른 통상사용권의 설정을 받은 통상사용권자는 그 설정행위로 정한 범위에서 지정상품에 관하여 등록상표를 사용할 권리를 가진다.
③ 통상사용권은 상속이나 그 밖의 일반승계의 경우를 제외하고는 상표권자(전용사용권에 관한 통상사용권의 경우에는 상표권자 및 전용사용권자를 말한다)의 동의를 받지 아니하면 이전할 수 없다.
④ 통상사용권은 상표권자(전용사용권에 관한 통상사용권의 경우에는 상표권자 및 전용사용권자를 말한다)의 동의를 받지 아니하면 그 통상사용권을 목적으로 하는 질권을 설정할 수 없다.
⑤ 통상사용권의 공유 및 설정의 제한 등에 관하여는 제93조제2항 및 제95조제2항·제4항을 준용한다.

제98조(특허권 등의 존속기간 만료 후 상표를 사용하는 권리)
① 상표등록출원일 전 또는 상표등록출원일과 동일한 날에 출원되어 등록된 특허권이 그 상표권과 저촉되는 경우 그 특허권의 존속기간이 만료되는 때에는 그 원특허권자는 원특허권의 범위에서 그 등록상표의 지정상품과 동일·유사한 상품에 대하여 그 등록상표와 동일·유사한 상표를 사용할 권리를 가진다. 다만, 부정경쟁의 목적으로 그 상표를 사용하는 경우에는 그러하지 아니하다.

② 상표등록출원일 전 또는 상표등록출원일과 동일한 날에 출원되어 등록된 특허권이 그 상표권과 저촉되는 경우 그 특허권의 존속기간이 만료되는 때에는 그 만료되는 당시에 존재하는 특허권에 대한 전용실시권 또는 그 특허권이나 전용실시권에 대한 「특허법」 제118조제1항의 효력을 가지는 통상실시권을 가진 자는 원권리의 범위에서 그 등록상표의 지정상품과 동일·유사한 상품에 대하여 그 등록상표와 동일·유사한 상표를 사용할 권리를 가진다. 다만, 부정경쟁의 목적으로 그 상표를 사용하는 경우에는 그러하지 아니하다.
③ 제2항에 따라 상표를 사용할 권리를 가진 자는 상표권자 또는 전용사용권자에게 상당한 대가를 지급하여야 한다.
④ 해당 상표권자 또는 전용사용권자는 제1항 또는 제2항에 따라 상표를 사용할 권리를 가진 자에게 그 자의 업무에 관한 상품과 자기의 업무에 관한 상품 간에 혼동을 방지하는 데 필요한 표시를 하도록 청구할 수 있다.
⑤ 제1항 및 제2항에 따른 상표를 사용할 권리를 이전(상속이나 그 밖의 일반승계에 의한 경우는 제외한다)하려는 경우에는 상표권자 또는 전용사용권자의 동의를 받아야 한다.
⑥ 상표등록출원일 전 또는 상표등록출원일과 동일한 날에 출원되어 등록된 실용신안권 또는 디자인권이 그 상표권과 저촉되는 경우로서 그 실용신안권 또는 디자인권의 존속기간이 만료되는 경우에는 제1항부터 제5항까지의 규정을 준용한다.

제99조(선사용에 따른 상표를 계속 사용할 권리)
① 타인의 등록상표와 동일·유사한 상표를 그 지정상품과 동일·유사한 상품에 사용하는 자로서 다음 각 호의 요건을 모두 갖춘 자(그 지위를 승계한 자를 포함한다)는 해당 상표를 그 사용하는 상품에 대하여 계속하여 사용할 권리를 가진다.
  1. 부정경쟁의 목적이 없이 타인의 상표등록출원 전부터 국내에서 계속하여 사용하고 있을 것
  2. 제1호에 따라 상표를 사용한 결과 타인의 상표등록출원 시에 국내 수요자 간에 그 상표가 특정인의 상품을 표시하는 것이라고 인식되어 있을 것
② 자기의 성명·상호 등 인격의 동일성을 표시하는 수단을 상거래 관행에 따라 상표로 사용하는 자로서 제1항제1호의 요건을 갖춘 자는 해당 상표를 그 사용하는 상품에 대하여 계속 사용할 권리를 가진다.
③ 상표권자나 전용사용권자는 제1항에 따라 상표를 사용할 권리를 가지는 자에게 그 자의 상품과 자기의 상품 간에 출처의 오인이나 혼동을 방지하는 데 필요한 표시를 할 것을 청구할 수 있다.

제100조(전용사용권·통상사용권 등의 등록의 효력)
① 다음 각 호에 해당하는 사항은 등록하지 아니하면 제3자에게 대항할 수 없다.
  1. 전용사용권 또는 통상사용권의 설정·이전(상속이나 그 밖의 일반승계에 의한 경우는 제외한다)·변경·포기에 의한 소멸 또는 처분의 제한
  2. 전용사용권 또는 통상사용권을 목적으로 하는 질권의 설정·이전(상속이나 그 밖의 일반승계에 의한 경우는 제외한다)·변경·포기에 의한 소멸 또는 처분의 제한
② 전용사용권 또는 통상사용권을 등록한 경우에는 그 등록 후에 상표권 또는 전용사용권을 취득한 자에 대해서도 그 효력이 발생한다.
③ 제1항 각 호에 따른 전용사용권·통상사용권 및 질권의 상속이나 그 밖의 일반승계의 경우에는 지체 없이 그 취지를 특허청장에게 신고하여야 한다.

Ⅰ. 전용사용권

1. 의의 및 성격

사용권자가 등록상표를 지정상품에 대하여 설정행위로 정한 범위 내에서 독점적으로 사용할 수 있는 권리이다(제95조3항). 등록상표의 독점적 사용권을 갖는 준물권적 권리이자, 상표권의 존재를 근거로 하는 부수성을 지닌다.

2. 권리의 발생

① 과거에는 전용사용권은 등록하여야 그 효력이 발생하였으나, ② 2012년 시행 개정법에서 사용권자의 보호 강화 및 제3자의 예견가능성을 도모하기 위해 등록을 제3자 대항요건으로 개정하였다.

3. 권리의 내용

1) **[적극적 효력 - 제95조3항]** 전용사용권자는 설정행위로 정한 범위 내에서 지정상품에 관하여 등록상표를 사용할 권리를 독점한다.
2) **[소극적 효력]** 준물권인 배타적 권리이므로 침해금지청구, 손해배상청구 등 민사적 구제 등이 가능하다.
3) **[효력의 제한]** ① 소극적 효력은 제90조 범위 내에서 효력이 제한되고, ② 적극적 효력은 제92조 1항 및 2항에 따라 제한되며, ③ 공유인 경우 지분의 이전, 질권설정 또는 통상사용권 설정 시 타 공유자의 동의를 요한다(제93조 등 - 사용수익권의 제한).

4. 권리의 변동

1) **[제95조5항]** 전용사용권자는 상속 기타 일반승계의 경우를 제외하고는 상표권자의 동의를 받지 아니하면 그 전용사용권을 이전할 수 없다.
2) **[제95조6항]** 상표권자의 동의 없이는 그 전용사용권을 목적으로 하는 질권이나 통상사용권을 설정할 수 없다.

5. 권리의 소멸

① 상표권이 소멸하는 경우 - 상표권과의 부수성
② 설정기간의 만료
③ 설정계약의 해제, 설정계약의 해지
④ 권리의 포기
⑤ 사용권등록취소심판에 의한 소멸(제120조)

II. 허락에 기한 통상사용권

1. 의의 및 성격
사용권자가 등록상표를 지정상품에 대하여 설정행위로 정한 범위 내에서 비(非)독점적으로 사용할 수 있는 권리이다(제97조2항). 채권적 권리이다.

2. 권리의 발생 및 내용
1) 통상사용권 설정계약에 의하여 효력이 발생하고, 등록은 제3자 대항요건이다.
2) **[제97조2항]** 설정행위로 정한 범위 내에서 지정상품에 관하여 등록상표를 사용할 권리를 가진다.
3) **[효력의 제한]** ① 채권적 권리이므로 제90조 규정에 따른 소극적 효력의 제한은 없고, ② 제92조에 따른 적극적 효력의 제한은 적용된다. ③ 공유인 경우 지분의 이전 및 질권설정 시 타 공유자의 동의를 요한다(제97조5항).

3. 권리의 소멸
① 상표권이 소멸하는 경우 - 상표권과의 부수성
② 설정기간의 만료
③ 설정계약의 해제, 설정계약의 해지
④ 권리의 포기
⑤ 사용권등록취소심판에 의한 소멸(제120조)

III. 법정통상사용권 - 선사용에 의한 법정통상사용권

1. 제99조1항의 선사용권

(1) 의의 및 취지
① 타인의 상표등록출원 전부터 ② 국내에서 ③ 부정경쟁목적 없이 사용한 결과, ④ 특정인의 출처표시로 인식된 경우, ⑤ 사용상표 및 상품에 대하여 계속 사용할 권리를 가진다.

(2) 요건
① 타인의 상표등록출원 전부터　　② 국내에서
③ 부정경쟁목적 없이 사용할 것　　④ 특정인의 출처표시로 인식

(3) 내용
1) **[선사용권을 가지는 자]** ① 요건을 모두 갖춘 자, ② 그 지위를 승계한 자
2) **[선사용권의 범위]** '사용상표 및 상품에 대하여' 계속 사용할 권리
3) **[혼동방지청구권]** 있음(제99조3항)
4) **[경과규정]** 2007. 7. 1. 이후 최초 타인이 출원하여 등록되는 상표에 대하여
5) **[이전 등의 허용여부]** 명확한 규정은 없으나, ① 명문상 '그 지위를 승계한 자'도 사용권을 가질 수 있다는 점, ② 영업이 함께 이전된 경우 그의 신용도 함께 승계된다는 점에서, ③ 영업과 함께 이전하는 경우에는 이전이 가능하다고 봄이 타당하다.

2. 제99조2항의 선사용권

(1) 의의 및 취지
타인의 상표등록출원 전부터 국내에서 부정경쟁목적 없이 사용한 결과, 자신의 상호 등을 상거래 관행에 따라 사용한 경우, 사용상표 및 상품에 대하여 계속 사용할 권리를 가진다.

(2) 요건
① 타인의 상표등록출원 전부터
② 국내에서
③ 부정경쟁목적 없이 사용할 것
④ 자신의 성명·상호 등을
⑤ 상거래 관행에 따라 사용한 경우일 것

(3) 내용
1) **[선사용권을 가지는 자]** ① 요건을 모두 갖춘 자. ② 다만, 그 지위를 승계한 자는 포함되지 않는다.
2) **[선사용권의 범위]** '사용상표 및 상품에 대하여' 계속 사용할 권리
3) **[혼동방지청구권]** 없음

[쟁점] 제99조2항의 선사용권의 이전 허용여부

1. 문제점
제99조2항의 선사용권은 성명 등과 같은 인격의 동일성을 표시하는 수단에 대한 것이므로 이전 가능 여부가 문제된다.

2. 학설
① [부정설] i) 명문 규정이 '그 지위를 승계한 자'가 포함되어 있지 않다는 점, ii) 실제 사용자를 위한 선사용권(제99조1항) 대비 보호이익이 크지 않다는 점
② [긍정설] i) 성명 또는 상호를 상표로 사용하는 것을 허용한 이상, 선사용권을 영업과 함께 이전할 수 있도록 허용하는 것이 '상거래 관행'에 부합하다는 점

3. 검토
비록 인격권적 요소가 있으나 법정사용권으로 재산권에 해당하고, 영세상인의 영업개시 및 유지 뿐 아니라 처분도 적극적으로 지원함이 본 규정의 취지에 부합하다는 점에서, 긍정설이 타당하다.

[참고] 제99조2항의 선사용권 경과규정

2013. 10. 6. 시행 개정 상표법 부칙에서, 본 규정 관련 별도의 경과규정이 없어 문제된다. ① 영세상인 보호, ② 제도의 변경이 공공복리에 합치하므로 소급 적용이 합리적이라는 점, ③ 개별 경과규정이 없다는 점에서, 2013. 10. 6. 전에 출원하여 등록된 상표권에 대하여도 선사용권 주장 가능하다고 볼 것이다.

다만, 이는 사후입법으로 이미 등록된 상표권 행사에 불이익을 주고, 제99조1항과의 불균형이 문제되어 향후 판례의 입장이 주목된다.

Ⅳ. 기타 법정통상사용권

1. 특허권 등의 존속기간 만료 후 상표를 사용하는 권리 - 제98조

(1) 의의 및 취지

① 상표등록출원일 전 또는 동일한 날에 출원되어 등록된 특허권이, ② 그 상표권과 저촉되는 경우, ③ 그 특허권이 존속기간 만료되는 때로부터 원특허권자에게 부여되는 상표를 사용할 권리이다.

(2) 요건

① 상표등록출원일 전 또는 동일한 날에 등록된 특허권
② 특허권 등이 상표권과 저촉관계일 것
③ 특허권 등이 존속기간 만료로 소멸
④ 부정경쟁목적 없을 것

(3) 내용

1) **[선사용권을 가지는 자]** ① 요건을 모두 갖춘 특허권자 등(무상), ② 실시권자(유상, 제98조 3항)
2) **[선사용권의 범위]** 원특허권의 범위 또는 원실시권의 범위
3) **[혼동방지청구권]** 있음(제98조4항)

THEME 10-2 상표권 – 상표권의 존속기간갱신등록제도

제83조(상표권의 존속기간)
① 상표권의 존속기간은 제82조제1항에 따라 설정등록이 있는 날부터 10년으로 한다.
② 상표권의 존속기간은 존속기간갱신등록신청에 의하여 10년씩 갱신할 수 있다.
③ 제1항 및 제2항에도 불구하고 다음 각 호의 어느 하나에 해당하는 경우에는 상표권의 설정등록일 또는 존속기간갱신등록일부터 5년이 지나면 상표권이 소멸한다.
  1. 제72조제3항 또는 제74조에 따른 납부기간 내에 상표등록료(제72조제1항 각 호 외의 부분 후단에 따라 상표등록료를 분할납부하는 경우로서 2회차 상표등록료를 말한다. 이하 이 항에서 같다)를 내지 아니한 경우
  2. 제76조제1항에 따라 상표등록료의 보전을 명한 경우로서 그 보전기간 내에 보전하지 아니한 경우
  3. 제77조제1항에 해당하는 경우로서 그 해당 기간 내에 상표등록료를 내지 아니하거나 보전하지 아니한 경우

제84조(존속기간갱신등록신청)
① 제83조제2항에 따라 존속기간갱신등록신청을 하고자 하는 상표권자(상표권이 공유인 경우 각 공유자도 상표권자로 본다. 이하 이 조에서 같다)는 다음 각 호의 사항을 적은 존속기간갱신등록신청서를 특허청장에게 제출하여야 한다.
  1. 상표권자의 성명 및 주소(법인인 경우에는 그 명칭 및 영업소의 소재지를 말한다)
  2. 대리인이 있는 경우에는 그 대리인의 성명 및 주소나 영업소의 소재지[대리인이 특허법인·특허법인(유한)인 경우에는 그 명칭, 사무소의 소재지 및 지정된 변리사의 성명을 말한다]
  3. 등록상표의 등록번호
  4. 지정상품 및 상품류
② 존속기간갱신등록신청서는 상표권의 존속기간 만료 전 1년 이내에 제출하여야 한다. 다만, 이 기간에 존속기간갱신등록신청을 하지 아니한 자는 상표권의 존속기간이 끝난 후 6개월 이내에 할 수 있다.
③ 삭제 〈2019. 4. 23.〉
④ 제1항 및 제2항에서 규정한 사항 외에 존속기간갱신등록신청에 필요한 사항은 산업통상자원부령으로 정한다. 〈개정 2019. 4. 23.〉

제85조(존속기간갱신등록신청 등의 효력)
① 제84조제2항에 따른 기간에 존속기간갱신등록신청을 하면 상표권의 존속기간이 갱신된 것으로 본다.
② 존속기간갱신등록은 원등록(原登錄)의 효력이 끝나는 날의 다음 날부터 효력이 발생한다.

제88조(존속기간갱신등록신청 절차 등에 관한 준용)
① 존속기간갱신등록신청 절차의 보정에 관하여는 제39조를 준용한다.
② 지정상품추가등록출원에 관하여는 제37조, 제38조제1항, 제39조부터 제43조까지, 제46조, 제47조, 제50조, 제53조, 제55조의2, 제57조부터 제68조까지, 제68조의2, 제69조, 제70조, 제128조, 제134조제1호부터 제5호까지 및 제7호, 제144조, 「민사소송법」 제143조, 제299조 및 제367조를 준용한다. 〈개정 2021. 10. 19., 2022. 2. 3.〉

Ⅰ. 의의 및 취지

상표권의 존속기간은 상표권의 설정등록이 있는 날로부터 10년이나(제83조1항), 신청에 의하여 10년씩 갱신하는 제도(제83조2항)이다. 상표권은 영속성이 인정될 필요가 있으나, 시간의 경과에 따른 변경을 고려한 것이다.

Ⅱ. 법적 성질

(1) 학설
① 신권리가 발생한다는 권리발생설과, ② 존속기간을 단순히 연장함에 불과하다는 권리연장설의 대립이 있다.

(2) 판례의 태도 - 과거
判例는,[206] 상표권의 존속기간 갱신등록은 새로운 상표권이 발생하는 것이 아니라 상표권이 상표권자와 지정상품의 동일성을 유지하면서 그 존속기간만을 연장하는 것이라 하여, 권리연장설의 입장이다.

(3) 검토
생각건대, ① 제85조2항의 해석과 ② 2010년 개정법의 태도상 권리연장설이 타당하다.

[쟁점] 복수의 갱신등록에 있어서 1차 갱신등록에 무효심결 확정된 경우

1. 문제점
甲의 1차 갱신등록의 무효심결이 확정되는 경우, 2차 갱신등록의 소멸 여부가 존속기간갱신등록의 법적 성질과 관련하여 문제된다.

2. 학설 - 상동

3. 판례의 태도
판례는,[207] 등록상표에 관한 상표권 존속기간 1차 갱신등록의 무효심결이 확정되는 경우 이 사건 등록상표에 대한 존속기간 2차 갱신등록은 그 1차 갱신등록이 유효함을 전제로 유지되는 것이므로 소멸한다고 판시하였다.

4. 검토 - 상동

Ⅲ. 요건

(1) 존속기간 갱신등록신청서의 제출 및 갱신등록료 납부
(2) 주체적 요건
 - 해당 등록상표의 상표권자
 - ① 구법은 공유자 모두가 공동으로 존속기간갱신등록신청을 하여야 한다고 규정하였으나(구법 제84조3항), ② 2019년 개정법은 해당 규정을 삭제하였고, ③ 2024년 5월 1일 시행 개정법은 공유자 중 1인이 단독으로 신청할 수 있도록 명확히 개정하였다.
 - 위반 시 제118조1항2호 존속기간갱신등록무효심판의 대상
(3) 시기적 요건
 - ① 존속기간 만료 전 1년 이내 또는 ② 만료 후 6개월 이내(제84조2항 단서)

---

[206] 대법원 2005. 2. 18. 선고 2002후505 판결
[207] 대법원 2005. 2. 18. 선고 2002후505 판결

Ⅳ. 절차

1. 신청서의 제출과 갱신등록료의 납부   - 제84조1항
2. 신청 절차의 보정   - 제88조1항
3. 신청의 심사   - 별도의 실체심사를 하지 아니한다.
4. 상표등록료의 분할 납부   - 제72조1항, 제83조3항

Ⅴ. 효과

1. 갱신등록신청의 효과
  - 제85조1항(존속기간이 갱신된 것으로 본다)

2. 갱신등록의 효과
  - 제85조2항(원등록 효력이 끝나는 날의 다음 날부터)

3. 존속기간갱신등록무효심판 - 제118조
  (1) 의의
      존속기간갱신등록이 일정한 존속기간갱신등록무효사유를 갖는 경우 그 갱신등록은 심결에 의해 소급 소멸시킬 수 있다(제118조).
  (2) 요건
      1) **[주체적 요건]** 이해관계인 또는 심사관이
      2) **[객체적 요건]** ① 제84조2항의 시기적 요건에 위반
                        ② 상표권자 아닌 자의 신청 등 주체적 요건에 위반
      3) **[시기적 요건]** 제84조2항의 시기적 요건에 위반된 경우에는 5년의 제척기간
  (3) 효과
      ① 상표권이 소멸된 후에도 청구 가능하며(제118조2항), ② 무효심결 확정 시 존속기간갱신등록은 소급 소멸한다(제118조3항).

[쟁점] 상표권이 부당하게 말소된 경우 상표권의 존속기간(C-TRI 사건)

1. 문제점
① 乙이 丙에게 청구한 등록상표취소심판에 의하여 甲의 상표권이 2007. 11. 1. 부당하게 말소되었고, ② 甲은 존속기간 만료(2012. 8. 31.) 이후 특허권 등의 등록령 제27조에 따라 상표권 회복을 신청하였는바, 이러한 사정(①②)이 甲의 등록상표의 존속기간에 영향을 주는지 여부가 문제된다.

2. 판례의 태도
1) 判例는, 상표권이 부적법하게 소멸등록되었다 하더라도 상표권의 효력에는 아무런 영향이 없고, 상표권의 존속기간도 그대로 진행한다고 판시하였다.
2) 이어서 判例는, ① 상표권이 부적법하게 소멸등록된 때에는 상표권자는 특허권 등의 등록령 제27조의 절차에 따라 그 회복을 신청할 수 있으나, ② 회복등록이 되었다고 해도 상표권의 존속기간에 영향이 있다고 볼 수 없다.

3. 검토 - 판례의 논거
생각건대, 1) 상표권 등록은 상표권 발생의 요건이지만 존속요건은 아니라는 점, 2) 상표권 회복등록은 부적법하게 말소된 등록을 회복하여 처음부터 그러한 말소가 없었던 것과 같은 효력을 보유하게 하는 등록에 불과하다는 점, 3) 상표권에는 다수의 이해관계가 복잡하게 얽힐 수 있으므로 상표권의 존속기간 만료 및 갱신 여부는 상표법의 규정에 따라 획일적으로 정해져야 한다는 점에서, 판례의 태도가 타당하다.

10-3 상표권의 효력

I. 상표권의 효력

1. 상표권의 설정등록

상표권은 설정등록에 의하여 발생한다(제82조).

2. 상표권의 효력의 범위

1) **시간적 범위**: 설정등록이 있는 날로부터 10년(제83조1항)
2) **내용적 범위**: 상표등록출원서에 적은 상표 및 기재사항(제91조1항)
3) **지역적 범위**: 국내 영토 내의 범위(속지주의 원칙)

3. 상표권의 적극적 효력

(1) 전용권

상표권자는 지정상품에 관하여 그 등록상표를 사용할 권리를 독점한다(제89조 본문). 상표권의 전용권은 등록상표 및 지정상품의 동일범위에 한정된다.

(2) 수익·처분권

상표권은 재산권이므로, 상표권자는 상표권을 이전, 사용권 설정 및 질권을 설정하여 경제적 가치를 실현할 수 있다. 상표권의 포기도 가능하다.

4. 상표권의 소극적 효력

(1) 사용금지권

1) 상표법은 유사범위의 타인의 사용을 상표권 침해로 보아 사용을 금지할 권리를 상표권자에게 부여한다(제108조1항1호).
2) 지리적표시 단체표장의 경우 '동일하거나 동일하다고 인정되는 상품'에 대하여만 사용금지권을 행사할 수 있다.

II. 상표권의 효력의 제한

1. 적극적 효력의 제한

(1) 전용권에 대한 제한

1) **[전용사용권 설정으로 인한 제한]** 등록상표권에 대하여 전용사용권을 설정한 때에는 전용사용권자가 등록상표를 사용할 권리를 독점하는 범위에서는 상표권자의 전용권이 제한된다(제89조 단서).
2) **[타 권리와의 저촉으로 인한 제한]** ① 등록상표 사용할 경우, 사용상태에 따라 상표등록출원일 전 출원된 타인의 특허권 등과 저촉되는 경우에는 원권리자의 동의를 받지 아니하고는 등록상표를 사용할 수 없다(제92조1항). ② 등록상표 사용이 부정경쟁방지법 제2조1호카목의 부정경쟁행위에 해당하는 경우에는 타인의 동의를 받지 아니하고는 사용할 수 없다(제92조2항).

(2) 수익·처분권에 대한 제한
  1) [이전 관련]
   - **상표권의 분할이전시**: 유사한 지정상품은 함께 이전해야 함(제93조1항).
   - **상표권이 공유인 경우**: 다른 공유자 모두의 동의 없이 지분을 양도할 수 없음(제93조 2항).
   - **업무표장권**: 양도 불가. 다만, 그 업무와 함께 양도하는 경우에는 가능(제93조 4항).
   - **단체표장권**: 이전 불가. 다만, 법인이 합병하는 경우 특허청장 허가받아 이전 가능(제93조 6항).
   - **증명표장권**: 이전 불가. 다만, 제3조3항에 따라 등록받을 수 있는 자에게, 그 업무와 함께 이전할 경우, 특허청장의 허가를 받아 이전 가능(제93조7항).
   - **제34조1항1호 다/라목 단서 또는 제34조1항3호 단서의 상표권**: 이전 불가. 다만, 명칭/약칭 또는 표장과 관련된 업무와 함께 양도하는 경우 가능(제93조5항).
  2) [질권 설정 및 사용권 설정 관련]
   - **상표권이 공유인 경우**: 그 지분을 목적으로 하는 질권 및 사용권을 설정할 수 없음(제93조 3항).
   - **업무표장권**: 질권 및 사용권을 설정할 수 없음(제93조8항).
   - **단체표장권**: 질권 및 사용권을 설정할 수 없음(제93조8항).
   - **증명표장권**: 질권 및 사용권을 설정할 수 없음(제93조8항).
   - **제34조1항1호 다/라목 단서 또는 제34조1항3호 단서의 상표권**: 질권 설정할 수 없음(제93조8항).

2. 소극적 효력의 제한
 - 상표권의 효력이 미치지 아니하는 범위(제90조)
 - 재심에 의하여 회복한 상표권의 효력제한(제160조)
 - 상표등록출원의 회복 등에 의한 상표권의 효력제한(제77조)

III. 상표등록료

1. 의의
상표등록료란 상표권의 설정등록, 존속기간갱신등록, 지정상품추가등록을 받으려는 자가 등록에 대한 조건으로 국가에 내야 하는 특수한 납부금이며, 상표권 발생의 요건이다(제82조1항).

2. 납부의 주체
 - **납부의무자(제72조1항 전단)**: 상표권설정등록, 존속기간갱신등록, 지정상품추가등록 받으려는 자
 - **이해관계인(제72조2항)**: 상표법상 별도의 비용상환청구권이 인정되지 않음(특허와의 차이점)

3. 절차 및 효과
 1) **[지정상품별 포기]** 상표등록료를 낼 때에는 지정상품별로 상표등록을 포기할 수 있다(제73조1항).
 2) **[기간연장]** 상표등록료 납부기간은 청구에 의해 30일이 넘지 않는 범위에서 연장 가능하다(제74조).
 3) **[보전]** 특허청장은 상표등록료 일부를 내지 않은 경우, 상표등록료의 보전을 명해야 한다(제76조1항). 보전명령 받은 자는 1개월 내에 미납한 금액의 2배의 범위에서 정한 금액을 내야 한다(제76조2항, 3항).

4) **[회복]** 책임질 수 없는 사유로 상표등록료를 내지 않았거나 보전하지 않은 경우, 사유가 소멸한 날로부터 2개월 이내에 상표등록료를 내거나 보전할 수 있다(제77조1항). 이 경우, 포기하지 않은 것으로 본다(제77조2항).

5) **[효력제한]** 상표등록출원 등의 효력은 상표등록출원 등이 회복되기 전에 그 상표와 동일·유사한 상품에 사용한 행위에는 미치지 않는다(제77조3항).

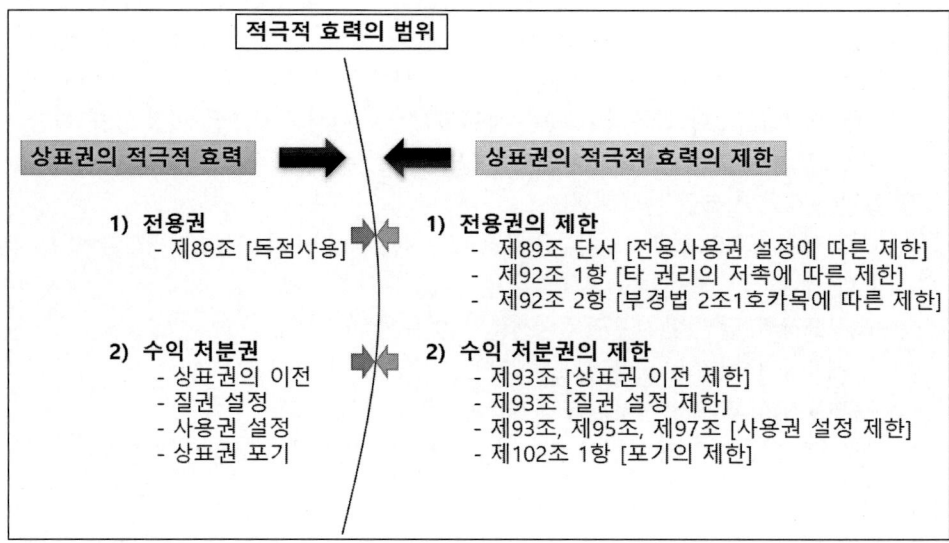

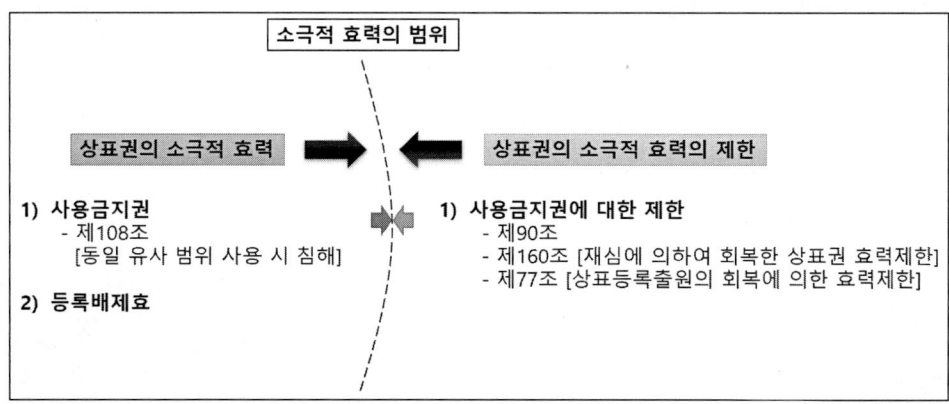

THEME 10-4 상표권의 적극적 효력의 제한 – 제92조

> **제92조(타인의 디자인권 등과의 관계)**
> ① 상표권자·전용사용권자 또는 통상사용권자는 그 등록상표를 사용할 경우에 그 사용상태에 따라 그 상표등록출원일 전에 출원된 타인의 특허권·실용신안권·디자인권 또는 그 상표등록출원일 전에 발생한 타인의 저작권과 저촉되는 경우에는 지정상품 중 저촉되는 지정상품에 대한 상표의 사용은 특허권자·실용신안권자·디자인권자 또는 저작권자의 동의를 받지 아니하고는 그 등록상표를 사용할 수 없다.
> ② 상표권자·전용사용권자 또는 통상사용권자는 그 등록상표의 사용이 「부정경쟁방지 및 영업비밀보호에 관한 법률」 제2조제1호차목에 따른 부정경쟁행위에 해당하는 경우에는 같은 목에 따른 타인의 동의를 받지 아니하고는 그 등록상표를 사용할 수 없다.
>
> **제119조(상표등록의 취소심판)**
> ① 등록상표가 다음 각 호의 어느 하나에 해당하는 경우에는 그 상표등록의 취소심판을 청구할 수 있다.
>   6. 제92조제2항에 해당하는 상표가 등록된 경우에 그 상표에 관한 권리를 가진 자가 해당 상표등록일부터 5년 이내에 취소심판을 청구한 경우

Ⅰ. 제92조1항

1. 의의 및 취지
상표권자 등이 등록상표를 사용할 경우, 사용상태에 따라 상표등록출원일 전에 출원(또는 발생)된 타인의 특허권 등과 저촉되는 경우, 타인의 동의 없이는 등록상표를 사용할 수 없다. 선원 우위의 원칙을 사후적으로 조정하기 위함이다.

2. 요건
① 등록상표를 사용할 것
② 선행하는 타인의 권리가 존재할 것
③ 사용상태에 따라 선행권리와의 저촉이 있을 것

3. 효과
1) **[적극적 효력의 제한 - 긍정]** 선행권리자의 동의 없는 한 타인의 권리의 침해에 해당하며, 상표권의 전용권 범위 내의 사용이라는 항변은 불가능하다.
2) **[소극적 효력의 제한 - 부정]** 判例는,[208] 상표법 제92조에서 등록상표가 그 등록출원 전에 발생한 저작권과 저촉되는 경우에 저작권자의 동의 없이 그 등록상표를 사용할 수 없다고 한 것은 저작권자에 대한 관계에서 등록상표의 사용이 제한됨을 의미하는 것이므로, 저작권자와 관계없는 제3자가 등록상표를 무단으로 사용하는 경우에는 상표권자는 그 사용금지를 청구할 수 있다고 판시하였다.
3) 통상사용권허락의 심판 또는 법정허락의 불인정

---
[208] 대법원 2006. 9. 11. 자 2006마232 결정

4. 관련쟁점

저작물과 상표는 배타적·택일적인 관계에 있지 아니하므로, 상표법상 상표를 구성할 수 있는 도형 등이라도 저작권법에 의하여 보호되는 저작물의 요건을 갖춘 경우에는 저작권법상의 저작물로 보호받을 수 있고, 그것이 상품의 출처표시를 위하여 사용되고 있거나 사용될 수 있다는 사정이 있다고 하여 저작권법에 의한 보호 여부가 달라진다고 할 수는 없다.[209]

II. 제92조2항

1. 의의 및 취지

상표권자 부정경쟁방지법 제2조1호카목에 따른 행위의 사용은 타인의 동의를 요한다. 타인의 상당한 투자나 노력으로 만들어진 성과를 보호하기 위해 2014년 개정 상표법에서 신설하였다.

2. 요건

1) 등록상표를 사용할 것
2) 부정경쟁방지법 제2조1호 카목에 따른 부정경쟁행위에 해당할 것

3. 효과

1) **[적극적 효력의 제한 - 긍정]** 선행권리자의 동의 없는 한 타인의 권리의 침해 또는 부정경쟁행위에 해당할 수 있으며, 상표권의 전용권 범위 내의 사용이라는 항변은 불가능하다.
2) **[소극적 효력의 제한 - 부정]** 상동
3) 통상사용권허락의 심판 또는 법정허락의 불인정
4) 119조1항6호의 취소사유

4. 관련쟁점

본 규정은 2014년 6월 11일 이후 최초로 출원하는 상표등록출원 또는 지정상품추가등록출원부터 적용한다(부칙 제2조).

---

209) 대법원 2014. 12. 11. 선고 2012다76829 판결 (FOX 사건)

THEME 11 상표권자의 보호 – 침해의 성립요건

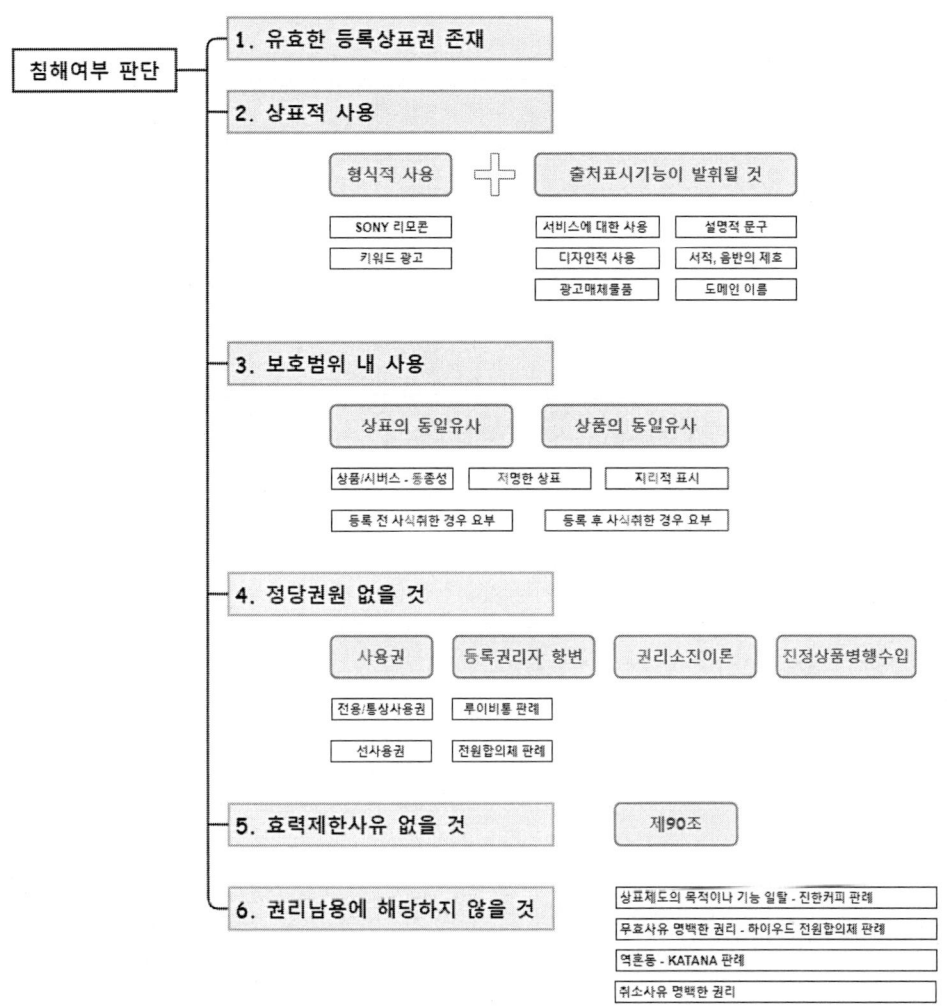

Ⅰ. 유효한 등록상표권의 존재

[쟁점] 상표권존속기간갱신등록제도의 법적성질

Ⅱ. 상표적 사용 - Theme 3. 상표의 사용

Ⅲ. 상표권의 보호범위 내 사용

1. 상표의 동일·유사

2. 상품의 동일·유사

3. 관련 문제 [동.저.리]
  1) **[쟁점]** 상품의 유사 - 서비스에 관한 상품에 있어서 동종성
  2) **[쟁점]** 저명상표의 경우 - 비유사 상품인 경우
  3) 지리적표시 단체표장 또는 지리적표시 증명표장
     = '동일하거나 동일하다고 인식된 경우에 한하여'

> **[쟁점] 저명상표의 경우 - 비유사 상품인 경우**
> 判例는,210) 상표법에 의하여 등록상표권에 주어지는 효력인 등록상표와 저촉되는 타인의 상표사용을 금지시킬 수 있는 효력(금지권)은 등록상표의 지정상품과 동일·유사한 상품에 사용되는 상표에 대하여만 인정되는 것이고 이종상품에 사용되는 상표에 대하여까지 그러한 효력이 미치는 것은 아니라고 할 것이라 판시하였다.

Ⅳ. 정당권원이 없을 것 [사.등.권.진]

1. 사용권 등의 여부
  - 허락에 의한 사용권
  - 법정통상사용권(제99조1항, 제99조2항)

2. 등록권리자 항변
  1) 침해 주장을 받은 자가 상표법상 상표권자 등인 경우, 그것이 무효되거나 취소되기까지는 다 같이 보호받아야 할 것이므로(判例), 침해가 성립되지 않는다.
  2) 判例는,211) 피고인 사용표장을 구성하는 개별 도형의 각각의 상표권에 기초한 상표사용권은 개별 도형들이 조합된 피고인의 사용태양 전체에는 미치지 않는다고 판시하였다.

---

210) 대법원 2001. 3. 23. 선고 98후1914 판결
211) 대법원 2013. 3. 14. 선고 2010도15512 판결 (**루이비통** 사건)

> **[쟁점] 후출원 등록상표의 등록권리자 항변 가부(데이터팩토리 사건)**[212]
>
> **Ⅲ. 정당권리자 항변 가부 - 후출원 등록상표의 경우**
>
> **1. 문제점**
> 상표권자는 지정상품에 관하여 그 등록상표를 사용할 권리를 독점한다(제89조). 다만, 후출원 등록상표의 경우에도 등록권리자의 정당한 사용으로 항변이 가능한지 여부가 문제된다.
>
> **2. 과거 판례의 태도**[213]
> 과거 판례는, 후출원등록상표가 적법한 절차에 따라 등록무효의 심결이 확정되었음에도 불구하고 그 후 후출원등록상표권자가 선출원등록상표와 동일 또는 유사한 상표를 그 지정상품이 동일 또는 유사한 상표에 사용한 때 성립한다고 하여, 등록무효가 되기 전까지는 등록권리자 항변을 인정한다. 상표법에 의하여 등록된 상표는 그것이 무효이거나 취소되기 까지는 다같이 보호받아야 할 것이기 때문이다.
>
> **3. 과거 전원합의체 판례의 태도 - 다수의견**
> 전원합의체 판례는, 상표법은 저촉되는 지식재산권 상호간에 선출원 또는 선발생 권리가 우선함을 기본원리로 하고 있음을 알 수 있고, 이는 상표권 사이의 저촉관계에도 그대로 적용된다고 봄이 타당하다고 판시하였다. 따라서, ① 상표권자가 상표등록출원일 전에 출원·등록된 타인의 선출원 등록상표와 ② 동일·유사한 상표를 등록받아(이하 '후출원 등록상표'라고 한다) ③ 선출원 등록상표권자의 동의 없이 이를 ④ 선출원 등록상표의 지정상품과 동일·유사한 상품에 사용하였다면 후출원 등록상표의 적극적 효력이 제한되어 후출원 등록상표에 대한 등록무효 심결의 확정 여부와 상관없이 선출원 등록상표권에 대한 침해가 성립한다고 판시하였다.
>
> **4. 검토**
> 생각건대, 상표법은 1) 선출원주의를 채택(제35조)하며, 2) 선출원에 기한 선등록상표와 동일/유사한 상표/상품의 등록을 배제 및 무효사유로 규정한다(제34조1항7호)는 점, 3) 상표법은 특허권 등과의 저촉 시 동의 없는 한 적극적 효력이 제한된다고 규정(제92조)하며, 동의 없는 한 선 특허권 등의 침해를 구성한다는 점에 비추어 볼 때, 전원합의체 다수의견의 태도가 타당하다.

3. 권리소진이론 [Theme 11-1]

4. 진정상품병행수입 [Theme 11-2]

Ⅴ. 상표권 효력제한사유 없을 것

1. 제90조 [Theme 11-3]

2. 제160조
재심에 의하여 회복한 상표권의 효력 제한 규정

---

212) 대법원 2021. 3. 18. 선고 2018다253444 전원합의체 판결 (**DATA FACTORY** 사건)
213) 대법원 1986. 7. 8. 선고 86도277 판결

> 제160조(재심에 의하여 회복한 상표권의 효력 제한)
> 　　다음 각 호의 어느 하나에 해당하는 경우 상표권의 효력은 해당 심결이 확정된 후 그 회복된 상표권의 등록 전에 선의(善意)로 해당 등록상표와 같은 상표를 그 지정상품과 같은 상품에 사용한 행위, 제108조제1항 각 호의 어느 하나 또는 같은 조 제2항 각 호의 어느 하나에 해당하는 행위에는 미치지 아니한다.
> 　1. 상표등록 또는 존속기간갱신등록이 무효로 된 후 재심에 의하여 그 효력이 회복된 경우
> 　2. 상표등록이 취소된 후 재심에 의하여 그 효력이 회복된 경우
> 　3. 상표권의 권리범위에 속하지 아니한다는 심결이 확정된 후 재심에 의하여 이와 상반되는 심결이 확정된 경우

3. 제77조3항

상표등록료 납부 또는 보전에 의한 상표등록출원의 회복 전 사용한 상표에 대한 효력 제한 규정

> 제77조(상표등록료 납부 또는 보전에 의한 상표등록출원의 회복 등)
> ① 다음 각 호의 어느 하나에 해당하는 자가 책임질 수 없는 사유로 제72조제3항 또는 제74조에 따른 납부기간 내에 상표등록료를 내지 아니하였거나 제76조제2항에 따른 보전기간 내에 보전하지 아니한 경우에는 그 사유가 소멸한 날부터 2개월 이내에 그 상표등록료를 내거나 보전할 수 있다. 다만, 납부기간의 만료일 또는 보전기간의 만료일 중 늦은 날부터 1년이 지났을 경우에는 상표등록료를 내거나 보전할 수 없다.
> 　1. 상표등록출원의 출원인
> 　2. 지정상품추가등록출원의 출원인
> 　3. 존속기간갱신등록신청의 신청인 또는 상표권자
> ② 제1항에 따라 상표등록료를 내거나 보전한 자(제72조제1항 각 호 외의 부분 후단에 따라 분할하여 낸 경우에는 1회차 상표등록료를 내거나 보전한 자를 말한다)는 제75조에도 불구하고 그 상표등록출원, 지정상품추가등록출원 또는 존속기간갱신등록신청을 포기하지 아니한 것으로 본다.
> ③ 제2항에 따라 상표등록출원, 지정상품추가등록출원 또는 상표권(이하 이 조에서 "상표등록출원등"이라 한다)이 회복된 경우에는 그 상표등록출원등의 효력은 제72조제3항 또는 제74조에 따른 납부기간이 지난 후 상표등록출원등이 회복되기 전에 그 상표와 동일·유사한 상표를 그 지정상품과 동일·유사한 상품에 사용한 행위에는 미치지 아니한다.

Ⅵ. 권리남용이 아닐 것 [Theme 11-4]

1. 상표권의 행사가 상표제도의 목적이나 기능을 일탈한 경우
2. 무효사유 명백한 권리에 기초한 권리행사
3. 역혼동에 있어서 권리남용
4. 상표권 이전등록과 관련된 권리남용
5. 취소사유 명백한 권리에 기초한 권리행사

Ⅶ. 침해로 보는 행위 (간접침해)

1. 의의 및 취지

직접침해는 아니나 침해의 개연성이 높은 예비적 행위는 침해로 간주한다.

THEME 11-1 상표권자의 보호 - 권리소진이론

I. 의의[214]   [자.내.양.목.소]

상표권자 또는 그의 동의를 얻은 자가 국내에서 등록상표가 표시된 상품을 양도한 경우에는 해당 상품에 대한 상표권은 그 목적을 달성한 것으로서 소진되고, 그로써 상표권의 효력은 해당 상품을 사용, 양도 또는 대여한 행위 등에는 미치지 않는다.

II. 권리소진이론이 인정되지 않는 경우[215][216]   [원.동.가.수.실.생/상객.이.취.기]

1) 判例는, 특별한 사정이 없는 한 ① 상표권자 등이 국내에서 등록상표가 표시된 상품을 양도한 경우에는 당해 상품에 대한 상표권은 그 목적을 달성한 것으로서 소진되고, 그로써 상표권의 효력은 당해 상품을 사용, 양도 또는 대여한 행위 등에는 미치지 않는다고 할 것이라고 하면서,
2) 다만, ② 원래의 상품과의 동일성을 해할 정도의 가공이나 수선을 하는 경우에는 실질적으로 생산행위를 하는 것과 마찬가지이므로 이러한 경우에는 상표권자의 권리를 침해하는 것으로 보아야 할 것이다.
3) 이어서 判例는, ③ 그리고 동일성을 해할 정도의 가공이나 수선으로서 생산행위에 해당하는가의 여부는 i) 당해 상품의 객관적인 성질, ii) 이용형태 및 iii) 상표법의 규정취지와 iv) 상표의 기능 등을 종합하여 판단하여야 할 것이다.

III. 판매장소 제한 약정 위반한 경우[217]   [부수.일.배/계약.출품.통금이.수호필요]

1) 判例는, 지정상품, 존속기간, 지역 등 통상사용권의 범위는 통상사용권계약에 따라 부여되는 것이므로 이를 넘는 통상사용권자의 상표 사용행위는 상표권자의 동의를 받지 않은 것으로 볼 수 있다고 판시하였다.
2) 다만 判例는, ① 통상사용권자가 계약상 부수적인 조건을 위반하여 상품을 양도한 경우까지 일률적으로 상표권자의 동의를 받지 않은 양도행위로서 권리소진의 원칙이 배제된다고 볼 수는 없고, ② i) 계약의 구체적인 내용, ii) 상표의 주된 기능인 상표의 상품출처표시 및 품질보증 기능의 훼손 여부, iii) 상표권자가 상품 판매로 보상을 받았음에도 추가적인 유통을 금지할 이익과 iv) 상품을 구입한 수요자 보호의 필요성 등을 종합하여 상표권의 소진 여부 및 상표권이 침해되었는지 여부를 판단하여야 한다고 판시하였다.

---

214) 대법원 2020. 1. 30. 선고 2018도14446 판결 (**Metrocity** 사건 -)
215) 대법원 2003. 4. 11. 선고 2002도3445 판결 (**후지필름** 사건)
216) 대법원 2009. 10. 15. 선고 2009도3929 판결 (**트럼프카드** 사건)
217) 대법원 2020. 1. 30. 선고 2018도14446 판결 (**Metrocity** 사건 -)

Ⅳ. 상표권 소진의 효과

당해 상품에 대하여 제89조의 권리가 소멸하여, 더 이상 자신의 상표권으로 금지청구 불가능

> **[참고] 권리소진이론의 요건** [경.국.부]
>
> ① 권리자의 결정 또는 그의 동의에 의하여 상품이 거래에 제공됨으로써, **경**제적 가치가 실현되어야 하고, ② 그 거래제공의 장소는 원칙적으로 **국**내에 한하며, ③ 거래에 제공된 상품에 상표가 **부**착되어 있어야 한다.

THEME 11-2 상표권자의 보호 – 진정상품병행수입

Ⅰ. 의의 [국.1.적.권.허.수]

국내외 동일한 상표권을 소유하고 있는 상표권자에 의해 어느 1국에서 적법하게 상표가 부착되어 유통된 상품을, 권원 없는 제3자가 타국으로 그 국가의 상표권자 등의 허락 없이 수입하여 판매하는 행위이다.

Ⅱ. 허용여부에 대한 견해

1. 문제점

속지주의 원칙상 상표권의 보호는 각국별로 독립적이나, 국가 간의 교류가 활발한 오늘날 속지주의를 고수할 경우 상표권자에게 과도한 보호 우려가 있어 허용 여부가 문제된다.

2. 학설 [속.정.국.기]

(1) 금지론
  1) **이론적 근거**: 속지주의의 원칙(상표권 독립의 원칙), 정당한 권리자 보호
  2) **현실적 이유**: ① 허용시 병행수입업자의 신용편승행위를 용인, ② 사후관리 소홀로 소비자 피해 우려

(2) 허용론
  1) **이론적 근거**: ① 국제적 소진이론, ② 상표기능론
  2) **현실적 이유**: ① 금지시 다국적 기업만 보호하는 격, ② 소비자의 상품선택기회 확대

3. 국제조약의 태도

WTO/TRIPs 제6조는 본 협정의 어떠한 규정도 지식재산권의 소진문제를 다루기 위해 사용할 수 없다고 규정하면서 각 회원국의 입법례에 따른다고 규정한다.

4. 판례의 태도[218] [진.출.품]

判例는, ① 수입품이 진정상품일 것, ② 국내외 상표권자가 동일인 또는 법률적 경제적으로 밀접한 관계에 있어 출처의 동일성이 있을 것, ③ 제품 자체의 품질에 실질적 차이가 없을 것을 요구하면서 기본적으로 상표기능론에 입각한 태도를 보인다.

---

[218] 대법원 2006. 10. 13. 선고 2006다40423 판결 (Starcraft 사건), 대법원 2005. 6. 9. 선고 2002다61965 판결 (ROBERTA DI CAMERINO 사건)

> **[판례] 진정상품병행수입의 허용여부(Starcraft 사건)[219]**
>
> 1) 국내에 등록된 상표와 동일·유사한 상표가 부착된 그 지정상품과 동일·유사한 상품을 수입하는 행위가 그 등록상표권의 침해 등을 구성하지 않는다고 하기 위해서는, ① 외국의 상표권자 내지 정당한 사용권자가 그 수입된 상품에 상표를 부착하였어야 하고, ② 그 외국 상표권자와 우리나라의 등록상표권자가 법적 또는 경제적으로 밀접한 관계에 있거나 그 밖의 사정에 의하여 위와 같은 수입상품에 부착된 상표가 우리나라의 등록상표와 동일한 출처를 표시하는 것으로 볼 수 있는 경우이어야 하며, ③ 아울러 그 수입된 상품과 우리나라의 상표권자가 등록상표를 부착한 상품 사이에 품질에 있어 실질적인 차이가 없어야 할 것이고, 2) 여기에서 품질의 차이란 제품 자체의 성능, 내구성 등의 차이를 의미하는 것이지 그에 부수되는 서비스로서의 고객지원, 무상수리, 부품교체 등의 유무에 따른 차이를 말하는 것이 아니다.

5. 검토   [택폭.격차.기]

생각건대, 소비자의 선택의 폭을 넓히고, 독점적 가격격차 해소에 도움이 되므로 상표기능론에 입각한 판례의 태도가 타당하다.

III. 대법원 判例에 기초한 허용의 요건

1. 수입품이 진정상품일 것
- '진정상품'이어야 하므로 위조상품의 경우에는 허용될 수 없음

2. 국내외 상표권자의 출처의 동일성이 만족될 것

1) 국내외 상표권자가 동일인 또는 법률적 경제적으로 밀접한 관계(국내 총대리점, 독점적 판매업자, 계열회사관계)   [동경법관/총독계]
2) [판매자 제한 약정에 위반한 경우] 당사자 사이의 판매지 제한 약정에 위반하여 다른 지역으로 그 상품이 판매 내지 수출되었더라도 그러한 사정만으로 그 상품의 출처가 변하는 것은 아니라고 할 것이어서 그러한 약정 위반만으로 외국 상표권자가 정당하게 부착한 상표가 위법한 것으로 되는 것은 아니라고 할 것이다.[220]

3. 제품자체의 품질에 실질적 차이가 없을 것[221]   [자.성.내.부.고.무.품]

判例는, 여기에서의 품질의 실질적 차이란, 제품 자체의 성능 및 내구성 등의 차이를 의미하는 것이지, 그에 부수하는 서비스로서의 고객지원, 무상수리, 부품교체 등의 유무에 따른 차이를 말하는 것이 아니라고 판시하였다.

---

219) 대법원 2006. 10. 13. 선고 2006다40423 판결 (Starcraft 사건)
220) 대법원 2005. 6. 9. 선고 2002다61965 판결 (ROBERTA DI CAMERINO 사건)
221) 대법원 2006. 10. 13. 선고 2006다40423 판결 (Starcraft 사건)

Ⅳ. 구체적 사안별 검토

1. 국내외 상표권자가 동일한 경우
(1) 국내 전용사용권자가 없는 경우 - 허용
(2) 국내 전용사용권자가 있는 경우
   1) 전용사용권자가 외국상표권자 상품 수입·판매만 하는 경우: 일반적으로 허용
   2) 전용사용권자가 국내에서 독자적으로 제조·판매하는 경우
     → (判例) KSwiss 사건, Starcraft 사건

[쟁점] 전용사용권자가 국내 독자적으로 제조·판매하는 경우 - 불허되는 경우(K-Swiss 사건)[222]

1. 정당권원의 존부 - 진정상품병행수입
 (1) 의의
 (2) 요건 - 判例의 태도
 (3) 국내 전용사용권자가 있는 경우   [독.영.신.품.실.차]
  1) 判例는, 국내 전용사용권자가 있는 경우로서 전용사용권자가 국내에서 독자적으로 제조·판매하는 경우라도 ① 전용사용권자가 해당 상품의 출처와 관련하여 **독립**한 **영업**적 **신용**을 형성하지 못하고 ② 제품 자체의 품질에 있어 실질적 **차**이가 없다면 병행수입이 허용될 수 있다고 하였다.
  2) 다만, 해당 ① 전용사용권자가 해당 상품의 출처와 관련하여 **독립**한 **영업**상 **신용**을 획득한 경우나 ② **품**질에 있어 실질적 **차**이가 있는 경우라면 허용될 수 없다고 하였다.
 (4) 사안의 경우
   甲은 K-swiss와 별도로 자체 디자인팀에서 이 사건 상표가 표시될 상품에 대한 디자인을 만든 뒤 우성산업으로 하여금 이 사건 상표를 표시한 상품을 제작하여 이를 판매하면서 그 제품에 대한 선전·광고를 하는 등 그 자신을 상품의 출처로 삼는 행위를 하고 있다고 할 것이므로, 이 사건 상표의 상표권자인 K-swiss와 국내 전용사용권자인 화승 사이에 어떠한 법적, 경제적인 관계가 있다거나 그 밖의 다른 사정에 의하여 피고인이 수입한 이 사건 슬리퍼의 출처가 국내의 전용사용권자와 실질적으로 동일하다고 볼 수 있는 사정이 있다고 할 수 없으므로 …

---

2. 국내외 상표권자가 다른 경우
(1) 국내외 상표권자 간 법률적·경제적 밀접한 관계가 있는 경우: 허용
(2) 국내외 상표권자 간 아무런 관계가 없는 경우: 불허

Ⅴ. 광고선전의 허용여부

1. 문제의 소재
진정상품병행수입업자가 병행수입품을 수입 판매함을 넘어, 적극적으로 상표를 사용하거나 광고선전을 하는 경우 허용되는지 문제된다.

---

222) 대법원 2010. 5. 27. 선고 2010도790 판결 (**K-Swiss** 사건)

2. 상표권 침해여부　　　　　　　　　　　　　　　　　　　　　　　　　　　　　　　　[기능]

학설상 다툼이 있으나, 상표기능론에 입각한 判例의 태도에 따르면, 광고선전으로 인하여 상표의 기능을 손상한 바가 없다면 침해라고 보기 어렵다.

3. 부정경쟁방지법 위반여부

(1) 제2조1호 나목　　　　　　　　　　　　　　　　　　　　　　　　　　　　　[영.기/국.공.대.외]

병행수입업자의 사용태양에 비추어 영업표지로서 기능을 갖는다면 일반수요자에게 외국 상표권자의 국내 공인 대리점 등으로 오인케 할 우려가 있으므로 본 호 위반에 해당할 수 있다.

(2) 판례의 태도223)

① 判例는, 구체적으로 [매장 내부 간판, 포장지 및 쇼핑백, 선전광고물 중 택1]은 영업표지로서의 기능을 갖는다 보기 어렵다는 이유로 영업주체혼동행위 해당하지 않는다 하였다.

② 判例는, 구체적으로 [사무소, 영업소, 매장 외부 간판 및 명함 중 택1]은 영업표지로서의 기능을 갖는 것으로 보아 본 호에 해당한다고 판시하였다.

Ⅵ. 진정상품의 소분행위

1. 문제점

진정상품병행수입업자가 정당 유통된 진정상품을 수입하면서 상품을 소량으로 소분하여 판매하는 행위가 허용되는지가 문제된다.

2. 학설　　　　　　　　　　　　　　　　　　　　　　　　　　　　　　　　[소.수.이익/신.경.차.광.경]

① [허용설] 상표권자만이 소분판매 가능케 함은 수요자 이익에 반한다 하여 허용하자는 견해와,
② [금지설] 상품의 표장/표시형태 등을 통하여 신용을 쌓고, 경쟁업자들과 차별화하는 거래실정, 광고선전기능 및 경쟁적 기능을 훼손할 우려 있으므로 금지하자는 견해로 나뉜다.

3. 판례의 태도　　　　　　　　　　　　　　　　　　　　　　　　　　　　　　　　　　　[진/출.품]

판례는, 진정상품수입업자가 임의로 상품을 소량으로 나누어 판매한 경우 비록 그 내용물이 상표권자 등의 진정상품이라 하여도, 출처표시기능이나 품질보증기능을 해칠 염려가 있으므로 특별한 사정이 없는 한 상표권 침해에 해당한다고 판시하였다.224)

4. 검토

생각건대, 단지 유통과정상 편의를 위한 것으로서 상표의 기능을 손상할 염려가 없다면 허용되어야 하나, 광고선전기능 및 경쟁적 기능에서 훼손 우려가 있는 한 판례의 태도가 타당하다고 본다.

---

223) 대법원 2002. 9. 24. 선고 99다42322 판결 (**BURBUERRY** 사건)
224) 대법원 2012. 4. 26. 선고 2011도17524 판결 (**SUPER TEMPERA** 사건)

THEME 11-3 상표권자의 보호 – 상표권의 효력이 미치지 아니하는 범위 (제90조)

> **제90조(상표권의 효력이 미치지 아니하는 범위)**
> ① 상표권(지리적 표시 단체표장권은 제외한다)은 다음 각 호의 어느 하나에 해당하는 경우에는 그 효력이 미치지 아니한다.
>   1. 자기의 성명·명칭 또는 상호·초상·서명·인장 또는 저명한 아호·예명·필명과 이들의 저명한 약칭을 상거래 관행에 따라 사용하는 상표
>   2. 등록상표의 지정상품과 동일·유사한 상품의 보통명칭·산지·품질·원재료·효능·용도·수량·형상·가격 또는 생산방법·가공방법·사용방법 및 시기를 보통으로 사용하는 방법으로 표시하는 상표
>   3. 입체적 형상으로 된 등록상표의 경우에는 그 입체적 형상이 누구의 업무에 관련된 상품을 표시하는 것인지 식별할 수 없는 경우에 등록상표의 지정상품과 동일·유사한 상품에 사용하는 등록상표의 입체적 형상과 동일·유사한 형상으로 된 상표
>   4. 등록상표의 지정상품과 동일·유사한 상품에 대하여 관용하는 상표와 현저한 지리적 명칭 및 그 약어 또는 지도로 된 상표
>   5. 등록상표의 지정상품 또는 그 지정상품 포장의 기능을 확보하는 데 불가결한 형상, 색채, 색채의 조합, 소리 또는 냄새로 된 상표
> ② 지리적 표시 단체표장권은 다음 각 호의 어느 하나에 해당하는 경우에는 그 효력이 미치지 아니한다.
>   1. 제1항제1호·제2호(산지에 해당하는 경우는 제외한다) 또는 제5호에 해당하는 상표
>   2. 지리적 표시 등록단체표장의 지정상품과 동일하다고 인정되어 있는 상품에 대하여 관용하는 상표
>   3. 지리적 표시 등록단체표장의 지정상품과 동일하다고 인정되어 있는 상품에 사용하는 지리적 표시로서 해당 지역에서 그 상품을 생산·제조 또는 가공하는 것을 업으로 영위하는 자가 사용하는 지리적 표시 또는 동음이의어 지리적 표시
>   4. 선출원에 의한 등록상표가 지리적 표시 등록단체표장과 동일·유사한 지리적 표시를 포함하고 있는 경우에 상표권자, 전용사용권자 또는 통상사용권자가 지정상품에 사용하는 등록상표
> ③ 제1항제1호는 상표권의 설정등록이 있은 후에 부정경쟁의 목적으로 자기의 성명·명칭 또는 상호·초상·서명·인장 또는 저명한 아호·예명·필명과 이들의 저명한 약칭을 사용하는 경우에는 적용하지 아니한다.

I. 제90조1항1호

1. 의의 및 취지

자신의 성명·상호·저명한 약칭 등을 상거래 관행에 따라 사용하는 경우 상표권 효력에 미치지 않는다. 성명권 및 상호권 보호에 그 취지가 있다.

2. 요건

(1) 자기의 성명/명칭/상호, 저명한 아호, 저명한 약칭 [널.약.저.효]

1) **['주식회사'를 생략하여 사용한 경우]** 구법상 判例는, 자신의 상호 등이 널리 알려져 있지 않는 한, 자신의 상호 등의 약칭에 불과하고, 그것이 저명하지 않는 한 효력이 제한되지 않는다고 판시하였다. 생각건대, 회사의 종류를 생략하여 사용하는 것이 거래실정이고, 2016년 9월 개정법이 '상거래 관행에 따른 사용'으로 넓게 인정한 취지로 볼 때, 자신의 상호 등을 상거래 관행에 따른 사용으로 봄이 타당할 것이다.

(2) 상거래 관행에 따른 사용　　　　　　　　　　　　[특.식.표.일.수.상.인/위.크.배.연결.실.사]
　　1) 구법상 判例는, '보통으로 사용하는 방법'은 상호를 독특한 글씨체나 색채, 도안화된 문자 등 특수한 태양으로 표시하는 등으로 특별한 식별력을 갖도록 함 없이 표시한 것으로서, 일반수요자가 상호임을 인식할 수 있도록 표시한 것을 전제로 한다고 판시하였다.225)
　　2) 구체적으로 判例는, 위치, 크기, 배열, 다른 문구와의 연결관계, 실제사용태양 등을 고려하여 사회통념상 판단한다고 판시하였다.
　　3) 생각건대, 2016년 개정법이 인격의 동일성을 나타내는 수단으로서 유연하고 탄력적인 해석을 요구한 취지로 볼 때, 본 규정을 완화하여 적용함이 타당할 것이다.
(3) 부정경쟁의 목적이 없을 것 - 제90조3항
　　1) 부정경쟁목적의 의미 및 판단기준　　　　　　　　[등.신.부.목/등.알.사.목/동.알.목.지.현]
　　　判例는, '부정경쟁의 목적'이란 ① 등록된 상표권자의 신용을 이용하여 부당한 이익을 얻을 목적을 말하고, ② 단지 등록된 상표라는 것을 알고 있었다는 사실만으로 그와 같은 목적이 있다고 보기에는 부족하며, ③ 상표 선정의 동기, 피침해상표를 알고 있었는지 여부 등 주관적 사정과, 영업 목적의 유사성 및 영업활동의 지역적 인접성, 상표권 침해자 측의 현실의 사용상태 등의 객관적 사정을 고려하여 판단하여야 한다.226)

[쟁점] '지정상품'에 대해 주지성을 얻어야만 부정경쟁의 목적이 인정되는지 여부(미래메디팜 주식회사 사건)227)

1. 제90조1항1호 적용여부

2. 부정경쟁목적 존부
　(1) 부정경쟁목적의 의미 및 판단기준
　(2) 신용형성 - 지정상품에 주지성 요부　　　　　　　　　　　　　[경위/지정상품/주지성]
　　　判例는, ① 제90조3항은 상호 등의 신용 내지 명성에 편승하려는 행위를 금지하고자 하는데 그 취지가 있으므로, ② 등록된 상표가 신용을 얻게 된 **경위**는 문제되지 않으며 그 **지정상품**에 대하여 **주지성**을 얻어야만 부정경쟁의 목적이 인정되는 것도 아니라고 판시하였다.
　(3) 사안의 경우
　　　~~ 점에서 '원료의약품'과 '완제의약품' 간 상품의 차이가 있으나, 判例의 태도상 ~~ 점에서 부정경쟁의 목적이 인정되는바,

---

225) 대법원 2012. 5. 10. 선고 2010후3387 (**유화정철학원** 사건)
226) 대법원 2011. 7. 28. 선고 2011후538 판결 (**미래메디팜 주식회사** 사건)
227) 대법원 2011. 7. 28. 선고 2011후538 판결 (**미래메디팜 주식회사** 사건)

> **[쟁점] 등록상표의 동일성 유지하면서 사용된 경우에만 신용형성 여부(거북표 사건)**[228]
>
> 1. 제90조1항1호 적용여부
>
> 2. 부정경쟁의 목적 존부 – 신용형성과 관련하여
>   (1) 문제점
>   　등록된 상표권자의 신용은 사용에 의하여 획득되는 것인데, 반드시 등록상표의 동일성을 유지하면서 사용된 경우만 신용이 형성되는지 문제된다.
>   (2) 학설
>   　① **[동일사용필요설]** 불사용취소심판의 취지상 이를 긍정하는 견해와, ② **[동일사용불요설]** 본 호 단서의 취지는 등록상표의 명성을 부당하게 이용하는 것을 규제하는 데 있으므로 부정하는 견해로 나뉜다.
>   (3) 判例의 태도 　　　　　　　　　　　　　　　　　　　　　　　　　[부정사용/부정경쟁자]
>   　判例는, "등록된 상표권자의 신용"은 반드시 등록된 상표가 동일성을 유지하면서 그대로 사용되어 국내에 널리 인식되었을 때에만 형성되는 것으로 보아야 할 것은 아니고, 상표등록이 등록상표의 미사용을 이유로 취소되지 않는 한 등록에 의한 상표권은 여전히 보장되어야 하므로 ① 등록상표의 구성부분 중 일부의 사용이 등록상표의 **부정사용**에 해당하는 등 특단의 사유가 없는 한 ② 일부의 사용으로써도 ③ **부정경쟁자**와의 관계에 있어서는 ④ 등록상표 자체의 주지성이 획득되어 부정경쟁방지의 보호대상이 되는 것으로 보아야 한다고 판시하였다. (동일사용불요설)
>   (4) 검토
>   　생각건대, 제90조3항과 불사용취소심판제도의 취지가 상이한 점, 부정경쟁목적의 유무는 사용자의 의사에 비중이 큰 점에서 동일사용불요설의 태도가 타당하다.

II. 제90조1항2호

1. 의의 및 취지

　지정상품의 성질직감표시 또는 보통명칭을, 보통으로 사용하는 방법으로 표시한 표장은 효력이 제한된다. 자유사용 필요성이 있기 때문이다.

2. 적용요건

　① 보통명칭 또는 기술적 표장
　② 보통으로 사용하는 방법으로 표시하는 상표

3. 판단방법

(1) 일반적 판단방법 　　　　　　　　　　　　　　　　　　　　　　　　　　　　[관.사.거.객]
　1) 판례는,[229] 그 상표가 지니고 있는 관념, 사용상품과의 관계 및 거래사회의 실정 등을 감안하여 객관적으로 판단하여야 한다고 판시하였다.

---

[228] 대법원 1993. 12. 21. 선고 92후1844 판결 (**TORTOISE 거북표** 사건)

[229] 대법원 2014. 9. 25. 선고 2013후3289 판결 (**홍삼정 G.class** 사건), 대법원 2011. 2. 24. 선고 2010후3264 판결 (𝒮𝒸𝑜𝑝 사건), 대법원 2011. 5. 26. 선고 2009후3572 판결 (초 사건), 대법원 2008. 4. 24. 선고 2006후1131 판결 (INTARSIA 사건)

2) 즉, 판례는 본 호는 제33조1항3호와 달리 상표의 '구성태양'뿐만 아니라 사용상표와의 관계에서 실제 '사용태양'도 고려하여 판단하고 있다.

(2) 도안화된 경우[230]

判例는, 도안화의 정도가 일반인의 특별한 주의를 끌어 문자의 기술적 또는 설명적인 의미를 직감할 수 없는 등 새로운 식별력을 가질 정도에 이르지 못하여 일반 수요자들이 사용상품을 고려하였을 때 품질 등을 직감할 수 있으면 본 호에 해당한다고 판시하였다.

Ⅲ. 제90조1항3호

입체적 형상이 식별력이 없는 경우에는 상표권의 효력이 미치지 아니한다. 입체적 형상 자체에 대한 권리범위를 명확히 하고, 식별력 없는 입체적 형상의 자유사용의 필요성을 보호하기 위함이다.

Ⅳ. 제90조1항4호

1. 의의 및 취지

지정상품의 관용하는 상표 또는 현저한 지리적 명칭 등으로 된 상표는 효력이 미치지 아니한다. 현저한 지리적 명칭 또는 관용표장의 자유사용을 보장하기 위함이다.

2. 판단방법

判例는,[231] 본호는 '보통으로 사용하는 방법으로 표시된 표장'으로 한정하지 않으므로, 일부 도안화되거나 다른 부분과 결합되더라도, 그 부분이 일반인의 주의를 끌만한 것이 아니어서 지리적 명칭이나 관용표장에 흡수되어 불가분의 일체를 구성한다면 본 호에 해당한다고 판시하였다.

Ⅴ. 제90조1항5호

지정상품 또는 그 포장의 기능을 확보하는 데 불가결한 형상, 색채 등으로 된 상표는 상표권의 효력이 미치지 않는다. 기능성 상표의 자유사용을 보호하기 위함이다.

Ⅵ. 제90조2항 - 지리적표시 단체표장권의 효력이 미치지 아니하는 경우

1호	제90조1항1호, 2호, 4호
2호	지정상품의 관용하는 상표
3호	전단: 동일 상품 / 해당 지역의 상품 생산자 / 업으로 영위 후단: 동음이의어 지리적 표시 간
4호	선출원 등록상표 / 동일 또는 유사한 지리적 표시 포함

---

230) 대법원 2011. 5. 26. 선고 2009후3572 판결 (사건)

231) 대법원 1999. 11. 26. 선고 98후1518 판결 (사건)

THEME 11-4 상표권자의 보호 – 권리남용

Ⅰ. 상표권 행사가 상표제도의 목적이나 기능을 일탈한 경우

判例는,232) ① 상표권자가 당해 상표를 출원·등록하게 된 목적과 경위, 상표권을 행사하기에 이른 구체적·개별적 사정 등에 비추어, ② 상대방에 대한 상표권의 행사가 상표사용자의 업무상의 신용유지와 수요자의 이익보호를 목적으로 하는 상표제도의 목적이나 기능을 일탈하여 공정한 경쟁질서와 상거래질서를 어지럽히고 ③ 수요자 사이에 혼동을 초래하거나 상대방에 대한 관계에서 신의성실의 원칙에 위배되는 등 법적으로 보호받을 만한 가치가 없다고 인정되는 경우에는, ④ 그 상표권의 행사는 비록 권리행사의 외형을 갖추었다 하더라도 등록상표에 관한 권리를 남용하는 것으로서 허용될 수 없고, ⑤ 상표권의 행사를 제한하는 위와 같은 근거에 비추어 볼 때 상표권 행사의 목적이 오직 상대방에게 고통을 주고 손해를 입히려는 데 있을 뿐 이를 행사하는 사람에게는 아무런 이익이 없어야 한다는 주관적 요건을 반드시 필요로 하는 것은 아니다. [제.목.기.탈.법.보.남.주]

Ⅱ. 무효사유가 명백한 권리에 기한 행사

1. 문제점
2. 전원합의체 판례의 태도

判例는, ① 등록상표에 대한 등록무효심결이 확정되기 전이라고 하더라도 그 상표등록이 무효심판에 의하여 무효로 될 것이 명백한 경우에는 그 상표권에 기한 침해금지 또는 손해배상 등의 청구는 특별한 사정이 없는 한 권리남용에 해당하여 허용되지 아니한다고 보아야 하고, ② 상표권침해소송을 담당하는 법원으로서도 상표권자의 그러한 청구가 권리남용에 해당한다는 항변이 있는 경우 그 당부를 살피기 위한 전제로서 상표등록의 무효 여부에 대하여 심리 판단할 수 있다고 판시하였다.

3. 비판적 견해

상표법은 등록상표가 일정한 사유에 해당하는 경우 별도로 마련한 상표등록의 무효심판절차를 거쳐 등록을 무효로 할 수 있도록 규정하고 있으므로, 상표는 일단 등록된 이상 비록 등록무효사유가 있다고 하더라도 이와 같은 심판에 의하여 무효로 한다는 심결이 확정되지 않는 한 대세적으로 무효로 되는 것은 아니라는 비판적인 견해가 있다.

4. 검토 [공(형식.독.배) / 목(보.신.산.수) / 형(정.평.상표권자.사용자)]

생각건대, ① 상표등록에 관한 상표법의 제반 규정을 만족하지 못하여 등록을 받을 수 없는 상표에 대해 잘못하여 상표등록이 이루어져 있거나 상표등록이 된 후에 상표법이 규정하고 있는 등록무효사유가 발생하였으나 상표등록만은 형식적으로 유지되고 있을 뿐임에도 그에 관한 상표권을 별다른 제한 없이 독점·배타적으로 행사할 수 있도록 하는 것은 상표의 사용과 관련된 **공공의 이익**을 부당하게 훼손할 뿐만 아니라 ② 상표를 보호함으로써 상표사용자의 업무상 신용유지를 도모하여 산업발전에 이바지함과 아울러 수요자의 이익을 보호하고자 하는 상표법의 목적에도 배치되는 것이다. ③ 또한

---

232) 대법원 2007. 1. 25. 선고 2005다67223 판결

상표권도 사적 재산권의 하나인 이상 그 실질적 가치에 부응하여 정의와 공평의 이념에 맞게 행사되어야 할 것인데, 상표등록이 무효로 될 것임이 명백하여 법적으로 보호받을 만한 가치가 없음에도 형식적으로 상표등록이 되어 있음을 기화로 그 상표를 사용하는 자를 상대로 침해금지 또는 손해배상 등을 청구할 수 있도록 용인하는 것은 **상표권자**에게 부당한 이익을 주고 그 상표를 **사용하는 자**에게는 불합리한 고통이나 손해를 줄 뿐이므로 실질적 정의와 당사자들 사이의 형평에도 어긋난다고 판단되므로, 대법원 판례의 태도가 타당하다고 본다.

[상표등록행위의 공정력] 별도로 마련한 무효심판절차를 규정 무효사유가 있어도 심결확정되기 전까지는 대세적으로 무효가 되는 것은 아님		
[공공의 이익 훼손-논거1] 1. 무효사유가 있으나 상표등록만은 형식적으로 유지되고 있음 2. 이에 독점배타권을 인정함은 공공의 이익에 반함	[상표법 목적에 反-논거2] 상표법의 목적 = 제1조	[당사자 형평에 反-논거3] 상표권도 사적재산권으로서 정의와 공평에 맞게 행사되어야 함. 상표권자에게 부당한 이익 사용자에게는 불합리한 고통이나 손해를 줄 뿐
[법리 1]	① 무효사유 명백한 권리, ② 침해금지/손해배상 ③ 특별한 사정 없는 한, ④ 권리남용	
[법리 2]	① 민사법원으로서도, ② 항변이 있는 경우 ③ 당부를 살피기 위한 전제로서, ④ 무효여부 심리 가능	

Ⅲ. 역혼동에 있어서 권리남용

1. 문제점

乙의 후발 선사용상표가 계속적 사용으로 乙의 출처표시로서 주지성을 취득하였는바, 甲의 권리행사가 권리남용인지 문제된다.

2. 권리남용의 일반적 태도

3. 判例의 태도　　　　　　　　　　　　　　　　　　　　　　　　[신.침.보/용.등.근.훼]

判例는, 그리고 어떤 상표가 정당하게 출원·등록된 이후에 그 등록상표와 동일·유사한 상표를 그 지정상품과 동일·유사한 상품에 정당한 이유 없이 사용한 결과 그 사용상표가 국내의 일반 수요자들에게 알려지게 되었다고 하더라도, ① 그 사용상표와 관련하여 얻은 **신용과 고객흡인력**은 등록상표의 상표권을 **침해**하는 행위에 의한 것으로서 **보호**받을 만한 가치가 없고 ② 그러한 상표의 사용을 **용인**한다면 우리 상표법이 취하고 있는 **등록**주의 원칙의 **근**간을 **훼**손하게 되므로, 위와 같은 상표 사용으로 인하여 시장에서 형성된 일반 수요자들의 인식만을 근거로 하여 그 상표 사용자를 상대로 한 등록상표의 상표권에 기초한 침해금지 또는 손해배상 등의 청구가 권리남용에 해당한다고 볼 수는 없다.

4. 검토

생각건대, 상표법이 등록주의를 채택하고 있다는 점, 乙의 상표사용행위가 甲의 상표권 침해에 해당한다는 가능성을 乙이 충분히 인식할 수 있었다는 점에서 부정경쟁행위 내지 신의칙 위반이라고 보기 어렵다는 점에서 판례의 태도가 타당하다.

Ⅳ. 취소사유가 명백한 권리에 기한 행사

判例는,[233] 적법하게 출원·등록된 상표인 이상 비록 등록취소사유가 있다 하더라도 그 등록취소심결 등에 의하여 그 취소가 확정될 때까지는 여전히 유효한 권리로서 보호받을 수 있는 것이어서, 권리행사가 신의칙에 위반되거나 권리남용에 해당한다고 볼 수 없다고 판시하였다.

---

233) 대법원 1998. 5. 22. 선고 97다36262 판결 (POLO 사건)

THEME 12-1 상표권의 소극적 효력 – 침해의 구제방안

제107조(권리침해에 대한 금지청구권 등)
① 상표권자 또는 전용사용권자는 자기의 권리를 침해한 자 또는 침해할 우려가 있는 자에 대하여 그 침해의 금지 또는 예방을 청구할 수 있다.
② 상표권자 또는 전용사용권자가 제1항에 따른 청구를 할 경우에는 침해행위를 조성한 물건의 폐기, 침해행위에 제공된 설비의 제거나 그 밖에 필요한 조치를 청구할 수 있다.
③ 제1항에 따른 침해의 금지 또는 예방을 청구하는 소가 제기된 경우 법원은 원고 또는 고소인(이 법에 따른 공소가 제기된 경우만 해당한다)의 신청에 의하여 임시로 침해행위의 금지, 침해행위에 사용된 물건 등의 압류나 그 밖에 필요한 조치를 명할 수 있다. 이 경우 법원은 원고 또는 고소인에게 담보를 제공하게 할 수 있다.

제108조(침해로 보는 행위)
① 다음 각 호의 어느 하나에 해당하는 행위는 상표권(지리적 표시 단체표장권은 제외한다) 또는 전용사용권을 침해한 것으로 본다.
 1. 타인의 등록상표와 동일한 상표를 그 지정상품과 유사한 상품에 사용하거나 타인의 등록상표와 유사한 상표를 그 지정상품과 동일·유사한 상품에 사용하는 행위
 2. 타인의 등록상표와 동일·유사한 상표를 그 지정상품과 동일·유사한 상품에 사용하거나 사용하게 할 목적으로 교부·판매·위조·모조 또는 소지하는 행위
 3. 타인의 등록상표를 위조 또는 모조하거나 위조 또는 모조하게 할 목적으로 그 용구를 제작·교부·판매 또는 소지하는 행위
 4. 타인의 등록상표 또는 이와 유사한 상표가 표시된 지정상품과 동일·유사한 상품을 양도 또는 인도하기 위하여 소지하는 행위
② 다음 각 호의 어느 하나에 해당하는 행위는 지리적 표시 단체표장권을 침해한 것으로 본다.
 1. 타인의 지리적 표시 등록단체표장과 유사한 상표(동음이의어 지리적 표시는 제외한다. 이하 이 항에서 같다)를 그 지정상품과 동일하다고 인정되는 상품에 사용하는 행위
 2. 타인의 지리적 표시 등록단체표장과 동일·유사한 상표를 그 지정상품과 동일하다고 인정되는 상품에 사용하거나 사용하게 할 목적으로 교부·판매·위조·모조 또는 소지하는 행위
 3. 타인의 지리적 표시 등록단체표장을 위조 또는 모조하거나 위조 또는 모조하게 할 목적으로 그 용구를 제작·교부·판매 또는 소지하는 행위
 4. 타인의 지리적 표시 등록단체표장과 동일·유사한 상표가 표시된 지정상품과 동일하다고 인정되는 상품을 양도 또는 인도하기 위하여 소지하는 행위

제109조(손해배상의 청구)
 상표권자 또는 전용사용권자는 자기의 상표권 또는 전용사용권을 고의 또는 과실로 침해한 자에 대하여 그 침해에 의하여 자기가 받은 손해의 배상을 청구할 수 있다.

제112조(고의의 추정)
 제222조에 따라 등록상표임을 표시한 타인의 상표권 또는 전용사용권을 침해한 자는 그 침해행위에 대하여 그 상표가 이미 등록된 사실을 알았던 것으로 추정한다.

제113조(상표권자 등의 신용회복)
 법원은 고의나 과실로 상표권 또는 전용사용권을 침해함으로써 상표권자 또는 전용사용권자의 업무상 신용을 떨어뜨린 자에 대해서는 상표권자 또는 전용사용권자의 청구에 의하여 손해배상을 갈음하거나 손해배상과 함께 상표권자 또는 전용사용권자의 업무상 신용회복을 위하여 필요한 조치를 명할 수 있다.

> **제114조(서류의 제출)**
> 법원은 상표권 또는 전용사용권의 침해에 관한 소송에서 당사자의 신청에 의하여 다른 당사자에 대하여 해당 침해행위로 인한 손해를 계산하는 데에 필요한 서류의 제출을 명할 수 있다. 다만, 그 서류의 소지자가 그 서류의 제출을 거절할 정당한 이유가 있는 경우에는 그러하지 아니하다.

Ⅰ. 상표권 침해의 민사적 구제

1. 침해금지 등의 청구 – 법조문 활용 [제107조]
(1) 의의 및 취지
　　상표권자 또는 전용사용권자는 자기의 권리를 침해한 자 또는 침해할 우려가 있는 자에 대하여 그 침해금지 또는 예방을 청구할 수 있다(제107조1항). 또한, 이에 부대하여 조성 물건의 폐기, 침해행위에 제공된 설비의 제거 기타 필요한 조치를 청구할 수 있다(제107조2항).

(2) 요건 – 권리의 발생
　　1) 현실적인 침해 또는 침해의 우려가 객관적으로 존재할 것
　　2) 침해자의 고의·과실은 불요
　　3) 상표권자·전용사용권자의 청구
　　　 - 채권적 권리에 불과한 통상사용권자는 인정되지 않음

(3) 권리의 내용
　　1) ① 침해행위를 중단, ② 침해행위를 조성한 물건의 폐기, ③ 침해행위에 제공된 설비의 제거, ④ 기타 침해 예방에 필요한 행위
　　2) 임시조치 가능(제107조3항)

2. 임시조치 – 제107조3항
(1) 의의 및 취지
　　침해금지 또는 예방청구가 제기된 경우 원고 등의 신청에 의하여 임시로 침해행위를 금지·압류 등의 조치를 명할 수 있다. 침해행위를 신속·효과적으로 제거하기 위한 보전처분의 일종이다.

(2) 내용
　　1) **제107조3항** – 침해금지청구·침해죄 공소제기 / 원고·고소인의 신청 / 침해행위금지·물건의 압류·기타 필요한 조치
　　2) **제107조3항후단** – 원고 또는 고소인에게 담보를 제공하게 할 수 있다.
　　3) 공소제기가 있어도 불기소처분·기소유예 처분을 내린 경우 임시조치 불가

(3) 경과규정
　　2012. 3. 15. 후 최초로 상표권·전용사용권 침해에 관한 소가 제기된 것부터 적용

3. 손해배상청구

(1) 의의

상표권자·전용사용권자는 상표권·전용사용권을 고의·과실로 침해한 자에 대하여 손해 배상을 청구할 수 있다(제109조).

(2) 요건   [고.위.손.인]

① 고의 또는 과실

② 위법성 - 상표권의 침해 성립

③ 손해 발생 - 상표권 침해로 인하여 손해가 발생

④ 상당한 인과관계 - 권리침해행위와 손해발생 간의 상당인과관계

(3) 고의·과실 여부

1) [**고의의 추정 - 제112조**] 제222조에 따라 등록상표임을 표시한 타인의 상표권 등을 침해한 자는 침해행위에 대하여 그 상표가 등록된 사실을 알았던 것으로 추정한다.

[쟁점] 과실의 추정 여부

1. 문제점

제222조에 따라 등록상표를 표시한 경우에는 고의가 추정된다. 다만, 제222조와 무관하게 상표권 침해 시 과실도 추정되는지 여부가 문제된다.

2. 판례의 태도   [공.주.특.실/과.추/알.못.믿은]

判例는,[234] ① 상표권의 존재 및 그 내용은 상표공보 또는 상표등록원부 등에 의하여 공시되어 일반 공중도 통상의 주의를 기울이면 이를 알 수 있고, ② 업으로서 상표를 사용하는 사업자에게 해당 사업 분야에서 상표권의 침해에 대한 주의의무를 부과하는 것이 부당하다고 할 수 없으며, ③ 또한 타인의 특허권, 실용신안권, 디자인권을 침해한 자는 그 침해행위에 대하여 과실이 있는 것으로 추정되는데도 상표권을 침해한 자에 대하여만 이와 달리 보아야 할 합리적인 이유가 없으므로, 타인의 상표권을 침해한 자는 그 침해행위에 대하여 **과실**이 있는 것으로 **추정**된다고 할 것이고, 그럼에도 타인의 상표권을 침해한 자에게 과실이 없다고 하기 위하여는 상표권의 존재를 **알**지 **못**하였다는 점을 정당화할 수 있는 사정이 있다거나 자신이 사용하는 상표가 등록상표의 권리범위에 속하지 아니한다고 **믿은** 점을 정당화할 수 있는 사정이 있다는 것을 주장·증명하여야 한다고 판시하였다.

3. 검토

생각건대, 특허법 등과의 균형을 고려할 때, 과실 추정을 인정함이 타당하다.

---

(4) 손해의 발생(손해배상액의 산정)   [Theme 12-2]

(5) 상당한 인과관계

1) 판례는,[235] 상표권자가 상표권 침해자에 대하여 손해배상을 청구하는 경우 그 자가 침해행위에 의하여 이익을 받았을 때에는 그 이익의 액은 상표권자가 받은 손해액으로 추정되므로 상표권자는 상표권 침해자가 취득한 이익을 입증하면 되고 그 밖에 침해행위와 손해의 발생 간의 인과관계에 대하여는 이를 입증할 필요가 없다고 판시하였다.

---

234) 대법원 2013. 7. 25. 선고 판결 (**남선알미늄** 사건)
235) 대법원 1992. 2. 25. 선고 91다23776 판결 (**오-K케이** 사건)

4. 법정손해배상제도 [Theme 12-3]

5. 신용회복청구 - 법조문 활용 [제113조]

법원은 ① 고의나 과실로 상표권 또는 전용사용권을 침해함으로써 ② 상표권자 또는 전용사용권자의 업무상 신용을 떨어뜨린 자에 대해서는 ③ 상표권자 또는 전용사용권자의 청구에 의하여 손해배상을 갈음하거나 손해배상과 함께 상표권자 또는 전용사용권자의 업무상 신용회복을 위하여 필요한 조치를 명할 수 있다(제113조).

6. 침해금지가처분 - 법조문 활용 [민사집행법 제300조2항]

(1) 의의 및 취지
침해소송 확정판결을 기다려서는 상표권의 독점성이 파괴되고, 권리자의 권리향유가 곤란해질 위험이 있는 경우, 그 위험의 제거를 위하여 침해금지 예방을 위해 가처분을 신청할 수 있다(민사집행법 제300조2항).

(2) 요건 [피보.보필]
① 침해가 성립되거나 침해개연성이 크다는 등의 **피보전권리**가 존재해야 하고, ② **보전의 필요성**이 있어야 한다.

(3) 보전의 필요성 [부.만.사.무.취]
상표권침해금지와 같은 부작위의무를 부담시키는, 이른바 만족적 가처분일 경우에는 보전의 필요성을 신중하게 판단해야 하는바, 判例는[236] 상표권자가 등록상표를 ① 사용하지 않거나, 상표권이 ② 무효 또는 취소될 개연성이 높은 경우에는 보전의 필요성을 부인한다.

II. 상표권 침해의 형사적 구제

1. 상표권 침해죄

(1) 의의 및 취지 [O.친.고.포.간.질]
상표권을 침해한 자는 7년 이하의 징역 또는 1억 원 이하의 벌금에 처한다. 질서벌적 성격을 지닌다(제230조).

(2) 요건 및 효과
상표권 침해를 구성하고, ① 비친고죄에 해당하며 ② 고의범만 처벌하고, ③ 각 등록상표마다 포괄일죄가 적용된다. ④ 간접침해는 해당사항이 없다.

(3) 고의 여부
- 상표법 제122조는 형사침해죄에서는 적용되지 않는다.

---

[236] 대법원 2007. 7. 2.자 2005마944 결정; 대법원 1993. 2. 12. 선고 92다40563; 대법원 2003. 11 .28. 선고 2003다30265 판결; 대법원 1980. 12. 9. 선고 80다829 등

> [쟁점] 침해죄의 성립에 있어서 고의의 판단방법(삼림욕기 사건)
>
> **1. 判例의 태도**237)　　　　　　　　　　　　　　　　　　　　　　　　　　　[주.미.인.용]
> 판례는, 타인의 상표를 사용한 자를 침해죄로 처벌하기 위해서는 ① 범죄구성요건의 주관적 요소로서 적어도 **미필**적 고의가 필요하므로, ② 그 행위가 상표를 사용하거나 상품의 광고행위에 해당한다는 사실에 대한 **인**식이 있음은 물론 ③ 나아가 이를 **용**인하려는 내심의 의사가 있어야 한다.
>
> **2. 사용을 용인하고 있었는지의 판단방법 - 判例**　　　　　　　　　　　　　　[외구.일평.행심]
> 判例는 이어서, 행위자가 이와 같은 광고행위를 용인하고 있었는지는 ① **외**부에 나타난 행위 형태와 행위 상황 등 **구**체적인 사정을 기초로 하여 ② **일**반인이라면 이를 어떻게 **평**가할 것인지를 고려하면서 ③ **행**위자 입장에서 그 **심**리상태를 추인하여야 한다.

2. 양벌규정 - 법조문 활용 [제235조]

① 법인의 대표자나 법인 또는 개인의 대리인, 사용인, 그 밖의 종업원이 ② 그 법인 또는 개인의 업무에 관하여 ③ 제230조(상표권 침해죄), 제233조(위증죄) 또는 제234조(거짓행위죄)의 위반행위를 하면 ④ 그 행위자를 벌하는 외에 그 법인에는 다음 각 호의 구분에 따른 벌금형을 과(科)하고, ⑤ 그 개인에게는 이하의 벌금형을 과한다. ⑥ 다만, 법인 또는 개인이 그 위반행위를 방지하기 위하여 해당 업무에 관하여 상당한 주의와 감독을 게을리하지 아니한 경우에는 그러하지 아니하다.
  1. 제230조를 위반한 경우: 3억 원 이하의 벌금
  2. 제233조 또는 제234조를 위반한 경우: 6천만 원 이하의 벌금

3. 몰수 - 법조문 활용 [제236조]

1) ① 제230조(상표권 침해죄)에 따른 상표권 또는 전용사용권의 침해행위에 제공되거나 ② 그 침해행위로 인하여 생긴 침해물과 ③ 그 침해물 제작에 주로 사용하기 위하여 제공된 제작 용구 또는 재료는 몰수한다(동조 1항).
2) 다만, ① 상품이 그 기능 및 외관을 해치지 아니하고 ② 상표 또는 포장과 쉽게 분리될 수 있는 경우에는 그 상품은 몰수하지 아니할 수 있다(동조 2항).

> [쟁점] 침해죄의 포괄일죄 및 형량의 판단 방법238)
>
> **1. 문제점 - 형법상 경합범**
> 1개의 행위가 수 개의 죄에 해당하는 경우, 가장 중한 죄에 정한 형으로 처벌한다(형법 제40조). 법원은 복수의 등록상표들에 대한 침해를 하나의 죄로 판단하여 형량을 결정하였는바, 죄수 판단이 타당한지, 형량 판단이 적법한지 여부가 문제된다.
>
> **2. 판례**
> 판례는, ① 수 개의 등록상표에 대하여 상표법 제230조의 상표권 침해행위가 계속하여 이루어진 경우에는 등록상표마다 포괄하여 1개의 범죄가 성립한다. ② 그러나 하나의 유사상표 사용행위로 수 개의 등록상표를 동시에 침해하였다면 각각의 상표법 위반죄는 상상적 경합의 관계에 있다고 판시하였다.

---

237) 대법원 2012. 10. 11. 선고 2010도11053 (삼림욕기 사건)

> **[참고] 상표권 및 전용사용권의 침해 관련 판례**
>
> 判例는,[239] 상표권에 관하여 전용사용권이 설정된 경우 이로 인하여 상표권자의 상표의 사용권이 제한받게 되지만 제3자가 그 상표를 정당한 법적 권한 없이 사용하는 경우에는 그 상표권자가 그 상표권에 기하여 제3자의 상표의 사용에 대한 금지를 청구할 수 있는 권리까지 상실하는 것은 아니다. 또한, 이러한 경우에 그 상표에 대한 전용사용권을 침해하는 상표법 위반죄가 성립함은 물론 상표권자의 상표권을 침해하는 상표법 위반죄도 함께 성립하게 된다고 판시하였다.

---

[238] 대법원 2020. 11. 12. 선고 2019도11688 판결 (**코크린** 사건)
[239] 대법원 2006. 9. 8. 선고 2006도1580 판결

THEME 12-2 손해배상청구 – 손해액의 산정 등

제110조(손해액의 추정 등)
① 제109조에 따른 손해배상을 청구하는 경우 그 권리를 침해한 자가 그 침해행위를 하게 한 상품을 양도하였을 때에는 다음 각 호에 해당하는 금액의 합계액을 상표권자 또는 전용사용권자가 입은 손해액으로 할 수 있다. 〈개정 2020. 12. 22.〉
 1. 그 상품의 양도수량(상표권자 또는 전용사용권자가 그 침해행위 외의 사유로 판매할 수 없었던 사정이 있는 경우에는 그 침해행위 외의 사유로 판매할 수 없었던 수량을 뺀 수량) 중 상표권자 또는 전용사용권자가 생산할 수 있었던 상품의 수량에서 실제 판매한 상품의 수량을 뺀 수량을 넘지 아니하는 수량에 상표권자 또는 전용사용권자가 그 침해행위가 없었다면 판매할 수 있었던 상품의 단위수량당 이익액을 곱한 금액
 2. 그 상품의 양도수량 중 상표권자 또는 전용사용권자가 생산할 수 있었던 상품의 수량에서 실제 판매한 상품의 수량을 뺀 수량을 넘는 수량 또는 그 침해행위 외의 사유로 판매할 수 없었던 수량이 있는 경우 이들 수량(상표권자 또는 전용사용권자가 그 상표권자의 상표권에 대한 전용사용권의 설정, 통상사용권의 허락 또는 그 전용사용권자의 전용사용권에 대한 통상사용권의 허락을 할 수 있었다고 인정되지 아니하는 경우에는 해당 수량을 뺀 수량)에 대해서는 상표등록을 받은 상표의 사용에 대하여 합리적으로 받을 수 있는 금액
② 삭제 〈2020. 12. 22.〉
③ 제109조에 따른 손해배상을 청구하는 경우 권리를 침해한 자가 그 침해행위에 의하여 이익을 받은 경우에는 그 이익액을 상표권자 또는 전용사용권자가 받은 손해액으로 추정한다.
④ 제109조에 따른 손해배상을 청구하는 경우 그 등록상표의 사용에 대하여 합리적으로 받을 수 있는 금액에 상당하는 금액을 상표권자 또는 전용사용권자가 받은 손해액으로 하여 그 손해배상을 청구할 수 있다. 〈개정 2020. 10. 20.〉
⑤ 제4항에도 불구하고 손해액이 같은 항에 규정된 금액을 초과하는 경우에는 그 초과액에 대해서도 손해배상을 청구할 수 있다. 이 경우 상표권 또는 전용사용권을 침해한 자에게 고의 또는 중대한 과실이 없을 때에는 법원은 손해배상액을 산정할 때 그 사실을 고려할 수 있다.
⑥ 법원은 상표권 또는 전용사용권의 침해행위에 관한 소송에서 손해가 발생한 것은 인정되나 그 손해액을 증명하기 위하여 필요한 사실을 밝히는 것이 사실의 성질상 극히 곤란한 경우에는 제1항부터 제5항까지의 규정에도 불구하고 변론전체의 취지와 증거조사의 결과에 기초하여 상당한 손해액을 인정할 수 있다.
⑦ 법원은 고의적으로 상표권자 또는 전용사용권자의 등록상표와 동일·유사한 상표를 그 지정상품과 동일·유사한 상품에 사용하여 상표권 또는 전용사용권을 침해한 자에 대하여 제109조에도 불구하고 제1항부터 제6항까지의 규정에 따라 손해로 인정된 금액의 3배를 넘지 아니하는 범위에서 배상액을 정할 수 있다. 〈신설 2020. 10. 20.〉
⑧ 제7항에 따른 배상액을 판단할 때에는 다음 각 호의 사항을 고려하여야 한다. 〈신설 2020. 10. 20.〉
 1. 침해행위로 인하여 해당 상표의 식별력 또는 명성이 손상된 정도
 2. 고의 또는 손해 발생의 우려를 인식한 정도
 3. 침해행위로 인하여 상표권자 또는 전용사용권자가 입은 피해규모
 4. 침해행위로 인하여 침해한 자가 얻은 경제적 이익
 5. 침해행위의 기간·횟수 등
 6. 침해행위에 따른 벌금
 7. 침해행위를 한 자의 재산상태
 8. 침해행위를 한 자의 피해구제 노력의 정도

I. 손해배상액의 산정   [생.판.수/단/초.합]

1) 상표권자의 생산능력 내의 손해액으로, ① 권리자의 생산가능수량에서 실제 판매수량을 뺀 수량에 ② 권리자의 단위 수량당 이익액을 곱한 금액을 손해액으로 산정할 수 있다(제110조1항1호).
2) 또한, 상표권자의 생산능력 초과분에 대한 손해액으로, ③ 초과분의 수량에 대하여 권리자가 합리적으로 받을 수 있는 금액을 더 산정할 수 있다(제110조1항2호).

[Tip] 손해배상액의 산정 - 2021년 6월 23일 시행 개정법

1) 생산능력 내의 손해액 $= [\min\{(S_i - U), C_a\} - S_a] \times p$

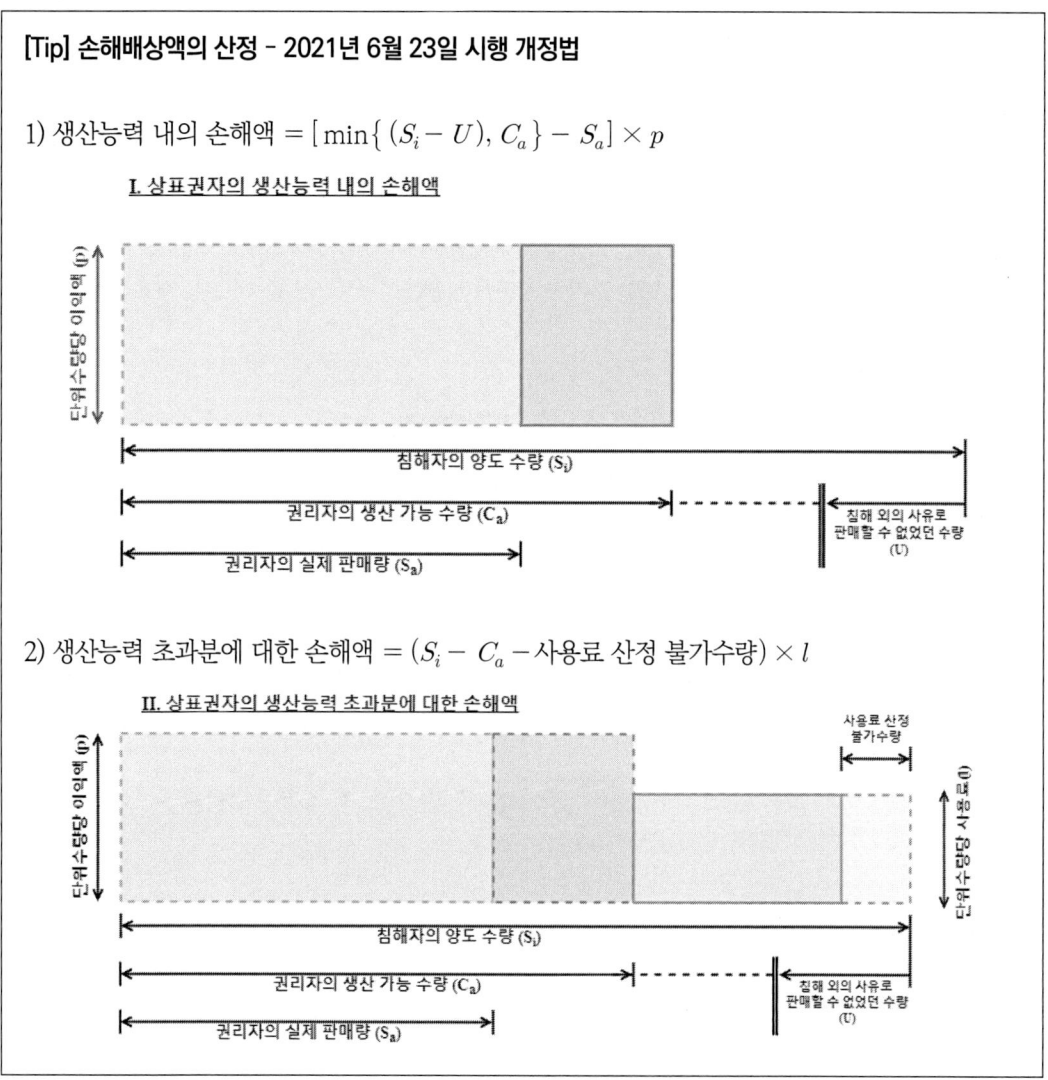

2) 생산능력 초과분에 대한 손해액 $= (S_i - C_a - \text{사용료 산정 불가수량}) \times l$

---

3) 구법은 침해자가 권리자의 생산능력을 초과하여 판매하는 경우, 초과수량에 대한 부당이득이 발생하여 상표권을 침해하는 것이 이득인 상황이 발생할 수 있었다. 이에 2021. 6. 23. 시행 개정법은, ① 권리자의 생산능력 내의 손해액은 유지하되, ② 생산능력 초과분은 상당한 사용료를 고려하여 손해를 가산하도록 개정하였다. [240]

---

[240] 2021. 6. 23. 이후 최초로 손해배상이 청구된 경우부터 적용한다. (부칙 제2조)

II. 손해액의 추정

손해배상청구에 있어 상표권을 침해한 자가 침해행위로 인하여 이익을 받은 경우 그 이익액을 손해액으로 추정한다(제110조3항). 상표권자 등의 손해액의 입증책임을 완화하는 데 그 취지가 있다(判例).

> **[判例] 손해의 발생의 입증책임 관련 판례들**
>
> **1. 손해 발생이 없는 것이 분명한 경우 - 스스로 등록상표 사용 ×**
> 判例는,241) ① **[본 규정의 취지]** 손해배상청구에 있어서 손해에 관한 피해자의 주장·입증책임을 경감하는 취지의 규정이고, 손해의 발생이 없는 것이 분명한 경우까지 침해자에게 손해배상의무를 인정하는 취지는 아니므로, ② **[입증책임의 정도]** 상표권 침해행위로 인하여 영업상의 이익이 침해되었음을 이유로 위 규정에 따라 영업상 손해의 배상을 구하는 상표권자로서는 스스로 업으로 '<u>등록상표를 사용하고 있음을 주장·입증</u>'할 필요가 있으며, ③ **['등록상표를 사용하고 있음'의 의미]** 여기에서 등록상표를 사용하고 있는 경우라 함은 등록상표를 지정상품 그 자체 또는 거래사회의 통념상 이와 동일하게 볼 수 있는 상품에 현실로 사용한 때를 말하고, 지정상품과 유사한 상품에 사용한 것만으로는 등록상표를 사용하였다고 볼 수 없다.
>
> **2. 인과관계의 증명책임**
> 判例는,242) 상표권자가 상표권 침해자에 대하여 손해배상을 청구하는 경우 그 자가 침해행위에 의하여 이익을 받았을 때에는 그 이익의 액은 상표권자가 받은 손해액으로 추정되므로 상표권자는 상표권 침해자가 취득한 이익을 입증하면 되고 그 밖에 침해행위와 손해의 발생 간의 인과관계에 대하여는 이를 입증할 필요가 없다고 판시하였다.

---

241) 대법원 2009. 10. 29. 선고 2007다22514,22521 판결; 대법원 2009. 10. 29. 선고 2007다22514,22521 판결
242) 대법원 1992. 2. 25. 선고 91다23776 판결 (**오-K케이** 사건)

Ⅲ. 통상사용료 상당액의 청구 - 손해액의 의제 및 참작

1) 상표권자 등은 손해배상청구에 있어서 그 등록상표의 사용에 대하여 **합리적**으로 받을 수 있는 금액 상당을 손해액으로 청구할 수 있다(제110조4항).
2) 손해액이 합리적 사용료 상당액을 초과하는 경우 그 초과액에 대해서도 청구 가능하며, 고의/중과실이 없는 한 법원은 그 사실을 고려할 수 있다(제110조5항).

[쟁점] 손해의 발생의 입증 정도

1. 문제점
법문에서 손해액을 추정한다고 하였는바, '손해의 발생'까지 추정되는지, 추정이 되지 않는 경우 입증책임의 정도가 문제된다.

2. 판례의 태도
1) 判例는,[243] 상표권자 등이 손해액을 입증하는 것이 곤란한 점을 감안하여 침해자의 이익액을 상표권자 등이 입은 손해액으로 추정하는 것일 뿐이고, 상표권 등의 침해가 있는 경우 그로 인한 손해의 발생까지를 추정하는 취지라고 볼 수 없으므로, 상표권자가 등록상표를 업으로 사용하고 있고 실제 영업상의 손해의 발생을 주장·입증할 필요가 있다고 판시하였다. **[액.추.발.추.영.발.증]**
2) 다만 判例는, 위 규정의 취지에 비추어 볼 때, 상표권자는 손해의 발생에 관한 주장·입증의 정도에 있어서는 손해 발생의 **염려** 내지 **개연성**의 존재를 주장·입증하는 것으로 족하다고 보아야 한다고 판시하였다. **[염.개.증]**
3) 이어서 判例는, 상표권자가 침해자와 **동종**의 **영업**을 하고 있는 것을 증명한 경우라면 특별한 사정이 없는 한 **상표권** 침해에 의하여 영업상의 손해를 입었음이 **사실상 추정**된다고 판시하였다. **[동.영.상.사.추]**

3. 검토
생각건대, 법문의 구조상 손해의 발생까지 추정함은 부당하나, 본 규정이 상표권자 등의 손해액의 입증책임을 완화하는 데 그 취지가 있다는 점에서, 손해 발생의 입증책임을 완화하는 판례의 태도가 타당하다.

---

243) 대법원 1997. 9. 12. 선고 96다43119 판결; 대법원 2013. 7. 25. 선고 2013다21666 판결 (**남성알미늄** NAMSUNG ALUMINUM 사건);

[쟁점] 손해의 발생까지 간주하는지 여부 – 손해 불발생 항변 가부

1. 문제점
   규정상 손해액이 의제됨에는 의문이 없으나, 손해의 발생사실까지 간주되는 것인지가 본 규정의 성격과 관련 문제된다.

2. 학설
   1) [손해액 간주설] ① 특허권 등과 다르게 상표권은 그 자체로 재산적 가치를 지니는 것이 아닌 사용에 의해서 발휘되는 기능을 보호하는데 목적이 있는 점, ② 본 규정이 손해액에 대한 입증책임 경감 취지에 지나지 않는다는 점
   2) [손해발생 간주설] ① 통상사용료 상당액만큼 손해는 발생한 것을 전제하고 있다는 점

3. 판례의 태도   [권.침.사.통.사.손.발.사/법.손]
   1) 判例는,244) ① 본 규정은 손해에 관한 피해자의 주장·증명책임을 경감해 주고자 하는 것이므로, 상표권자는 ⅰ) 권리침해 사실과 ⅱ) 통상 받을 수 있는 사용료245)를 주장·증명하면 되고 ⅲ) 손해의 발생 사실을 구체적으로 주장·증명할 필요는 없으나, ② 위 규정이 상표권의 침해 사실만으로 손해의 발생에 대한 법률상의 추정을 하거나 손해의 발생이 없는 것이 분명한 경우까지 손해배상의무를 인정하려는 취지는 아니므로, ③ 침해자는 상표권자에게 손해의 발생이 있을 수 없다는 점을 주장·증명하여 손해배상책임을 면할 수 있다고 판시하였다.
   2) 이에 덧붙여 判例는, 상표권자가 상표를 영업 등에 실제 사용하고 있었음에도 상표권 침해행위가 있었다는 등 구체적 피해 발생이 전제되어야 인정될 수 있다는 점에서, 상표권자가 상표를 **등록만 해 두고 실제 사용하지는 않았다는 등** 손해 발생을 부정할 수 있는 사정을 침해자가 증명한 경우에는 손해배상책임을 인정할 수 없다고 판시하였다.

4. 검토
   생각건대, 상표권은 그 자체가 재산적 가치를 가진 특허권 등과 달리 상표의 출처식별기능을 통하여 상표권자의 업무상의 신용을 보호 및 유통질서를 유지함으로써 일반 수요자의 보호를 꾀하는 데 그 본질이 있다는 점에서 손해액간주설이 타당하며, 등록상표의 사용이 없으면 등록상표에 고객흡입력이 인정되지 않아 손해 발생이 없다고 봄이 타당하다.

[判例] 제110조4항에 따라 손해액 산정함에 있어 과실상계 가부

判例는, ① 피해자에게도 과실이 있는 때에는 가해자의 손해배상의 범위를 정하면서 당연히 이를 참작하여야 하고, ② 양자의 과실비율을 교량함에 있어서는 손해의 **공평부담**이라는 제도의 취지에 비추어 불법행위에 관련된 제반 상황을 충분히 고려하여야 하며, 과실상계사유에 관한 사실인정이나 그 비율을 정하는 것이 사실심의 전권사항이라고 하더라도 그것이 형평의 원칙에 비추어 현저히 불합리하여서는 아니 되고, 이러한 법리는 상표법 제110조 제4항에 따라 상표권 침해로 인한 손해액을 산정하는 경우에도 마찬가지로 적용된다.

---

244) 대법원 2016. 9. 30. 선고 2014다59712, 59729 판결 (CROWNGENE 사건)
245) 2020. 10. 20. 시행 개정 상표법에 따라 '합리적으로 받을 수 있는 금액'으로 답안 작성해도 무방.

Ⅳ. 법원의 재량에 의한 손해액 산정 - 손해액 인정

손해 발생이 인정되나 손해액을 증명하기 극히 곤란한 경우, 변론 전체의 취지와 증거조사의 결과에 기초하여 손해액을 상당 인정할 수 있다(제110조6항). 피해자의 주장 및 입증책임을 경감하기 위함이다.

> **[판례] 손해의 발생 입증 - 제110조6항**
>
> 判例는,246) ① 상표권자가 위 규정의 적용을 받기 위하여는 스스로 업으로 등록상표를 사용하고 있고 또한 그 상표권에 대한 침해행위에 의하여 실제로 영업상의 손해를 입은 것을 **주장·증명할 필요**가 있다. ② 다만, 위 규정의 취지에 비추어 보면, 위와 같은 손해의 발생에 관한 주장·증명의 정도에 있어서는 손해 발생의 염려 또는 개연성의 존재를 주장·증명하는 것으로 족하다고 보아야 하므로 ③ 상표권자가 침해자와 동종의 영업을 하고 있는 것을 증명한 경우라면 특별한 사정이 없는 한 상표권 침해에 의하여 영업상의 손해를 입었음이 사실상 추정된다고 볼 수 있다고 판시하였다.
>
> 생각건대, 위 규정은 상표권자 등이 상표권 등의 침해로 인하여 입은 손해의 배상을 청구하는 경우에 그 손해액을 증명하는 것이 곤란한 점을 감안하여 상표권자 등이 입은 손해에 관한 피해자의 주장·증명책임을 경감하는 취지의 규정일 뿐이고, 상표권 등의 침해가 있는 경우에 그로 인한 손해의 발생까지를 추정하는 취지라고 볼 수 없다.

Ⅴ. 징벌적 손해배상제도 - 제110조7항, 8항247)

1. 의의 및 취지

법원은 고의적으로 상표권 등을 침해한 자에 대하여 동조 제1항 내지 제6항에 따른 손해로 인정된 금액의 3배를 넘지 아니하는 범위에서 배상액을 정할 수 있다. 상표권자의 효과적인 권리구제를 도모하기 위함이다.

2. 요건

① 침해자에게 고의가 있어야 하며, ② 침해가 성립해야 한다.

3. 판단기준 - 제110조8항

① 침해로 인하여 해당 상표의 식별력 또는 명성이 손상된 정도, ② 고의 또는 손해 발생의 우려를 인식한 정도, ③ 침해행위로 인하여 상표권자 또는 전용사용권자가 입은 피해규모, ④ 침해행위로 인하여 침해한 자가 얻은 경제적 이익, ⑤ 침해행위의 기간·횟수 등 ⑥ 침해행위에 따른 벌금, ⑦ 침해행위를 한 자의 재산상태, ⑧ 침해행위를 한 자의 피해구제 노력의 정도를 고려한다.

---

246) 대법원 2015. 10. 29. 선고 2013다45037 판결
247) 2020. 10. 20. 이후 발생한 위반행위부터 적용한다. (부칙 제2조)

THEME 12-3 손해배상청구 – 법정손해배상제도

> 제111조(법정손해배상의 청구)
> ① 상표권자 또는 전용사용권자는 자기가 사용하고 있는 등록상표와 같거나 동일성이 있는 상표를 그 지정상품과 같거나 동일성이 있는 상품에 사용하여 자기의 상표권 또는 전용사용권을 고의나 과실로 침해한 자에 대하여 제109조에 따른 손해배상을 청구하는 대신 1억원(고의적으로 침해한 경우에는 3억원) 이하의 범위에서 상당한 금액을 손해액으로 하여 배상을 청구할 수 있다. 이 경우 법원은 변론전체의 취지와 증거조사의 결과를 고려하여 상당한 손해액을 인정할 수 있다. 〈개정 2020. 10. 20.〉
> ② 제1항 전단에 해당하는 침해행위에 대하여 제109조에 따라 손해배상을 청구한 상표권자 또는 전용사용권자는 법원이 변론을 종결할 때까지 그 청구를 제1항에 따른 청구로 변경할 수 있다.

Ⅰ. 법정손해배상제도의 의의 및 취지 [미.위.실]

민사소송에서, 원고가 실제 손해를 입증하지 않는 경우에도 법원이 일정한 범위의 금액을 원고의 선택에 따라 손해액으로 인정할 수 있는 제도이다(제111조). 한미 FTA의 반영으로, 위조상표로부터 피해자의 권리구제의 실효성을 확보하기 위함이다. 실손해배상원칙의 중대한 수정으로 평가된다.

Ⅱ. 법정손해배상의 인정요건 [자.동.과.고]

1. 자기의 등록상표를 사용하고 있을 것
2. 동일영역에서의 침해일 것(상표위조에 의한 침해)
3. 침해자에게 고의 또는 과실이 있을 것

Ⅲ. 판단방법

判例는,[248] 법정손해배상제도는 위조상표의 사용 등으로 인한 상표권 침해행위가 있을 경우에 손해액수의 증명이 곤란하더라도 일정한 한도의 법정금액을 배상받을 수 있도록 함으로써 피해자가 쉽게 권리구제를 받을 수 있도록 하는 **예외적 규정이므로, 그 적용요건은 법문에 규정된 대로 엄격하게 해석**하여야 한다고 판시하였다.

Ⅳ. 법정손해배상의 청구 및 법정손해배상액의 결정

1. 법정손해배상의 청구

제109조에 따른 손해배상청구와 선택적이며, 상표권자 등은 사실심 변론종결 시까지 양자를 변경할 수 있다(제111조2항).

---

[248] 대법원 2016. 9. 30. 선고 2014다59712, 59729 판결 (CROWNGENE 사건)

2. 법정손해배상액의 결정 [침획이.상상수.상가.잠저필.의.협.재]

1) 법원은 1억 원 이하(고의 침해인 경우 3억 원 이하)의 범위에서 상당한 금액을 손해액으로 인정할 수 있으며(제111조), 변론전체의 취지와 증거조사의 결과를 고려하여야 한다.
2) 법원이 고려하는 요소로는 ① 침해자가 획득한 이득, ② 상표권자가 상실한 수익, ③ 상표의 가치, ④ 잠재적 침해의 저지필요성, ⑤ 침해자의 의도성, ⑥ 수익과 손해의 입증과 관련한 침해자의 정보제공의 협력성, ⑦ 장래의 재발방지 필요성 등이 있다.

V. 관련문제

1. 경과규정

2012. 3. 15. 시행 개정법 후 최초 상표권·전용사용권 침해에 관한 소가 제기된 것부터 적용한다.

THEME 12-4 벌칙 규정

제227조(비밀유지명령)
① 법원은 상표권 또는 전용사용권의 침해에 관한 소송에서 어느 한쪽 당사자가 보유한 영업비밀(「부정경쟁방지 및 영업비밀보호에 관한 법률」 제2조제2호에 따른 영업비밀을 말하며, 이하 같다)에 대하여 다음 각 호의 사유를 모두 소명한 경우에는 그 당사자의 신청에 의하여 결정으로 다른 당사자(법인인 경우에는 그 대표자를 말한다), 당사자를 위하여 소송을 대리하는 자, 그 밖에 그 소송으로 인하여 영업비밀을 알게 된 자에게 그 영업비밀을 그 소송의 계속적인 수행 외의 목적으로 사용하거나 그 영업비밀에 관계된 이 항에 따른 명령을 받은 자 외의 자에게 공개하지 아니할 것을 명할 수 있다. 다만, 그 신청 시점까지 다른 당사자(법인인 경우에는 그 대표자를 말한다), 당사자를 위하여 소송을 대리하는 자, 그 밖에 그 소송으로 인하여 영업비밀을 알게 된 자가 제1호에 따른 준비서면의 열람이나 증거조사 외의 방법으로 그 영업비밀을 이미 취득하고 있는 경우에는 그러하지 아니하다.
  1. 이미 제출하였거나 제출하여야 할 준비서면 또는 이미 조사하였거나 조사하여야 할 증거에 영업비밀이 포함되어 있다는 것
  2. 제1호에 따른 영업비밀이 해당 소송 수행 외의 목적으로 사용되거나 공개되면 당사자의 영업에 지장을 줄 우려가 있어 이를 방지하기 위하여 영업비밀의 사용 또는 공개를 제한할 필요가 있다는 것
② 제1항에 따른 명령(이하 "비밀유지명령"이라 한다)의 신청은 다음 각 호의 사항을 적은 서면으로 하여야 한다.
  1. 비밀유지명령을 받을 자
  2. 비밀유지명령의 대상이 될 영업비밀을 특정하기에 충분한 사실
  3. 제1항 각 호의 사유에 해당하는 사실
③ 법원은 비밀유지명령이 결정된 경우에는 그 결정서를 비밀유지명령을 받은 자에게 송달하여야 한다.
④ 비밀유지명령은 제3항에 따른 결정서가 비밀유지명령을 받은 자에게 송달된 때부터 효력이 발생한다.
⑤ 비밀유지명령의 신청을 기각하거나 각하한 재판에 대해서는 즉시항고를 할 수 있다.

제230조(침해죄)
　상표권 또는 전용사용권의 침해행위를 한 자는 7년 이하의 징역 또는 1억 원 이하의 벌금에 처한다.

제231조(비밀유지명령 위반죄)
① 국내외에서 정당한 사유 없이 비밀유지명령을 위반한 자는 5년 이하의 징역 또는 5천만 원 이하의 벌금에 처한다.
② 제1항의 죄에 대해서는 비밀유지명령을 신청한 자의 고소가 있어야 공소를 제기할 수 있다.

제232조(위증죄)
① 이 법에 따라 선서한 증인, 감정인 또는 통역인이 특허심판원에 대하여 거짓의 진술·감정 또는 통역을 하였을 경우에는 5년 이하의 징역 또는 5천만 원 이하의 벌금에 처한다. 〈개정 2017. 3. 21.〉
② 제1항에 따른 죄를 범한 자가 그 사건의 상표등록여부결정 또는 심결의 확정 전에 자수하였을 경우에는 그 형을 감경하거나 면제할 수 있다.

제233조(거짓 표시의 죄)
　제224조를 위반한 자는 3년 이하의 징역 또는 3천만 원 이하의 벌금에 처한다. 〈개정 2017. 3. 21.〉

제234조(거짓 행위의 죄)
　거짓이나 그 밖의 부정한 행위를 하여 상표등록, 지정상품의 추가등록, 존속기간갱신등록, 상품분류전환등록 또는 심결을 받은 자는 3년 이하의 징역 또는 3천만 원 이하의 벌금에 처한다. 〈개정 2017. 3. 21.〉

제235조(양벌규정)
　　법인의 대표자나 법인 또는 개인의 대리인, 사용인, 그 밖의 종업원이 그 법인 또는 개인의 업무에 관하여 제230조, 제233조 또는 제234조의 위반행위를 하면 그 행위자를 벌하는 외에 그 법인에는 다음 각 호의 구분에 따른 벌금형을 과(科)하고, 그 개인에게는 해당 조문의 벌금형을 과한다. 다만, 법인 또는 개인이 그 위반행위를 방지하기 위하여 해당 업무에 관하여 상당한 주의와 감독을 게을리하지 아니한 경우에는 그러하지 아니하다.
　　1. 제230조를 위반한 경우: 3억 원 이하의 벌금
　　2. 제233조 또는 제234조를 위반한 경우: 6천만 원 이하의 벌금

제236조(몰수)
① 제230조에 따른 상표권 또는 전용사용권의 침해행위에 제공되거나 그 침해행위로 인하여 생긴 상표·포장 또는 상품(이하 이 항에서 "침해물"이라 한다)과 그 침해물 제작에 주로 사용하기 위하여 제공된 제작 용구 또는 재료는 몰수한다.
② 제1항에도 불구하고 상품이 그 기능 및 외관을 해치지 아니하고 상표 또는 포장과 쉽게 분리될 수 있는 경우에는 그 상품은 몰수하지 아니할 수 있다.

제237조(과태료)
① 다음 각 호의 어느 하나에 해당하는 자에게는 50만 원 이하의 과태료를 부과한다.
　　1. 제141조제7항에 따라 준용되는 「민사소송법」 제299조제2항 또는 제367조에 따라 선서를 한 사람으로서 특허심판원에 대하여 거짓 진술을 한 사람
　　2. 특허심판원으로부터 증거조사 또는 증거보전에 관하여 서류나 그 밖의 물건의 제출 또는 제시 명령을 받은 자로서 정당한 이유 없이 그 명령에 따르지 아니한 자
　　3. 특허심판원으로부터 증인, 감정인 또는 통역인으로 출석이 요구된 사람으로서 정당한 이유 없이 출석요구에 응하지 아니하거나 선서·진술·증언·감정 또는 통역을 거부한 사람
② 제1항에 따른 과태료는 대통령령으로 정하는 바에 따라 특허청장이 부과·징수한다.

Ⅰ. 비밀유지명령 위반죄 - 법조문 활용 [제227조, 제231조]

① 국내외에서 정당한 사유 없이, ② 비밀유지명령을 위반한 자는, ③ 5년 이하의 징역 또는 5천만 원 이하의 벌금에 처한다. ④ 친고죄로서, 비밀유지명령을 신청한 자의 공소가 있어야 공소를 제기할 수 있다.

Ⅱ. 위증죄 - 법조문 활용 [제232조]

① 상표법에 따라 선서한 증인, 감정인 또는 통역인이, ② 특허심판원에 대하여, ③ 거짓의 진술·감정 또는 통역을 하였을 경우에는 ④ 5년 이하의 징역 또는 5천만 원 이하의 벌금에 처한다. ⑤ 다만, 위증죄를 범한 자가 그 사건의 상표등록여부결정 또는 심결의 확정 전에 자수하였을 경우에는 그 형을 감경하거나 면제할 수 있다.

Ⅲ. 거짓 표시의 죄 - 법조문 활용 [제224조, 제233조]

① 제224조에 따른 거짓 표시의 금지 규정을 위반한 자는, ② 3년 이하의 징역 또는 3천만 원 이하의 벌금에 처한다.

Ⅳ. 거짓 행위의 죄 - 법조문 활용 [제234조]

1. 의의 및 취지

1) **[의의]** ① 거짓이나 기타 부정한 행위를 하여, ② 상표등록, 지정상품추가등록, 존속기간갱신등록, 상품분류전환등록 또는 그 심결을 받은 자는, ③ 3년 이하의 징역 또는 3천만 원 이하의 벌금에 처한다.

2) **[취지]** 判例는,[249] 상표등록 과정에서 허위의 자료나 위조된 자료를 제출하는 등 심사관을 부정한 행위로써 착오에 빠뜨려 등록요건을 결여한 상표에 대하여 등록을 받은 자를 처벌함으로써 국가의 심사권의 적정한 행사를 보장하려는 취지에서 둔 규정이다.

2. 거짓 기타 부정의 행위

判例는,[250] 상표등록 출원을 위임받은 자가 위임의 취지에 위배하여 자신의 명의로 등록 출원하였다는 사실만으로는 '사위 기타 부정한 행위'가 있었다고 볼 수 없다.

[참고] 비밀유지명령제도

1. **의의 및 취지**

   ① 침해에 관한 소송에서, ② 소송 중 지득한 비밀을, ③ 당사사 및 소송당사자에게, ④ 소송 외의 목적으로 사용하지 못하게 하거나 공개하지 못하게 하는 법원의 명령이다. 소송절차에서 알려진 영업비밀을 보호하여 국내 기업의 경영활동 위축을 막고, 손해 입증 등 심리의 충실을 도모하기 위함이다.

2. **절차 및 효력**
   - 제227조2항 [취지기재 및 서면제출]
   - 제227조3항 [송달]
   - 제227조4항 [효력발생 - 발신주의]
   - 제227조5항 [즉시항고]
   - 예외: 이미 영업비밀을 취득한 자는 예외 (제227조1항 단서)

3. **위반 시 취급**
   (1) 비밀유지명령 위반죄 - 제231조
   (2) 비밀유지명령의 취소신청

4. **비밀유지명령의 취소신청**
   (1) 의의 및 취지 - 제228조1항
   (2) 절차 및 효력 - 제228조2항, 3항, 4항

5. **소송기록 열람 등의 청구 통지 등- 법조문 활용[제229조]**

---

249) 대법원 2010. 9. 9. 선고 2010도2985 판결
250) 대법원 2010. 9. 9. 선고 2010도2985 판결

MEMO

THEME 13 심판 일반

〈자주 쓰는 심판소송 법조문〉

	특허법	상표법
거절결정불복심판	132의17	116
무효심판	133	117
취소심판 (취소신청)	132	119①각호 - 단체표장: 119①4, 7가나다 - 증명표장: 119①4, 9가나다라마 - 지 표 단: 119①4, 8가나
권리범위확인심판	135	121
공동심판청구	139	124
심판청구서 보정 및 보정각하	140②, 141	125②, 126②, 127(2024년 개정법)
심판청구 심결각하	142	128
일사부재리	163	150
소송과의 관계	164	151
중복소제기	154⑧	141⑦
심결취소소송	186	162
기속력	189	165

〈제119조 각항 정리〉

2항	제119조1항3호 → 일부지정상품도 可
3항	입증책임 완화 - 지정상품 중 하나에 대한 사용 증명 → 단서: 정당이유 주장
4항	취소사유 치유 - 4호, 6호
5항	주체적 요건(누구든지) - 예외: 4호, 6호는 이해관계인
6항	소멸시기(장래효) - 예외: 3호(2016년 개정법)
7항	심판장의 통지
제122조	제척기간

THEME 13-1 거절결정불복심판

> 제116조(거절결정에 대한 심판)
> 제54조에 따른 상표등록거절결정, 지정상품추가등록 거절결정 또는 상품분류전환등록 거절결정(이하 "거절결정"이라 한다)을 받은 자가 불복하는 경우에는 그 거절결정의 등본을 송달받은 날부터 3개월 이내에 거절결정된 지정상품의 전부 또는 일부에 관하여 심판을 청구할 수 있다. 〈2022. 2. 3.〉

Ⅰ. 의의 및 취지

상표등록거절결정 등을 받은 자가 이에 불복하여 특허심판원에 청구하는 심판이다(제116조). 심사의 적정성을 확보하고 당사자 권리구제 위함이며, 심사에 대한 속심적 성격을 갖는다.

Ⅱ. 심판의 청구 및 방식

1. 청구권자
1) 거절결정을 받은 상표등록출원인, 공동출원인인 경우에는 전원(제124조3항)
2) 청구인의 기재를 바로잡기 위한 보정 가능(제126조2항1호)

2. 청구기간
- 거절결정송달받은 날로부터 30일 이내
- 기간의 연장(제17조1항), 절차의 추후보완(제19조)

3. 청구대상
- 지정상품 일부에 대해서만 불복 가능(2022. 2. 3. 시행 개정법)

4. 청구의 방식(2024. 3. 15. 시행 개정법)
(1) (제126조1항)
(2) 심판청구서의 보정(제126조2항)
   1) 청구인의 성명 및 주소에 관한 기재사항을 바로잡거나 추가하기 위한 보정
   2) 청구의 이유를 보정하는 경우
(3) 심판청구서 방식심사(제127조)
   1) 심판청구서의 방식(제126조1항) 위반에 해당하는 경우, 심판장은 기간을 정하여 그 보정을 명하여야 한다. 다만, 보정할 사항이 경미하고 명확한 경우에는 직권으로 보정할 수 있다(2024. 3. 15. 시행 개정법).
   2) 심판장은 직권보정 시 그 사항을 청구인에게 통지해야 하며(동조 4항), 직권보정 사항을 받아들일 수 없으면 직권보정 사항의 통지를 받은 날부터 7일 이내에 그 직권보정 사항에 대한 의견서를 심판장에게 제출하여야 한다(동조 5항).

3) 청구인이 의견서를 제출한 경우에는 해당 직권보정 사항은 처음부터 없었던 것으로 보며(동조 6항), 직권보정이 명백히 잘못된 경우 그 직권보정은 처음부터 없었던 것으로 본다(동조 7항).

> **〈2024. 3. 15. 시행 개정사항〉**
>
> **1. 심판청구서의 보정**
>
> (1) 거절결정불복심판 및 보정각하결정불복심판
>
> 심판청구서를 보정하는 경우 그 요지를 변경할 수 없다. 다만, 청구인의 기재사항을 바로잡거나 추가하기 위한 보정(제126조2항1호), 청구의 이유를 보정하는 경우(제126조2항2호)에는 그러하지 아니하다.
>
> (2) 무효심판 및 취소심판 등
>
> 심판청구서를 보정하는 경우 그 요지를 변경할 수 없다. 다만, 상표권자의 기재사항을 바로 잡거나 추가하기 위한 보정(제125조2항1호), 청구의 이유를 보정하는 경우(제125조2항2호), 권리범위 확인심판에서 확인대상 상표와 실사용상표를 같게 하기 위한 보정(제125조2항3호)에는 그러하지 아니하다.
>
> **2. 심판청구서 등의 각하 및 직권보정**
>
> (1) 의의
>
> 심판장은 행위능력 위반, 대리권 위반, 방식 위반 및 수수료 미납 중 하나에 해당하는 경우에는 기간을 정하여 보정을 명하여야 한다. 다만, 2024년 3월 15일 시행 개정법은, 보정할 사항이 경미하고 명확한 경우에는 직권으로 보정할 수 있도록 개정하였다.
>
> (2) 절차
>
> 보정명령을 받은 자가 지정된 기간 내에 보정을 하지 아니하거나 요지를 보정한 경우, 심판장은 심판청구서 등을 결정 각하하여야 하며(제127조2항), 이유와 함께 서면으로 하여야 한다(동조 3항). 심판장은 직권보정 시 그 사항을 청구인에게 통지해야 하며(동조 4항), 직권보정 사항을 받아들일 수 없으면 직권보정 사항의 통지를 받은 날부터 7일 이내에 그 직권보정 사항에 대한 의견서를 심판장에게 제출하여야 한다(동조 5항).
>
> (3) 효과
>
> 청구인이 의견서를 제출한 경우에는 해당 직권보정 사항은 처음부터 없었던 것으로 보며(동조 6항), 직권보정이 명백히 잘못된 경우 그 직권보정은 처음부터 없었던 것으로 본다(동조 7항).

Ⅲ. 심리 및 심결

1. 심리방식

1) 3인 또는 5인의 심판관합의체에 의해 이루어진다.
2) 구술 또는 서면심리로 할 수 있으나, 당사자가 구술심리를 신청한 경우 서면심리만으로 결정한다고 인정되는 경우 외에는 구술심리를 하여야 한다(제141조1항).
3) 상표권은 대세적 효력을 가지므로 직권주의 적용(제145조, 제146조)
4) 심사 또는 이의신청에서 밟은 상표에 관한 절차는 거절결정불복심판에서도 그 효력이 있다(제155조).

2. 심리절차

1) 심사단계에서의 보정(제41조), 보정각하(제42조), 출원의 분할(제45조), 거절이유의 통지(제55조), 출원공고(제57조), 손실보상청구권(제58조), 직권보정(제59조), 이의신청(제60조 내지 제66조), 출원공고 후 직권에 의한 상표등록거절결정(제67조), 상표등록결정(제68조) 등이 그대로 준용된다.
2) 심리범위는 원결정의 거절이유에 한정하지 않지만, 원거절이유와 다른 거절이유를 발견한 경우에는 반드시 거절이유를 통지하여 의견서 제출기회를 주어야 한다(제123조1항, 3항).
3) 제123조1항 및 3항은 거절이유를 미리 통지함으로써 그에 대한 의견서 제출 및 보정의 기회를 부여하여 출원인 또는 심판청구인의 절차적 권리를 보호하고, 심사 및 심판의 적정을 기하여 심사 및 심판 제도의 신용을 유지하기 위한 공익상의 요구에 따른 강행규정이다.[251]
4) 구 상표법은 일부취하가 허용되지 않았으나, 2023년 시행 개정법은 일부 지정상품에 대한 취하를 허용한다(제148조2항).

[참조판례] 거절결정 이유와 다른 거절이유의 경우 - 거절이유 통지 요부

判例는,[252] 심사 단계에서 미리 거절이유를 통지한 사유라고 하더라도 그 사유를 거절결정에서 거절이유로 삼지 않았다면 이와 같은 사유는 거절결정에 대한 심판절차에서는 '거절결정의 이유와 다른 거절이유'에 해당하므로, 심판 단계에서 심판청구인이 위 사유에 대해 실질적으로 의견서 제출 및 보정의 기회를 부여받았다고 볼 만한 특별한 사정이 없는 한 이를 심결의 이유로 하기 위해서는 다시 그 사유에 대해 거절이유를 통지하여야 한다고 판시하였다.

5) 거절결정불복심판은 당사자계 심판과는 달리 심판참가가 허용되지 않는다(제154조).

[참조판례] 심결취소소송에서의 참가 가부

判例는,[253] ① 심판은 특허심판원에서의 행정절차이고 심결은 행정처분에 해당하며, 그에 대한 불복의 소송인 심결취소소송은 행정소송에 해당한다. ② 행정소송법 제8조에 의하여 준용되는 민사소송법 제71조는 보조참가에 관하여 소송결과에 이해관계가 있는 자는 한쪽 당사자를 돕기 위하여 법원에 계속 중인 소송에 참가할 수 있다고 규정하고 있으므로, ③ 거절결정에 대한 심판의 심결취소소송에도 민사소송법상의 위 보조참가에 관한 규정이 준용된다.

3. 심리대상

1) 심리대상은 원결정의 당부 자체가 아니라 상표등록출원 등에 관하여 등록을 허여할 것인가의 여부이다.
2) 따라서, 심판부는 거절결정을 취소하고 환송하는 심결을 할 수 있고(제156조2항), 자판에 의해 인용심결과 함께 상표등록결정을 할 수 있다.

---

251) 대법원 2020. 11. 12. 선고 2017후1779판결 (Computerized file management 사건)
252) 대법원 2020. 11. 12. 선고 2017후1779판결 (Computerized file management 사건)
253) 대법원 2013. 10. 31. 선고 2012후1033판결 (2NE1 사건)

4. 심결 및 심결에 대한 불복

1) 심판은 원칙적으로 심결로 종료한다(제149조). 부적법한 심판청구로서 그 흠을 보정할 수 없는 경우, 피청구인에게 답변서 제출기회를 주지 않고 심결로서 그 청구를 각하할 수 있다(제128조).
2) 심리결과 심판청구 이유 없는 경우 기각심결, 심판청구 이유 있는 경우 인용심결을 한다.[254]
3) 심결에 불복하고자 하는 자는 심결등본 송달받은 날로부터 30일 이내, 특허법원에 소를 제기할 수 있다(제162조).

5. 심결확정의 효과

1) 인용심결로써 거절결정이 취소된 경우에는, 취소의 기본이 된 이유는 그 사건에 대하여 심사관을 기속한다(제156조3항).
2) 인용심결 확의 결과, 자판 또는 환송으로 상표등록결정이 내려진 경우에는 해당 상표등록출원에 대한 등록이 가능하다.
3) 기각심결의 확정의 결과, 거절결정이 확정된다.
4) 거절결정불복심판은 거절결정등본송달일로부터 30일 내 청구하여야 하므로, 일사부재리의 적용여지가 없다.

[답안 Formation - 거절이유/거절결정불복심판 관련]

※ 거절이유를 논하시오.

1. 문제의 소재
2. [거절이유-1] 적용여부
3. [거절이유-2] 적용여부
4. 사안의 해결

※ 거절결정불복심판의 결론을 논하시오.

1. 문제의 소재
2. 무효심판
   (1) 의의 및 취지   (2) 사안의 경우
3. [거절이유-1] 적용여부
4. [거절이유-2] 적용여부
5. 사안의 해결

---

[254] 다만, 거절결정불복심판의 일부인용/일부기각 심결이 가능한지에 대하여 다툼이 있으나, 판례, 통설적 태도 및 심판실무의 지침이 없으므로 조속한 지침 마련이 필요할 것이다.

THEME 13-2 상표등록무효심판

> **제117조(상표등록의 무효심판)**
> ① 이해관계인 또는 심사관은 상표등록 또는 지정상품의 추가등록이 다음 각 호의 어느 하나에 해당하는 경우에는 무효심판을 청구할 수 있다. 이 경우 등록상표의 지정상품이 둘 이상인 경우에는 지정상품마다 청구할 수 있다.
>   1. 상표등록 또는 지정상품의 추가등록이 제3조, 제27조, 제33조부터 제35조까지, 제48조제2항 후단, 같은 조 제4항 및 제6항부터 제8항까지, 제54조제1호·제2호 및 제4호부터 제7호까지의 규정에 위반된 경우
>   2. 상표등록 또는 지정상품의 추가등록이 그 상표등록출원에 의하여 발생한 권리를 승계하지 아니한 자가 한 것인 경우
>   3. 지정상품의 추가등록이 제87조제1항제3호에 위반된 경우
>   4. 상표등록 또는 지정상품의 추가등록이 조약에 위반된 경우
>   5. 상표등록된 후 그 상표권자가 제27조에 따라 상표권을 누릴 수 없는 자로 되거나 그 등록상표가 조약에 위반된 경우
>   6. 상표등록된 후 그 등록상표가 제33조제1항 각 호의 어느 하나에 해당하게 된 경우(같은 조 제2항에 해당하게 된 경우는 제외한다)
>   7. 제82조에 따라 지리적 표시 단체표장등록이 된 후 그 등록단체표장을 구성하는 지리적 표시가 원산지 국가에서 보호가 중단되거나 사용되지 아니하게 된 경우
> ② 제1항에 따른 무효심판은 상표권이 소멸된 후에도 청구할 수 있다.
> ③ 상표등록을 무효로 한다는 심결이 확정된 경우에는 그 상표권은 처음부터 없었던 것으로 본다. 다만, 제1항제5호부터 제7호까지의 규정에 따라 상표등록을 무효로 한다는 심결이 확정된 경우에는 상표권은 그 등록상표가 같은 호에 해당하게 된 때부터 없었던 것으로 본다.
> ④ 제3항 단서를 적용하는 경우에 등록상표가 제1항제5호부터 제7호까지의 규정에 해당하게 된 때를 특정할 수 없는 경우에는 해당 상표권은 제1항에 따른 무효심판이 청구되어 그 청구내용이 등록원부에 공시(公示)된 때부터 없었던 것으로 본다.
> ⑤ 심판장은 제1항의 무효심판이 청구된 경우에는 그 취지를 해당 상표권의 전용사용권자와 그 밖에 상표에 관한 권리를 등록한 자에게 통지하여야 한다.
>
> **제118조(존속기간갱신등록의 무효심판)**
> ① 이해관계인 또는 심사관은 존속기간갱신등록이 다음 각 호의 어느 하나에 해당하는 경우에는 무효심판을 청구할 수 있다. 이 경우 갱신등록된 등록상표의 지정상품이 둘 이상인 경우에는 지정상품마다 청구할 수 있다. 〈개정 2019. 4. 23.〉
>   1. 존속기간갱신등록이 제84조제2항에 위반된 경우
>   2. 해당 상표권자(상표권이 공유인 경우 각 공유자도 상표권자로 본다)가 아닌 자가 존속기간갱신등록신청을 한 경우
> ② 제1항에 따른 무효심판은 상표권이 소멸된 후에도 청구할 수 있다.
> ③ 존속기간갱신등록을 무효로 한다는 심결이 확정된 경우에는 그 존속기간갱신등록은 처음부터 없었던 것으로 본다.
> ④ 심판장은 제1항의 심판이 청구된 경우에는 그 취지를 해당 상표권의 전용사용권자와 그 밖에 상표에 관한 권리를 등록한 자에게 통지하여야 한다.

Ⅰ. 의의 및 취지

등록된 상표권에 무효사유가 있는 경우 소급 소멸시키는 심판이다. 분쟁의 발본적 수단이고, 심사의 완전성 및 공정성을 사후적으로 보장하기 위함이다.

Ⅱ. 심판의 청구 및 방식

1. 청구인
1) 이해관계인 또는 심사관(제117조1항)
2) 청구하려는 자가 2인 이상이면 각자 또는 모두가 공동으로 청구 가능(제124조1항)

> **[判例] 이해관계인의 의미 – 무효심판**
>
> 判例는,255) 이해관계인이라 함은 ① 그 등록상표와 동일·유사한 상표를 동일·유사한 지정상품에 사용한 바 있거나 ② 현재 사용하고 있는 자, 또는 ③ 등록상표를 지정상품과 유사한 상품 등에 사용함으로써 등록상표의 소멸에 직접적인 이해관계가 있는 자를 의미한다고 판시하였다.

2. 피청구인
1) 상표등록원부에 상표권자로 기재된 자
2) 상표권이 공유인 경우에는 공유자 모두를 피청구인으로 청구하여야 한다(제124조2항).
3) 피청구인의 기재를 바로잡기 위한 보정 가능(제125조2항)

3. 청구기간
1) 상표권이 소멸한 후에도 청구 가능하다(제117조2항).
2) 제척기간 규정(제122조1항)

> **[쟁점] 심결취소소송 중 제척기간 경과 후 '새로운 선등록상표'에 근거한 제34조1항7호 무효사유 주장 (장원급제 사건)256)**
>
> **1. 문제점**
> 상표법 제122조 제1항에서 제34조1항7호에 대하여 5년의 제척기간을 규정하고 있는바, 본 규정이 심결취소소송 중의 새로운 주장에도 적용되는지 문제된다.
>
> **2. 판례의 태도**
> 判例는, 제척기간 경과 전에 특정한 선등록상표에 근거하여 등록무효심판을 청구한 경우라도 제척기간 경과 후에 그 심판 및 심결취소소송 절차에서 새로운 선등록상표에 근거하여 등록무효 주장을 하는 것은, 비록 그 새로운 선등록상표가 새로운 무효사유가 아닌 동일한 무효사유에 대한 새로운 증거에 해당한다고 하더라도, 실질적으로는 제척기간 경과 후에 새로운 등록무효심판청구를 하는 것과 마찬가지이므로 허용되지 아니한다고 판시하였다.
>
> **3. 검토**
> 생각건대, 상표법 제122조에서 제척기간을 설정하여 등록상표권을 둘러싼 법률관계를 조속히 확정시키는데 그 취지가 있다는 점에서 심결취소소송 중 새로운 주장에도 적용된다는 判例의 태도가 타당하다.

---

255) 대법원 2004. 5. 14. 선고 2002후1256 판결
256) 대법원 2012. 2. 23. 선고 2011후2275 판결 (장원급제 사건)

> **[쟁점] 심결취소소송 중 제척기간 경과 후 '새로운 무효사유' 주장(경주빵 사건)[257]**
>
> 1. 문제점
>
> 2. 판례의 태도
>   判例는, 제척기간이 경과한 후에는 무효심판을 청구할 수 없음은 물론 제척기간의 적용을 받지 않는 무효사유에 의하여 무효심판을 청구한 후 그 심판 및 심결취소소송 절차에서 제척기간의 적용을 받는 무효사유를 새로 주장하는 것은 허용되지 않는다고 판시하였다.
>
> 3. 검토
>   생각건대, 상표법 제122조에서 제척기간을 설정하여 등록상표권을 둘러싼 법률관계를 조속히 확정시키는데 그 취지가 있다는 점에서 심결취소소송 중 새로운 주장에도 적용된다는 判例의 태도가 타당하다.

4. 청구의 범위
  - 지정상품별로 청구할 수 있다(제117조1항 후단).

5. 청구의 방식
  (1) 심판청구서 제출(제126조1항)

  (2) 심판청구서의 보정(제126조2항)

  　1) 청구인의 성명 및 주소에 관한 기재사항을 바로잡거나 추가하기 위한 보정

  　2) 청구의 이유를 보정하는 경우

  (3) 심판청구서 방식심사(제127조)

  　1) 심판청구서의 방식(제126조1항) 위반에 해당하는 경우, 심판장은 기간을 정하여 그 보정을 명하여야 한다. 다만, 보정할 사항이 경미하고 명확한 경우에는 직권으로 보정할 수 있다(2024. 3. 15. 시행 개정법).

  　2) 심판장은 직권보정 시 그 사항을 청구인에게 통지해야 하며(동조 4항), 직권보정 사항을 받아들일 수 없으면 직권보정 사항의 통지를 받은 날부터 7일 이내에 그 직권보정 사항에 대한 의견서를 심판장에게 제출하여야 한다(동조 5항).

  　3) 청구인이 의견서를 제출한 경우에는 해당 직권보정 사항은 처음부터 없었던 것으로 보며(동조 6항), 직권보정이 명백히 잘못된 경우 그 직권보정은 처음부터 없었던 것으로 본다(동조 7항).

---

[257] 대법원 2009. 5. 28. 선고 2008후4691 판결 (경주빵 사건)

Ⅲ. 심리 및 심결

1. 심리방식
1) 3인 또는 5인의 심판관합의체에 의해 이루어진다.
2) 구술 또는 서면심리로 할 수 있으나, 당사자가 구술심리를 신청한 경우 서면심리만으로 결정한다고 인정되는 경우 외에는 구술심리를 하여야 한다(제141조1항).
3) 상표권은 대세적 효력을 가지므로 직권주의 적용(제145조, 제146조)
4) 심사 또는 이의신청에서 밟은 상표에 관한 절차는 거절결정불복심판에서도 그 효력이 있다(제155조).

2. 심결 및 심결에 대한 불복
1) 심판은 원칙적으로 심결로써 종료한다(제149조). 부적법한 심판청구로서 그 흠을 보정할 수 없는 경우, 피청구인에게 답변서 제출기회를 주지 않고 심결로서 그 청구를 각하할 수 있다(제128조).
2) 심리결과 심판청구 이유 없는 경우 기각심결, 심판청구 이유 있는 경우 인용심결을 한다.
3) 심결에 불복하고자 하는 자는 심결등본 송달받은 날로부터 30일 이내, 특허법원에 소를 제기할 수 있다(제162조).

3. 심결확정의 효과
1) 심결 확정 시, 상표권은 소급 소멸한다(제117조3항). 손실보상청구권도 소급 소멸한다(제58조6항).
2) 후발적 무효사유에 따른 무효심결은 후발적 무효사유에 해당하게 된 때부터 없었던 것으로 본다. 다만, 이를 특정할 수 없는 경우에는 무효심판이 청구되어 청구내용이 등록원부에 공시된 때부터 소멸한 것으로 본다(제117조3항, 4항).
3) 누구든지 같은 사건에 대해, 같은 사실 및 같은 증거에 의하여 다시 심판청구할 수 없다. 다만, 확정심결이 각하심결인 경우에는 그러하지 아니하다(제150조).

THEME 13-3-1 상표등록취소심판 – 제119조1항1호

> 제119조(상표등록의 취소심판)
> ① 등록상표가 다음 각 호의 어느 하나에 해당하는 경우에는 그 상표등록의 취소심판을 청구할 수 있다.
>   1. 상표권자가 고의로 지정상품에 등록상표와 유사한 상표를 사용하거나 지정상품과 유사한 상품에 등록상표 또는 이와 유사한 상표를 사용함으로써 수요자에게 상품의 품질을 오인하게 하거나 타인의 업무와 관련된 상품과 혼동을 불러일으키게 한 경우
> ④ 제1항(같은 항 제4호 및 제6호는 제외한다)에 해당하는 것을 사유로 취소심판을 청구한 후 그 심판청구사유에 해당하는 사실이 없어진 경우에도 취소사유에 영향이 미치지 아니한다.
> ⑤ 제1항에 따른 취소심판은 누구든지 청구할 수 있다. 다만, 제1항제4호 및 제6호에 해당하는 것을 사유로 하는 심판은 이해관계인만이 청구할 수 있다.
> ⑥ 상표등록을 취소한다는 심결이 확정되었을 경우에는 그 상표권은 그때부터 소멸된다. 다만, 제1항제3호에 해당하는 것을 사유로 취소한다는 심결이 확정된 경우에는 그 심판청구일에 소멸하는 것으로 본다.

I. 의의 및 취지

상표권자가 고의로 자신의 등록상표와 유사한 상표를 사용하여, 대상상표와의 관계에서 품질오인 또는 출처혼동 염려가 생긴 경우 취소사유가 된다. 등록상표의 정당사용을 담보하여 수요자 및 다른 상표권자 보호하고, 거래질서 확립하기 위함이다.

> **[TIP] 판례원문에서 자주 쓰이는 제119조1항1호의 취지**
>
> ≫ 부정사용 규제하여 거래안전 도모, 수요자 및 사용자의 신용보호   [규.안.수.사.신]
>
> 위 규정이 상표권자가 ① 상표제도의 본래 목적에 반하여 자신의 등록상표를 사용권의 범위를 넘어 부정하게 사용하지 못하도록 **규제**하여 ② 거래의 **안전**을 도모하고 ③ 타인의 **신용·명성**에 편승하는 행위를 방지하기 위한 것으로서, ④ 수요자의 이익 및 상표 **사용자**의 영업상의 **신용**과 권익도 아울러 보호하려는 데에 취지가 있다.

II. 적용요건   [상.고.유.출.품]

1. 상표권자에 의한 사용일 것

1) 공유자 중 1인의 사용인 경우도 해당
2) **[제3자에게 변형 방법을 주지시킨 경우]** 判例는,[258] 상표권자가 직접 변형한 경우뿐 아니라, 변형 사용을 적극적으로 희망하여 변형이 용이하도록 상표를 부착하고 변형 방법을 주지시킴으로써 실제로 대상상표와 유사하게 변형사용이 되었다면 본 호 적용이 가능하다.

---

[258] 대법원 1999. 9. 17. 선고 98후423 판결 (샤넬 사건)

3) **[상표권의 이전이 있는 경우]** 判例는,259) 상표권의 이전이 있는 경우 이전 전 양도인의 부정사용의 책임은 이전 후 양수인에게 그대로 승계되므로 양수인이 부정사용하지 않더라도 상표권이 취소될 수 있다고 판시하였다. 생각건대, 상표권의 부여는 물(物)에 대한 처분이라는 점 및 제119조1항1호의 취지상 판례의 태도가 타당하다고 할 것이다.

2. 고의에 의한 사용일 것

1) 判例는,260) 상표권자가 오인·혼동을 일으킬 만한 대상상표의 존재를 알면서 그 대상상표와 동일·유사한 실사용상표를 사용하는 한, 상표 부정사용의 고의가 있다 할 것이고, 특히 그 대상상표가 주지·저명 상표인 경우에는 그 대상상표나 그 표장상품의 존재를 인식하지 못하는 등의 특단의 사정이 없는 한, 고의의 존재가 추정된다.

3. 등록상표를 유사하게 변형하여 사용할 것

(1) 판단방법 - 判例   [실.등.타.동.유/그.수.출.더.케]

判例는,261) 실사용상표가 등록상표를 타인의 대상상표와 동일 유사하도록 변형하여 사용하여, 대상상표와의 관계에서 등록상표를 그대로 사용한 경우보다 수요자 간의 출처 오인혼동 우려가 더 커지게 되었다면, 등록상표와 유사한 상표의 사용으로 볼 수 있다고 판시하였다.

(2) 관련 쟁점

1) **[색채상표에 관한 쟁점]** 등록상표와 색채만이 다른 상표는 본 호에 있어서 동일한 상표로 본다(제225조2항). 다만, 색채나 색채의 조합만으로 된 등록상표는 유사범위의 사용으로 취소될 수 있다(제225조4항).
2) **[쟁점]** 제119조1항3호와의 비교 - MSU 사건
3) **[쟁점]** 복수의 유사상표 중 일부만 등록받은 경우 - Discovery 사건

[쟁점] 제119조1항3호와의 관계 - MSU 사건

1. 제119조1항1호 적용여부
2. 유사하게 변형하였는지 여부

   (1) 판단방법 - 判例   [실.등.타.동.유/그.수.출.더.케]
   (2) 제119조1항3호와의 관계 - 항변의 타당성

   判例는,262) 제119조1항3호에서 정한 불사용을 이유로 하는 상표등록취소심판에서의 상표 동일성 판단기준과 관계없이 제119조1항1호의 입법 취지에 따라 독자적으로 판단하여야 한다고 판시하였다.

   (3) 검토   [1(취지)/3(취지)]

   생각건대, ① 제119조1항1호의 취지가 *[제119조1항1호의 취지 - 차용해서 쓸 것]* 에 있는 반면, ② 상표법 제119조1항3호는 등록상표의 사용을 촉진함과 동시에 그 불사용에 대한 제재를 가하려는 데 그 취지가 있어 그 취지를 달리 하므로, 그 취지에 맞게 독자적으로 판단함이 타당하며, 제119조1항1호는 부정사용에 대한 제재로서 3호보다 엄격하게 해석할 필요가 있다고 보는 판례의 태도가 타당하다.

---

259) 특허법원 2002. 6. 12. 선고 2001허1556 판결
260) 대법원 1999. 9. 17. 선고 98후423 판결 (샤넬 사건)
261) 대법원 2015. 5. 28. 선고 2013후1924 판결 (**꾸이랑** 사건), 대법원 2016. 8. 18. 선고 2016후663 판결 (Discovery 사건)
262) 대법원 2013. 12. 26. 선고 2012후1521 판결 (MSU 사건)

> **[쟁점] 복수의 유사상표 중 일부만 등록받은 경우 - Discovery 사건**
>
> 1. 제119조1항1호 적용여부
> 2. 유사하게 변형하였는지 여부
>   (1) 판단방법 - 判例　　　　　　　　　　　　　　　　　　　[실.등.타.동.유/그.수.출.더.커]
>   (2) 판례의 태도　　　　　　　　　　　　　　　　　　[복.일.미.사/실.등.타.등.유/그.수.출.더.커]
>   　判例는,[263] 복수의 유사 상표를 사용하다가 그중 **일부만 등록**한 상표권자가 **미등록**의 사용상표를 계속 사용하는 경우에도, 그로 인하여 타인의 상표와의 관계에서 **등록상표만 사용한 경우에 비하여 수요자가 상품 출처를 오인·혼동할 우려가 더 커지게 되었다면**, 이러한 사용도 등록상표와 유사한 상표의 사용으로 볼 수 있다고 판시하였다.
>   (3) 검토 - 판례의 논거
>   　생각건대, 본 규정의 취지가 *[제119조1항1호의 취지 - 차용해서 쓸 것]* 라는 점에서 판례의 태도가 타당하다.

4. 수요자로 하여금 품질오인 또는 출처혼동염려 발생할 것

(1) 품질오인

(2) 출처혼동 - 판단방법

　1) 일부의 다툼이 있으나, 본 호가 공익적 규정이라는 점과, 법문이 유사에 한정하지 않는다는 점에서 판례는 광의의 혼동개념까지 포함한다.

　2) 判例는,[264] 각 상표의 외관, 칭호, 관념 등을 전체적·객관적으로 관찰하여 판단하되, 그 기준은 ① 등록상표로부터 변형된 정도, ② 타인의 상표와 근사한 정도, ③ 실제 사용되는 형태, ④ 상품과의 관련성, ⑤ 사용실적, ⑥ 일반수요자에게 알려진 정도 등에 비추어, 당해 상표의 사용으로 타인 상표의 상품과의 관계에서 상품출처의 오인혼동이 야기될 우려가 객관적으로 존재하는가 여부로 판단한다고 판시하였다.　　　　　　　　　　[외.칭.관.전.객/변.근.태.관.실.알]

　3) **[대상상표의 인식도 요건]** 判例는,[265] 상표권자가 위 ㅠ정과 같이 상표를 사용함으로써 수요자로 하여금 타인의 업무에 관련된 상품과의 혼동을 생기게 한 경우에 해당하기 위해서는 타인의 업무에 관련된 상품과 사이에서 **구체적으로 혼동을 발생할 우려**가 있어야 하므로, 타인의 업무에 사용되는 상표나 그 사용상품은 **주지 저명**하여야 하는 것은 아니지만 적어도 국내의 일반거래에 있어서 수요자나 거래자에게 그 상표나 상품이라고 하면 **특정인의 상표나 상품이라고 인식**될 수 있을 정도로 알려져 있어야 한다.

(3) 관련문제

　1) **[쟁점]** 대상상표의 존재 및 적격성 문제

　2) **[判例]** 대상상표가 기술적 표장인 경우

---

263) 대법원 2016. 8. 18. 선고 2016후663 판결 (Discovery 사건)
264) 대법원 2015. 10. 15. 선고 2013후1214 판결 (소녀시대 사건)
265) 대법원 2005. 11. 10. 선고 2004후813 판결

[쟁점] 대상상표의 존재 및 적격성 문제

1. 제119조1항1호
2. 출처혼동우려 존부
   (1) 출처혼동의 의미 [취.한]
   (2) 대상상표의 존재 및 적격성 [존/실.타.혼.속.미.후]
      1) 출처혼동이 있다고 하기 위해서는 ① 대상상표가 존재해야 한다.
      2) 判例는,266) ② 실사용 상표와 타인의 상표 사이의 혼동 유무는 당해 실사용 상표의 사용으로 인하여 수요자로 하여금 그 타인의 상표의 상품과의 사이에 상품 출처의 혼동을 생기게 할 우려가 객관적으로 존재하는가의 여부에 따라 결정하면 충분하며, 반드시 ③ 대상상표가 등록상표의 권리범위에 속한다거나 미등록이거나 후등록이라도 본 호의 대상상표가 될 수 있다고 판시하였다.
   (3) 검토 [취.한]
      생각건대, ① 제119조1항1호가 공익적 규정([제119조1항1호의 취지] 차용 가능)이라는 점, ② 법문이 별도로 대상상표를 한정하지 않는다는 점에서 판례의 태도가 타당하다.

[쟁점] 대상상표가 기술적 표장인 경우

1. 제119조1항1호
2. 출처혼동우려 존부
   (1) 출처혼동의 의미 [취.한]
   (2) 판례의 태도 - 대상상표가 기술적 표장인 경우
      判例는,267) 대상상표가 기술적 표장에 불과하여 자타상품식별력이 없다면, 실사용상표와 대상상표가 표장 자체로서는 서로 유사할지라도, 출처혼동의 염려가 없으므로 본 호의 적용이 없다고 판시하였다.

Ⅲ. 심판청구 방식 및 심리

1. 취소심판의 청구
   1) 청구인 - 누구든지(제119조5항)
   2) 피청구인 - 상표등록원부에 기재된 자(제124조2항). 기재를 바로잡기 위한 보정 가능(제125조2항)
   3) 청구기간 - 취소사유에 해당 사실이 없어진 날로부터 3년 이내(제122조2항)

2. 심판청구의 방식
   (1) (제126조1항)
   (2) 심판청구서의 보정(제126조2항)
      1) 청구인의 성명 및 주소에 관한 기재사항을 바로잡거나 추가하기 위한 보정
      2) 청구의 이유를 보정하는 경우

---

266) 대법원 2005. 6. 16. 선고 2002후1225 전원합의체 판결 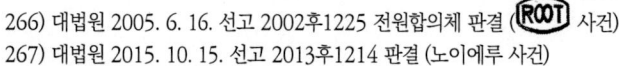 사건)
267) 대법원 2015. 10. 15. 선고 2013후1214 판결 (노이에루 사건)

(3) 심판청구서 방식심사(제127조)

1) 심판청구서의 방식(제126조1항) 위반에 해당하는 경우, 심판장은 기간을 정하여 그 보정을 명하여야 한다. 다만, 보정할 사항이 경미하고 명확한 경우에는 직권으로 보정할 수 있다 (2024. 3. 15. 시행 개정법).

2) 심판장은 직권보정 시 그 사항을 청구인에게 통지해야 하며(동조 4항), 직권보정 사항을 받아들일 수 없으면 직권보정 사항의 통지를 받은 날부터 7일 이내에 그 직권보정 사항에 대한 의견서를 심판장에게 제출하여야 한다(동조 5항).

3) 청구인이 의견서를 제출한 경우에는 해당 직권보정 사항은 처음부터 없었던 것으로 보며(동조 6항), 직권보정이 명백히 잘못된 경우 그 직권보정은 처음부터 없었던 것으로 본다(동조 7항).

Ⅳ. 심리 및 심결

1. 심리방식

1) 부본송달 및 통지 등(제133조1항)
2) 심리방식 - 서면심리/구술심리(제141조1항), 직권주의(제145조, 제146조)

2. 심결 및 심결에 대한 불복

1) 심판은 원칙적으로 심결로써 종료한다(제149조). 부적법한 심판청구로서 그 흠을 보정할 수 없는 경우, 피청구인에게 답변서 제출기회를 주지 않고 심결로서 그 청구를 각하할 수 있다 (제128조).

2) 심리결과 심판청구 이유 없는 경우 기각심결, 심판청구 이유 있는 경우 인용심결을 한다.

3) 심결에 불복하고자 하는 자는 심결등본 송달받은 날로부터 30일 이내, 특허법원에 소를 제기할 수 있다(제162조).

Ⅴ. 효과

1) 심결 확정 시, 상표권은 심결 확정된 때부터 장래 소멸한다(제119조6항). 손실보상청구권도 소급 소멸한다.

2) 누구든지 같은 사건에 대해, 같은 사실 및 같은 증거에 의하여 다시 심판청구할 수 없다. 다만, 확정심결이 각하심결인 경우에는 그러하지 아니하다(제150조).

13-3-2 상표등록취소심판 – 제119조1항2호

> 제119조(상표등록의 취소심판)
> ① 등록상표가 다음 각 호의 어느 하나에 해당하는 경우에는 그 상표등록의 취소심판을 청구할 수 있다.
>   2. 전용사용권자 또는 통상사용권자가 지정상품 또는 이와 유사한 상품에 등록상표 또는 이와 유사한 상표를 사용함으로써 수요자에게 상품의 품질을 오인하게 하거나 타인의 업무와 관련된 상품과의 혼동을 불러일으키게 한 경우. 다만, 상표권자가 상당한 주의를 한 경우는 제외한다.
> ④ 제1항(같은 항 제4호 및 제6호는 제외한다)에 해당하는 것을 사유로 취소심판을 청구한 후 그 심판청구사유에 해당하는 사실이 없어진 경우에도 취소사유에 영향이 미치지 아니한다.
> ⑤ 제1항에 따른 취소심판은 누구든지 청구할 수 있다. 다만, 제1항제4호 및 제6호에 해당하는 것을 사유로 하는 심판은 이해관계인만이 청구할 수 있다.
> ⑥ 상표등록을 취소한다는 심결이 확정되었을 경우에는 그 상표권은 그때부터 소멸된다. 다만, 제1항제3호에 해당하는 것을 사유로 취소한다는 심결이 확정된 경우에는 그 심판청구일에 소멸하는 것으로 본다.

Ⅰ. 의의 및 취지

사용권자가 등록상표와 동일유사한 상표/상품을 사용하여 품질오인 출처혼동 유발한 경우, 상표권자의 상당한 주의가 없는 한 취소사유가 된다. 사용권자의 정당사용의무 보장하고, 일반수요자 이익 보호 위함이다.

Ⅱ. 적용요건   [사.동유.출.품/상주]

1. 사용권자에 의한 사용일 것

2. 등록상표와 동일유사범위의 사용일 것

1) 판례는,[268] 등록상표를 변형하였을 것을 요건으로 규정한 것은 아니므로, 위와 같이 보는 데에 반드시 등록상표를 변형하여야만 하는 것은 아닐 뿐만 아니라 실사용상표도 이 사건 등록상표 2의 변형이라고 볼 수 있다고 판시하였다.

3. 수요자로 하여금 품질오인 또는 출처혼동염려 발생할 것

(1) 품질 오인 - 판단방법

判例는,[269] 전용사용권자 또는 통상사용권자가 실제로 사용하는 상표로 인하여 혼동의 대상이 되는 상표를 부착한 타인의 상품의 품질과 오인을 생기게 하는 경우 외에도 그 실사용상표의 구성 등으로부터 그 지정상품이 본래적으로 가지고 있는 성질과 다른 성질을 갖는 것으로 수요자를 오인하게 할 염려가 있는 경우도 포함한다고 할 것이고, 여기에는 상품의 품질, 원재료, 효능, 용도 등의 오인뿐만 아니라 상품의 산지의 오인도 포함된다고 하였다.

---

268) 대법원 2018. 4. 12. 선고 2017후3058, 3065 판결 (예랑 사건)
269) 대법원 2003. 7. 11. 선고 2002후2457 판결 (일동막걸리 사건)

(2) 상품 출처의 오인·혼동의 염려
  1) **[쟁점]** 대상상표의 적격 – 대상상표의 이전이 있는 경우(삼부자 사건)
  2) **[쟁점]** 대상상표와 혼동 여부 – 대상상표의 이전이 있는 경우(삼부자 사건)

[쟁점] 대상상표의 적격 – 대상상표의 이전이 있는 경우(삼부자 사건)[270]

Ⅰ. 대상상표의 적격 　　　　　　　　　　　　　　　　　　　　　　　[인.속.미/종.타/법]

 1. 문제점

　① 출처혼동이 있다고 하기 위해서는 대상상표가 존재해야 한다. ② 다만, 대상상표가 미등록인 경우 대상상표에 해당하는지, ③ 상표권이 이전된 경우 종전 상표권자나 그로부터 허락받은 사용권자는 '타인'에 해당하는지 문제된다.

 2. 판례의 태도 – 대상상표의 적격　　… 판결요지[2~3]

　判例는, 혼동의 대상이 되는 타인의 상표(대상상표)는 ① 적어도 국내에서 수요자나 거래자에게 그 상표나 상품이라고 하면 특정인의 상표나 상품이라고 **인**식될 수 있을 정도로 알려져 있을 것을 요한다. 또한, 判例는 대상상표가 당해 ② 등록상표의 권리범위에 **속**하거나 ③ 상표법상의 등록상표가 아니더라도(**미**등록상표라도) 혼동의 대상이 되는 상표로 삼을 수 있다고 판시하였다.

 3. 판례의 태도 – '타인'의 해당여부　　… 판결요지[3]

　나아가, 판례는 ④ 상표권이 이전된 경우 **종**전 상표권자나 그로부터 상표사용을 허락받은 전용사용권자 또는 통상사용권자도 '**타**인'에 포함된다고 판시하였다.

 4. 검토 – 판례의 논거

　생각건대, ⑤ 제119조1항2호는 '수요자로 하여금 상품의 품질의 오인 또는 타인의 업무에 관련된 상품과의 혼동을 생기게 한 경우'라고 규정하고 있을 뿐, '대상상표'나 '타인'의 범위를 특별히 한정하지 않고 있다는 점에서 판례의 태도가 타당하다.

---

[270] 대법원 2020. 2. 13. 선고 2017후2178 판결 (삼부자 사건)

> **[쟁점] 대상상표와 혼동 여부 – 대상상표의 이전이 있는 경우(삼부자 사건)[271]**
>
> Ⅱ. 대상상표와 혼동 여부
>   1. 판단방법 및 판단기준 - 판례   [외.칭.관.전.객/변.유.태.관.실.알/객]
>   判例는, 사용권자가 실사용상표와 혼동의 대상이 되는 대상상표 사이의 혼동 여부를 판단할 때에는, ① 각 상표의 **외관, 호칭, 관념** 등을 **객관적·전체적으로 관찰**하되, ② i) 실사용상표가 등록상표로부터 **변형된 정도** 및 ii) 대상상표와 **유사**한 정도, iii) 실사용상표와 대상상표가 상품에 사용되는 구체적인 **형태**, iv) 사용상품 간의 **관련성**, v) 각 상표의 사용 기간과 **실적**, vi) 일반 수요자에게 **알**려진 정도 등에 비추어, ③ 당해 상표의 사용으로 대상상표의 상품과 사이에 상품출처의 오인·혼동이 야기될 우려가 **객**관적으로 존재하는가를 중점적으로 살펴야 한다고 판시하였다.
>
>   2. 판례의 태도 - 상표권이 이전된 경우   [등.실.대/세심/부정]
>   나아가 판례는, ① 상표권이 이전된 후 상표권자로부터 사용허락을 받은 사용권자가 등록상표와 동일하거나 유사한 상표를 사용하는 경우에는 종전 상표권자의 업무와 관련된 상품과의 혼동이 생길 가능성이 크므로, ② **등록상표, 실사용상표, 대상상표** 상호 간에 앞서 본 사정들을 **세심**히 살펴 ③ 사회통념상 등록상표의 **부정**한 사용으로 평가할 수 있을 정도에 이르는지 여부를 판단하여야 한다.
>
>   3. 검토 - 판례의 논거
>   생각건대, 상표권자가 금지청구권을 행사할 수 있는 범위(상표법 제106조)와 상표를 독점적으로 사용할 수 있는 범위(상표법 제89조)는 구분되어야 한다는 점에서 판례의 태도가 타당하다.

4. 상표권자가 상당한 주의를 하지 않았을 것

1) **[쟁점]** 상당한 주의의 의미
2) 등록상표권자가 통상사용권자에게 상표사용계약의 해지의사를 통보하고, 통상사용권자의 통상사용권 포기를 원인으로 한 통상사용권 설정등록의 말소등록이 이루어진 것만으로는 등록상표권자가 상표법 제119조 제1항 제2호에서 정한 사유가 발생하지 않도록 상당한 주의를 하였다고 인정할 수 없다.[272]

> **[쟁점] 상당한 주의의 의미**
>
> 1. 상당한 주의가 있었는지 여부
>   (1) 상당한 주의의 의미 및 증명책임 - 判例   [주.경/정.감독/실.지.관/매.교.준.시]
>   1) 判例는,[273] ① 사용권자에게 오인·혼동행위를 하지 말라는 **주**의나 **경**고를 한 정도로는 부족하고, ② 사용실태를 **정**기적으로 **감독**하는 등의 방법으로 ③ 상표사용에 관하여 전용사용권자 또는 통상사용권자를 **실**질적으로 그 **지**배하에 두고 있는 **관계**라고 평가할 수 있을 정도가 되어야 하며, ④ 그에 대한 증명책임은 상표권자에게 있다고 보아야 한다.
>   2) 따라서, 단순히 **매뉴**얼을 **교**부하고 이를 **준**수할 것을 요청 및 **시**정 요청한다는 사정만으로는 상당한 주의를 다했다고 볼 수 없다.

---

271) 대법원 2020. 2. 13. 선고 2017후2178 판결 (삼부자 사건)
272) 특허법원 2006. 6. 29. 선고 2006허3113 판결

Ⅲ. 심판청구 방식 및 심리

1. 취소심판의 청구
   1) 청구인 - 누구든지(제119조5항)
   2) 피청구인 - 상표등록원부에 기재된 자(제124조2항). 기재를 바로잡기 위한 보정 가능(제125조2항).
   3) 청구기간 - 취소사유에 해당 사실이 없어진 날로부터 3년 이내(제122조2항).

2. 심판청구의 방식
   (1) (제126조1항)
   (2) 심판청구서의 보정(제126조2항)
   (3) 심판청구서 방식심사(제127조)
   상표법 제119조1항1호의 취소심판과 동일

Ⅳ. 심리 및 심결

1. 심리방식
   1) 부본송달 및 통지 등(제133조1항)
   2) 심리방식 - 서면심리/구술심리(제141조1항), 직권주의(제145조, 제146조)

2. 심결 및 심결에 대한 불복
   1) 심판은 원칙적으로 심결로써 종료한다(제149조). 부적법한 심판청구로서 그 흠을 보정할 수 없는 경우, 피청구인에게 답변서 제출기회를 주지 않고 심결로서 그 청구를 각하할 수 있다(제128조).
   2) 심리결과 심판청구 이유 없는 경우 기각심결, 심판청구 이유 있는 경우 인용심결을 한다.
   3) 심결에 불복하고자 하는 자는 심결등본 송달받은 날로부터 30일 이내, 특허법원에 소를 제기할 수 있다(제162조).

Ⅴ. 효과

   1) 심결 확정 시, 상표권은 심결 확정된 때부터 장래 소멸한다(제119조6항). 손실보상청구권도 소급 소멸한다.
   2) 누구든지 같은 사건에 대해, 같은 사실 및 같은 증거에 의하여 다시 심판청구할 수 없다. 다만, 확정심결이 각하심결인 경우에는 그러하지 아니하다(제150조).

---

273) 대법원 2010. 4. 15. 선고 2009후3329 판결  사건)

13-3-3 상표등록취소심판 – 제119조1항3호

> **제119조(상표등록의 취소심판)**
> ① 등록상표가 다음 각 호의 어느 하나에 해당하는 경우에는 그 상표등록의 취소심판을 청구할 수 있다.
>   3. 상표권자·전용사용권자 또는 통상사용권자 중 어느 누구도 정당한 이유 없이 등록상표를 그 지정상품에 대하여 취소심판청구일 전 계속하여 3년 이상 국내에서 사용하고 있지 아니한 경우
> ② 제1항제3호에 해당하는 것을 사유로 취소심판을 청구하는 경우 등록상표의 지정상품이 둘 이상 있는 경우에는 일부 지정상품에 관하여 취소심판을 청구할 수 있다.
> ③ 제1항제3호에 해당하는 것을 사유로 취소심판이 청구된 경우에는 피청구인이 해당 등록상표를 취소심판청구에 관계되는 지정상품 중 하나 이상에 대하여 그 심판청구일 전 3년 이내에 국내에서 정당하게 사용하였음을 증명하지 아니하면 상표권자는 취소심판청구와 관계되는 지정상품에 관한 상표등록의 취소를 면할 수 없다. 다만, 피청구인이 사용하지 아니한 것에 대한 정당한 이유를 증명한 경우에는 그러하지 아니하다.
> ④ 제1항(같은 항 제4호 및 제6호는 제외한다)에 해당하는 것을 사유로 취소심판을 청구한 후 그 심판청구사유에 해당하는 사실이 없어진 경우에도 취소사유에 영향이 미치지 아니한다.
> ⑤ 제1항에 따른 취소심판은 누구든지 청구할 수 있다. 다만, 제1항제4호 및 제6호에 해당하는 것을 사유로 하는 심판은 이해관계인만이 청구할 수 있다.
> ⑥ 상표등록을 취소한다는 심결이 확정되었을 경우에는 그 상표권은 그때부터 소멸된다. 다만, 제1항제3호에 해당하는 것을 사유로 취소한다는 심결이 확정된 경우에는 그 심판청구일에 소멸하는 것으로 본다.

Ⅰ. 의의 및 취지

상표권자 등이 정당한 이유 없이 자신의 등록상표를 국내에서 3년간 정당하게 사용하지 않은 경우 취소사유가 된다. 제3자의 상표선택기회 확대하고, 불사용에 대한 제재 규정이다. 사용주의적 요소를 가미한 것이다.

> **[TIP] 판례원문에서 자주 쓰이는 제119조1항3호의 취지**
>
> ≫ ① 등록상표 사용 촉진함과 동시에 ② 불사용에 대한 제재적 규정   [촉.불.제]
>
> ① 일정한 요건만 구비하면 사용 여부와 관계없이 상표를 등록받을 수 있도록 하는 등록주의를 채택함으로써 발생할 수 있는 **폐해를 시정**하고 ② 타인의 상표 선택의 기회를 확대하기 위하여, 상표권자 또는 사용권자에게 등록상표를 지정상품에 사용할 의무를 부과하고 일정기간 상표를 사용하지 않은 경우 그에 대한 **제재**로 상표등록을 취소할 수 있도록 규정하고 있다.

II. 적용요건 [상.이.등.3.정]

1. 상표권자 등 누구도 사용하지 않았을 것
1) 공유자 중 1인만의 정당사용인 경우에는 취소를 면한다.
2) [쟁점] 타인의 출처표시로 사용하는 경우 - ESSIE 사건

[쟁점] 타인의 출처표시로 사용하는 경우 - ESSIE 사건[274]

1. 제119조1항3호 일반론
2. 상표권자 등이 정당사용했는지 여부
   (1) 문제점
   (2) 판례의 태도 [자기/타인/상표]
   判例는, 상표의 사용이 인정되려면 상표권자 또는 사용권자가 상표를 **자기** 상품의 출처를 표시하기 위하여 사용하여야 하고, **타인**의 상품의 출처를 표시하기 위하여 사용한 경우는 불사용을 이유로 한 상표등록의 취소를 면하기 위한 서비스표의 사용에 해당한다고 할 수 없다고 판시하였다.
   (3) 검토
   생각건대, 상표법상 "**상표**"란 자기의 상품과 타인의 상품을 식별하기 위하여 사용하는 표장을 의미한다는 점(제2조1항1호)에서 判例의 태도가 타당하다.

---

3) [쟁점] OEM 방식의 수출의 사용인 경우 - 송가네 냉면 사건

[쟁점] OEM 방식의 수출의 사용인 경우 - 송가네 냉면 사건[275]

1. 제119조1항3호 일반론
2. 상표권자 등의 사용인지 여부
   (1) 문제점
   타인의 상품의 출처를 표시하기 위해 상표를 사용한 경우 제119조1항3호의 취소를 면하는 사용인지가 문제된다.
   (2) 판례의 태도 [실.통.주/생.주.의/전.인]
   判例는, OEM 방식에 의한 수출에 있어서는 ① 상품제조에 대한 품질관리 등 실질적인 **통제**가 **주문자**에 의하여 유지되고 있고 ② 수출업자의 **생산**은 오직 **주문자**의 주문에만 **의존**하며 ③ 생산된 제품 **전량**이 주문자에게 **인도**되는 것이 보통이므로, 특별한 사정이 없는 한 주문자인 상표권자나 사용권자가 상표를 사용한 것으로 보아야 한다.
   (3) 검토
   생각건대, 상표란 상품을 생산, 가공 또는 판매하는 것을 업으로 영위하는 자가 자신의 상품을 타인의 상품과 식별되도록 사용하는 표장을 의미한다는 점에서 판례의 태도가 타당하다.

---

[274] 대법원 2013. 11. 28. 선고 2012후1071 판결 (**ESSIE** 사건)
[275] 대법원 2012. 7. 12. 선고 2012후740 판결 (**송가네 냉면** 사건)

4) **[쟁점]** 채권자취소소송 판결확정시 양수인의 사용

[쟁점] 채권자취소소송 판결확정시 양수인의 사용276)

1. 제119조1항3호 일반론
2. 상표권자 등의 사용인지 여부 - 양수인의 사용과 관련
    (1) 문제점
    사해행위 취소판결을 받아 전 양수인의 상표권이 말소되어 피고로 이전되었는바, 전 양수인의 3년간 사용이 상표권자로서 사용인지가 문제된다.
    (2) 판례의 태도
    판례는, ① 사해행위취소소송의 **상대적 효력**에 비추어 볼 때, ② 불사용취소심판이 청구된 이후 그 상표권 양도계약·전용사용권 설정계약이 사해행위임을 이유로 이를 취소하는 판결이 확정되었다고 하더라도, ③ 그 사해행위취소 판결의 확정 전 상표권 양수인·전용사용권자의 사용을 본 호의 '상표권자 등'의 사용이 아니라고 할 수는 없다고 판시하였다.
    (3) 검토
    생각건대, ① 사해행위취소의 판결을 받은 경우 그 효과는 채권자와 수익자·전득자 간에만 미치는 **상대적 효력**이므로, ② 수익자·전득자가 채권자에 대하여 **원상회복 의무**를 부담할 뿐, ③ 채무자와 사이에서 그 취소로 인한 법률관계가 형성되거나 취소의 효력이 소급하여 채무자의 **책임재산**으로 회복되는 것은 아니므로 판례의 태도가 타당하다.

---

5) **[쟁점]** 제3자에 의해 전전유통되는 경우

[쟁점] 제3자에 의해 전전유통되는 경우277)

1. 문제점
    제3자에 의하여 국내 유통 광고되는 경우 이를 상표권자의 사용으로 볼 수 있는지, 상표사용의 법적효과가 귀속되는 상표사용 주체와 관련 문제된다.
2. 학설의 대립   [19.감.통.하/출처.표시.통.불.속]
    ① WTO/TRIPs 제19조B의 규정상 제3자가 상표권자의 **감독 통제** 하에 있는 경우에 한하여 상표의 사용 효과가 상표권자에게 귀속된다는 견해, ② 상표란 근본적으로 상품의 **출처**를 **표시**하는 것이므로 진정상품의 정상적인 유통인 이상 상표권자의 감독 통제를 불문하고 상표사용의 효과가 상표권자에게 귀속된다는 견해가 대립한다.
3. 판례의 태도   [3수.정상수.인식]
    판례는, 상표권자가 외국에서 자신의 등록상표를 상품에 표시하였을 뿐 국내에서 직접 또는 대리인을 통하여 등록상표를 표시한 상품을 양도하거나 상품에 관한 광고에 상표를 표시하는 등의 행위를 한 바 없다고 하더라도, ① 그 상품이 제3자에 의하여 국내 **수입**되어 ② 상표권자가 등록상표를 표시한 그대로 ③ 국내의 **정상**적인 거래에서 양도, 전시되는 등의 방법으로 유통됨에 따라 ④ 사회통념상 국내 수요자에게 그 상표가 그 상표를 표시한 상표권자의 업무에 관련된 상품을 표시하는 것으로 **인식**되는 경우에는 특단의 사정이 없는 한, 그 상표를 표시한 상표권자가 국내에서 상표를 사용한 것으로 보아야 한다고 판시하였다.
4. 검토
    생각건대, 상표란 근본적으로 상품의 출처를 표시하는 것으로서, 전전유통에 의하여 출처표시기능이 해쳐지는 것도 아니므로 상표권자의 사용으로 봄이 타당하다.

---

276) 대법원 2010. 10. 28. 선고 2010후1435 판결 (소문난 삼부자 사건)

6) **[쟁점]** 기타 사용권자와 관련된 쟁점들

[쟁점] 기타 사용권자와 관련된 쟁점들　　　　　　　　　　　　　　　[미.중.사.법]

1. **미**등록 전용/통상사용권자도 '상표권자 등'에 포함된다.[278]
   - 설정등록은 제3자 대항요건에 불과하다는 점
   - 전용사용권 및 통상사용권은 단순히 합의만으로도 발생한다는 점　　　　[대.전.통.합]

2. 미등록 전용/통상사용권자의 경우 등록상표의 양수인이 사용**중**지를 촉구한 이후의 사용은 본 호 소정의 정당사용이 아니다.[279]

3. **사**용권설정 행위 자체는 본 호의 사용이 아니다.

4. **법**정통상사용권자는 '상표권자 등'에 포함되지 않는다.

---

2. 정당한 이유 없이 사용하지 않았을 것 - 제119조3항 단서

(1) 정당한 이유의 의미　　　　　　　　　　　　　　　　　　　　　[불가/법.수.정상.수.귀]

判例는,[280] '정당한 이유'라 함은 질병, 기타 천재 등의 ① 불가항력에 의하여 영업을 할 수 없는 경우뿐만 아니라 ② 법률에 의한 규제, 판매금지, 또는 국가의 수입제한조치 등에 의하여 부득이 등록상표의 지정상품이 국내에서 일반적, 정상적으로 거래할 수 없는 경우와 같이 상표권자의 귀책사유로 인하지 아니한 상표 불사용의 경우도 포함된다고 판시하였다.

[참고] 이전등록 이전의 불사용의 사정을 고려해야 하는지 여부

1. **판례의 태도**
   判例는,[281] 불사용에 대한 '정당한 이유'를 판단함에 있어서는 단지 상표의 이전등록 이후의 사정만 참작할 것이 아니고 그 이전등록 이전의 계속된 불사용의 사정도 함께 고려해야 한다고 판시하였다.

2. **검토**
   생각건대, 양수인은 양수 당시 상표의 사용상황을 조사하여, 불사용의 상태가 상당기간 계속된 경우 그 등록이 장차 취소될 가능성이 있다는 점을 예상하였다고 볼 수 있으므로 판례의 태도가 타당하다고 본다.

---

277) 대법원 2003. 12. 26. 선고 2002후2020 판결 ( 사건), 대법원 2012. 4. 12. 선고 2012후177 판결 (SHISEIDO 사건)
278) 대법원 1995. 9. 5. 선고 94후1602 판결 (동방포루마 사건)
279) 특허법원 2004. 6. 3. 선고 2003허4853 판결
280) 대법원 2000. 4. 25. 선고 97후3920 판결
281) 대법원 2000. 4. 25. 선고 97후3920 판결

3. 등록상표를 사용하지 않았을 것

(1) 판단방법 - 실질적 동일성

주류적 判例는, 불사용취소심판의 취지 및 권리안정성 측면에서, ① '동일한 상표'에는 등록상표 그 자체뿐만 아니라 ② 거래통념상 등록상표와 동일하게 볼 수 있는 형태의 상표도 포함한다고 판시하였다.

(2) 관련문제

1) [判例] 새로운 구성을 추가하여 사용한 경우(몬테소리 사건)

[쟁점] 새로운 구성을 추가하여 사용한 경우 - 몬테소리 사건[282]

1. 등록상표를 사용하였는지 여부

  (1) 판단방법 - 실질적 동일성

  (2) 구성요소를 추가하여 사용한 경우 - 判例　　　　　　　　　　　　　[반.독.사.동.독.좌]

   1) 判例는, ① 등록상표가 반드시 독자적으로만 사용되어야 할 이유는 없고, ② 다른 문자나 도형 부분 등을 결합하여 사용하여도 등록상표가 동일성과 독립성을 유지하고 있는 한 동일성이 인정된다고 하였다.

   2) 또한 判例는, 등록상표가 ③ 애당초 식별력 없는 상표인지 여부는 상표법 제119조 제1항 제3호, 제4항에서 규정하는 '등록상표의 사용' 여부 판단을 좌우할 사유가 되지 못한다고 하였다.

  (3) 검토

   생각건대, 권리안정성 측면에서 동일성 범위를 넓게 해석하는 판례의 태도가 타당하다.

---

2) [判例] 한글+영문 병기 등록 후 영문부분만 사용(Continental 사건)

[쟁점] 영어+한글 병기 등록 후 영문 부분만 사용(Continental 사건)[283]

1. 등록상표를 사용하였는지 여부

  (1) 판단방법 - 실질적 동일성

  (2) 한글/영문 구성 중 일부만 사용한 경우

   1) 전원합의체 判例의 태도　　　　　　　　　　　　　　　　[결합.새.관/생략.동.호/거.통.동]

    전원합의체 判例는, ① 그 영문 단어 자체의 의미로부터 인식되는 관념 외에 결합으로 새로운 관념이 생겨나지 않고, ② 영문 부분과 한글 음역 부분 중 어느 한 부분이 생략된 채 사용된다고 하더라도 일반 수요자나 거래자에게 동일하게 호칭될 것으로 보이는 한, 거래통념상 등록상표와 동일하게 볼 수 있는 형태의 상표를 사용하는 것에 해당한다고 판시하였다.

   2) 비판적 견해

    이러한 판례의 태도에 대하여, 양 구성부분이 모두 요부를 구성하고 있는 이상 어느 하나의 생략의 사용에 동일성을 인정할 수 없다고 보는 비판적인 태도가 있었다.

   3) 검토　　　　　　　　　　　　　　　　　　　　　　　　[거래현실/동일성.신뢰/연합상표]

    생각건대, ③ 상품의 특성 및 거래실정에 따라 등록상표를 다소 변형하여 사용하는 것이 거래현실이며, ④ 동일하게 호칭관념되는 상표간 동일성을 부정한다면 일반 수요자나 거래자의 동일성에 관한

---

282) 대법원 2012. 12. 26. 선고 2012후2685 판결 (**몬테소리** 사건)

> **신뢰**를 깨뜨릴 우려가 있다는 점, ⑤ 상표법이 1997년 구 **연합상표** 제도를 폐지하여 연합등록된 상표들 가운에 어느 하나의 상표를 사용하는 것만으로 연합등록된 모든 상표에 대하여 불사용으로 인한 상표등록취소를 면할 수 있었던 특례가 없어졌음을 고려해 볼 때, 권리안정성 및 법적안정성 도모 위해 동일성 범위를 완화하여 해석한 전원합의체 판례의 태도가 타당하다고 판단된다.

3) 등록상표가 애당초 식별력 없는 상표인지 여부는 상표법 제119조 제1항 제3호에서 규정하는 '등록상표의 사용' 여부 판단을 좌우할 사유가 되지 못한다.[284]

4. 국내에서 <u>3년간</u> 사용하지 않았을 것

(1) 출처표시로서 인식되지 않는 경우 - '사용'하였는지 여부

判例는,[285] 상표법 제119조 제1항 제3호, 제4항에서 규정하는 '등록상표의 사용' 여부 판단에서는 상표권자 또는 사용권자가 자타상품의 식별표지로서 사용하려는 의사에 터 잡아 등록상표를 사용한 것으로 볼 수 있는지가 문제될 뿐 일반 수요자나 거래자가 이를 상품의 출처표시로서 인식할 수 있는지는 등록상표의 사용 여부 판단을 좌우할 사유가 되지 못한다고 판시하였다.[286]

(2) 지정상품과 관련없이 표시된 경우 - '사용'하였는지 여부

判例는,[287] 제2조1항11호 다목 소정의 '광고행위'에 등록상표가 표시되어 있다고 하더라도 등록상표가 거래사회의 통념상 지정상품과 관련하여 표시된 것이라고 볼 수 없는 경우 위 불사용취소심판에 있어서 상표사용행위가 있다고 할 수 없다고 판시하였다.

(3) 상표권 양도가 이루어진 경우 - '3년간' 사용 여부

判例는,[288] 등록상표가 계속하여 3년 이상 정당한 이유 없이 사용되지 않음으로써 그 취소의 요건은 충족되고, 상표의 이전이 있는 경우라도 이전등록시부터 불사용의 기간을 계산하여야 하는 것이 아니라 할 것이라 하였다.

(4) OEM 방식의 수출의 사용 - '국내'에서의 사용인지 여부

판례는,[289] 상표권자가 외국인인 경우 국내 하청업자의 주문자상표부착방식(OEM 방식)에 의한 수출은 국내에서 사용된 것으로 판시하였다.

---

283) 대법원 2013. 9. 26. 선고 2012후2463 전원합의체 판결 (CONTINENTAL 사건), 특허법원 2017. 3. 24. 선고 2016허2379 판결 (사브리나 사건)
284) 대법원 2012. 12. 26. 선고 2012후2685 판결 (**몬테소리** 사건)
285) 대법원 2012. 5. 9. 선고 2011후4004 판결 (쯔비벨무스터 사건)
286) 다만 일부 특허법원 판례에서는, '자타상품의 식별표지로서 사용하려는 의사'와 관련하여, 일반 수요자나 거래자가 그 표시된 표장을 상품의 출처표시로서 인식할 수 있는 경우라면 곧바로 상표권자 등이 자타상품의 식별표지로서 사용하려는 의사가 있었다고 볼 수 있지만, 그렇지 아니한 경우에는 그러한 사용의사를 추단할 수 있는 객관적인 사정이 있어야 비로소 상표권자 등이 자타상품의 식별표지로서 사용하려는 의사에 기하여 등록상표를 사용한 것으로 볼 수 있다고 판시한 바 있다. (특허법원 2018. 9. 14. 선고 2017허7180 판결 - STRIPE 사건)
287) 대법원 2013. 4. 25. 선고 2012후3718 판결 (HS HI-BOX 사건)
288) 대법원 2000. 4. 25. 선고 97후3920 판결
289) 대법원 2002. 5. 10. 선고 2000후143 판결

5. 정당하게 사용하지 않았을 것

(1) 정당사용의 의미

주류적 判例는, ① 불사용취소심판에 있어서 상표의 사용이란 형식적으로 제2조1항11호 각목의 형식적 사용으로서, ② 오로지 불사용취소심판을 면하기 위한 형식적 사용이 아님을 의미한다.

(2) 판단기준 [품.개/국.정.유.유.예]

判例는,290) 정당한 사용인지 여부는 ① 그 지정상품이 상표법상 상품의 개념이 부합하는지, ② 국내 정상 유통되거나 유통예정 중인지 여부로 판단한다.

(3) 판단방법 - ① 상품의 개념에 부합되는 사용인지

1) 判例는,291)292) '상표의 사용'이란 상품 또는 상품의 포장에 상표를 표시하거나, 유통하거나, 광고행위 중 어느 하나에 해당하는 행위를 말하며, 여기에서 말하는 '상품'은 그 자체가 교환가치를 가지고 독립된 상거래의 목적물이 되는 물품을 의미한다고 판시하였다.

2) 判例는,293) 상품의 선전광고나 판매촉진 또는 고객에 대한 서비스 제공 등의 목적으로 그 상품과 함께 또는 이와 별도로 고객에게 무상으로 배부되어 거래시장에서 유통될 가능성이 없는 이른바 '광고매체가 되는 물품'은, 비록 그 물품에 상표가 표시되어 있다고 하더라도, 물품에 표시된 상표 이외의 다른 문자나 도형 등에 의하여 광고하고자 하는 상품의 출처표시로 사용된 것으로 인식할 수 있는 등의 특별한 사정이 없는 한, 그 자체가 교환가치를 가지고 독립된 상거래의 목적물이 되는 물품이라고 볼 수 없고, 따라서 이러한 물품에 상표를 표시한 것은 상표의 사용이라고 할 수 없다고 하였다.

(4) 판단방법 - ② 국내 정상 유통되거나 유통예정 중인지

判例는,294) 등록상표가 광고 등에 표시되었다고 하더라도 상품의 출처표시로서 사용된 것이 아니거나, 그 지정상품이 국내에서 정상적으로 유통되고 있거나 유통될 것을 예정하고 있지 아니한 상태에서 단순히 등록상표에 대한 불사용취소를 면하기 위하여 명목상으로 등록상표에 대한 광고행위를 한 데에 그친 경우에는 등록상표를 정당하게 사용하였다고 할 수 없다고 판시하였다.

---

290) 대법원 2006. 9. 22. 선고 2005후3406 판결; 대법원 2011. 6. 30. 선고 2011후354;

291) 대법원 2013. 12. 26. 선고 2012후1415 판결 (Metrocity 사건)

292) 대법원 1999. 6. 25. 선고 98후58 판결 (WINK 사건)

293) 대법원 1999. 6. 25. 선고 98후58 판결 (WINK 사건)

294) 대법원 2011. 6. 30. 선고 2011후354 판결 (제주소주 사건)

(5) 관련문제
   1) **[쟁점]** 행정법규 위반의 사용

[쟁점] 정당하게 사용하였는지 – 행정법규 위반의 사용

1. 제119조1항3호 일반론

2. 정당하게 사용했는지 – 행정법규 위반의 사용
   (1) 문제점 – 정당사용의 의미
      판례는, 본호의 정당한 사용에 해당하기 위해서는 불사용취소심판을 면하기 위한 형식적 사용이 아니어야 한다고 하였다. 이 경우, 甲의 [행정법규] 위반의 사용이 본 규정을 면하기 위한 형식적 사용인지 관련 문제된다.
   (2) 판례의 태도   [곧.정.사.단/목.성.인]
      判例는, 행정법규의 위반의 사용이라 하더라도 **곧**바로 **정당 사용**이 아니라고 **단**정할 수는 없고, 행정법규의 **목**적, 상품의 **성**질, 수요자의 **인**식 등을 고려하여 개별적으로 판단하여야 한다고 하였다.
   (3) 검토
      생각건대, 상표의 정당사용 문제를 상표법 본연의 문제로 순화시킨다는 점에서 개별적으로 판단하는 판례의 태도가 타당하다.
   (4) 사안의 해결
      1) 의약품 – 키워드: '생명에 직접적 위해'
      2) 완구 등 – 키워드: '안전유무 확인하는 것이 드문 현실'

---

   2) **[저작권 침해의 사용]** 判例는, 타인의 저작권을 침해하는 경우라도, 저작권자와의 관계에서 저작권침해의 법적책임은 별론, 상표법상 상품에 해당하고 국내 정상적으로 유통되고 있는 이상 정당사용이라고 판시하였다. 생각건대, 상표의 사용촉진 및 불사용상표에 대한 제재라는 본호의 취지, 및 상표의 정당사용 문제를 상표법 본연의 문제로 순화시킨다는 점에서 판례의 태도가 타당하다.

III. 심판청구 방식 및 심리

1. 취소심판의 청구

1) 청구인 – 누구든지(제119조5항)
   2016년 개정법은, 심리지연 방지 및 동종경쟁업자의 상표선택자유를 보장하기 위해 주체적 요건을 '이해관계인'에서 '누구든지'로 확대하였다.

2) 피청구인 – 상표등록원부에 기재된 자(제124조2항). 기재를 바로잡기 위한 보정 가능(제125조2항)

[쟁점] 채권자취소소송 판결확정과 피청구인 적격

1. 제119조1항3호 일반론
2. 양수인의 피청구인적격 존부
   (1) 문제점
      사해행위취소 승소확정판결을 받고 수익자 및 전득자의 상표등록이 말소되었는바, 제119조1항3호에 기한 취소심판청구의 피청구인적격을 갖는지 문제된다.
   (2) 判例의 태도
      判例는,295) 채권자 취소권 행사로 사해행위 취소와 일탈재산의 원상회복은 채권자와 수익자 및 전득자 간에만 미치는 **상대적 효력**이므로, 그 효력은 취소심판청구인에게는 미치지 아니하여 청구인과의 관계에서는 여전히 수익자 및 전득자가 피청구인적격을 가진다고 판시하였다.
   (3) 검토
      생각건대, 민법 제406조의 효력은 채권자와 수익자 또는 전득자간에만 미치는 **상대적 효력**에 불과하므로 判例의 태도가 타당하다.

---

3) 청구기간 – 취소사유에 해당 사실이 없어진 날로부터 3년 이내(제122조2항)

2. 심판청구의 방식

(1) (제126조1항)
(2) 심판청구서의 보정(제126조2항)
(3) 심판청구서 방식심사(제127조)
상표법 제119조1항1호의 취소심판과 동일

---

295) 대법원 2010. 10. 28. 선고 2010후1435 판결

Ⅳ. 심리 및 심결

1. 심리방식
1) 부본송달 및 통지 등(제133조1항)
2) 심리방식 - 서면심리/구술심리(제141조1항), 직권주의(제145조, 제146조)

2. 심결 및 심결에 대한 불복
1) 심판은 원칙적으로 심결로써 종료한다(제149조). 부적법한 심판청구로서 그 흠을 보정할 수 없는 경우, 피청구인에게 답변서 제출기회를 주지 않고 심결로서 그 청구를 각하할 수 있다(제128조).
2) 심리결과 심판청구 이유 없는 경우 기각심결, 심판청구 이유 있는 경우 인용심결을 한다.
3) 심결에 불복하고자 하는 자는 심결등본 송달받은 날로부터 30일 이내, 특허법원에 소를 제기할 수 있다(제162조).

3. 관련쟁점 - 심판청구이익과 중복심판청구, 입증책임(判例[296])

[쟁점] 불사용취소심판 계속 중 다시 불사용취소심판 청구 가부

1. 일부심결 및 일부취하 가부
判例는, ① 지정상품을 불가분 일체로 취급하여 전체를 하나의 청구로 간주하여 지정상품 중의 하나에 대하여 사용이 증명되면 그 심판청구는 전체로서 인용될 수 없을 뿐, ② 일부인용/일부기각심결할 수 없고, ③ 일부취하도 허용되지 않는다고 판시하였다.

2. 심판청구이익 존부 - 다시 불사용취소심판 청구한 경우
판례는, ① 불사용기간의 역산 기산점이 되는 심판청구일이나 지정상품의 범위를 달리하여 다시 상표등록취소심판을 청구할 이익이 있고, ② 상표권자에게 중복하여 증명책임을 부담시키는 것이 된다고 하더라도 ③ 그러한 정도의 증명책임 부담만으로 후 심판이 부적법하다고 할 수 없다고 하였다.

3. 검토 - 판례의 논거
생각건대, 상표권자 역시 후에 청구된 등록취소심판에서도 지정상품 중의 하나에 대하여 사용을 증명하면 그 심판청구의 대상인 지정상품 전체에 관하여 상표등록의 취소를 면할 수 있으므로, 제119조3항의 입법취지에 반한다고 볼 수 없으므로, 判例의 태도가 타당하다.

---

[296] 대법원 2013. 2. 15. 선고 2012후3220 판결

> **[쟁점]** 이해관계인이 취소를 필요로 하는 지정상품의 범위를 임의로 정하여 상표등록의 취소심판을 청구할 이익이 있는지
>
> **1. 문제의 소재**
> 유사범위 내 모두 소멸되지 않으면 등록배제효 및 사용금지효에 있어 실익이 없는바, 심판청구이익이 관련하여 문제된다.
>
> **2. 판례의 태도**
> 判例는, ① 등록상표의 지정상품이 2 이상 있는 경우 이해관계인은 취소를 필요로 하는 지정상품의 범위를 임의로 정하여 상표등록의 취소심판을 청구할 수 있고, ② 등록상표의 지정상품 중 유사범위에 속하는 지정상품을 모두 포함하여 취소심판을 청구하지 않으면 심판청구가 인용되어도 심판청구인이 후에 유사상품에 관하여 등록상표와 동일·유사한 상표를 사용하거나 그 상표등록을 받을 수 없다는 사정을 들어 유사범위에 속하는 일부 지정상품만에 대한 등록취소심판을 청구할 이익이 없다고 할 수 없다.
>
> **3. 검토 - 判例가 제시한 논거**
> **[논거1]** 상표법 제119조 제3항은 제1항 제3호에서 동일·유사 지정상품군 단위로 등록취소심판을 청구하여야 한다는 규정을 별도로 두고 있지 아니한 점, **[논거2]** 상품류 구분은 상표등록사무의 편의를 위해 구분한 것으로서 상품의 유사범위를 정한 것은 아니므로, 상품구분표의 같은 유별에 속한다고 하여 바로 유사상품이라고 단정할 수 없는 점, **[논거3]** 불사용으로 인한 상표등록취소심판 제도는 등록상표의 사용을 촉진하는 한편 그 불사용에 대한 제재를 가하려는 데에 입법 목적이 있고 이러한 불사용에 대한 제재의 실효성을 강화하기 위해 일부 지정상품에 대한 취소심판제도가 도입된 점으로 볼 때, 判例의 태도가 타당하다.

V. 효과

심결 확정 시, 상표권은 심판청구일로 소급 소멸한다. 과거에는 심결 확정 시 이후 장래 소멸하였으나, ① 3년간 불사용을 요건사실로 한다는 점, ② 불사용취소심판제도의 실효성 확보를 이유로, 2016. 9. 1. 시행 개정법에서 '심판청구일'로 소급 소멸하는 것으로 개정하였다.

THEME 13-3-4 상표등록취소심판 – 제119조1항5호

> 제119조(상표등록의 취소심판)
> ① 등록상표가 다음 각 호의 어느 하나에 해당하는 경우에는 그 상표등록의 취소심판을 청구할 수 있다.
>   5. 상표권의 이전으로 유사한 등록상표가 각각 다른 상표권자에게 속하게 되고 그 중 1인이 자기의 등록상표의 지정상품과 동일·유사한 상품에 부정경쟁을 목적으로 자기의 등록상표를 사용함으로써 수요자에게 상품의 품질을 오인하게 하거나 타인의 업무와 관련된 상품과 혼동을 불러일으키게 한 경우
> ④ 제1항(같은 항 제4호 및 제6호는 제외한다)에 해당하는 것을 사유로 취소심판을 청구한 후 그 심판청구사유에 해당하는 사실이 없어진 경우에도 취소사유에 영향이 미치지 아니한다.
> ⑤ 제1항에 따른 취소심판은 누구든지 청구할 수 있다. 다만, 제1항제4호 및 제6호에 해당하는 것을 사유로 하는 심판은 이해관계인만이 청구할 수 있다.
> ⑥ 상표등록을 취소한다는 심결이 확정되었을 경우에는 그 상표권은 그때부터 소멸된다. 다만, 제1항제3호에 해당하는 것을 사유로 취소한다는 심결이 확정된 경우에는 그 심판청구일에 소멸하는 것으로 본다.

Ⅰ. 의의 및 취지

① 상표권의 이전으로, 유사한 등록상표가, 각각 다른상표권자에게 속하게 되고, ② 그중 1인이 자기의 등록상표의 지정상품과 동일유사한 상품에, ③ 부정경쟁의 목적으로 자기의 등록상표를 사용함으로써, ④ 수요자에게 출처혼동 품질오인을 불러일으키게 한 경우 취소사유가 된다. 유사상표의 분리이전에 따른 폐혜를 사후적으로 방지하기 위함이다.

Ⅱ. 요건

1. 상표권의 이전으로, 유사한 등록상표가, 각각 다른상표권자에게 속하게 될 것
2. 그중 1인이 자기의 등록상표의 지정상품과 동일유사한 상품을 사용할 것
3. 부정경쟁의 목적으로 자기의 등록상표를 사용할 것
4. 수요자에게 출처혼동 품질오인을 불러일으키게 하였을 것

1) 判例는,[297] 타인의 업무에 사용되는 상표나 그 사용상품은 주지 저명하여야 하는 것은 아니지만 적어도 국내의 일반거래에 있어서 수요자나 거래자에게 그 상표나 상품이라고 하면 특정인의 상표나 상품이라고 인식될 수 있을 정도로 알려져 있어야 한다고 판시하였다.

---
[297] 특허법원 2014. 1. 16. 선고 2013허5261 판결

Ⅲ. 심판청구 방식 및 심리

1. 취소심판의 청구
1) 청구인 - 누구든지(제119조5항).
2) 피청구인 - 상표등록원부에 기재된 자(제124조2항). 기재를 바로잡기 위한 보정 가능(제125조 2항).
3) 청구기간 - 취소사유에 해당 사실이 없어진 날로부터 3년 이내(제122조2항).
4) 청구범위 - 지정상품 전부의 취소만을 청구할 수 있다.

2. 심판청구의 방식
(1) (제126조1항)
(2) 심판청구서의 보정(제126조2항)
(3) 심판청구서 방식심사(제127조)
상표법 제119조1항1호의 취소심판과 동일

Ⅳ. 심리 및 심결

1. 심리방식
1) 부본송달 및 통지 등(제133조1항)
2) 심리방식 - 서면심리/구술심리(제141조1항), 직권주의(제145조, 제146조)

2. 심결 및 심결에 대한 불복
1) 심판은 원칙적으로 심결로써 종료한다(제149조). 부적법한 심판청구로서 그 흠을 보정할 수 없는 경우, 피청구인에게 답변서 제출기회를 주지 않고 심결로서 그 청구를 각하할 수 있다(제128조).
2) 심리결과 심판청구 이유 없는 경우 기각심결, 심판청구 이유 있는 경우 인용심결을 한다.
3) 심결에 불복하고자 하는 자는 심결등본 송달받은 날로부터 30일 이내, 특허법원에 소를 제기할 수 있다(제162조).

Ⅴ. 효과

1) 심결 확정 시, 상표권은 심결 확정된 때부터 장래 소멸한다(제119조6항). 손실보상청구권도 소급 소멸한다.
2) 누구든지 같은 사건에 대해, 같은 사실 및 같은 증거에 의하여 다시 심판청구할 수 없다. 다만, 확정심결이 각하심결인 경우에는 그러하지 아니하다(제150조).

THEME 13-3-5 상표등록취소심판 - 제119조1항6호

> 제119조(상표등록의 취소심판)
> ① 등록상표가 다음 각 호의 어느 하나에 해당하는 경우에는 그 상표등록의 취소심판을 청구할 수 있다.
>   6. 제92조제2항에 해당하는 상표가 등록된 경우에 그 상표에 관한 권리를 가진 자가 해당 상표등록일부터 5년 이내에 취소심판을 청구한 경우
> ④ 제1항(같은 항 제4호 및 제6호는 제외한다)에 해당하는 것을 사유로 취소심판을 청구한 후 그 심판청구사유에 해당하는 사실이 없어진 경우에도 취소사유에 영향이 미치지 아니한다.
> ⑤ 제1항에 따른 취소심판은 누구든지 청구할 수 있다. 다만, 제1항제4호 및 제6호에 해당하는 것을 사유로 하는 심판은 이해관계인만이 청구할 수 있다.
> ⑥ 상표등록을 취소한다는 심결이 확정되었을 경우에는 그 상표권은 그때부터 소멸된다. 다만, 제1항제3호에 해당하는 것을 사유로 취소한다는 심결이 확정된 경우에는 그 심판청구일에 소멸하는 것으로 본다.

I. 의의 및 취지   [카.오.노.구리]

등록상표가 부정경쟁방지법 제2조1호카목에 해당하는 경우, 5년간의 취소사유를 가진다. 타인의 상당한 투자나 노력으로 발생한 성과를 보호하고, 제92조2항의 실효성 확보 및 공정한 상거래질서 도모 위함이다.

II. 요건

1. 제92조2항에 해당하는 상표가 등록된 경우
2. 상표에 관한 권리를 가진 자가 상표등록일로부터 5년 이내 취소심판을 청구

III. 심판청구 방식 및 심리

1. 취소심판의 청구
  1) 청구인 - 이해관계인(제119조5항 단서)
     여기서 이해관계인이란, '그 상표에 관한 권리를 가진 자'
  2) 피청구인 - 상표등록원부에 기재된 자(제124조2항). 기재를 바로잡기 위한 보정 가능(제125조2항).
  3) 청구기간 - 상표등록일로부터 5년 이내
  4) 청구범위 - 지정상품 전부의 취소만을 청구할 수 있다.

2. 심판청구의 방식
  (1) (제126조1항)
  (2) 심판청구서의 보정(제126조2항)
  (3) 심판청구서 방식심사(제127조)
  상표법 제119조1항1호의 취소심판과 동일

Ⅳ. 심리 및 심결

1. 심리방식
1) 부본송달 및 통지 등(제133조1항)
2) 심리방식 – 서면심리/구술심리(제141조1항), 직권주의(제145조, 제146조)

2. 심결 및 심결에 대한 불복
1) 심판은 원칙적으로 심결로써 종료한다(제149조). 부적법한 심판청구로서 그 흠을 보정할 수 없는 경우, 피청구인에게 답변서 제출기회를 주지 않고 심결로서 그 청구를 각하할 수 있다(제128조).
2) 심리결과 심판청구 이유 없는 경우 기각심결, 심판청구 이유 있는 경우 인용심결을 한다.
3) 심결에 불복하고자 하는 자는 심결등본 송달받은 날로부터 30일 이내, 특허법원에 소를 제기할 수 있다(제162조).

Ⅴ. 효과
1) 심결 확정 시, 상표권은 심결 확정된 때부터 장래 소멸한다(제119조6항). 손실보상청구권도 소급 소멸한다.
2) 누구든지 같은 사건에 대해, 같은 사실 및 같은 증거에 의하여 다시 심판청구할 수 없다. 다만, 확정심결이 각하심결인 경우에는 그러하지 아니하다(제150조).

THEME 13-3-6 취소심판 – 기타 상표등록, 사용권설정 취소사유

> **제119조(상표등록의 취소심판)**
> ① 등록상표가 다음 각 호의 어느 하나에 해당하는 경우에는 그 상표등록의 취소심판을 청구할 수 있다.
>   4. 제93조제1항 후단, 같은 조 제2항 및 같은 조 제4항부터 제7항까지의 규정에 위반된 경우
>   7. 단체표장과 관련하여 다음 각 목의 어느 하나에 해당하는 경우
>   가. 소속 단체원이 그 단체의 정관을 위반하여 단체표장을 타인에게 사용하게 한 경우나 소속 단체원이 그 단체의 정관을 위반하여 단체표장을 사용함으로써 수요자에게 상품의 품질 또는 지리적 출처를 오인하게 하거나 타인의 업무와 관련된 상품과 혼동을 불러일으키게 한 경우. 다만, 단체표장권자가 소속 단체원의 감독에 상당한 주의를 한 경우는 제외한다.
>   나. 단체표장의 설정등록 후 제36조제3항에 따른 정관을 변경함으로써 수요자에게 상품의 품질을 오인하게 하거나 타인의 업무와 관련된 상품과 혼동을 불러일으키게 할 염려가 있는 경우
>   다. 제3자가 단체표장을 사용하여 수요자에게 상품의 품질이나 지리적 출처를 오인하게 하거나 타인의 업무와 관련된 상품과 혼동을 불러일으키게 하였음에도 단체표장권자가 고의로 적절한 조치를 하지 아니한 경우
>   8. 지리적 표시 단체표장과 관련하여 다음 각 목의 어느 하나에 해당하는 경우
>   가. 지리적 표시 단체표장등록출원의 경우에 그 소속 단체원의 가입에 관하여 정관에 의하여 단체의 가입을 금지하거나 정관에 충족하기 어려운 가입조건을 규정하는 등 단체의 가입을 실질적으로 허용하지 아니하거나 그 지리적 표시를 사용할 수 없는 자에게 단체의 가입을 허용한 경우
>   나. 지리적 표시 단체표장권자나 그 소속 단체원이 제223조를 위반하여 단체표장을 사용함으로써 수요자에게 상품의 품질을 오인하게 하거나 지리적 출처에 대한 혼동을 불러일으키게 한 경우
>   9. 증명표장과 관련하여 다음 각 목의 어느 하나에 해당하는 경우
>   가. 증명표장권자가 제36조제4항에 따라 제출된 정관 또는 규약을 위반하여 증명표장의 사용을 허락한 경우
>   나. 증명표장권자가 제3조제3항 단서를 위반하여 증명표장을 자기의 상품에 대하여 사용하는 경우
>   다. 증명표장의 사용허락을 받은 자가 정관 또는 규약을 위반하여 타인에게 사용하게 한 경우 또는 사용을 허락받은 자가 정관 또는 규약을 위반하여 증명표장을 사용함으로써 수요자에게 상품의 품질, 원산지, 생산방법이나 그 밖의 특성에 관하여 혼동을 불러일으키게 한 경우. 다만, 증명표장권자가 사용을 허락받은 자에 대한 감독에 상당한 주의를 한 경우는 제외한다.
>   라. 증명표장권자가 증명표장의 사용허락을 받지 아니한 제3자가 증명표장을 사용하여 수요자에게 상품의 품질, 원산지, 생산방법이나 그 밖의 상품의 특성에 관한 혼동을 불러일으키게 하였음을 알면서도 적절한 조치를 하지 아니한 경우
>   마. 증명표장권자가 그 증명표장을 사용할 수 있는 자에 대하여 정당한 사유 없이 정관 또는 규약으로 사용을 허락하지 아니하거나 정관 또는 규약에 충족하기 어려운 사용조건을 규정하는 등 실질적으로 사용을 허락하지 아니한 경우
> ④ 제1항(같은 항 제4호 및 제6호는 제외한다)에 해당하는 것을 사유로 취소심판을 청구한 후 그 심판청구사유에 해당하는 사실이 없어진 경우에도 취소사유에 영향이 미치지 아니한다.
> ⑤ 제1항에 따른 취소심판은 누구든지 청구할 수 있다. 다만, 제1항제4호 및 제6호에 해당하는 것을 사유로 하는 심판은 이해관계인만이 청구할 수 있다.
> ⑥ 상표등록을 취소한다는 심결이 확정되었을 경우에는 그 상표권은 그때부터 소멸된다. 다만, 제1항제3호에 해당하는 것을 사유로 취소한다는 심결이 확정된 경우에는 그 심판청구일에 소멸하는 것으로 본다.

Ⅰ. 제119조1항4호

1. 의의 및 취지
상표권의 이전제한을 위반한 경우 취소사유를 구성한다. 상표권 이전으로 인한 수요자의 출처혼동 방지 위함이다.

2. 위반사유
1) **[제93조1항]** 상표권의 분할이전 시 유사한 지정상품은 함께 이전(후단)
2) **[제93조2항]** 상표권이 공유인 경우 지분양도, 지분을 목적으로 질권설정 시 다른 공유자의 모두의 동의
3) **[제93조4항]** 업무표장권은 업무와 함께 양도
4) **[제93조5항]** 제34조1항1호 다·라목, 동조 3호단서 상표는 업무와 함께 양도
5) **[제93조6항]** 단체표장권은 법인합병+특허청장허가
6) **[제93조7항]** 증명표장권은 출원인적격자(제3조3항)+업무와 함께+특허청장허가
   + (주의) 제93조3항(공유상표권의 사용권 설정 제한규정)은 취소사유 아님

3. 청구 및 유의점
- 이해관계인에 한하여 청구 가능
- 심판청구 후 해당 사유가 치유되면 취소를 면할 수 있음(제119조4항)

Ⅱ. 제119조1항7호 내지 9호

7호	**단체표장 관련 취소사유**	[이.타.후.고]
	가. 정관위반 / 타인, 소속단체원 사용 / 출처혼동 품질오인 / 상당한 감독	
	나. 등록 후 정관변경 / 출처혼동 품질오인	
	다. 제3자 / 출처혼동 품질오인 / 고의로 단체표장권자가 조치 취하지 아니	
8호	**지리적 표시 단체표장 관련 취소사유**	[단+가.동]
	가. 단체원의 가입금지 또는 가입곤란 / 무적격자에게 가입허용	
	나. 동음이의어 지리적 표시 간 혼동방지의무(제233조) 위반	
9호	**증명표장 관련 취소사유**	[이.허.자.타.고.사]
	가. 정관위반 / 사용허락	
	나. 증명표장권자 / **자기**의 상품에 대하여 사용(제3조3항 위반)	
	다. 정관위반 / **타인**, 소속단체원 사용 / 출처혼동 품질오인 / 상당한 감독	
	라. 제3자 / 출처혼동 품질오인 / **고의**로 증명표장권자가 조치 취하지 아니	
	마. 증명 가능한 자의 **사용**금지 또는 사용곤란	

Ⅲ. 사용권 등록의 취소심판 - 제120조

1. 의의 및 취지

전용사용권자 또는 통상사용권자가 제119조1항2호에 해당하는 행위를 한 경우에는 그 전용사용권 또는 통상사용권 등록의 취소심판을 청구할 수 있다. 사용권자 등의 부정사용을 막기 위함이다.

2. 요건

① 전용사용권자 또는 통상사용권자
② 제119조1항2호에 따른 행위를 한 경우(상표권자가 상당한 주의 여부는 불문)

3. 청구 및 심결

1) [동조 3항] 누구든지 청구할 수 있다.
2) [동조 4항] 심결이 확정되었을 경우에는 그 전용사용권 또는 통상사용권은 그 때부터 소멸된다.
3) [동조 2항] 해당 취소심판을 청구한 후 그 심판청구사유에 해당하는 사실이 없어진 경우에도 취소사유에 영향이 미치지 아니한다.
4) [동조 5항] 심판장은 해당 심판이 청구되었을 경우에는, 그 취지를 해당 전용사용권의 통상사용권자와 그 밖에 전용사용권에 관하여 등록을 한 권리자 또는 해당 통상사용권에 관하여 등록을 한 권리자에게 알려야 한다.

13-3-7 상표등록취소심판 – 상표등록취소사유의 추가적 주장 가부

Ⅰ. 문제의 소재

무효심판의 경우 제125조2항에 따라, 심결취소소송의 경우 무제한설의 입장에 따라 새로운 무효사유를 추가하는 것이 문제되지 않는다. 다만 취소심판에서도 그러한지 문제된다.

Ⅱ. 원칙적 허용

1. 특허심판원에서 심판 계속 중

① 등록상표 및 지정상품이 동일한 이상, 제119조1항의 취소사유는 '청구이유'에 해당하고, ② 제125조 2항은 청구이유의 변경을 허용하므로, 원칙적으로 허용된다.

2. 특허법원에서 심결취소소송 계속 중

① 당사자계 심판은 무제한설을 따르고 있으며, ② 등록상표 및 지정상품이 동일한 이상 취소사유는 공격방어방법에 해당하므로, 원칙적으로 허용된다.

Ⅲ. 불사용취소심판 계속 중 부정사용의 취소사유 추가가 가능한지 여부

1. 지정상품 "일부"에 대하여 심판계속 중 추가한 경우

(1) 특허심판원의 심판 계속 중

부정사용을 이유로 한 취소심판청구는 지정상품 전체에 대하여만 가능하므로, 제125조2항의 규정에도 불구하고 허용될 수 없다.

(2) 특허법원의 심결취소소송 계속 중(判例)

부정사용을 이유로 한 취소심판청구는 지정상품 전체에 대하여만 가능하므로, 무제한설의 태도에도 불구하고 허용될 수 없다.

2. 지정상품 "전부"에 대하여 심판계속 중 추가한 경우(특허법원判例)

판단의 대상이 되는 지정상품이 전부라는 점에서 추가하여도 문제가 없으므로, 제125조 2항 규정에 따라(심결취소소송 계속 중인 경우, 무제한설에 따라) 허용된다.

THEME 14 권리범위확인심판

> 제121조(권리범위 확인심판)
> 상표권자, 전용사용권자 또는 이해관계인은 등록상표의 권리범위를 확인하기 위하여 상표권의 권리범위 확인심판을 청구할 수 있다. 이 경우 등록상표의 지정상품이 둘 이상 있는 경우에는 지정상품마다 청구할 수 있다.

I. 의의 및 취지

확인대상표장이 등록상표의 권리범위에 속하는지 여부를 공적으로 확인하는 심판이다(제121조). 분쟁을 조기에 예방하고 신속한 구제 위함이다.

II. 심리범위 [Theme 14-1]

1. 심리범위 - 판례의 태도

判例는, 단순히 상표 자체의 기술적 범위를 확정하는 사실확정의 목적이 아닌, 구체적 사실관계에 있어서 등록권리의 효력에 미치는지 여부를 확인하는 권리확정을 목적으로 한다고 하여, ① 상표적 사용인지 여부, ② 보호범위 속부, ③ 효력제한 여부를 판단대상으로 한다.

2. 대인적 상표권 행사의 제한사유 등의 주장 가부

III. 절차

1. 주체
- 적극적: [청구인] 상표권자, 전용사용권자 → [피청구인] 상표사용자
- 소극적: [청구인] 이해관계인(判例) → [피청구인] 상표권자
- 이해관계인(判例): 判例는, 이해관계인이라 함은 등록상표와 동일유사한 상표를 사용하고 있는 자 또는 사용하리라 추측이 가는 자 등으로서, 직접적 현실적 이해관계가 있는 자를 의미한다고 판시하였다. [사.추.직.현.이]

2. 청구기간
- 判例는,298) 권리범위확인심판청구는 현존하는 상표권의 범위를 확정하는 것을 목적으로 하므로, 상표권이 소멸한 경우에는 소의이익을 부정한다.

3. 청구범위
- 지정상품마다 청구 가능(구법상 判例는, 명문의 규정이 없다는 이유로 부정했으나, 2016년 9월 시행 개정법에서 인정하였다. 제121조후단)

---

298) 대법원 2008. 2. 28. 선고 2007후685 판결

Ⅳ. 심리

1. 심리방식
1) 부본송달 및 통지 등(제133조1항)
2) 심리방식 – 서면심리/구술심리(제141조1항), 직권주의(제145조, 제146조)

2. 심결 및 심결에 대한 불복
1) 심판은 원칙적으로 심결로써 종료한다(제149조). 부적법한 심판청구로서 그 흠을 보정할 수 없는 경우, 피청구인에게 답변서 제출기회를 주지 않고 심결로서 그 청구를 각하할 수 있다(제128조).
2) 심리결과 심판청구 이유 없는 경우 기각심결, 심판청구 이유 있는 경우 인용심결을 한다.
3) 심결에 불복하고자 하는 자는 심결등본 송달받은 날로부터 30일 이내, 특허법원에 소를 제기할 수 있다(제162조).

Ⅴ. 관련문제

1. 등록권리 간 권리범위확인심판의 인정문제 [Theme 14-2]
2. 권리범위확인심판의 존폐론 관련 쟁점 [Theme 14-3]
3. 무효사유 명백한 권리에 기한 권리범위확인심판 [Theme 14-4]

THEME 14-1 권리범위확인심판 – 법적성질과 심리범위

Ⅰ. 권리범위확인심판의 법적성질 및 심리범위

Ⅱ. 대인적 상표권 행사의 제한사유 등의 주장 가부

1. 판례의 태도 – 간략 답안용

判例는, ① 제99조의 선사용권을 가진다거나, 상표등록출원 행위가 심판청구인에 대한 관계에서 ② 사회질서에 위반된 것이라는 등 ③ 대인적인 상표권 행사의 제한사유에 대한 주장은 상표권의 효력이 미치는 범위의 확정과는 무관하다고 하여 판단대상이 아니라 하였다.

2. 진정상품병행수입 문제의 판단가부

判例는,299) 확인대상표장을 사용하는 행위가 진정상품의 병행수입으로서 상표권 침해행위가 아니라고 할 것인지의 여부는 상표권 침해여부가 직접적으로 다투어지는 민사소송에서 다루어질 문제이고, 이 사건 권리범위확인심판의 결론에 영향을 미칠 사정은 아니라고 할 것이라 하여, 판단할 수 없다고 하였다.

3. 제99조에 따른 선사용권 존부의 판단 가부

判例는,300) 적극적 권리범위확인 심판청구의 상대방이 확인대상표장에 관하여 상표법 제99조의 '선사용에 따른 상표를 계속 사용할 권리'를 가지고 있다는 것은 ① **대인적인 상표권 행사의 제한사유**일 뿐이어서 상표권의 효력이 미치는 범위에 관한 ② **권리확정과는 무관**하므로, 상표권 침해소송이 아닌 적극적 권리범위확인심판에서 선사용권의 존부에 대해서까지 심리·판단하는 것은 허용되지 않는다고 판시하였다.

4. 권리남용 항변의 판단 가부

判例는,301) 소극적 권리범위 확인심판의 청구인이 확인대상표장과 피심판청구인의 등록상표가 표장 및 사용상품이 동일하거나 유사하다는 점은 다투지 않은 채, 상표등록출원 행위가 사회질서에 위반된 것이라는 등의 ① 대인적인 상표권 행사의 제한사유를 주장하면서 확인대상표장이 등록상표의 권리범위에 속하지 않는다는 확인을 구하는 것은 상표권의 효력이 미치는 범위에 관한 ② 권리확정과는 무관하므로 확인의 이익이 없어 부적법하다고 판시하였다.

5. 검토 – 판례의 논거

생각건대, 권리범위확인심판은 권리확정을 목적으로 하며, 대세적 효력인 일사부재리효가 미친다는 점에서 판례의 태도가 타당하다.

---

299) 특허법원 2002. 11. 7. 선고 2002허4545 판결
300) 대법원 2012. 3. 15. 선고 2011후3872 판결 (**SANGMOOSA** 사건)
301) 대법원 2013. 2. 14. 선고 2012후1101 판결 (**송석** 사건)

THEME 14-2 권리범위확인심판 – 권리 대 권리간의 권리범위확인심판

Ⅰ. 등록권리 간 권리범위확인심판의 적법성 문제

1. 적극적 권리범위확인심판의 경우

(1) 判例의 태도

判例는 타인의 등록상표를 확인대상표장으로 하는 적극적 심판은, 상대방의 등록상표의 효력을 부인하는 결과가 되므로 부적법하다고 판시한다.

(2) 검토

생각건대, 무효심결이 확정되기까지 등록상표권의 무효를 주장할 수 없고, 분쟁의 1회적 해결에도 반하므로 본 심판청구는 부적법하다고 봄이 타당하다.

2. 소극적 권리범위확인심판의 경우

判例는, 소극적 권리범위확인심판이 인용되더라도 등록상표의 권리범위에 속하지 않음을 확정할 뿐이어서, 등록상표의 효력이 부인되는 것이 아니므로 적법하다고 판시하였다.

Ⅱ. 확인대상표장의 특정문제

1. 등록권리 간 권리범위확인심판의 적법성

2. 확인대상표장의 범위 – 확인대상표장이 등록상표에 다른 구성이 추가된 경우

피청구인의 확인대상표장	피청구인의 등록상표	청구인의 등록상표
화미미정	미 정	미 정

(1) 判例의 태도

판례는,302) 확인대상표장이 등록상표에 다른 문자나 도형 등을 부가한 형태로 되어 있다고 하더라도 등록상표가 상표로서의 동일성과 독립성을 유지하고 있는 한 이는 등록상표와 동일성이 인정되는 상표라고 할 것이라 판시하였다.

(2) 검토

생각건대, '등록상표인 확인대상표장'에는 등록된 상표와 동일한 상표는 물론 거래의 통념상 식별표지로서 상표의 동일성을 해치지 않을 정도로 변형된 경우도 포함된다고 할 것이므로 판례의 태도가 타당하다.

---

302) 대법원 2014. 3. 27. 선고 2013후2316 판결 (화미미정 사건)

3. 확인대상표장의 범위 - 확인대상표장이 등록상표에 다른 구성이 추가된 경우

피청구인의 확인대상표장	피청구인의 등록상표	청구인의 등록상표
Reviness	Reviness 리바이네스	REVANESSE

判例는,[303] 1) 사회통념상 동일성을 해치지 않을 정도로 변형된 경우도 포함된다고 한다고 하면서, 2) 확인대상표장이 영문자와 이를 단순히 음역한 한글이 결합된 등록상표에서 영문자 부분과 한글 음역 부분 중 어느 한 부분을 생략한 형태로 되어 있다고 하더라도, ① 그 영문 단어 자체의 의미로부터 인식되는 관념 외에 한글의 결합으로 인하여 새로운 관념이 생겨나지 않고, ② 일반 수요자나 거래자에게 통상적으로 등록상표 그 자체와 동일하게 호칭될 것으로 보이는 한 이는 등록상표와 동일성이 인정된다고 판시하였다.

---

[303] 대법원 2019. 4. 3. 선고 2018후11698 판결 (*Reviness* 사건)

THEME 14-3 권리범위확인심판 – 존폐론

I. 문제점

권리범위확인심판의 심리범위와 그 유래 및 입법례를 검토하고, 존폐론과 함께 최근 고등법원 판례의 태도를 검토해 본다.

II. 권리범위확인심판

1. 의의 및 취지
2. 법적성질 및 심리범위
3. 확인의 이익

판례는, 권리관계에 현존하는 위험, 불안이 존재하고, 이를 제거함에는 권리범위확인심판청구가 가장 유효적절한 수단이어야 한다고 하였다. 적법요건으로서 흠결시 부적법 각하된다.

III. 권리범위확인심판의 존폐론

1. 유래 및 입법례

본 제도는 일본의 구 특허법 제84조1항에서 유래된 것인데, 일본은 1959년 개정법에서 이를 폐지하였고, 특허청 내의 감정절차인 판정제도를 도입하였다. 현재 본 제도가 있는 국가는 오스트리아 정도가 있는데, 심리의 중복을 피하기 위해 침해소송이 먼저 제기되어 있으면 심판청구이익을 부정하여 청구를 각하한다고 한다.

2. 존치론

침해여부를 다투기 앞선 선결문제로 심리, 분쟁해결 수단으로 이용, 결코 건수가 적지 않다는 점에서 실제적 기능을 충분히 고려하여 존치하자는 견해가 있다.

3. 폐지론

권한분배의 원칙에 어긋난다는 점, 세계적으로 입법례가 거의 없다는 점, 중간확인적 수단에 불과한 점, 침해소송의 소송절차가 부당히 지연될 수 있다는 점, 침해소송에 대한 기속력이 없고 증거방법에 불과한 점에서, 판정제도와 유사한 제도로 충분하다고 하여 폐지하자는 견해가 있다.

4. 최근 대법원 판례의 태도 [간.신.분.사.예방.종결/별.독.절.규]

판례는, 권리범위확인심판은 ① 간이하고 신속하게 확인대상발명이 특허권의 객관적인 효력범위에 포함되는지를 판단함으로써 당사자 사이의 분쟁을 사전에 예방하거나 조속히 종결시키는 데에 이바지한다는 점에서 고유한 기능을 가진다.

또한, ② 특허법 제164조 1항 내지 4항에 비추어 볼 때, 권리범위확인심판과 소송절차를 각 절차의 개시 선후나 진행경과 등과 무관하게 별개의 독립된 절차로 인정됨을 전제로 규정하고 있는 것도 앞서 본 권리범위확인심판 제도의 기능을 존중하는 취지로 이해할 수 있다.

결국, 이와 같은 ③ 권리범위확인심판 제도의 성질과 기능, 특허법의 규정 내용과 취지 등에 비추어 보면, 심판청구의 이익이 부정된다고 볼 수는 없다.

5. 검토

생각건대, 권리범위확인심판의 입법취지가 당사자 간 분쟁의 조속한 해결에 취지가 있고, 침해소송에 비하여 간이 경제적이라는 점을 무시할 수 없으며, 명문상 별개의 심판으로 인정한다는 점, 특허권자에게 과도한 보호가 인정될 우려가 있다는 점, 확인의 이익의 판단기준으로 삼기에는 기준이 모호하며, 일본의 판정제도는 입법취지와 다르게 활용도가 낮아, 반드시 본 제도의 폐지가 능사는 아니라고 판단된다. 최근 특허법원의 관할집중 및 특허분쟁의 빈번에 비추어 볼 때, 폐지보다 심결에 법적 구속력을 부여하는 방향을 고려함이 바람직하다고 본다.

Ⅳ. 침해소송과의 비교

1. 권리범위확인심판의 효용성 및 한계점

(1) 효용성

간편하고 비용이 적게 든다는 점, 심결이 침해소송에서 유력한 증거자료가 될 수 있다는 점에서 분쟁해결의 한 방식으로 본 심판이 널리 이용되고 있다.

(2) 한계점

권리범위확인심판에서 승소하더라도 상대방의 임의적 승복이 없으면 결국 침해소송에 의할 수밖에 없고, 침해소송에서 법적 구속력이 없다는 한계점을 갖는다.

2. 침해소송과의 차이점 [주.실예.효]

(1) 주체의 차이

양 심판 및 소송은 공히 특허권을 둘러싼 분쟁을 해결할 수 있는 방안이나, 권리범위확인심판의 경우 특허권자나 비권리자가 모두 심판청구를 할 수 있는 반면, 침해소송은 비권리자가 제기할 수 없다.

(2) 침해물품의 실현 및 사전예방적 효과

침해소송은 침해물품의 실현이 필요하지만, 권리범위확인심판은 그렇지 않다. 따라서 침해소송은 사후적이나 권리범위확인심판은 사전적 예방효과를 가질 수 있다.

(3) 효력의 차이

침해소송의 결과는 침해의 중지 및 손해배상청구 등 직접적 법률적 효력을 갖는 데 비해, 권리범위확인심판은 침해소송에 참고적 효력만 가지며 직접적으로 법률적 효력이 없다. 그리고 침해소송의 침해판결은 권리범위확인심판의 "권리범위를 속한다"는 심결을 함의하나, 권리범위확인심판에서 침해판결로 귀결될 수는 없다.

THEME 14-4 권리범위확인심판 – 무효사유 명백한 권리에 기한 권리범위확인심판의 심판청구이익

I. 문제점

설문에 비추어 보건대, [무효사유]의 명백한 무효사유가 존재하므로, 그러한 권리에 기초한 심판이 적법한지 문제된다.

II. 전원합의체 다수의견 [별.권.속]

다수의견은, ① 권리범위확인심판은 확인대상표장이 당해 등록상표에 관한 상표권의 효력이 미치는 객관적 범위에 속하는지 여부만을 확정하는 것일 뿐이라는 점, ② 권리범위확인심판에서의 판단은 상표권침해소송이나 등록무효심판에 기속력을 미치지도 않는다는 점, ③ 상표법은 별도로 무효심판제도를 두고 있다는 점에서 심판청구이익이 있다고 하였다.

III. 전원합의체 소수의견 [범.남.그릇.일.본.분.담.비용]

반대로 소수의견은, ① 상표권에 관한 분쟁을 실효적으로 해결하는 데 도움이 되지 않는다는 점, ② 당사자로 하여금 아무런 이익이 되지 않는 심판절차에 시간과 비용을 낭비하도록 하는 결과를 초래한다는 점, ③ 상표법의 목적을 달성하기 위하여 권리범위확인심판 제도를 마련한 취지(본질)에 부합하지 않는 점, ④ 등록무효사유가 있어 보호를 받을 자격이 없고 그 실체도 없어 권리범위를 상정할 수가 없다는 점, ⑤ 그 상표권에 기초한 침해금지 또는 손해배상 등의 청구가 권리남용에 해당하여 허용되지 아니한다는 점, ⑥ 권리범위확인심판은 당사자 외 제3자에게 일사부재리의 효력이 미친다는 점, ⑦ 특허심판원이나 법원에 과도한 심리의 부담을 준다는 점, ⑧ 당사자의 권리구제 측면에서도 바람직하지 않다는 점, 일반수요자에게 그릇된 인식을 심어줄 수 있다는 점에서 심판청구 이익이 없어 심결각하 하여야 한다고 하였다.

IV. 검토 [대.기]

생각건대, 상표는 일단 등록된 이상 비록 등록무효사유가 있다고 하더라도 상표등록의 ① 무효심판절차에서 상표등록을 무효로 한다는 심결이 확정되지 않는 한 대세적으로 무효로 되지 아니한다는 점, 등록상표의 등록무효 여부에 대한 최종적인 확정은 등록무효심판 절차에서, 상표권 침해를 둘러싼 개별 당사자 사이의 권리관계에 관한 최종적인 판단은 상표권침해소송에서 각각 다루어지도록 한 ② 상표법의 기본 구도를 비추어 볼 때, 전원합의체 다수의견의 태도가 타당하다고 판단된다.

V. 사안의 경우

사안에서, 본 등록상표에 [설문에서 판단되는 무효사유]의 무효사유가 명백하나, 심판청구의 이익은 부정되지 않는다.

THEME 14-5 일사부재리 - 諸 논점

> 제150조(일사부재리)
> 이 법에 따른 심판의 심결이 확정되었을 경우에는 그 사건에 대해서는 누구든지 같은 사실 및 같은 증거에 의하여 다시 심판을 청구할 수 없다. 다만, 확정된 심결이 각하심결인 경우에는 그러하지 아니하다.

I. 의의 및 취지 [확.누.사.증.심]

심판의 심결이 확정된 경우, 누구든지 동일사실 및 동일증거에 의하여 동일한 심판을 다시 청구할 수 없다. 확정심결의 권위를 도모하고, 심판절차의 경제성 도모 위함이다.

II. 적용요건 [확.누.사.증.심]

(1) 심판의 심결이 **확정**된 때
  당사자계 심판에만 적용됨
(2) **누구든지**
  대세적 효력
(3) 동일 **사실**
  당해 상표권과의 관계에서 청구취지를 이유있게 하는 구체적 사실의 동일성
(4) 동일 **증거** [형.중.쟁/확.번.유]
  1) [쟁점] 동일증거의 범위

[쟁점] 일사부재리 - 동일증거의 범위

1. **문제점**
   동일한 증거의 의미와 관련하여 문제된다.
2. **학설**
   ① [**형식증거설**] 형식적으로 완전히 동일한 증거만 의미,
   ② [**중요증거설**] 확정심결을 번복할 수 있을 정도로 유력하지 않은 증거도 포함,
   ③ [**쟁점증거설**] 전심에서 이미 인정받은 쟁점에 관한 증거 포함,
   ④ [**증거동일성설**] 증거내용이 사실상 동일한 경우 이에 포함,
3. **判例의 태도**
   판례는, 동일증거라 함은 확정심결의 증거와 동일한 증거뿐 아니라, 그 확정된 심결의 효력을 번복할 수 있을 정도로 유력하지 아니한 증거가 부가되는 것도 포함한다 하여 중요증거설 입장이다.
4. **검토**
   생각건대, 형식적증거설은 너무 범위가 협소하여 모순저촉 방지 어렵고, 쟁점증거설은 범위가 넓어질 우려 있으며, 심판경제 등을 고려할 때, 중요증거설 타당하다.

(5) 동일심판 [청.취.대.권/동.종.동.심]
　1) 청구취지의 대상이 되어 있는 권리가 동일하고, 종류가 동일한 심판
　2) 判例는, 등록상표와 확인대상표장이 동일한 이상, 적극적 권리범위확인심판과 소극적 심판을 동일한 심판으로 취급한다.

Ⅲ. 판단시점 - 전원합의체 判例

1. 과거 判例의 태도
　과거 판례는, 당해 심결시를 기준으로, 동일사실 및 동일증거에 의한 다른 심판의 확정심결이 있는 경우, 심판청구시 확정심결의 확정 전이었는지 여부를 불문하고 적용되는 것이라 하여 심결시 기준으로 판단하였다.

2. 최근 전원합의체 判例의 태도 [후.사.증.심.일.부.없]
　최근 전원합의체 判例는, 심판청구 후 비로소 동일사실 및 동일증거에 의한 다른 심판의 심결이 확정된 경우, 일사부재리로 부적법하다 할 수 없다고 판시하여 심판청구시 기준으로 판단한다고 하였다.

3. 검토 [재.청.침.법.판.무.163]
　생각건대, 청구시로 본다면 ① 헌법상 보장된 국민의 재판청구권이 과도하게 침해될 수 있고, ② 법원의 판결이 무의미하게 될 수 있으며, ③ 제163조 명문 규정의 해석상 전원합의체 判例의 태도가 타당하다.

THEME 15 소송 – 심결취소소송 총론

제162조(심결 등에 대한 소)
① 심결에 대한 소와 제123조제1항(제161조에서 준용하는 경우를 포함한다)에 따라 준용되는 제42조제1항에 따른 보정각하결정 및 심판청구서나 재심청구서의 각하결정에 대한 소는 특허법원의 전속관할로 한다.
② 제1항에 따른 소는 당사자, 참가인 또는 해당 심판이나 재심에 참가신청을 하였으나 그 신청이 거부된 자만 제기할 수 있다.
③ 제1항에 따른 소는 심결 또는 결정의 등본을 송달받은 날부터 30일 이내에 제기하여야 한다.
④ 제3항의 기간은 불변기간(不變期間)으로 한다. 다만, 심판장은 도서·벽지 등 교통이 불편한 지역에 있는 자를 위하여 산업통상자원부령으로 정하는 바에 따라 직권으로 불변기간에 대하여 부가기간(附加期間)을 정할 수 있다.
⑤ 심판을 청구할 수 있는 사항에 관한 소는 심결에 대한 것이 아니면 제기할 수 없다.
⑥ 제152조제1항에 따른 심판비용의 심결 또는 결정에 대해서는 독립하여 제1항에 따른 소를 제기할 수 없다.
⑦ 제1항에 따른 특허법원의 판결에 대해서는 대법원에 상고할 수 있다.

제163조(피고적격)
제162조제1항에 따른 소는 특허청장을 피고로 하여 제기하여야 한다. 다만, 제117조제1항, 제118조제1항, 제119조제1항·제2항, 제120조제1항, 제121조 및 제214조제1항에 따른 심판 또는 그 재심의 심결에 대한 소는 그 청구인 또는 피청구인을 피고로 하여 제기하여야 한다.

제164조(소 제기 통지 및 재판서 정본 송부)
① 법원은 제162조제1항에 따른 소 제기 또는 같은 조 제7항에 따른 상고가 있는 경우에는 지체 없이 그 취지를 특허심판원장에게 통지하여야 한다.
② 법원은 제163조 단서에 따른 소에 관하여 소송절차가 완결되었을 경우에는 지체 없이 그 사건에 대한 각 심급(審級)의 재판서 정본을 특허심판원장에게 송부하여야 한다.

제165조(심결 또는 결정의 취소)
① 법원은 제162조제1항에 따라 소가 제기된 경우에 그 청구가 이유 있다고 인정할 경우에는 판결로써 해당 심결 또는 결정을 취소하여야 한다.
② 심판관은 제1항에 따라 심결 또는 결정의 취소판결이 확정되었을 경우에는 다시 심리를 하여 심결 또는 결정을 하여야 한다.
③ 제1항에 따른 판결에서 취소의 기본이 된 이유는 그 사건에 대하여 특허심판원을 기속한다.

제166조(변리사의 보수와 소송비용)
소송을 대리한 변리사의 보수에 관하여는 「민사소송법」 제109조를 준용한다. 이 경우 "변호사"는 "변리사"로 본다.

Ⅰ. 심결취소소송 총론

1. 의의 및 취지

2. 제소기간

1) [제162조 3항] 심결취소소송은 심결등본 송달받은 날로부터 30일 이내 제기하여야 한다.
2) [제16조 4호] 상표에 관한 절차에서, 말일이 공휴일이면 익일로 만료되고, 공휴일에는 근로자의 날을 포함한다.

[쟁점] 근로자의 날 사건

1. 상표에 관한 절차에 '심결취소소송' 포함여부 [5.구.절차.민]

判例는 특허법과 관련하여, 특허법 제5조에서 '특허에 관한 절차'와 '행정청이 한 처분에 대한 소의 제기'를 구분하여 규정하고, 특허법 제반 규정이 특허청과 특허심판원 절차에 관한 사항만 정하고 있어, '심결취소소송'은 '특허에 관한 절차'에 포함되지 않는다고 판시하였다.

2. 적용법규 [817-0161]

判例는, 심결취소소송은 특허법 제14조4호 규정이 적용되지 않으므로, 결국 행정소송법 제8조에 의해 준용되는 민사소송법 제170조에 따라, 민법 제161조가 적용되고, 민법 제161조에는 근로자의 날을 공휴일로 보지 않아 제소기간 도과하였다고 판시하였다.

Ⅱ. 심결취소소송 당사자

1. 제162조2항

원고적격을 가지는 자는 i) 심판 사건의 당사자, ii) 참가인 또는 iii) 해당 심판에 참가신청을 하였으나 그 신청이 거부된 자로 규정한다.

2. 공유상표권자가 패소한 경우 - 원고적격

판례는, 소송의 승패를 불문하고 어느 경우에도 합일확정의 요청에 반하거나, 다른 공유자의 권리를 해하지 않으므로, 보존행위로서 적법하다고 판시하였다.

3. 동일 상표권에 대하여 2인이 공동심판청구 및 기각심결 난 후 원고적격

1) 무효심판, 취소심판, 권리범위확인심판을 청구하는 자가 2인 이상이면 각자 또는 그 모두가 공동으로 심판을 청구할 수 있다(제124조1항).
2) 判例는, 무효심판, 취소심판, 권리범위확인심판의 공동심판은 유사필수적 공동심판의 성격을 지니므로[304], 패소한 공동심판청구인 중 1인이 단독으로 원고적격을 가지며, 전원에 대하여 불복기간이 경과하여야 심결이 확정된다.

---

304) 대법원 2009. 5. 28. 선고 2007후1510 판결

> **[판례] 공유자 중 1인의 단독심판청구에 대한 각하심결이 있는 경우**
>
> **1. 문제점**
> 거절결정불복심판청구는 공유자 전원이 청구해야 한다. 공유자 중 1인이 심판청구하여 부적법 각하된 경우, 심결취소소송의 원고적격이 문제된다.
>
> **2. 특허법원 판례의 태도**
> 특허법원 판례는,305) 원고 공인수는 위 거절사정에 불복하는 이 건 심판청구를 한 바 없어서 이 건 심결의 당사자가 아니었으므로, 이 건 심결의 취소를 구하는 이 사건 소를 제기할 원고적격이 인정되지 아니한다.
>
> **3. 검토**
> 생각건대, 제162조2항은(특허법 제186조2항) 심결에 대한 소는 당사자, 참가인 또는 참가신청하였으나 거부된 자에 한하여 원고적격을 인정하므로, 판례의 태도가 타당하다.

Ⅲ. 심결취소소송의 소의 이익

1. 소의 이익의 의미
소송을 이용할 정당한 이익 내지 필요성을 의미한다.

2. 상표등록출원이 취하된 경우
判例는,306) 상표등록의 출원이 취하된 경우에는 출원이 처음부터 없었던 것으로 보게 되므로, 비록 출원에 대한 거절결정을 유지하는 심결이 있더라도 심결의 취소를 구할 이익이 없고 심결취소의 소는 부적법하게 된다고 판시하였다.

Ⅳ. 심결취소소송의 소송물 및 심리범위

1. 심리범위 일반

(1) 문제점
　　甲은 심판단계에서 주장 증명하지 않았던 사유를 새로이 주장하고 있는바, 심리범위와 관련 문제된다.

(2) 학설의 태도　　　　　　　　　　　　　　　　　　　　　　　　　　[변/준.2.심]
　　① **[무제한설]** 심결취소소송은 변론주의를 취하는 점에서 다른 위법사유를 주장 및 입증할 수 있다는 견해
　　② **[제한설]** 준사법적 절차이고, 사실상 2심의 성격을 지니며, 심결전치주의를 취하고 있다는 점에서, 새로운 주장 및 증거 제출은 불허한다는 견해

---

305) 특허법원 1999. 7. 15. 선고 99허4705 판결
306) 대법원 2016. 8. 18. 선고 2015후789 판결 [거절결정(상)]

(3) 판례의 태도 [기술.신.재/거불심.의.제.탈]
   1) 判例는, 당사자계 심판에서 기술심리관 제도를 두고 있어 그 특수성에 문제 없으며, 당사자 공격방어방법을 제한하는 것은 국민의 신속한 재판을 받을 권리를 침해하는 것이므로, 심판에서 주장하지 않은 공격방어방법 제출이 가능하다고 하여 무제한설 입장이다.
   2) 다만 거절결정불복심판에서, 새로운 거절이유 주장하는 경우 출원인의 의견서제출기회를 박탈할 우려 있어 제한설의 입장이다.

(4) 검토
생각건대, 직권탐지주의가 적용되는 심판절차에서 모든 무효사유는 잠재적 심판대상으로서 무제한설 타당하나, 출원인의 절차보장 위해 결정계 심판에서는 제한설 타당하다.

2. 심결취소소송에서 자백의 인정여부

(1) 판례 및 실무의 태도
   1) 判例는, 심결취소소송에서도 자백 또는 의제자백이 가능하며, 이러한 자백의 대상은 사실에 한하고, 사실에 대한 법적 판단 내지 평가는 자백의 대상이 되지 않는다고 판시하였다.
   2) 통설 및 실무는, 상표의 **유사여부**, **기술**적 상표여부, **품질오인**여부, 상표의 **주지 및 저명성** 여부는 자백의 대상이 아니라고 한다.

(2) 검토
생각건대, 행정소송인 심결취소소송에서도 직권주의가 가미되어 있다고 하더라도 여전히 변론주의가 기본적으로 적용된다는 점에서(判例) 판례의 태도가 타당하다.

V. 심결취소소송의 종료

1. 확정판결의 기속력

(1) 기속력의 의의
심결취소판결 확정된 경우, 심판관은 다시 심리를 하여 심결하여야 하고, 이 경우 취소의 기본이 된 이유인 개개의 위법원인은 그 사건에 대하여 특허법원을 기속한다(제165조3항).

(2) 기속력의 내용
① 심결을 취소한 이유에 한해 발생하며, 심결을 취소한 이유와 동일한 이유로는 동일한 결론의 심결을 할 수 없다. ② 다만, 새로운 사실이나 새로운 증거로 동일한 재심결은 가능하다.

(3) 새로운 사실 및 새로운 증거의 의미 [판.소.채.조.확.번.충]
判例는, ① [새로운 사실]이란, 심결을 취소한 이유와는 다른 사실을 의미하고(判例), ② [새로운 증거]란, 심판절차 내지는 그 심결의 취소소송에서 채택 조사되지 않은 것으로서, 심결취소 확정판결의 결론을 번복하기 충분한 증명력을 가지는 증거를 말한다고 판시하였다.

THEME 16-1 기타 상표법상 쟁점 – 도메인이름의 법적 취급

[쟁점 추출: 출.사.부.말.이.불]

1. 도메인 이름의 의의 및 문제점
도메인 이름이란, 인터넷상에 연결되어 있는 컴퓨터의 IP주소를 사람들이 기억하기 쉽게 문자나 숫자 등으로 표현한 것을 의미한다. 다만, 도메인 이름을 사용한 웹사이트에서 지정상품과 동일유사한 상품을 취급하는 경우, 상표적 사용에 해당하는지 여부가 문제된다.

2. 타인의 도메인 이름과 동일유사한 표장을 상표로서 출원한 경우
일반적인 상표출원과 동일

3. 타인의 등록상표와 동일유사한 표장을 도메인 이름으로 사용한 경우
(1) 상표적 사용 여부 　　　　　　　　　　　　　　　　　　　　　　　　　　　[별.사.표]
　1) 判例는, 도메인 이름이 상표로서 기능하는지 여부는 ① 별도의 식별표지가 있는지 여부, ② 도메인 이름의 사용태양, ③ 웹사이트 화면의 표시 내용 등을 전체적으로 고려하여 거래통념상 상품의 출처표시로서 인식되는지를 기준으로 판단한다고 판시하였다. 　　[유인.곧]
　2) 判例는, 독자적인 상표를 부착하고 있다는 사정이 있는 경우, 도메인 이름이 일반인들을 유인하는 역할을 하더라도, 도메인 이름 자체가 곧바로 상품출처표시로서 기능한다고 볼 수 없다고 판시하였다.

(2) 부정경쟁방지법상 일반적 조치
　- 부경법 제2조1호 가목, 나목, 다목, 아목
　- 조치: 제4조(사용금지청구), 제5조(손해배상청구), 제6조(신용회복청구)

(3) 부정경쟁방지법상 도메인 이름 등록말소청구
　① 과거에는 判例307)에 의해 인정되었으며, ② 2004년 개정법에 의해 부정경쟁방지법 제2조에 따른 부정경쟁행위나, 제3조의2제1항, 제2항을 위반하는 행위의 대상이 된 도메인 이름은 등록말소청구가 가능하다(부경법 제4조2항3호).

(4) 도메인 이름 이전등록청구 가부
　1) [상표법 및 부정경쟁방지법상 - 불가] 判例는, '침해의 예방에 필요한 조치'에는 도메인 이름의 사용금지 또는 말소등록 등의 범위를 넘어서 도메인 이름의 이전등록까지 당연히 포함된다고 볼 수 없다고 판시하였다.
　2) [인터넷주소자원에 관한 법률 - 가능] ① 부정한 목적으로 ② 도메인 이름 등록 및 보유한 자에게 이전등록청구 가능(주지성 요하지는 않는다).
　　→ 인주법 제12조1항 및 제2항(도메인등록 말소/이전청구)
　　→ 인주법 제18조1항(분쟁의 조정)

(5) 불사용취소심판에 있어서 취급
　일반적인 불사용취소심판과 동일

---
307) 대법원 2004. 5. 14. 선고 2002다13782 판결 (Viagra.co.kr 사건)

THEME 16-2 기타 상표법상 쟁점 – 오픈마켓 운영자의 법적 책임 문제

[상.부.공.방.용]

1. 상표법 또는 부정경쟁방지법상 책임 여부 [장.만.대가]

오픈마켓 운영자는 온라인상 장터만 제공하고, 그 대가를 받는다는 점에서 상표법/부경법상 직접적 책임이 있다 보기 어렵다.

2. 민법 제760조1항 소정의 공동불법행위책임 인정여부 [장.만.대가/공.과]

오픈마켓 운영자는 장터만 제공하고, 그 대가를 받기만 하므로, 행위자 각자의 공통으로 고의/과실에 의한 위법행위가 있다 보기 어려워, 본 책임이 있다고 보기 어렵다.

3. 민법 제760조3항 소정의 방조책임 인정여부 [침.인.통/조치/부작위]

판례는, ① 침해의 위법성이 명백하고, ② 오픈마켓 운영자에게 침해에 대한 구체적 인식이 있으며, ③ 기술적 경제적으로 통제의 가능성이 있는 경우, 침해방지 위한 조치를 취해야 하고, ④ 이를 위반한 경우 부작위에 의한 방조자로서 공동불법행위 책임이 성립된다고 판시하였다.

4. 민법 제756조1항 소정의 사용자책임 인정여부

오픈마켓 운영자와 판매자가 사용관계에 있다 볼 수 없어 본 책임은 없다.

5. 결론

결국, ① 判例에 따라 일정 요건하에 민법 제760조3항의 방조책임이 인정되며, ② 이를 고의로 방치한 경우 형법상 방조죄(형법 제32조)의 책임을 질 수도 있다.

THEME 16-3 기타 상표법상 쟁점 - 기타 온라인상의 상표법상 쟁점들

Ⅰ. 메타태그(metatags)

1. 문제점 - 메타태그의 의미

메타태그란, 인터넷 검색자가, 검색하고자 하는 웹페이지가 검색되도록 웹페이지의 소스 코드(source code)308)에 삽입된 색인어를 말하는데, 인터넷 이용자가 이를 직접 인식할 수는 없어, 이러한 사용이 상표법상 침해가 되는지 문제된다.

2. 타인의 등록상표를 메타태그로 사용하는 경우 - 상표권 침해 여부

(1) 문제의 소재

타인의 등록상표를 메타태그로 웹사이트의 소스 코드에 삽입 시 해당 웹사이트가 검색엔진에서 노출 빈도가 높아진다는 점에서, 메타태그의 사용이 상표법의 침해를 구성하는지 문제된다.

(2) 학설

① 검색하고자 하는 웹페이지가 검색되도록 웹페이지의 삽입되는 색인어에 불과하다는 점, 웹페이지의 표제에는 직접적으로 표시되지 않는다는 점에서 부정하는 견해, ② 메타태그를 통하여 자신의 웹사이트로 유인하는 행위로 광고행위로 볼 수 있다는 점에서 긍정하는 견해로 나뉜다.

(3) 판례 - 남부지방법원 판례

지방법원 판례는, 검색엔진에 검색되었다는 사정만으로 검색엔진 이용자들이 등록상표와 웹사이트 간의 인적 조직적 연계가 있다고 오인할 우려가 있다고 보기는 어렵다고 판단하여, 침해를 배척하였다.

(4) 검토

생각건대, 타인의 등록상표가 웹 페이지의 외관상에는 직접적으로 표시되지 않는다는 점에서 판례의 태도가 타당하다.

3. 타인의 등록상표를 메타태그로 사용하는 경우 - 부정경쟁방지법상의 희석화에 해당하는지 여부

다툼이 있으나, 메타태그로 계속 사용되는 경우 상표가 검색용어로서의 가치를 상실하거나, 원래의 상품과의 연관성에 손상을 입게 된다는 점에서 긍정하는 견해가 주류적 입장이다.

---

308) 웹사이트의 HTML 소스 코드에 〈meta〉 태그가 삽입되고, 그 태그의 속성 값 또는 그 태그의 하위 태그에 타인의 등록상표를 포함하는 검색어를 넣어 프로그래밍하면, 검색엔진이 〈meta〉 태그를 타고 그 검색어를 탐지하여 웹사이트가 검색 결과에 빈번하게 노출되는 원리이다. 타인의 등록상표가 HTML 소스 코드에만 표시될 뿐, 웹사이트의 표지에는 나타나지 않는 것이 특징이다.

Ⅱ. 키워드광고 - 상표적 사용여부

1. 문제점 - 키워드광고의 의미 [털.구.사.색/결.홈.링.주]

키워드광고란, 인터넷 포털사이트 운영자로부터 특정 단어/문구를 구입하여, 인터넷 사용자가 검색창에 이를 입력하면, 검색결과 화면에 그 키워드 구입자의 홈페이지로 이동할 수 있는 스폰서링크나 주소 등이 나타나는 형태의 광고를 의미한다(判例).

2. 학설

① [부정하는 견해] 내부적 알고리즘의 작용에 불과하다는 점
② [긍정하는 견해] 광고주가 소비자들에게 인식시키기 위한 것으로 상표를 사용

3. 判例 [정.소.시.알/결.화.내.홈.전.구]

判例는, ① 제2조1호 다목의 광고행위에는, 인터넷 검색결과 화면을 통해 상품에 관한 정보를 소비자들에게 시각적으로 알리는 행위도 포함된다고 하면서, ② 검색결과 화면에 나타난 내용이나 홈페이지의 전체적인 구성으로 보아, 그 표장 내용이 전체로서 출처표시기능을 한다면 상표적 사용에 해당된다고 판시하였다.

4. 검토 및 2016년 개정법

생각건대, 키워드광고는 검색목록 등으로 배너형태로서 상표가 표시되므로 광고행위로 판단한 判例의 태도가 타당하다. 2016. 9. 1. 시행 개정법은 인터넷상에서의 상표적 사용행위를 명문화하였다.

5. 사안의 경우

[상표와 상품정보가 표시되고], [홈페이지와 전화번호가 표시된 전체적인 화면구성], [사용의도]를 종합해 볼 때 ~

THEME 16-4 부정경쟁방지에 관한 법률

제2조(정의)

이 법에서 사용하는 용어의 뜻은 다음과 같다.

1. "부정경쟁행위"란 다음 각 목의 어느 하나에 해당하는 행위를 말한다.

   가. [상품주체 혼동행위] ① 국내에 널리 인식된 ② 타인의 성명, 상호, 상표, 상품의 용기·포장, 그 밖에 타인의 상품임을 표시한 표지(標識)와 ③ 동일하거나 유사한 것을 ④ 사용하거나 이러한 것을 사용한 상품을 판매·반포(頒布) 또는 수입·수출하여 타인의 상품과 혼동하게 하는 행위

   나. [영업주체 혼동행위] ① 국내에 널리 인식된 ② 타인의 성명, 상호, 표장(標章), 그 밖에 타인의 영업임을 표시하는 표지(상품 판매·서비스 제공방법 또는 간판·외관·실내장식 등 영업제공 장소의 전체적인 외관을 포함한다)와 ③ 동일하거나 유사한 것을 ④ 사용하여 타인의 영업상의 시설 또는 활동과 혼동하게 하는 행위

   다. [희석화 행위] 가목 또는 나목의 혼동하게 하는 행위 외에 비상업적 사용 등 대통령령으로 정하는 정당한 사유 없이 ① 국내에 널리 인식된 ② 타인의 성명, 상호, 상표, 상품의 용기·포장, 그 밖에 타인의 상품 또는 영업임을 표시한 표지(타인의 영업임을 표시하는 표지에 관하여는 상품 판매·서비스 제공방법 또는 간판·외관·실내장식 등 영업제공 장소의 전체적인 외관을 포함한다)와 ③ 동일하거나 유사한 것을 ④ 사용하거나 이러한 것을 사용한 상품을 판매·반포 또는 수입·수출하여 ⑤ 타인의 표지의 식별력이나 명성을 손상하는 행위

   라. [원산지 거짓표시행위] ① 상품이나 그 광고에 의하여 또는 공중이 알 수 있는 방법으로 ② 거래상의 서류 또는 통신에 ③ 거짓의 원산지의 표지를 하거나 이러한 표지를 한 상품을 판매·반포 또는 수입·수출하여 원산지를 오인(誤認)하게 하는 행위

   마. [출처지 오인야기행위] ① 상품이나 그 광고에 의하여 또는 공중이 알 수 있는 방법으로 ② 거래상의 서류 또는 통신에 ③ 그 상품이 생산·제조 또는 가공된 지역 외의 곳에서 생산 또는 가공된 듯이 오인하게 하는 표지를 하거나 이러한 표지를 한 상품을 판매·반포 또는 수입·수출하는 행위

   바. [상품질량 오인야기행위] ① 타인의 상품을 사칭(詐稱)하거나 ② 상품 또는 그 광고에 상품의 품질, 내용, 제조방법, 용도 또는 수량을 오인하게 하는 선전 또는 표지를 하거나 ③ 이러한 방법이나 표지로써 상품을 판매·반포 또는 수입·수출하는 행위

   사. [조약당사국 권리자의 대리인 등의 상표사용행위] ① 다음의 어느 하나의 나라에 등록된 상표 또는 이와 유사한 상표에 관한 권리를 가진 자의 ② 대리인이나 대표자 또는 그 행위일 전 1년 이내에 대리인이나 대표자이었던 자가 ③ 정당한 사유 없이 해당 상표를 그 상표의 지정상품과 동일하거나 유사한 상품에 사용하거나 그 상표를 사용한 상품을 판매·반포 또는 수입·수출하는 행위

   (1) 「공업소유권의 보호를 위한 파리협약」(이하 "파리협약"이라 한다) 당사국
   (2) 세계무역기구 회원국
   (3) 「상표법 조약」의 체약국(締約國)

   아. [사이버스쿼팅 행위] ① 정당한 권원이 없는 자가 ② 다음의 어느 하나의 목적으로 ③ 국내에 널리 인식된 타인의 성명, 상호, 상표, 그 밖의 표지와 ④ 동일하거나 유사한 도메인이름을 ⑤ 등록·보유·이전 또는 사용하는 행위

   (1) 상표 등 표지에 대하여 정당한 권원이 있는 자 또는 제3자에게 판매하거나 대여할 목적
   (2) 정당한 권원이 있는 자의 도메인이름의 등록 및 사용을 방해할 목적
   (3) 그 밖에 상업적 이익을 얻을 목적

   자. [상품형태 모방행위] ① 타인이 제작한 상품의 형태(형상·모양·색채·광택 또는 이들을 결합한 것을 말하며, 시제품 또는 상품소개서상의 형태를 포함한다. 이하 같다)를 ② 모방한 상품을 ③ 양도·대여 또는 이를 위한 전시를 하거나 수입·수출하는 행위. ④ 다만, 다음의 어느 하나에 해당하는 행위는 제외한다.

   (1) 상품의 시제품 제작 등 상품의 형태가 갖추어진 날부터 3년이 지난 상품의 형태를 모방한 상품을 양도·대여 또는 이를 위한 전시를 하거나 수입·수출하는 행위
   (2) 타인이 제작한 상품과 동종의 상품(동종의 상품이 없는 경우에는 그 상품과 기능 및 효용이 동일하거나 유사한 상품을 말한다)이 통상적으로 가지는 형태를 모방한 상품을 양도·대여 또는 이를 위한 전시를 하거나 수입·수출하는 행위

차. **[타인의 아이디어 등의 도용행위]** ① 사업제안, 입찰, 공모 등 거래교섭 또는 거래과정에서 ② 경제적 가치를 가지는 타인의 기술적 또는 영업상의 아이디어가 포함된 정보를 ③ 그 제공목적에 위반하여 ④ 자신 또는 제3자의 영업상 이익을 위하여 ⑤ 부정하게 사용하거나 타인에게 제공하여 사용하게 하는 행위. ⑥ 다만, 아이디어를 제공받은 자가 제공받을 당시 이미 그 아이디어를 알고 있었거나 그 아이디어가 동종 업계에서 널리 알려진 경우에는 그러하지 아니하다.

카. **[타인의 데이터 부정사용행위]** 데이터(「데이터 산업진흥 및 이용촉진에 관한 기본법」 제2조제1호에 따른 데이터 중 업(業)으로서 특정인 또는 특정 다수에게 제공되는 것으로, 전자적 방법으로 상당량 축적·관리되고 있으며, 비밀로서 관리되고 있지 아니한 기술상 또는 영업상의 정보를 말한다. 이하 같다)를 부정하게 사용하는 행위로서 다음의 어느 하나에 해당하는 행위

1) 접근권한이 없는 자가 절취·기망·부정접속 또는 그 밖의 부정한 수단으로 데이터를 취득하거나 그 취득한 데이터를 사용·공개하는 행위
2) 데이터 보유자와의 계약관계 등에 따라 데이터에 접근권한이 있는 자가 부정한 이익을 얻거나 데이터 보유자에게 손해를 입힐 목적으로 그 데이터를 사용·공개하거나 제3자에게 제공하는 행위
3) 1) 또는 2)가 개입된 사실을 알고 데이터를 취득하거나 그 취득한 데이터를 사용·공개하는 행위
4) 정당한 권한 없이 데이터의 보호를 위하여 적용한 기술적 보호조치를 회피·제거 또는 변경(이하 "무력화"라 한다)하는 것을 주된 목적으로 하는 기술·서비스·장치 또는 그 장치의 부품을 제공·수입·수출·제조·양도·대여 또는 전송하거나 이를 양도·대여하기 위하여 전시하는 행위. 다만, 기술적 보호조치의 연구·개발을 위하여 기술적 보호조치를 무력화하는 장치 또는 그 부품을 제조하는 경우에는 그러하지 아니하다.

타. **[타인의 아이덴티티 무단사용행위]** 국내에 널리 인식되고 경제적 가치를 가지는 타인의 성명, 초상, 음성, 서명 등 그 타인을 식별할 수 있는 표지를 공정한 상거래 관행이나 경쟁질서에 반하는 방법으로 자신의 영업을 위하여 무단으로 사용함으로써 타인의 경제적 이익을 침해하는 행위

파. **[타인의 성과모용행위]** ① 그 밖에 타인의 상당한 투자나 노력으로 만들어진 ② 성과 등을 ③ 공정한 상거래 관행이나 경쟁질서에 반하는 방법으로 ④ 자신의 영업을 위하여 ⑤ 무단으로 사용함으로써 ⑥ 타인의 경제적 이익을 침해하는 행위

4. "도메인이름"이란 인터넷상의 숫자로 된 주소에 해당하는 숫자·문자·기호 또는 이들의 결합을 말한다.

제3조(국기·국장 등의 사용 금지)

① 파리협약 당사국, 세계무역기구 회원국 또는 「상표법 조약」 체약국의 국기·국장(國章), 그 밖의 휘장이나 국제기구의 표지와 동일하거나 유사한 것은 상표309)로 사용할 수 없다. 다만, 해당 국가 또는 국제기구의 허락을 받은 경우에는 그러하지 아니하다.

② 파리협약 당사국, 세계무역기구 회원국 또는 「상표법 조약」 체약국 정부의 감독용 또는 증명용 표지와 동일하거나 유사한 것은 상표로 사용할 수 없다. 다만, 해당 정부의 허락을 받은 경우에는 그러하지 아니하다.

제3조의2(자유무역협정에 따라 보호하는 지리적 표시의 사용금지 등)

① 정당한 권원이 없는 자는 대한민국이 외국과 양자간(兩者間) 또는 다자간(多者間)으로 체결하여 발효된 자유무역협정에 따라 보호하는 지리적 표시(이하 이 조에서 "지리적 표시"라 한다)에 대하여는 제2조제1호라목 및 마목의 부정경쟁행위 이외에도 지리적 표시에 나타난 장소를 원산지로 하지 아니하는 상품(지리적 표시를 사용하는 상품과 동일하거나 동일하다고 인식되는 상품으로 한정한다)에 관하여 다음 각 호의 행위를 할 수 없다.

1. 진정한 원산지 표시 이외에 별도로 지리적 표시를 사용하는 행위
2. 지리적 표시를 번역 또는 음역하여 사용하는 행위
3. "종류", "유형", "양식" 또는 "모조품" 등의 표현을 수반하여 지리적 표시를 사용하는 행위

② 정당한 권원이 없는 자는 다음 각 호의 행위를 할 수 없다.

1. 제1항 각 호에 해당하는 방식으로 지리적 표시를 사용한 상품을 양도·인도 또는 이를 위하여 전시하거나 수입·수출하는 행위
2. 제2조제1호라목 또는 마목에 해당하는 방식으로 지리적 표시를 사용한 상품을 인도하거나 이를 위하여 전시하는

행위
③ 제1항 각 호에 해당하는 방식으로 상표를 사용하는 자로서 다음 각 호의 요건을 모두 갖춘 자는 제1항에도 불구하고 해당 상표를 그 사용하는 상품에 계속 사용할 수 있다.
 1. 국내에서 지리적 표시의 보호개시일 이전부터 해당 상표를 사용하고 있을 것
 2. 제1호에 따라 상표를 사용한 결과 해당 지리적 표시의 보호개시일에 국내 수요자 간에 그 상표가 특정인의 상품을 표시하는 것이라고 인식되어 있을 것

---

309) 부정경쟁방지법 제3조 제2항에서 금지하는 '파리협약 당사국, 세계무역기구 회원국 또는 「상표법 조약」 체약국 정부의 감독용 또는 증명용 표지와 동일하거나 유사한 것을 상표로 사용하는 행위'는 상표법 제2조 제1항 제1호에서 정하는 '자기의 상품과 타인의 상품을 식별하기 위하여 사용하는 표장'으로 사용하는지에 따른다고 할 것이다. (대법원 2021. 5. 7. 선고 2020도7080 판결)

Ⅰ. 부정경쟁행위의 유형 [주.산.신.상.아.기]

1. 주지표장과 관련된 유형
- 제2조1호 가목: 상품주체 혼동행위
- 제2조1호 나목: 영업주체 혼동행위
- 제2조1호 다목: 저명상표 희석화행위

2. 산지 등의 허위표시 등과 관련된 유형
- 제2조1호 라목: 원산지 허위표시행위
- 제2조1호 마목: 출처지 오인야기행위
- 제3조의2: FTA에 따라 보호되는 지리적표시

3. 신의관계와 관련된 유형
- 제2조1호 사목: 대리인 등의 부당한 상표사용행위(**신**의관계 관련)

4. 상품 형태 및 성질과 관련된 유형
- 제2조1호 바목: 상품질량 오인야기행위

5. 아이디어 모방 및 도용 관련
- 제2조1호 자목: 상품형태 모방행위
- 제2조1호 차목: 타인의 아이디어 부정사용행위
- 제2조1호 카목: 타인의 데이터 부정사용행위
- 제2조1호 타목: 타인의 아이덴티티 무단사용행위

6. 기타
- 제2조1호 아목: 도메인이름 무단점유행위
- 제2조1호 파목: 보충적 일반규정
- 제3조: 국기 국장 등의 사용금지

Ⅱ. 구제 조치

1. 민사적 구제: 사용금지청구(§4), 손해배상청구(§5), 신용회복청구(§6)
2. 형사적 구제: 벌칙(§18)

III. 타인의 데이터 부정사용행위 (제2조1호 카목)

1. 의의 및 취지
타인의 데이터를 부정하게 사용하는 행위를 말한다. 4차산업혁명에 따라 데이터의 보호가치가 높아지고, 양질의 데이터가 원활하게 이용·유통되기 위하여 2022. 4. 20. 시행 개정법은 이를 부정경쟁행위의 유형으로 신설하였다.

2. 요건
(1) '데이터'에 대한 요건
① 「데이터 산업진흥 및 이용촉진에 관한 기본법」 제2조제1호에 따른 데이터 중 ② 업으로서 ③ 특정인 또는 특정 다수에게 제공되는 것으로, ④ 전자적 방법으로 상당량 축적·관리되고 있으며, ⑤ 비밀로서 관리되고 있지 않은 기술상 또는 영업상의 정보를 의미한다.

(2) '부정사용행위'에 대한 요건
1) 접근권한이 없는 자가 데이터를 부정하게 취득하거나 그 취득한 데이터를 사용·공개하는 행위
2) 접근권한이 있는 자가 부정한 목적으로 데이터를 제3자에게 제공하거나 사용·공개하는 행위
3) 무권한자의 데이터 부정 취득 등 행위 또는 접근권한 있는 자의 부정 목적 데이터 제공 등 행위가 개입된 사실을 알고 데이터를 취득하거나 그 취득한 데이터를 사용·공개하는 행위
4) 데이터의 기술적 보호조치를 무력화하는 행위

3. 효과
- 민사적: ① 사용금지청구권(제4조), ② 손해배상청구권(제5조), ③ 신용회복청구권(제6조)
- 형사적: '부정사용행위'의 4)에 해당하는 경우에만 3년 이하의 징역 또는 3천만원 이하의 벌금

IV. 타인의 퍼블리시티권 무단사용행위 - 제2조1호 파목

1. 의의 및 취지
유명인의 초상·성명 등 인적 식별표지를 무단사용하는 행위를 말한다. 유명인 등의 아이덴티티(identity)를 보호하여 재산적 손실이나 소비자에게 발생한 피해를 방지하기 위하여 2022. 4. 20. 시행 개정법은 이를 부정경쟁행위의 유형으로 신설하였다.

2. 요건
① 국내에 널리 인식되고 경제적 가치를 가지는 ② 타인의 성명, 초상, 음성, 서명 등 그 타인을 식별할 수 있는 표지를 ③ 공정한 상거래 관행이나 경쟁질서에 반하는 방법으로 ④ 자신의 영업을 위하여 무단으로 사용함으로써 ⑤ 타인의 경제적 이익을 침해하는 행위를 요한다.

3. 효과
- 민사적: ① 사용금지청구권(제4조), ② 손해배상청구권(제5조), ③ 신용회복청구권(제6조)
- 형사적: ×

V. 타인의 성과모용행위 - 제2조1호 파목

1. 의의 및 취지

① 그 밖에 타인의 상당한 투자나 노력으로 만들어진 ② 성과 등을 ③ 공정한 상거래 관행이나 경쟁질서에 반하는 방법으로 ④ 자신의 영업을 위하여 ⑤ 무단으로 사용함으로써 ⑥ 타인의 경제적 이익을 침해하는 행위를 말한다. 종래 지식재산권으로 보호받기 어려운 경제적 가치를 지니는 무형의 성과를 보호하기 위한 보충적 일반조항이다.

2. 적용요건

(1) 그 밖의 타인의 상당한 투자나 노력으로 만들어진 성과물

    1) 권리자가 투입한 투자나 노력의 내용과 정도를 그 성과 등이 속한 산업분야의 관행이나 실태에 비추어 구체적, 개별적으로 판단하되, 성과 등을 무단으로 사용함으로써 침해된 경제적 이익이 누구나 자유롭게 이용할 수 있는 공공영역(public domain)에 속하지 않는다고 평가할 수 있어야 한다.310)

(2) 공정한 상거래 관행이나 경쟁질서에 반하는 방법으로 자신의 영업을 위하여 무단으로 사용할 것

    1) 권리자와 침해자가 경쟁관계에 있거나 가까운 장래에 경쟁관계에 놓일 가능성이 있는지, 권리자가 주장하는 성과 등이 포함된 산업분야의 상거래 관행이나 경쟁질서의 내용과 그 내용이 공정한지 여부, 위와 같은 성과 등이 침해자의 상품이나 서비스에 의해 시장에서 대체될 가능성, 수요자나 거래자들에게 성과 등이 어느 정도 알려졌는지, 수요자나 거래자들의 혼동 가능성 등을 종합적으로 고려해야 한다.311)

3. 효과

- 민사적: ① 사용금지청구권(제4조), ② 손해배상청구권(제5조), ③ 신용회복청구권(제6조)
- 형사적: ×

---

310) 대법원 2020. 3. 26.자 2019마6525 결정 (BTS 사건)
311) 대법원 2020. 3. 26.자 2019마6525 결정 (BTS 사건)

THEME 17-1 마드리드 의정서

Ⅰ. 본국관청절차

1. 국제출원절차

(1) 의의

출원인이 본국관청을 통하여 국제출원을 함으로써, 지정국에 직접 출원한 것과 동일하게 하는 절차이다.

(2) 국제출원의 요건 　　　　　　　　　　　　　　　　　　　　　　　　[기.본.출.사.지]

① 기초출원 또는 기초등록이 존재해야 하며, ② 본국관청을 통해 출원, ③ 출원인 적격 만족 요하며, ④ 사용언어는 영어만 가능하고, ⑤ 지정국을 지정해야 한다.

(3) 국제등록일 및 국제등록의 효과

1) [국제등록일 - 마드리드 의정서 3(4)] ① 본국관청에 접수한 날 또는 국제사무국에 접수된 날을 국제등록일로 한다. ② 다만, 예외적으로 본국관청이 국제출원서 접수일로부터 2월 이후에 국제사무국이 국제출원서를 접수하는 경우에는, 실제 접수한 날을 국제등록일로 한다.

2) [상표등록출원일 - 제180조1항] 마드리드 의정서에 따라 국제등록된 국제출원으로서 대한민국을 지정국으로 지정한 국제출원은 이 법에 따른 상표등록출원으로 본다.

2. 사후지정 - 법조문 활용[제172조]

(1) 의의 및 취지

국제등록 이후 지정국을 추가하는 것을 의미한다. 누락된 지정국을 사후적으로 추가하여 출원인 편의 도모 위함이다.

(2) 사후지정의 요건 및 절차 　　　　　　　　　　　　　　　　　　　　[기.본.출.사.지]

① **국제등록**이 존재하여야 하며, ② 본국관청을 경유 또는 국제사무국에 직접 가능하다. ③ 사후지정 대상국(지정국)은 의정서 가입국이어야 한다.

(3) 사후지정의 효과

1) [마드리드의정서 3(4)] ① 사후지정일은 본국관청 또는 국제사무국이 사후지정서를 접수한 날로 한다. 다만, ② 본국관청 접수일로부터 2개월 이후 국제사무국이 접수한 경우, 국제사무국이 접수한 날이 된다.

2) [제180조1항] 마드리드 의정서에 따른 사후지정으로 대한민국을 지정국으로 지정한 국제출원은 이 법에 따른 상표등록출원으로 본다.

3. 국제등록의 명의변경 - 법조문 활용[제174조, 마드리드의정서 9]

(1) 의의

국제등록의 명의인은 해당 국제등록의 명의를 신청에 의하여 변경할 수 있다(제174조, 마드리드의정서 9).

(2) 요건 및 절차 [기.본.출.사.지]

① **국제등록**이 존재하여야 하며, ② 본국관청을 경유 또는 국제사무국에 직접 가능하다. ③ 양수인은 국제출원의 출원인 적격을 가진 자이어야 한다.

(3) 효력

1) [제184조2항] 국제등록 명의의 변경에 따라 국제등록 지정상품의 전부 또는 일부가 분할되어 이전된 경우에는 국제상표등록출원은 변경된 국제등록명의인에 의하여 각각 출원된 것으로 본다.

2) [제201조1항] 국제등록기초상표권의 이전·변경·포기에 의한 소멸 또는 존속기간의 갱신은 국제상표등록부에 등록하지 아니하면 그 효력이 발생하지 아니한다.

4. 국제등록의 갱신 - 법조문 활용[마드리드의정서 7]

5. 국제등록의 종속성

1) 국제등록의 효력은 기초출원에 의존하며, 종속기간은 5년이다(의정서 6조3항).
2) 기초출원을 소멸시킴으로써 국제등록을 실효시킬 수 있다(집중공격).
3) 국제등록이 소멸되면 개별국의 국제상표등록출원도 소멸한다(제202조).
4) 국제등록의 종속성에 따른 국제등록 권리자의 구제(제205조)

[답안 Formation] 국제등록의 종속성과 거절이유 관련 사례 답안작성

1. 국제등록의 적법 여부 - 마드리드 의정서에 의한 국제출원
   (1) 의의 및 취지   (2) 요건
   (3) 사안의 경우
      ~~~ 하므로, 甲의 마드리드의정서에 기한 국제등록은 일응 적법하다.

2. 국제등록의 종속성
   (1) 의의 및 내용
   (2) 사안의 경우
      甲의 국제등록은 甲의 기초출원/기초등록에 종속하므로, 기초출원/기초등록의 거절이유/무효사유 등을 아래 검토한다.

3. 기초출원의 거절이유/무효사유 등 검토

4. 사안의 해결

---

6. 국제등록의 감축, 포기 및 취소

(1) 국제등록의 감축(Limitation)

1) 의의
    지정국 전/일부에 대하여 지정상품의 전/일부를 감축하는 것이다.

2) 요건 및 절차
    ① 지정국 전부 또는 일부에 대하여, ② 지정상품의 전부 또는 일부에 감축 가능하며, ③ 국제사무국에 직접 가능하며, ④ 사후지정 가능하다.

(2) 국제등록의 포기(Renunciation)
　1) 의의
　　지정국 일부에 대하여 지정상품 전부의 보호를 포기하는 것이다.
　2) 요건 및 절차
　　① 지정국 일부에 대하여, ② 지정상품의 전부 포기 가능하며, ③ 국제사무국에 직접 가능하며, ④ 사후지정 가능하다.
(3) 국제등록의 취소(Cancellation)
　1) 의의
　　지정국 전부에 대하여 지정상품 전부 또는 일부에 대하여 국제등록을 취소하는 것이다.
　2) 요건 및 절차
　　① 지정국 전부에 대하여, ② 지정상품의 전부 또는 일부 취소 가능하며, ③ 국제사무국에 직접 가능하며, ④ 사후지정은 불가능하다.

Ⅱ. 지정국관청절차

1. 국제등록에 의한 국내등록의 대체(제183조)

(1) 의의 및 취지
　국내에 상표권이 존재하는 경우, 그 상표권자가 국제출원을 할 때 일정 요건하에 국내출원으로 대체하여 출원일을 소급시켜 주는 제도이다. 국제출원의 편의 도모 위함이다.
(2) 요건　　　　　　　　　　　　　　　　　　　　　　　　　　　　　　[상.상.상.시기]
　① 상표가 동일해야 하고, ② 상표권자가 동일해야 하며, ③ 영역확장 효력이 국내등록 이후에 발생할 것을 요한다.312)
(3) 효과
　해당 국제상표등록출원은 지정상품이 중복되는 범위에서 국내등록상표의 출원일에 출원된 것으로 본다(제183조1항). 국내등록상표에 조약우선권이 인정되면 그 우선권의 효과가 국제상표등록출원에도 인정된다(동조 2항).

2. 국제등록 소멸 후의 상표등록출원의 특례(제205조)

(1) 의의 및 취지
　국제등록이 마드리드의정서 제6조(4) 종속항 규정에 따라 소멸된 경우, 일정요건 및 기간 내에 국내 재출원시 출원일을 소급하는 제도이다.
(2) 요건　　　　　　　　　　　　　　　　　　　　　　　　　　　　　　[상.상.상.시기]
　① 상표가 동일해야 하고, ② 상표권자가 동일해야 하며, ③ 국내상표권의 지정상품이 국제등록상표 지정상품에 모두 포함되어야 하며, ④ 국제등록의 소멸일로부터 3개월 이내 출원되어야 한다(제205조2항).

---

312) '국내상표권의 지정상품이 국제등록상표 지정상품에 모두 포함되어야 한다'는 요건이 있었으나, 2024년 5월 1일 시행 개정법에서 삭제하면서 이른바 '부분대체제'를 도입하였다.

(3) 효과

해당 국내등록상표는 국제등록일에 따른 출원일에 출원된 것으로 본다(제205조1항). 국제상표등록출원에 대하여 조약에 따른 우선권이 인정되는 경우에는 그 우선권의 효과가 국내상표등록출원에도 인정된다(동조 3항).

3. 의정서 폐기 후의 상표등록출원의 특례(제206조)

(1) 의의 및 취지

국제등록이 마드리드 의정서의 폐기 또는 효력 정지에 따라 소멸된 경우, 일정요건 및 기간 내에 국내 재출원시 출원일을 소급하는 제도이다.

(2) 요건   [상.상.상.시기]

① 상표가 동일해야 하고, ② 상표권자가 동일해야 하며, ③ 국내상표권의 지정상품이 국제등록상표 지정상품에 모두 포함되어야 하며, ④ 폐기의 효력이 발생한 날로부터 2년 이내 출원되어야 한다.

(3) 효과

해당 국내등록상표는 국제등록일에 따른 출원일에 출원된 것으로 본다. 국제상표등록출원에 대하여 조약에 따른 우선권이 인정되는 경우에는 그 우선권의 효과가 국내상표등록출원에도 인정된다(제206조).

	요건① (상표)	요건② (주체)	요건③ (지정상품)	요건④ (시기)	효력
국내등록의 대체(183)	상표 同	상표권자 同	-313)	영역확장 효력이 국내등록 이후에 발생	1) 출원일소급 2) 조약우선권
종속성 소멸의 재출원(205)	상표 同	상표권자 同	국제>국내	국제등록 소멸일로부터 3개월 내	1) 출원일소급 2) 조약우선권
의정서 폐기 소멸의 재출원(206)	상표 同	상표권자 同	국제>국내	의정서 폐기일로부터 2년 내	1) 출원일소급 2) 조약우선권

4. 기타 국제상표등록출원에 대한 특례

(1) 업무표장의 특례 - 제181조

국제상표등록출원에 대해서는 업무표장에 관한 규정을 적용하지 않는다.

(2) 국제상표등록출원의 특례 - 제182조

(3) 출원의 승계 및 분할이전 등의 특례 - 제184조

(4) 보정의 특례 - 제185조

(5) 출원의 변경의 특례 - 제186조

---

313) '국내상표권의 지정상품이 국제등록상표 지정상품에 모두 포함되어야 한다'는 요건이 있었으나, 2024년 5월 1일 시행 개정법에서 삭제하면서 이른바 '부분대체제'를 도입하였다.

(6) 출원의 분할의 특례 - 제187조

과거에는 국제상표등록출원 및 국제등록기초상표권에 대하여 제45조를 준용하지 않아 출원의 분할을 인정하지 않았으나, 2024. 5. 1. 시행 개정법은 국제상표등록출원 및 국제등록기초상표권에 대하여도 출원의 분할을 허용하도록 개정되었다.

(7) 파리협약에 의한 우선권주장의 특례 - 제188조
(8) 출원 시 우선심사의 특례 - 제189조
(9) 거절이유통지의 특례 - 제190조
(10) 출원공고의 특례 - 제191조

> 제191조(출원공고의 특례)
> 국제상표등록출원에 대하여 제57조제1항 각 호 외의 부분 본문을 적용할 경우 "거절이유를 발견할 수 없는 경우(일부 지정상품에 대하여 거절이유가 있는 경우에는 그 지정상품에 대한 거절결정이 확정된 경우를 말한다)에는"은 "산업통상자원부령으로 정하는 기간 내에 거절이유를 발견할 수 없는 경우(일부 지정상품에 대하여 거절이유가 있는 경우에는 그 지정상품에 대한 거절결정이 확정된 경우를 말한다)에는"으로 본다. 〈개정 2022. 2. 3.〉

(11) 손실보상청구권의 특례 - 제192조
(12) 상표등록결정 및 직권에 의한 보정의 특례 - 제193조
(13) 재심사 청구의 특례 - 제193조의2
- 국제상표등록출원에 대해서는 재심사청구의 규정(제55조의2)을 적용하지 아니한다.
(14) 상표등록여부결정의 방식에 관한 특례 - 제193조의3
- 국제상표등록출원에 대하여 제69조제2항을 적용할 경우 "상표등록여부결정"은 "상표등록여부결정(제54조 각 호 외의 부분 후단에 해당하는 경우에는 제외한다)"으로, "출원인에게"는 "국제사무국을 통하여 출원인에게"로 본다.
(15) 상표등록료 등의 특례 - 제194조
(16) 상표등록료 등의 반환의 특례 - 제195조
(17) 상표원부에의 등록의 특례 - 제196조
(18) 상표권 설정등록의 특례 - 제197조
(19) 상표권 존속기간 등의 특례 - 제198조
(20) 지정상품의 추가등록출원의 특례 - 제199조
(21) 상표권의 분할의 특례 - 제200조
(22) 상표권등록 효력의 특례 - 제201조
(23) 국제등록 소멸의 효과 - 제202조
(24) 상표권의 포기의 특례 - 제203조
(25) 존속기간갱신등록의 무효심판 등의 특례 - 제204조
(26) 심사의 특례 - 제207조
(27) 제척기간의 특례 - 제208조

[단문대비] 마드리드 의정서 관련 단문

I. 마드리드 의정서의 장단점

1. 마드리드 의정서 시스템의 장단점

(1) 국제출원단계 [절.대]

마드리드 의정서의 취지에 따라, ① 복수의 지정국에 출원효과를 얻을 수 있어 절차가 매우 간이하며, ② 지정국마다 대리인 선임이 필요 없으므로 경제적이다.

(2) 국제등록 이후의 단계 [명.추.일]

거절이유통지는 영역확장 통지 받은 날로부터 12개월 또는 18개월 이내에 하여야 하므로 권리취득 여부가 **명확**하며, 사후지정제도로 지정국 **추**가 가능하고, 국제등록부로 인해 상표의 **일**원적 관리를 도모할 수 있다.

2. 마드리드 의정서 시스템의 단점 [엄.집]

표장의 동일성이 매우 **엄**격하고, 국제등록의 종속성으로 인해 **집**중공격을 받아 지정국의 등록이 일괄 소멸될 위험도 있다.

II. 조약우선권제도와의 비교 [예.절.관리.엄격.소.영]

① 조약우선권제도는 판단시점이 출원일이 1국으로 소급됨에 반해 마드리드 시스템은 기초출원 등으로 출원일 등이 **소**급되지 않고, ② 전자는 1국출원에 **영향**을 받지 않으며, ③ 상표의 **엄격**한 동일성을 요구하지 않는다. 다만, ④ 조약우선권제도는 각국별로 출원해야 하므로 **절차**가 번거롭고, ⑤ 등록예정일을 **예측**하기 어려우며, ⑥ **관리**가 어렵다.

THEME 17-2 국제조약

I. 서설

최근 국가 간 교역 활성화로 지식재산권의 중요성이 부각. 교역 상대국 간의 서로 다른 지식재산권 법제는 효과적인 권리보호에 어려운 바, 절차적·실체적으로 통일화되어 가는 경향이 있다.

II. 산업재산권의 보호를 위한 파리협약

1. 개요

산업재산권의 보호를 위한 파리협약은 1883년 3월 20일 파리에서 체결. 1884년 7월 6일 발효. 산업재산권 보호를 위한 세계 최초의 국제적 공통 규범. 우리나라는 1980년 5월 4일 발효

2. 파리협약의 3대 원칙 [내.우.독]

(1) **내국민 대우의 원칙**
동맹국 국민 또는 준동맹국 국민에 대해 내국민과 차별없이 평등하게 대우하여야 한다는 원칙 (파리협약 제2조, 제3조)

(2) **우선권 제도**
어떠한 동맹국에서 정식으로 특허출원, 실용신안, 상표등록출원 등을 한 자 또는 그 승계인은 타 동맹국에서 출원의 목적상 우선권을 가진다(파리협약 제4조). 선출원주의 등의 규정을 적용함에 있어서 제1국 출원일을 제2국 출원일로 본다.

(3) **상표권 독립의 원칙**
상표권은 각국별로 독립적이다(파리협약 제6조).

3. 관련된 주요내용 [주.단.대.규제/국.서]

(1) 주지상표의 보호
(2) 국기 국장 등에 대한 보호
(3) 서비스에 대한 상표 및 단체표장의 보호
(4) 대리인 도는 대표자에 의한 등록 및 사용에 대한 규제
(5) 기타

III. 무역관련 지적재산권에 관한 협정

1. 개요

2. WTO/TRIPs의 기본 원칙 [소.내.파리.최]
(1) 최소보호의 원칙 - TRIPs 제1조
(2) 내국민 대우의 원칙 - TRIPs 제3조
(3) 최혜국 대우의 원칙 - TRIPs 제4조
(4) 파리협약의 준수 - TRIPs 제2조

3. 상표와 관련된 주요내용 [개.이.지리.저.권]
(1) 보호대상으로서의 상표의 개념 - TRIPs 제15조1항
(2) 상표의 공개 및 이의신청 - TRIPs 제15조5항
(3) 서비스에 대한 주지상표의 보호 - TRIPs 제16조2항
(4) 저명상표의 보호 - TRIPs 제16조3항
(5) 보호의 예외 - TRIPs 제17조
(6) 보호의 기간 - TRIPs 제18조
(7) 사용요건 - TRIPs 제19조
(8) 권리소진 - TRIPs 제6조
(9) 지리적 표시 - TRIPs 제22조2항 및 3항, 제23조
(10) 기타 - TRIPs 제21조, 제16조1항

IV. 상표법 조약

1. 개요

2. 주요내용 [존.실/다.분]
(1) 조약의 적용 대상 - 상표법조약 제2조2항
(2) 다류 1출원제도의 도입 및 분할출원의 허용 - 상표법조약 제3조5항, 제7조
(3) 존속기간 갱신에 대한 실체심사 금지 - 상표법조약 제13조
(4) 기타 - 상표법조약 제5조4항, 제9조, 제3조

V. 기타

1. 니스협정

2. 비엔나 협정

보충 THEME 1

상표의 기능

[의미/자.출.품/광.재.경]

Ⅰ. 상표의 기능의 의미
[상.상.사/상.상.관/어.인.작.문]

상표의 기능이란, 상표를 상품에 사용하는 경우 그 상표가 상품과의 관계에서 어떻게 인식되고 작용하는가의 문제를 말한다. 상표법은 상표의 기능을 보호하며, 상표의 사용 및 침해의 전제가 되는 문제이다.

Ⅱ. 상표의 본원적 기능

1. 자타상품식별기능
개성화된 일군의 상품을 다른 상품군과 식별할 수 있는 기능을 의미한다.

2. 출처표시기능
[익.존.추.출]

동일한 상표의 상품은 동일한 출처원에서 나온다는 것을 의미하는 기능이다. 출처는 "익명의 존재로서 추상적 출처"를 의미한다.

3. 품질보증기능
[동.상.동.품.우.품]

동일한 상표의 상품은 동일한 품질을 가지고 있다고 기대케 하는 기능을 의미한다. 품질의 우수성이 아닌 품질의 동일성을 담보하는 기능이다.

Ⅲ. 상표의 파생적 기능

1. 광고선전기능
상표가 상품 자체 또는 상표사용자를 일반수요자에게 강하게 인식시킴으로써 구매의욕을 자극하고, 상품과 상표사용자의 명성을 전파하는 동적인 기능을 말한다.

2. 기타 기능
그 이외에도 재산적 기능과 경쟁적 기능을 갖는다.

Ⅳ. 상표의 기능변화

최초에는 출처표시기능만이 인식되었으나 거래실정 변화 등에 따라 품질보증기능이 중시되었으며, 최근 광고선전기능이 중요시되고 있다. 다만 현행법상 광고선전기능에 대한 보호가 미흡하다는 비판이 있어 이에 대한 입법론이 있다.

보충 THEME 2 기능성 원리

[의.구.판.심]

I. 기능성 원리의 <u>의</u>의 및 근거 [자.경.기.특]

자유로운 경쟁 위해, 기능적인 표장에 대하여는 특허권으로 보호함이 산업재산권법 정책이라는 점에서 등록을 부정한다.

II. 기능성 원리의 <u>구</u>분 [실.심.사.법]

1. 내용적 측면에서 구분

(1) 실용적 기능성 - 실용적 기능에 직접적으로 기여

(2) 심미적 기능성 - 심미적 가치에 기여

2. 효과적 측면에서 구분

(1) 사실상의 기능성 - 그 자체로 경쟁에서 압도적 우위를 제공하지 못하는 경우

(2) 법률상의 기능성 - 그 자체로 경쟁상 압도적 우위를 제공하는 경우

III. 기능성의 <u>판</u>단

1. 입체상표의 경우

2. 색채상표의 경우

IV. <u>심</u>미적 기능성 문제

인정하자는 견해가 있으나, 심미적 기능성 원리가 광범위하게 수용될 경우 창의성에 제재를 가하는 것이고, 혼동가능성 염려를 증대시킬 수 있어 쉽게 수용하기 어렵다.

보충 THEME 3 — 등록주의와 사용주의

Ⅰ. 문제점

우리법은 상표권 발생에 있어 등록주의를 취하고 있으나(제89조), 지나친 등록주의의 고집은 불필요한 저장상표나 상표브로커의 양산 등이 문제될 수 있어, 사용주의적 요소를 가미할 필요성이 있다.

Ⅱ. 등록주의와 사용주의의 의의 [사.무.등.발/등.무.사.발]

1) 등록주의란, 상표의 사용여부와 무관하게 등록에 의하여 상표권이 발생되는 입법주의이며, 2) 사용주의란 등록여부와 무관하게 상표의 사용이라는 사실에 기초하여 상표권이 발생되는 입법주의이다.

Ⅲ. 등록주의와 사용주의의 장단점

(1) 등록주의의 장단점 [안.비/이.진]

1) 등록주의의 장점으로, 권리안정성 및 법적 예측가능성이 확보될 수 있고, 상표제도의 운영의 편의성이 증대되어 행정적 비용이 저렴하다. 2) 다만, 단점으로서 상표권 부여의 이론적 타당성이 빈약하고, 진정 보호가치 있는 상표가 보호받지 못하는 문제점이 있다.

(2) 사용주의의 장단점 [이.진/안.비]

Ⅳ. 등록주의를 보완하는 규정

(1) 현행법상 사용주의적 요소 [3.사.주.손.선.불.법.출]
  - 제3조
  - 사용에 의한 식별력 취득 규정(제33조2항)
  - 미등록 주지상표의 보호규정(제34조1항9호 내지 13호)
  - 손실보상청구권(제58조)
  - 선사용권(제99조)
  - 불사용취소심판제도(제119조1항3호)
  - 법정손해배상제도(제111조)
  - 기타 출원시 특례(제47조)

(2) 사용에 의하여 형성된 사실상태를 보호하는 내용 [사.주.손.선.법.출.부.신]
  - 사용에 의한 식별력 취득시 예외적 등록허용 규정(제33조2항)
  - 미등록 주지상표의 보호규정(제34조1항9호 내지 13호)
  - 손실보상청구권(제58조)
  - 선사용권(제99조)
  - 법정손해배상제도(제111조)
  - 기타 출원시 특례(제47조)

- 부정경쟁방지법에 의한 보호
- 신의칙상 제재규정(제34조1항20호): '타인의 사용/사용준비 중임을 알면서'

(3) 등록상표를 사용하지 않은 경우의 불이익 [불.손.법.가]
- 불사용취소의 대상이 됨(제119조1항3호)
- 손해배상청구에서 손해발생 불인정
- 법정손해배상청구 불가
- 침해금지가처분에 있어서 보전의 필요성 부정

V. 관련 문제 - 지정상품 과다지정을 방지하기 위한 규정 [지.우.3]

- 지정상품 수수료 가산제 도입
- 우선심사신청사유로 지정상품 전부에 사용/사용준비 중인 것을 요구
- 제3조 제1항 거절이유

보충 THEME

4 퍼블리시티권

Ⅰ. 의의 및 문제점 [자기.상업.배타]

퍼블리시티권이란, ① 특정인이 자신의 성명, 초상, 기타 **자기동일성**(identity)을 ② **상업**적으로 ③ 이용·통제할 수 있는 배타적 권리를 말한다. 이러한 권리가 인정되는지가 문제된다.

Ⅱ. 퍼블리시티권의 인정여부 (허용여부)

1. 긍정설 [민.노.발달/관습.물]

① 민법상 불법행위에 해당한다는 점, ② 사회발달로 인해 보호의 필요성이 크다는 점, ③ 유명인이 스스로의 노력에 의하여 획득한 명성이나 평판으로, 그 자체로 보호의 필요성이 있다는 점에서 인정될 수 있다.

2. 부정설

성문법주의하 실정법이나 관습법으로 인정되지 않는 한 인정될 수 없다.

3. 검토

생각건대, 법률이 인정하지 않는 새로운 종류의 물권이 창설될 수 없는바(민법 제185조, 물권법정주의), 보호의 필요성이 인정되어도 퍼블리시티권이라는 별도의 독점배타적 물권을 인정할 수 없다.

Ⅲ. 현행법상 보호방안 [민/상/부/제]

1. **민법상 보호 - O**
- 判例에서 민법 제750조 불법행위로 보아 손해배상책임을 인정하고 있으며, 제751조는 인격권 침해의 특칙을 두고 있다.

2. **상표법상 보호 - △**
- 제34조1항2호, 6호에 따라 등록배제적 효력으로 간접 보호받을 수 있다.

3. **부정경쟁방지법상 보호 - O**
- 부경법 제2조1호 타목, 파목314)

4. **저작권법상 보호 - X**
- 법률의 취지 및 보호요건이 상이하므로 보호가 어렵다.

---

314) 대법원 2020. 3. 26.자 2019마6525 결정 (BTS 사건)

보충 THEME 5: 유명한 방송 프로그램 명칭 및 캐릭터에 대한 상표법상 취급 (심사기준)

I. 유명한 방송 프로그램 명칭 관련 심사기준

1. 제33조1항7호

1) 모방상표 근절을 위하여, 일반인들에게 널리 알려져 유행어처럼 사용하게 된 방송 프로그램 명칭은 본 규정에 따라 등록받지 못한다(심사기준).
2) 다만, 정당권원을 가진 자의 출원도 거절될 위험이 있다는 점에서 한계가 있고, 제34조1항12호 후단으로 거절시킴이 타당할 것이다.

2. 제34조1항6호(연예인 이름의 경우)

3. 제34조1항11호 전단

유명한 방송 프로그램 명칭 등은 관련 상품 내지 영업상 혼동 가능성이 있는 상품 범위 내에서 본 호에 따라 거절한다.

4. 제34조1항12호 후단

모방상표 근절을 위하여 널리 알려진 방송 프로그램 명칭, 영화·노래 제목, 저명한 캐릭터나 캐릭터 명칭 등은, 경제적 견련관계 있는 상품 범위 내에서 본 호에 따라 거절한다.

5. 제3조

II. 캐릭터 관련 심사기준

1. 제34조1항9호

① 본 호는 상표로서 널리 인식되어 있는 경우에 적용하므로, 캐릭터나 영화 제목 등에 대해서는 적용하지 아니한다. ② 다만, 캐릭터나 영화 제목 등이 상품화 사업을 통하여 상품식별표지로 널리 인식된 경우에는 본 호를 적용한다.

2. 제34조1항12호 후단

① 저명한 캐릭터나 캐릭터 명칭 등과 동일 유사한 상표를 출원하는 경우 본 호에 해당하는 것으로 본다. ② 이 경우 지정상품은 직·간접적으로 경제적 견련관계가 있다고 인정되는 상품뿐만 아니라, 후원관계나 거래실정상 상품화 가능성이 높은 상품까지 포함하여 수요자기만이 일어날 염려가 있는지를 판단하도록 한다.

3. 제34조1항13호

① 선사용상표의 창작성이 매우 높은 경우, ② 선사용상표와 출원상표 간의 동일·유사성이 매우 높은 경우, ③ 선사용상표가 주지·저명한 경우, ④ 저명한 캐릭터나 캐릭터 명칭을 모방하여 출원한 것으로 보이는 경우, ⑤ 출원인과 특정인 간의 사전 교섭이 있어 출원인이 특정인의 상표를 사전에 인지하고 있었다고 보이는 경우 등에 있어서는 출원상표와 선사용상표의 지정상품 간 견련관계를 넓게 보고 부정한 목적 유무를 판단할 수 있다.

4. 제3조

출원인이 연예인·방송프로그램·유명캐릭터 등의 명칭을 2개 이상의 비유사 상품을 지정하여 출원하는 경우나, 특정 또는 다수의 상표를 다수의 비유사 상품에 출원하는 경우에는, 이에 해당하는 것으로 본다.

《연예인 이름, 방송프로그램 명칭 등과 관련한 적용 조문》

적용조문	표 장	지정상품
법§33①7	출처표시로 인식되지 않을 정도로 널리 알려져 일반인들이 유행어처럼 사용하게 된 방송프로그램 명칭이나 영화, 노래의 제목	불문
법§34①6	저명한 연예인 이름, 연예인그룹 명칭, 스포츠선수 이름, 기타 국내외 유명인사 등의 이름이나 이들의 약칭을 포함하는 상표	불문
법§34①11	유명한 방송프로그램 명칭, 영화나 노래 제목 등과 동일 또는 유사하거나, 유사하지는 않더라도 이들을 용이하게 연상시키는 상표	방송프로그램 등과 관련된 상품뿐만 아니라 관련 없는 상품이라도 해당 방송프로그램 등과의 관계에서 영업상 혼동을 일으키게 하거나, 식별력이나 명성을 손상시킬 염려가 있는 경우
법§34①12	널리 알려진 방송프로그램 명칭, 영화나 노래 제목 등과 동일·유사한 상표	방송, 영화, 음악 등과 직·간접적으로 경제적 견련관계가 있는 상품뿐만 아니라, 후원관계나 거래실정상 상품화 가능성이 높은 상품까지 포함하여 수요자 기만이 일어날 염려가 있는 경우

청 상표법 기본

2023년 12월 11일 4판 1쇄 발행

저　　자 : 김세진
발 행 처 : **ME:LAB**
주　　소 : 서울시 서초구 반포대로 81, 2층 (서초동, 영림빌딩)
문　　의 : 1661-2486
홈페이지 : www.megaexpert.co.kr
등　　록 : 2007년 12월 12일 제 322-2007-000308호
ISBN : 978-89-6634-708-7 (13360)
정　　가 : 37,000원

Copyright ⓒ 메가엠디㈜
* 이 책에 대한 저작권은 메가엠디㈜에 있습니다.
* 이 책은 저작권법에 따라 보호받는 저작물이므로 무단전재와 무단복제 및 배포를 금지하며 책 내용의 전부 또는 일부를 이용하려면 반드시 저작권자와 출판권자의 서면동의를 받아야 합니다.
* **ME:LAB**은 메가엠디㈜의 변리사 전문자격시험 브랜드 메가변리사의 교재 브랜드입니다.